刑事程序的权利逻辑

国际法和国内法比较考察

刘静坤 / 著

THE LOGIC OF RIGHTS IN CRIMINAL PROCEEDINGS:
A Comparative Study Between International Law and Domestic Law

法律出版社 LAW PRESS · CHINA

我一直呼吁,中国应当尽早加入《公民权利与政治权利国际公约》,使我国人权刑事司法保障更加符合国际刑事司法准则的要求。此前,学界对国际刑事司法准则的研究,更多偏重对准则本身的介绍,较少关注国际刑事司法实践,也较少与中国实际相结合。这本书在这方面有所突破,既以国际刑事司法准则为讨论的基础,又关注欧洲人权法院的司法判例,还注重着眼于中国的法律制度和实践问题,在研究方法上具有一定的开创性,对完善中国的人权司法保障制度具有一定的借鉴价值。

我国《刑事诉讼法》自 1979 年出台以来,已经过三次修正,在人权司法保障方面取得了很大的进步,但还有较大的发展空间。刘静坤教授从最高人民法院调入中国政法大学不久,这本《刑事程序的权利逻辑》体现了他对刑事程序的权利问题持续进行的积极探索,值得肯定。希望他能够继续深化对权利问题的理论研究,为中国的刑事程序法治作出更多贡献。

刘静坤

法学博士，博士后，剑桥大学法学硕士。

曾任最高人民法院刑三庭法官、曾挂职云南省公安厅厅长助理，现为中国政法大学全面依法治国研究院教授。

参与推进以审判为中心的诉讼制度改革、严格实行非法证据排除规则改革、量刑规范化改革等中央司法改革项目，参与起草多项司法解释和规范性文件，参与多项国家社会科学基金重大项目等课题研究。

出版《The Exclusionary Rule of Illegal Evidence in China》《证据审查规则与分析方法》《中国非法证据排除制度》《公正何以难行》《犯罪心理学》《犯罪重建》《司法错误论》等著作、译著10余部，发表文章百余篇。

加强人权司法保障的制度探索

陈光中[*]

近年来的司法改革，完善人权司法保障制度是一个十分耀眼的亮点。早在党的十八届三中全会通过《中共中央关于全面深化改革若干重大问题的决定》之时，我曾在《光明日报》撰文指出，我国修改后的《刑事诉讼法》在刑事司法人权保障方面有较大改善，但存在的问题仍然不少，离确保实现"让人民群众在每一个司法案件中都感受到公平正义"这一目标尚有相当差距。同时，我还专门强调了人权刑事司法保障的几个突出问题，包括确立无罪推定原则，坚决贯彻疑罪从无规则；严禁刑讯逼供，严格实行非法证据排除规则；以及进一步完善辩护制度。

如何立足中国的国情和司法实际，借鉴域外法治文明成果，积极探索中国特色的人权司法保障制度，值得进一步深入研究。刘静坤教授的这

---

* 中国政法大学终身教授，博士生导师。

本《刑事程序的权利逻辑》,就是这方面的积极尝试。

观文识人。刘静坤教授曾在最高人民法院刑庭工作,参与过多项刑事司法改革文件和司法解释的起草工作,具有较为扎实的理论功底和丰富的实践经验。他调入中国政法大学后,又前往剑桥大学攻读国际法硕士学位,具有较好的英语阅读和写作能力。这些独特的职业经历,使他对刑事程序的人权保障问题形成了特有的知识体系,能够提出富有新意的理论观点,具有国际化的研究视野。

这本书共分五章,体系比较完整,论证比较严密,较好地体现了学理与法理相结合、理论与实践相结合、国内法与国际法相结合的理念。第一章讲述了"享有权利的权利",重点分析了失权主体的权利困境、刑事程序的权利赤字等问题,提出建立以权利共识为基础的正当程序。第二、三章分别以国际公约为基础,结合欧洲人权法院判例,立足我国的刑事诉讼制度,系统地分析了权利的确认规则,包括积极权利和消极权利两个部分。第四章富有创新性地提出了权利的信托理论,将辩护职能视为权利的私人信托,将法律监督职能视为权利的公共信托,将国家的人权保障义务转化为权利的信托机制。第五章探讨了权利的救济机制,包括权利的可诉性、权利救济的程序构造以及权利救济的主要方式。

就像这本书中所讲的那样,权力和权利,如同DNA双螺旋结构中的两条骨架,共同构成了刑事程序的双重结构。《刑事诉讼法》作为"小宪法",应当充分体现程序的权利要素。因此,从权利的确认规则、信托机制和救济机制等方面,系统地阐述刑事程序的权利要素,具有非常重要的理论价值和实践价值。

目 录

导　论

权利，是人类政治文明和法治文明发展史上 1
的智慧结晶。基于权利，每个人不再只是人口统计中的一个个数字，而是具有尊严和价值的主体。基于权利，个体与国家之间，建立起坚实的法律纽带，国爱其民，民亦爱其国。一国的法律制度，不仅要维系国家治理秩序，也要保障个体的合法权利。从某种意义上讲，人权保障水平，特别是刑事程序的人权保障水平，可以被视为一国法治发展水平的“试金石”。

伴随经济社会文化发展，自 1979 年《刑事诉 2
讼法》出台至今，中国刑事诉讼的理念和制度快速演进。特别是 2004 年《宪法》修改，明确规定“国家尊重和保障人权”，极大地增强了人权保障的理念和制度认同。2012 年《刑事诉讼法》修改，重申“尊重和保障人权”的宪法原则，并系统完善了刑事程序的人权保障制度。应当认识到，改革开放四十多年来，中国刑事程序在人权保障领域取得了不容否认的显著进步。不过与此同时,伴随权利意识的苏醒,公众在权利、法治、正义等领域的需求也与日俱增。此外,中国正在逐步踏入国际舞台中心,国际社会对中国法治特别是人权保障的进展非常关注。这意味着,刑事程序的人权保障,需要紧跟时代发展步伐,顺应国际、国内两个层面的合理期待,满足司法公正的内在要求。

3 客观审视中国的刑事程序,人权保障仍然存在一些制度短板。例如,无罪推定等重要诉讼原则尚未真正确立,被追诉者面临被强迫认罪的程序风险,辩护权的充分行使仍然面临一些妨碍,刑讯逼供、超期羁押、冤假错案等问题始终难以根除。实践证明,回避或者搁置权利主题,非但对法治毫无益处,还会延误司法改革时机。唯有持续加强人权司法保障,才能逐步解决刑事程序面临的体制机制问题,确保人民群众在每一个司法案件中切实感受到公平正义。

4 在刑事法治背景下,理性地探讨权利主题,离不开科学的权利观念。首先,权利是刑事程序的基本配置。每个追诉对象在被追诉之前,都是和普通公众一样的平等的权利主体。尽管被卷入刑事诉讼后,人身自由将受到一定限制,但这并不意味着,被追诉者随即丧失了权利主体的法律地位。相反,他们仍然享有宪法、法律赋予的权利。进一步讲,刑事程序规定的权利,如同其他领域的权利一样,只不过是宪法法律权利在特定场域的具体化而已。这就如同一个人前往投票点为选举而投票时,才会实际行使自己的选举权和被选举权。一旦特定个体成为追诉对象,刑事程序领域的宪法法律权利就将激活,成为被追诉者合法权益的保护机制。从这个角度看待刑事程序权利,不难发现,被追诉者的这种权利与其他主体在其他领域享有的权利,并无实质差异。如果将被追诉者视为特殊的权利主体，将刑事程序权利视为特殊的权利，就将导致刑事程序异化，并使法定的权利变成随意的施舍，进而滋生漠视权利的错误观念和做法。实际上，被追诉者的权利，就是每个人普遍享有的权利，也是刑事程序应当配置的权利。

其次，权利是刑事程序的基本要素。缺乏权利要素，刑事程 5
序就将沦为空洞的治罪流程，丧失法治的内涵。权利的缺位，意味着国家权力缺乏应有的制约，容易导致刑事程序无法发挥预期的制度功能，进而引发程序失灵等制度性问题。在刑事程序的深层结构中，权力和权利，如同 DNA 双螺旋结构中的两条骨架，共同搭建起刑事程序的基本框架，并在互动博弈中推动刑事法治发展完善。有鉴于此，关于刑事程序的分析，既要关注国家权力运行，也要重视人权司法保障，不能心存偏见、只顾一端。试想，如果一部刑事诉讼法仅规定侦查、起诉、审判等权能，却忽略犯罪嫌疑人、被告人的辩护权等权利，这种刑事程序势必难以实现司法公正。

再次，权利是刑事程序的权能来源。有人认为，强调权利保 6
障，可能会妨碍司法权能。这种观点未能认识到，以忽视甚至侵犯权利为代价的刑事程序，不仅缺乏制度上的正当性，还极易导致司法错误发生。相比之下，以权利为基础的刑事程序，有助于锻造契合法治要求、体现职业素养、恪守正当程序的司法系统。这样的刑事程序，具有真正有效的司法权能，更加值得公众信赖。诚然，加强人权司法保障，将会对国家权力形成法律限制。不过，这种法律限制作为一种战略约束，能够从长远上巩固国家权力，并将原初形态的国家权力转变为正当合法的制度权威，进而维系刑事司法的内在正当性。此外,个体权利离不开国家权力的保障,从这个角度看,个体权利的丰富,也意味着国家权能的拓展。

7 最后,权利是刑事程序的改革引擎。一国的刑事程序并非一成不变,而是始终处于动态演进之中。毫无疑问,权利是推动刑事程序改革的重要因素。每当创设一项新的权利,或者为既有权利增设新的内涵时,就需要建立相应的权利保障和实施机制。相应地,权利机制能够产生“虹吸”效应,促使办案机关不断引入先进的理念、制度和技术。例如,随着不得强迫自证其罪权利的确立,为有效侦破犯罪案件,办案机关更加关注实物证据和科学证据的收集与运用,科学侦查的理念和制度应运而生。类似地,为预防刑讯逼供,避免供述的合法性面临争议,办案机关开始实行讯问过程录音录像制度,并以此为基础逐渐对各类取证活动引入录音录像制度。如果没有权利机制的激励,刑事程序可能始终徘徊在传统的低法治状态。

8 既然权利如此重要,刑事程序的权利赤字问题,理应引起足够重视。中国刑事诉讼法包含诸多的权利条款,但一些重要的权利尚未确立,有些权利条款的内涵尚不明确,更重要的是,现有的权利保障和救济机制还不够完善。有鉴于此,有必要以权利逻辑为主线,梳理刑事程序的权利清单,完善权利的保障和救济机制,实现权利的法律化、制度化和程序化,将文本上的权利转变为实践中的权利,为权利遭到侵犯的情形提供有效的法律救济。

9 对个体而言,一旦被卷入刑事程序,就将面临自由遭到限制或剥夺的现实风险。那些平素并不在意,并且看似与己无关的权利,此时突然变得重要起来。就像阿伦特教授所讲的那样,人们往往只有在失去权利的时候,才发现权利的重要性。如果权利始终停留在想象层面,仅仅体现为法律条文中模糊的规定,无法真正付诸实施,就将导致人们不再尊重法律和权利,甚至对法治现状不满,这势必影响法治的尊严和权威。1789年《法国人权宣言》问世后,边沁并未对宣言性的权利给予赞誉,反而作出如下犀利的评论:“基于实际的法律,产生实际的权利;基于……想象的法律,只能产生想象的权利。”确实,权利不能只停留在理念、文本层面,而应当成为实在的权利,唯有如此,才能让公众真正树立对法治的信心。

要想捍卫权利,首先要清楚自己究竟拥有哪些权利。权利 10
问题事关重大,不能是一笔糊涂账。如果连法律规定了哪些权利都不能确定,也就无法有效地主张权利、保障权利。对此,阿伦特教授提出了“享有权利的权利”这一事关权利本原的重要命题。从某种意义上讲,中国宪法中的“国家尊重和保障人权”条款,以及“任何公民享有宪法和法律规定的权利”的规定,或可视为对这种“享有权利的权利”的确认,其中前一个权利指的就是“宪法和法律规定的权利”。学者们经常强调,刑事诉讼法是“小宪法”“人权法”,从权利实践的角度,有必要对刑事诉讼法条款的权利要素进行系统分析,识别法律具体确认的权利。对于非常重要但又未作规定的权利,可以在条件成熟时,通过修改法律予以补充完善。同时,对于法律仅作出原则性规定的权利,则有必要基于有效解释原则,阐释其具体内涵。在此基础上,可以形成一份清晰的权利清单,为国家保障人权的举措提供参照,也为当事人主张权利提供依据。

11 基于内在属性的差异，权利可分为消极权利和积极权利。前者的典型表现形式是“免于……的权利”，后者的典型表现形式是“主张……的权利”。与之相对应，国家保障人权的义务，也可分为消极义务和积极义务。基于个体权利与国家义务的对应关系，法律上每确立一项权利，国家通常需要承担相应的保障义务。在刑事程序中，无论是个体权利还是国家义务的实现，都不是自动的，而是需要特定的主体提出具体的主张，或者采取相应的行动。

12 尽管被追诉者在法律上被视为诉讼主体，但由于其通常处于被羁押状态，且往往并不具备法律知识，因此，难以仅凭一己之力有效维护自身的合法权利。基于此种情况，法律设置了辩护制度，辩护律师以及援助律师可以接受指派或者聘请，为被追诉者提供专业的法律帮助。被追诉者与辩护律师的关系，可被视为私人信托关系。相比之下，为了监督办案机关严格依法推进诉讼，法律设置了检察机关，对刑事诉讼活动进行法律监督，保障被追诉者的合法权利。被追诉者与检察机关的关系，可被视为公共信托关系。基于权利信托机制，辩护律师和检察机关分别从不同角度，依法维护被追诉者的合法权利。这种权利信托关系，也对辩护律师和检察机关提出了相应的职责要求。

13 权利保障是否有效，关键在于司法救济机制。当权利存在争议或者遭到侵犯时，当事人可以向司法机关寻求救济。如果权利只是见于法律条文，却无法得到司法救济，就只能被视为宣示的权利，而非实际的权利。如果将刑事程序诸环节视为层级性的救济机制，那么，原本看似流程化的各个诉讼阶段，就会转而成为被追诉者主张权利的关键环节，并事关刑事程序的最终结局。法院作为正当程序的守护者，应当依法保障被追诉者的合法权利，解决控辩双方的权利争议，明确诉讼权利的应有内涵，并对侵犯权利的诉讼行为给予程序制裁。实践表明，在刑事程序中越重视人权保障，就越强调法院依法独立审判，也就越注重司法的公正和权威。反之，如果权利变得可有可无，法院就容易沦为橡皮图章式的边缘角色。

刑事程序涉及多元的诉讼主体，除被追诉者外，被害人和利 14
害关系人的权利保障也不容忽视。刑事诉讼各方主体的权利，存在紧张关系，甚至存在直接的冲突。对于这种权利冲突，不能简单地以一方的权利否定另一方的权利，而是应当坚持均衡的立场，综合考虑各方权利的合理边界。这对法院的司法权能提出了较高的要求，能否较好地均衡各方权利，始终是检验司法质量的核心标准之一。

刑事程序的权利保障，不仅关乎本国司法质量，还关系到国 15
际社会对一国司法的总体评价。在过去一段时期，中国司法对权利问题关注不够，难以与国际社会进行有效的对话。在当前阶段，中国司法的权利保障制度已经取得长足进展，有必要加强与国际和外国司法机构的沟通交流，提高权利保障制度的国际兼容度，增进国际社会对中国司法的理解和认知。同时，也可考虑适当参考国际刑事司法准则和域外司法制度，从中识别最低限度的权利共识，从而有针对性地加强权利领域的研究，审慎解决司法实践面临的突出问题。

司法文明的交流互鉴，对推进中国全面依法治国事业有颇 16
多裨益。基于文化多元主义理念，各国的人权事业都有独特的历史、文化和现实背景，不能脱离本国国情和实际，也不能照搬照抄他国模式。中国的权利保障制度,应当在既有的法治成果基础上,顺应国际人权法治发展趋势,借鉴域外司法的有益经验,不断完善权利的保障体系和制度机制。具体到刑事领域,各国刑事程序普遍面临着权利保障的难题和挑战,尽管各国需要应对的问题不尽相同,但都在比较和借鉴之中积极推动刑事程序的改革和完善。中国的刑事程序,有必要立足本国的法治根基和文化传统,不断探索权利保障的可行方案和思路,并为国际人权法发展作出应有的贡献。

1 享有权利的权利

你对权利感兴趣，权利就会对你感兴趣。

亨金教授在《权利时代》一书中写道：“作为 17
人性固有的特征，人权不可分割、不容侵犯：它们不能被转让、没收或者放弃；它们不能因遭到褫夺、未能行使或者未能主张而丧失。”〔1〕基于这种天赋人权观念，权利的存在，似乎无须得到法律和社会的承认，只需通过人的理性予以识别。

作为国际人权法的纲领性文件，《世界人权 18
宣言》在序言开篇指出：对人类家庭所有成员的固有（inherent）尊严及其平等的和不可分割的权利的确认（recognition），是世界自由、正义与和平的基础。〔2〕《世界人权宣言》既主张尊严和权

---

〔1〕 Implied in one’s humanity, human rights are inalienable and imprescriptible: they cannot be transferred, forfeited, or waived; they cannot be lost by having been usurped, or by one’s failure to exercise or assert them. Louis Henkin, *The Age of Rights*, Columbia University Press, 1990, p. 2.

〔2〕 Preamble of the *Universal Declaration of Human Rights*: Whereas recognition of the inherent dignity and of the equal and inalienable rights of all members of the human family is the foundation of freedom, justice and peace in the world.

利的固有性，又强调对固有的尊严和权利予以承认，这隐含着对应然权利和实然权利进行调和的要求，即人类固有的应然权利，需要通过法律和社会的承认，转化为实然权利。换言之，即便人的尊严和权利具有固有性，但如果未能得到法律和社会的确认，也很难成为“世界自由、正义和和平的基础”。

19 应然权利和实然权利的分离，反映出权利理念和权利实践之间的鸿沟。根据国际人权文件的规定，每个人都享有诸多基本权利，但考察世界一些国家，国家侵犯权利的情形屡见不鲜，国家的权利承诺和侵权现象形成鲜明的对比。此种背景下，究竟是不断改变权利实践现状，满足权利保障需求，还是从根本上质疑权利理念，通过其他途径实现正义、平等和人道，是人权法治难以回避的挑战。[1] 不过，换一种思路，坚持实事求是原则，正视权利理念和权利实践之间的鸿沟，并从实践出发改革完善权利保障制度，有利于打破制度僵局，使原本令人灰心失望的鸿沟，转变为推动深层变革的积极张力。

20 在现代政治国家，人作为权利主体，可以通过提出权利主张，实现个体与国家的良性互动。不过，权利主张的提出与实现，不能自说自话，离不开法律的保障。回顾权利的发展历史，无论是以保障基本人权为宗旨的国际人权公约，还是致力于发展本国权利体系的国内法律，都是在特定的政治和法律框架内，寻求实然权利和应然权利的适当平衡。基于对传统人权观念的批判，阿伦特教授深刻地指出，只有处在特定的政治共同体中，

---

〔1〕 Daniel Moeckli et al., *International Human Rights Law* (*third edition*), Oxford University Press, 2018, p. 42 – 43.

拥有“享有权利的权利”（the right to have rights），才能真正享有特定的公民权利和政治权利。究其实质，权利只有得到法律的确认，才能真正为权利主体所享有。进一步讲，权利主体只有得到法律的保障，才能有效地主张和实现权利。

1.1　失权主体的权利困境

“一战”之后，欧洲国家的大量群体突然丧失了公民身份，成 21
为所谓的“少数群体”和“无国籍人”。这些群体不再归属于任何民族国家，在丧失公民身份的困境下，他们只是单纯作为“人类”而存在，权利对他们而言变得虚无缥缈。面对这些群体的权利困惑，阿伦特教授认识到，要想拥有权利，必须成为政治共同体的一员。“当他们离开了自己的家乡时，就变得无家可归；当他们离开了自己的祖国时，就变得无国可依；当他们被剥夺了人权时，就变得无权可用。”[1]阿伦特教授的主张隐含着失权主体的权利困境：如果一个人被排除在政治共同体的法律体系之外，他还能否主张属于该政治共同体的权利呢？

1.1.1　阿伦特的权利悖论

阿伦特教授认为，“如果缺乏民族国家的法律保障，抽象的 22

[1] Once they had left their homeland they remained homeless, once they had left their state they became stateless; once they had been deprived of their human rights they were rightless, the scum of the earth. Hannah Arendt, *The Origins of Totalitarianism*, Harcourt Brace, 1951, p. 297.

人权并不能为个体提供任何特殊的权利保护”[1]。要想真正获得权利,必须拥有“享有权利的权利”。所谓享有权利的权利,具有两个关键特征:第一,这是一项基础性的权利,也是享有法律权利的前提;第二,这是一项回溯性的权利,只有当发现人权无效时,才会意识到这项权利。在阿伦特教授所处的时代,民族国家的公民通常认为,所谓享有权利的权利,对他们而言是理所当然的权利;但是,对于那些被剥夺公民身份的群体而言,这项权利已经不可企及,在脱离政治共同体后主张权利为时已晚,根本无法解决他们所处的法律困境。

23 所谓“享有权利的权利”(the right to have rights),从英文表述看,可以理解为包含两个既有区别又有联系的权利要素:第一个单数的权利(right),是指基于人性的道德权利;第二个复数的权利(rights),则是指法律认可的公民权利。[2] 在阿伦特教授看来,脱离了政治共同体,个体就没有任何公民权利可言。即便个体可以提出特定的权利主张,也不能保证权利主张得到认可,特别是当处理权利主张的机构,恰恰是剥夺权利的机构时,预期结果更是显而易见。对于失权(指失去公民权利,并非失去权力)主体而言,问题不仅在于他们丧失了政治共同体的身份,更在于恰恰是政治共同体剥夺了他们的身份。基于这种悲观的视角,

---

〔1〕 需要强调的是,基于阿伦特教授的分析框架,人权与权利的概念存在内在的差异。概括地讲,人权是指国际人权公约层面的抽象的人权,即,人作为人的存在本身,应当享有的基本人权;而权利则是指政治共同体的法律认可的公民权利。人权得到政治共同体的法律认可,就将转化为公民权利。下文的分析沿用这一基本的概念区分。

〔2〕 The first right is a moral entitlement based in human nature, while the latter rights are the legally recognized entitlements of citizens. Seyla Benhabib, *The Rights of Others*, Cambridge University Press, 2004, p. 59.

阿伦特教授认为,享有权利的权利,不再是积极的权利主张,而是已经失去且无法重新获得的权利,因此,并不能为失权主体提供有效救济。

基于天赋人权观念,人权是人所固有的,并且无须法律和社会确认的权利。但实际上,当人被剥夺了法律权利,沦为自然状态的"人"时,他的权利就面临没有法律保障的局面。就像阿伦特教授所看到的那样,那些无国籍人、难民等,由于丧失了法律权利,就只剩下所谓的人权。"一战"之后的难民危机使阿伦特教授认识到人权的无能为力,即人可能被排除于法律和政治共同体之外,成为抽象的人权主体。 24

从这个角度看,《世界人权宣言》等国际人权文件中规定的人权,在本质上属于抽象的人权,或者说是呼吁成员国通过法律予以确认的人权。这些国际人权文件中规定的人权,只有得到国内法的确认,才能成为法律权利,并真正付诸实施。而一旦国内法确认了特定的权利,国际人权文件中的相应人权,对于这些国家而言,在某种程度上就成为有些冗余的权利。换言之,对于国内法确认并予以保障的法律权利,单纯的人权主张就显得没有必要。 25

将人权视为失权主体的权利,这可能是对传统人权理念的一种讽刺。在阿伦特教授看来,失权主体的困境,并不在于他们不能主张权利,而在于他们已经被排除在法律体系的保护之外,此时再主张权利并无实际意义。换言之,个体一旦脱离了法律保障,就没有权利可言,此种情况下,探讨抽象的人权似乎于事无补。进一步讲,如果个体权利遭到国家肆意侵犯,就意味着法律不再保障他的权利;对于权利遭到国家侵犯的个体而言,他的 26

权利主体地位已经受到挑战,甚至遭到剥夺。不过,认识到抽象人权的局限性,认识到失权主体的权利困境,并未让阿伦特教授走向愤世嫉俗之路,而是促使她认识到,主张享有权利的权利,有利于打破将人权视为理所当然这一幻想。

27 阿伦特教授提出的“享有权利的权利”,还有一层重要的法治含义,那就是,一旦国家将特定个体排除在法律体系的保护之外,该个体的权利主张就难以获得法律的认可。从政治共同体的权利供给角度看,成员的法律资格之所以重要,是因为政治共同体仅仅对成员而非别的任何人承担义务。[1] 对于无权主体(如无国籍人)或者失权主体(如难民)而言,主张享有权利的权利,涉及权利的法律创设和再次确认,这无疑是一种难度很大的挑战。

28 如果更进一步,思考权利主体“失去”权利的过程,那么,享有权利的权利这一极具启发性的概念,还促使我们反思公众对权利的集体无意识问题。具体言之,恰恰是在失去享有权利的权利时,人们才开始意识到这一权利。同样地,恰恰是在权利遭到限制或者剥夺时,人们才开始意识到权利的重要性。更重要的是,公众对权利是否具有充分的意识,间接地反映出法律制度是否具有坚实的权利根基。在以权利为基础的法律制度下,除非有正当理由,否则国家不得随意限制或剥夺公民的法律权利。但是,在权利不受重视的法律制度下,权利遭到国家限制或剥夺可能是实践常态,不仅缺乏有效的法律救济,甚至连权利遭到限

〔1〕 [美]迈克尔·沃尔泽:《正义诸领域:为多元主义与平等一辩》,褚松燕译,译林出版社2002年版,第64-65页。

制或剥夺本身,都不会引起公众的关注。公众究竟是珍视权利,还是漠视权利,这是体现一国法治水平的重要标志。

1.1.2　权利话语的换位思考

29 权利,决定了个体的法律地位。个体在日常生活中,因享有宪法法律提供的保护,不必担心权利遭到限制和剥夺。即便进入刑事程序,也不用担心猝然失去权利。因为宪法法律提供的保护,即便对于被追诉者,也同样适用,只不过是转换了适用的场域而已。然而,如果个体平时就不享有宪法法律赋予的权利,一旦进入刑事程序就会成为失权主体,他的法律地位也将显得可有可无。[1] 此种情况下,刑事程序的启动,就意味着权利与个体脱离了关联,个体也就不再拥有权利。相应地,个体将处于失权的法外环境之中,而非权利的法治环境之中。

30 与失权主体相比,真正的权利主体并不关注权利,他们不会将权利话语挂在嘴边。在权利主体眼中,拥有权利是理所当然的,以至于无须反复提及。相应地,真正拥有权利的主体,往往希望通过非正式的交流方式,而不是正式的权利话语解决问题。这导致一种非常奇怪的局面:一旦使用权利话语,似乎就意味着,言说者并非权利主体。

31 在法律领域,权利话语的这种尴尬局面,使律师群体也对此产生了警惕。如果律师以主张权利为名,维护当事人的合法权益,有时甚至会被认为是不明智的选择。由于这种做法可能会引起其他诉讼主体的反感,以致影响最终的诉讼结果,一些律师

---

〔1〕 Stephanie DeGooyer et al., *The Right To Have Rights*, Verso, 2018, p. 40.

通常不愿提出权利主张。他们经常会产生这种疑惑:在诉讼过程中提出权利主张有用吗?放弃权利主张,选择协商途径,能否换取对当事人更有利的结果?同时,一旦律师选择提出权利主张,还可能突然显得与周遭环境格格不入起来,甚至遭到同行的刻意疏离。这种社会疏离效应,进一步削弱了权利主张的可行性。

32 图施内特教授指出,权利的制度化容易导致社会疏离,这将不利于深化社会改革。[1] 如果依照图施内特教授的主张,将诉诸权利的法律话语,转化为诉诸需求的社会话语,这种权利的"非正式性"(informality)尽管有助于淡化社会分歧和冲突,但无疑将导致权利话语陷入沉默,从长远来看可能并不利于权利保障制度的演进和社会深层改革的实施。在积极的权利论者看来,弱化权利话语,或许更加契合权利主体的身份,但对于那些失权主体,或者因权利遭到限制或者剥夺而努力争取权利的弱势群体而言,正是由于通过其他途径无法有效解决问题,他们才不得不选择权利话语。

33 实际上,在不同的社会群体眼中,对权利的认知存在鲜明的反差。真正的权利主体认为,权利话语显得过于正式,甚至有些刺耳,在法律的平等保护框架下,并没有严肃地诉诸权利话语的必要。但在失权主体看来,如果单纯反映自身的需求,而不提出明确的权利主张,自身的需求根本就不会引起足够的关注。因此,尽管权利话语可能面临非议,诉诸权利话语的实践效果可能

---

〔1〕 Mark Tushnet, *An Essay on Rights*, Texas Law Review, Vol. 62, p. 1386 (1984).

非常有限，有时甚至导致负面后果，但对失权主体而言，他们仍然不愿放弃看似无益的权利话语。这种做法实际上不难理解，因为对失权主体而言，除了权利话语，他们已经别无选择！基于对权利的渴求，他们关注实际的权利，关注不加限制的权利，关注权利的真正实现。

与宪法制定的理念类似，如果从真正的权利主体的眼前利 34
益出发，看似无须规定权利条款，因为权利主体并不存在实际的权利需求。但是，如果站在普通公众的角度，宪法的权利条款就显得极为重要，因为这些条款划定了国家权力的法律边界，成为公众权利的根本保障。需要指出的是，权利条款具有普遍适用的属性，考虑到权利主体的身份可能发生变化，即便是权力阶层，一旦丧失权力，也需要寻求权利条款的保护。如同在国际刑法领域，官员的属人豁免权通常限于在任期间的行为，一旦卸任，就不再享有属人豁免权，此时，卸任官员与其他公众一样，离不开宪法法律提供的平等保护。有鉴于此，普通公众包括失权主体努力争取权利，实际上不仅是为了自身利益，而且是为了所有人的利益。这些权利一旦得到法律确认，不仅能够满足当事人的直接诉求，还将惠及所有公众，包括权力阶层。

如果认识到权利的普惠性特征，理性的人或许就不会再无 35
视失权主体的执意抗争，不会再怀疑权利话语的实际效用，因为失权主体所主张或者捍卫的权利，与每个人的切身权益息息相关，实际上就是每个人可能享有的权利。或许只有摒弃旁观者的视角，转换到亲历者的视角，才能认识到权利主张与自身权益的内在关联。或许只有当自身权利遭到限制或者剥夺时，才能认识到权利主张无比重要的制度价值。然而，就像阿伦特教授所讲的那样，人们通常只有失去权利，才会意识到权利的价值。有鉴于此，有必要克服权利富足的认知偏差，摒弃权利话语无用的论调，脚踏实地地完善权利保障制度。

1.1.3 正当程序的赋权功能

36 权利，极难取得，但又极易失去。唯有真正推行法治，建立法律的正当程序，才能确认并保障公民的法律权利，并创造理性宽容的法治环境，确保个体有能力提出正当的权利主张，依法维护自身的合法权利。

37 从其基本结构看，权利通常包括实体和程序两个维度。权利的实体维度，涉及的是权利的内涵。相比之下，权利的程序维度，则关系到权利的保护机制，也就是国家为保障权利而应尽的义务。从权利实践的角度看，只有基于法律的正当程序，设定国家义务，才能真正实现法律的赋权功能。以《公民权利与政治权利国际公约》第六条规定的生命权为例，其实体要素是“每个人都拥有固有的生命权”，这一内容固然重要，但并不涉及国家义务，因此很难产生实际影响。不过，该条款对生命权的程序要素所作的规定，包括“该项权利应受法律保障”“任何人的生命不得予以专断地剥夺”“死刑只能适用于最严重的犯罪”“未满十八岁之人犯罪，不得判处死刑；怀孕妇女不得执行死刑”等，对国家保障生命权的义务提出了明确要求，设定了保障生命权的正当程序。

38 尽管法律的正当程序对于权利保障至关重要，但并非所有程序都能满足正当程序的内在要求。权利不友好型程序非但不能实现赋权功能，还通过抬高权利门槛、设置两难选择、增加权利成本等方式,不当限制乃至剥夺权利。此种欠缺权利要素的程序,尽管也包含权利条款,但这些权利条款对权利主体和失权主体而言,并不具有相同的价值。尽管讨论的是同一套权利话语体系,但权利主体实际上并不需要诉诸程序,而失权主体却难以寻求程序的保护。

法律程序对权利的友好程度,决定了个体与权利的关系远 39
近。如果认识到正当程序对于权利保障的关键性作用,就会认同以下主张:尽管法律确认的权利越多越好,但更重要的是创造理性宽容的法治环境,让所有人可以正当地主张权利、行使权利、维护权利。相应地,基于权利友好型正当程序,国家应当依法保障权利,不得随意限制或者剥夺权利;失权主体在主张权利时,不必担心权利诉求遭到排斥;权利的主张和行使,不会遇到不必要的法律障碍;根据社会发展变化,可以不断创设新的权利,或者赋予既有权利新的内涵。

基于权利友好型正当程序,每个人都将成为权利主体。保 40
障权利不再是国家的额外负担,而是国家为提高治理能力而进行的战略投资。基于正当程序的赋权功能,个体即便进入刑事程序,也不用担心合法权利遭到不当限制或者剥夺,更不用担心陷入阿伦特教授所说的失权状态。如果个体权利得到国家的尊重和保障,如果权利主体获得充分的法律保护,个人就会与国家形成紧密的法律纽带,这是国家治理正当性的重要制度基础。

当然,正当程序的赋权功能,需要以权利的具体化为前提。 41
如果仅有国际人权文件所确立的抽象权利,权利主体很难提出具体的权利主张,这将导致正当程序难有用武之地。权利的具体化,要求法律对权利的内涵作出明确规定,特别是对国家保障人权的具体义务作出明确规定。如何持续地完善权利体系,始终是刑事程序需要关注的核心问题。

42 综上,基于阿伦特教授的权利理论框架,享有权利的权利,在刑事程序领域主要有以下启示:第一,抽象人权并不足取,只有宪法法律确认的权利,才是实在的权利。第二,要想主张权利,必须保持权利主体地位;一旦丧失权利主体地位,就很难有效地提出权利主张。第三,权利需要依赖政治共同体的法律保障,脱离国家的保障机制,权利将形同虚设。第四,国家保障权利的义务,需要体现为法律的正当程序。只有通过正当程序的赋权功能,权利主体在权利遭到侵犯时,才能有效地寻求法律救济。

1.2 刑事程序的权利赤字

43 权利保障是一个世界性难题。具体到刑事程序,权利赤字(deficit),是各国司法制度面临的普遍性问题。本节主要聚焦中国的制度和实践,尝试概括中国刑事程序模式的突出特点,以及权利保障制度面临的各种体制性制约。

44 在分析当前中国刑事程序的问题之前,首先有必要简要回顾中国人权制度的发展历史。德沃金教授在分析权利理论与中国的关联时,曾经提到一种观念,即"中国历史上,法律权利的概念如果有的话,也是很微弱的。中国从未为其哪怕是最基本的社会和人文价值观提供过法律保护"。[1] 客观地讲,中国古代

---

〔1〕[美]罗纳德·德沃金:《认真对待权利》,信春鹰、吴玉章译,上海三联书店2008年版,第14页。

文化历来强调“人”的重要性，并提出了许多重要的论断，如“间于天地之间，莫贵于人”“仁者莫大于爱人”，等等。不过，具体到法律制度，则更多是从维护统治秩序的角度处理国家与个体的关系，并没有形成清晰的权利观念，也就谈不上系统的权利保障制度。当然，中国古代法律制度也有许多值得认真总结的法治经验，如“明德慎罚”“与其杀不辜，宁失不经”等司法理念，至今仍发人深省。特别是极具特色的死刑审核制度，体现了对生命权的尊重。布迪教授等学者指出：“中国古代死刑案件的上诉制度，可以说是人类智慧的杰出成果，这种与西方世界不同的‘正当程序’，是值得中国人引以为骄傲和自豪的。”[1]

历经20世纪政治、经济、社会、文化等领域的历史性变革， 45
中国建立了具有中国特色的社会主义法律体系，并在现代法治框架下，确立了权利理念和人权保障制度。特别是2004年《宪法》修改，将“国家尊重和保障人权”写入《宪法》，标志着中国的权利保障制度进入了新的历史阶段。改革开放以来，中国的权利法治取得了有目共睹的进步。但不容否认的是，中国的权利保障制度还有很大的发展空间。当然，中国的权利保障制度发展历程较短，不能急于求成。一方面，有必要深入挖掘中国法律传统的有益经验，为中国的权利保障制度奠定更加坚实的历史和文化基础；另一方面，也有必要积极借鉴域外法治经验，稳步有序地推动中国权利保障制度演进。

问题是时代的声音。近年来，中国持续推进刑事司法改革， 46

〔1〕［美］布迪、［美］莫里斯：《中华帝国的法律》，朱勇译，江苏人民出版社1993年版，第136－137页。

不断完善人权司法保障制度。但诚如陈光中教授所言:"我国修改后的刑事诉讼法在刑事司法人权保障方面有较大改善,但存在的问题仍然不少,离确保实现'让人民群众在每一个司法案件中都感受到公平正义'尚有相当差距。"[1]理性地看,中国刑事程序的一个突出问题就是权利赤字,具体表现为权力共识影响下的权利边缘化与虚置化。同时,刑事程序改革尽管以加强人权司法保障为重点,但仍然面临权利共识的渐进性和正当程序的内卷化问题。

1.2.1 权利的边缘化与虚置化

1.2.1.1 权力共识下的权利边缘化

47 基于帕克教授的经典理论,刑事程序可以分为"犯罪控制"和"正当程序"两种模式。[2] 在犯罪控制模式下,刑事程序以有罪推定为前提,各个诉讼阶段如同分工协作的流水作业,追求高效率地惩罚犯罪。相比之下,正当程序模式则以无罪推定为原则,强调限制和规范国家追诉权力,反对以公正为代价追求效率,主张障碍赛式的对抗制诉讼形态。如果从权利角度分析上述两种程序模式,正当程序模式无疑偏重权利保障,而犯罪控制模式则更加关注权力运作,相对忽视被追诉者的权利。

48 中国传统的刑事程序,在总体上更加接近犯罪控制模式。

---

〔1〕 陈光中:《应当如何完善人权刑事司法保障?》,载《光明日报》2013 年 12 月 5 日,第 15 版。

〔2〕 Herbert Packer, *Two Models of the Criminal Process*, University of Pennsylvania Law Review, Vol. 113, p. 1(1964).

准确、及时地惩罚犯罪，始终是刑事诉讼的首要任务。当然，中国刑事诉讼在重视效率的同时，也强调保障人权，并将防止冤假错案视为司法底线。不过，当犯罪控制与正当程序存在紧张关系时，犯罪控制的考量通常会占据上风。需要指出的是，1996年《刑事诉讼法》修改以来，刑事程序不断注入人权保障和正当程序等要素，但尚未形成程序主导的局面，在一定程度上只是对传统超职权的刑事诉讼模式加以矫正，试图克服单纯强调惩罚犯罪的弊端。伴随以审判为中心的刑事诉讼制度改革的推进，特别是非法证据排除规则等新制度的严格实施，刑事司法的人权保障水平不断提高。不过，为应对司法资源紧缺问题，2018年《刑事诉讼法》在修改传统简易程序的基础上，增加了速裁程序和认罪认罚从宽制度，尽管这是推进刑事程序繁简分流的重要举措，但在实践效果上，可能更加偏向加强犯罪控制而非正当程序。虽然速裁程序改革强调“简程序，不减权利”[1]，但诉讼程序的大幅简化，对权利主体来说显然并无权利增益。刑事程序改革并非易事，需要均衡考虑各种利益，但无论如何，不能以牺牲权利和公正为代价，过度追求效率等功利性目标。

刑事程序对惩罚犯罪的关注和对提高效率的偏好，在实质 49
上反映出以权力共识为基础的司法惯例。所谓“权力共识”，是指公检法机关为提高诉讼效率，弱化权力分工制约原则，在实践中对案件处理结果形成决策共识。如果这种共识在法庭之上形成，并建立在权利保障基础上，或许无可厚非。但实际上，这种

[1] 蔡长春：《刑事速裁试点两年办案质效双升，简程序不减权利》，载《法制日报》2016年9月5日，第6版。

权力共识通常是在权利主体缺席的情况下私下达成,主要表现为以下两种情形:一是对前一诉讼阶段办案机关所作司法决策的习惯性默认;二是办案机关在诉讼过程中进行的闭门协商。在达成权力共识过程中,办案机关可能也会考虑权利因素,但这并非硬性的制度要求,也很难对司法决策产生实际影响。

50 更重要的是,公检法三机关互相配合的司法体制,固化了以权力共识为基础的制度和惯例,容易出现三机关过于强调互相配合以致限制辩护权的行为。[1] 根据《宪法》和《刑事诉讼法》的规定,人民法院、人民检察院和公安机关进行刑事诉讼,应当分工负责,互相配合,互相制约,以保证准确有效地执行法律。但实践中,公检法三机关存在配合有余、制约不足的问题。传统的公检法三机关联席会议,经常针对个案定罪争议,协商决定处理结果。这种以权力共识为基础的司法决策机制,导致各机关角色混同,并变相搁置了被追诉者的辩护权利。即便联席会议制度逐步淡出历史舞台,在刑事诉讼构造未作实质性调整的背景下,公检法机关的司法角色混同难以彻底矫正,刑事程序的权力制约机制也难以有效建立。

51 随着辩护制度的发展,辩护律师在侦查环节即可介入案件,向办案机关了解情况、提出意见,这就在权力制约机制之外,为权利保障提供了另一种制度可能。然而,由于审前程序缺乏必要的权力制约机制,侦查阶段的辩护举步维艰。受以权力共识为基础的司法惯例影响,即便案件到了起诉、审判阶段,检察机

〔1〕 陈光中:《如何理顺刑事司法中的法检公关系》,载《环球法律评论》2014年第1期,第62-64页。

关、法院也可能迁就侦查阶段形成的案件处理意见,不愿正视权利遭到侵犯的情形。此种情况下,辩护律师难以与追诉机关进行实质性的对话和对抗,辩护工作在一定程度上游离于法律程序之外,对权力共识的惯性影响有限。

注重权力共识的司法惯例,还将破坏权利保障制度的生成 52
土壤,导致难以形成尊重和保障人权的制度环境。办案机关寻求权力共识,通常意味着规避法律的正当程序,回避案件的权利争议,这无疑不利于保护被追诉者的权利诉求。一旦刑事司法进入流水作业的节奏,被追诉者的权利就可能成为无关紧要的问题。即便一些法院认真对待权利主张,也可能受到制度惯性影响,在解决权利争议时给予侦查、起诉机关过大的裁量空间。这种宽泛的裁量空间,意味着法院难以在设定权利标准、加强权利救济等方面发挥应有的制度功能。[1] 权力共识型司法惯例,还可能使司法机关倾向于采用一种原则性、模糊性的方式对权利争议作出裁判,缺乏必要的释法说理,这是导致程序性裁判不发达的制度原因之一。

1.2.1.2 高定罪率下的权利虚置化

在偏重惩罚犯罪、稳定社会秩序的政策驱动下,一旦辖区发 53
生重大案件,侦查机关通常会接到"尽快"乃至"限期"破案的指令。尽管侦查机关可以借助强大的社会动员能力,广泛收集犯

---

〔1〕 Eyal Benvenisti, George Downs, *Democratizing Courts: How National and International Courts Promote Democracy in an Era of Global Governance*, New York University Journal of International Law & Politics, Vol. 46:3, p. 742(2013).

罪线索和证据,但受制于侦查活动的基本规律以及侦查资源的有限性,并非所有案件都能侦破,也并非所有案件都能在指定期限内侦破。如果侦查机关短期内未能取得实质性进展,就将面临来自当事人、政府和社会等方面的压力。在侦查职业化程度不高的情况下,这种破案压力可能扭曲侦查程序,促使办案人员采取刑讯逼供等非法取证方法。

54 当然,面对破案压力,如果办案机关秉承无罪推定原则,依法认定犯罪嫌疑人并保障其合法权利,认真核查在案证据以及供述与辩解的真实性,就能够有效甄别有罪者与无辜者,避免侦查误入歧途。换言之,依法保障犯罪嫌疑人的合法权利,有助于提高侦查权能,避免侦查错误,消解破案压力。但受有罪推定等错误观念影响,一些侦查人员怀有确证偏见,忽视犯罪嫌疑人的正当辩解与权利诉求,甚至采用非法方法收集证据,或者选择性地收集不利于犯罪嫌疑人的证据,以致扭曲案件事实证据体系,埋下冤假错案隐患。

55 侦查,作为从无到有的认识活动,受诸多主客观因素影响,有时难免出现程序疏漏。同时,在讯问等关键取证环节,侦查人员与犯罪嫌疑人的对抗博弈有时非常激烈,侦查措施的合法性边界可能较为模糊。有鉴于此,在现有制度条件下,对侦查程序的人权保障提出过高期待,可能并不契合实际。鉴于侦查环节存在违反法定程序等内生风险,起诉、审判等环节应当对侦查程序的风险保持足够警惕,严格坚持法定证明标准和正当程序要求,有效甄别有罪者和无辜者,依法矫正侦查程序的偏差和失误。然而,基于权力共识型司法惯例,起诉、审判等环节有时未能发挥程序制约功能,而是与侦查环节协力完成追诉犯罪的"司法流水作业”，导致一些案件出现“起点错、跟着错、错到底”的问题。[1]

除权力共识对正当程序的消极影响外，在当前的司法环境 56
下，惩罚犯罪的制度压力在程序内部具有传导效应。具体言之，侦查机关面临的破案压力，在案件侦查终结、移送审查起诉后，就随之传递到公诉机关。即便侦查取证存在问题，案件存在质量隐患，只要案件移送审查起诉，侦查机关便可卸掉压力和负担。相应地，公诉机关就将承接案件压力，非但如此，此时的压力还将产生叠加效应，不仅包括当事人、政府和社会要求惩罚犯罪的压力，还包括侦查机关拒绝“回收”案件的压力。如果公诉机关不提起公诉，就将打破权力共识的司法惯例，这对于基层公诉机关来说并非易事。

无独有偶，部分公诉机关为解除压力，会选择对案件“带病” 57
提起公诉，从而将压力移交给法院。当然，责任感较强的公诉机关，会在审查起诉环节针对案件存在的问题进行补查补正。显而易见，一旦案件进入审判环节，所有压力就将瞬间汇聚到法院。根据1979年《刑事诉讼法》的规定，人民法院对提起公诉的案件进行审查后，对于主要事实不清、证据不足的，可以退回人民检察院补充侦查。为避免程序回流，1996年《刑事诉讼法》修改取消了退回人民检察院补充侦查制度，这意味着，法院对公诉案件不再有减压缓冲机制，只能依法作出有罪与否的终局性裁判。对于事实清楚，证据确实、充分的案件，法院依法定罪量刑并无压力。但对于“定放两难”的疑罪案件，法院就将面临严峻的挑战。

---

〔1〕 沈德咏：《论以审判为中心的诉讼制度改革》，载《中国法学》2015年第3期，第7－8页。

58 对此,中央政法委2013年出台了《关于切实防止冤假错案的规定》。其中第八条规定,人民法院、人民检察院、公安机关办理刑事案件,必须以事实为依据,以法律为准绳,不能因为舆论炒作、当事人及其亲属上访闹访和“限时破案”、地方“维稳”等压力,作出违反法律规定的裁判和决定。该规定第七条还要求,对于定罪证据不足的案件,应当坚持疑罪从无原则,依法宣告被告人无罪,不能降格作出“留有余地”的判决。除了法律和政策从正面对疑罪从无原则作出指引之外,为督促办案机关依法履职,该规定第十二条还确立了办案质量终身负责制。

59 那么,在外部压力和终身追责制之下,法院究竟会对疑罪案件作出何种处理呢?根据对公诉案件定罪率的量化分析,或许可以推知问题的答案。以2019年为例,全国法院审结一审刑事案件129.7万件,判处罪犯166万人,其中,依法宣告637名公诉案件被告人和751名自诉案件被告人无罪。[1] 多年来居高不下的定罪率,折射出实践中“疑罪从无难”的司法困境。如果绝大多数案件终将作出有罪判决,那么犯罪嫌疑人、被告人通过主张权利来获得无罪判决无疑是难度极大的低概率事件。此种情况下,尽管法律条文罗列了诸多权利,这些条文可能无法发挥其预期效果。

60 权利虚置化,是高定罪率的必然产物。与此同时,权利虚置化,又成为高定罪率的制度成因。两者的长期互动影响,会形成一种制度性恶性循环。若权利主张缺乏实际效用,难以对案件

〔1〕 周强:《最高人民法院工作报告——2020年5月25日在第十三届全国人民代表大会第三次会议上》,载《人民法院报》2020年6月2日,第1版。

的裁判结果产生实质影响，则不仅侦查机关将不再重视被追诉者的权利保障，就连被追诉者及其辩护律师都将对权利保障制度丧失信心，这将对刑事程序的权利保障制度产生灾难性影响。试想，如果办案机关不重视权利保障，那么，刑讯逼供等侵权行为很容易蔓延开来，演化为制度性、系统性的司法顽疾。相比之下，如果被追诉者及其辩护律师不重视权利主张，势必难以有效遏制权力滥用，以致增加发生司法错误的制度风险。

作为刑事司法共同的“敌人”，冤假错案是所有人深恶痛绝 61
的对象。然而，在偏重惩罚犯罪的程序模式下，办案机关通常对权利主张心存抵触，并对冤假错案存在侥幸心理。这种对权利不友好的制度环境，极易诱发侵犯权利的情形，进而导致冤假错案。不过，或许只有当冤假错案已经铸成，侵权行为被置于聚光灯下时，办案机关才会深刻反思侵犯人权的危害。但是，权利遭到办案机关侵犯的蒙冤主体，才最需要法律的保障和救济。基于纠正冤假错案的“后见之明”，加强权利的可诉性和法律救济，既是正当程序的内在要求，也是防范冤假错案的必由之路。

不容否认，定罪率越高，冤假错案的风险越大，权利遭到侵 62
犯的可能性也就越大。在定罪率同样处于较高水平的日本，精密司法理念比较盛行。基于精密司法理念，侦查、起诉和审判应当严格按照法定程序和标准进行，从而准确有效地惩罚犯罪。这种司法理念有其合理的一面，但也面临着强迫认罪和权利保障不足的质疑。[1] 不过问题在于，中国刑事诉讼目前尚未达到

---

〔1〕 *Criminal Justice In Japan: Forced to Confess*, The Economist, 2015, p. 16 – 18.

精密司法程度，不能以精密司法理念为过高的定罪率正名。相应地，过高的定罪率隐含的权利虚置化问题，以及连带的冤假错案风险，着实令人担忧。

63 近年来公布的《最高人民法院工作报告》，都会提到司法机关纠正的冤假错案，相应的数据始终保持极低的水平。例如，2019 年度，各级法院按照审判监督程序再审改判刑事案件 1774 件，山东省高级人民法院等各级法院依法纠正“张志超案”等重大冤错案件；2018 年度，各级法院按照审判监督程序再审改判刑事案件 1821 件，其中依法纠正“五周案”等重大冤错案件 10 件。从积极的一面看，中国刑事诉讼重视实质真实的司法传统以及职权式刑事程序，有利于查清案件事实真相。从消极的一面看，受错案责任追究等因素影响，冤假错案特别是重大冤假错案，依法纠正的难度很大，这也是《最高人民法院工作报告》专门强调依法纠正的重大冤错案件数量的政策考量。此种背景下，实践中的高定罪率、低纠错率可能意味着，一些潜在的冤假错案特别是重大冤假错案尚未浮出水面，或者虽然已经发现，但却难以依法纠正。一些从事错案实证研究的学者主张，已经发现和纠正的错案只是冰山一角，[1]这种论断可能并非危言耸听。基于认识论原理，哈克教授区分三类知识：一是已知的已知；二是已知的未知；三是未知的未知。[2] 潜在的冤假错案，可能介于“已知的未知”和“未知的未知”之间：一方面，有迹象表明可能存在潜

〔1〕 刘静坤、张倩：《美国最新错案报告（1989 年—2012 年）》，载《人民法院报》2013 年 10 月 18 日，第 8 版。

〔2〕 Susan Haack, *Evidence Matters: Science, Proof, and Truth in the Law*, Cambridge University Press, 2014, p. 236.

在的冤假错案例,如实践中司法机关收到大量的申诉案件;另一方面,受各种主客观因素影响,究竟还有多少潜在的冤假错案,实际上很难彻底查清。

更重要的是,冤假错案的发现与纠正并非易事,特别是重大 64
冤假错案的纠正,在很大程度上受到权力共识的制约。翻开已经纠正的重大冤假错案的裁判文书,通常会发现这样一种特殊的"共识":申诉人及其辩护律师、检察机关和再审法院一致认为,现有证据不足以认定申诉人有罪,不仅申诉人及其辩护律师主张无罪,检察机关也建议法院改判申诉人无罪。当然,这种共识的达成,申诉人及其辩护律师的权利主张可能只是动因,而非决定性因素。在纠错共识形成之前,即便申诉人及其辩护律师坚称申诉人无罪,现有证据亦未达到法定证明标准,甚至显示作案人可能另有其人,如果办案机关尚未达成依法纠错的共识,再审法院也很难径行改判申诉人无罪。法院基于疑罪从无原则判处(或者改判)被告人无罪的案件,也面临类似难题。这意味着,冤假错案的依法纠正,虽有一定的权利因素,但实质上仍然是权力共识的结果。当然,近年来疑罪从无原则逐步深入人心,法院依法独立审判的制度机制不断完善,上述问题已经在一定程度上有所缓解,但权利虚置化的问题仍然不容忽视。

基于对冤假错案的理性反思,办案机关强调将防范冤假错 65
案作为司法的底线标准。这一司法共识本身,具有毋庸置疑的正当性。不过问题在于,一些办案机关经常混淆司法底线标准和严格司法原则,具体表现为:将底线标准等同于常规标准,忽视严格司法原则蕴含的正当程序要求和权利保障机制。这种将防范冤假错案作为常规司法标准的观念和做法,实际上人为降低了司法标准，不符合加强司法人权保障的改革要求，也难以根除冤假错案风险。基于对司法规律的省察，福斯特教授将司法错误分为放纵犯罪错误和正当程序错误，其中的正当程序错误，除涉及错判有罪情形外，还涉及侵犯人权等违反正当程序的情形。〔1〕唯有认识到侵犯权利与冤假错案的内在关联，才能促使办案机关形成对正当程序和权利保障的制度认同。有鉴于此，从正当程序的角度设定司法标准，强调权利的法律保障，应当成为解决权利赤字问题的治本之策。

1.2.2 改革的渐进性与内卷化

66 在依法治国背景下，中国持续推进刑事司法改革，其中，加强人权司法保障是改革的核心主线。权利理念创新，是实践创新和制度创新的前提。但权利理念的培育并非一日之功，无论是普通公众的权利意识，还是司法机关的权利共识，都需要一个循序渐进的涵养过程。这意味着，权利保障制度的改革创新，不能急于求成，只能在权利共识基础上稳步推进。

67 总结司法改革的基本经验，事关权利保障制度的改革，通常需要经历三个阶段的转变：一是由理念到文本的转变。随着社会就权利理念形成共识，宪法法律等文件逐步注重体现权利要素，这是权利具体化、制度化的重要环节。二是由文本到政策的转变。徒法不足以自行，文本中的权利需要借助政策机制予以保障。当法治环境成熟，权利保障成为政策需求时，司法机关逐

---

〔1〕［美］布莱恩·福斯特：《司法错误论：性质、来源和救济》，刘静坤译，中国人民公安大学出版社2007年版，第14－18页。

步建立保障权利的政策工具和程序机制。权利的可诉性和救济机制,都是重要的制度支撑。三是由政策到实践的转变。随着权利主张得到司法机关认真对待,权利遭到侵犯的情形获得有效的司法救济,宪法法律规定的权利逐步得到保障,权利的内涵和边界不断明晰。相应地,权利实践也会反过来影响法律政策和法律规定,从而形成理念、文本、实践的良性互动。

前文提到的权利边缘化与虚置化等问题,都是权利保障制度改革需要破解的难题。这些问题的存在,反映出传统司法体制和工作机制的路径依赖。这种路径依赖之所以难以克服,在很大程度上是由于中国的刑事司法改革采取的是权力共识的基本模式。但凡重大的刑事程序改革,都是由中央政法机关协力推进,相应的改革成果也以各机关达成共识为前提。一个典型的表现,就是重要改革文件通常由中央政法机关协商制定并联合冠名,如最高人民法院、最高人民检察院、公安部、国家安全部、司法部联合发布的《关于推进以审判为中心的刑事诉讼制度改革的意见》等。这种基于权力共识的改革,存在一定的制度优势,即,在中央政法机关达成共识的前提下,有关改革文件得以在各机关统一实施、一体适用。但如前文所述,权力共识容易弱化权利因素的制度空间,以致难以形成尊重和保障人权的制度环境。因权利共识匮乏导致的正当程序内卷化,制约着刑事司法改革的总体成效。 68

1.2.2.1 权利共识的渐进性

在国际人权法领域,通常认为,与其他国际条约不同,国际人权文件并非成员国之间的“对等义务”(reciprocal obligations), 69

而是对国家保障人权这一普遍义务的“法律约束”(legal constraints)。[1] 不过,受政治、文化等因素影响,国际层面形成权利共识的难度很大。特别是一些争议较大的权利事项,即便纳入国际人权文件,也只能形成原则性共识。例如,尽管《世界人权宣言》在当下享有较高的国际声誉,但在劳特帕特教授看来,《世界人权宣言》不过是其宣扬的宏大理念的惨痛失败。[2] 又如,在起草《世界人权宣言》的财产权条款时,因各国对私有财产的保护存在较大争议,最终只是在第十七条作出原则性规定,即“人人得有单独的财产所有权以及同他人合有的所有权。任何人的财产不得任意剥夺”。同时,关于财产权的属性,迄今仍然存在公民权利(civil right)抑或社会权利(social right)的分歧。[3] 实际上,无论是国际还是国内层面,受制于权利与权力的博弈,以及不同权利之间的紧张关系,权利事项经常成为被搁置或者折中的对象。

70 在权力主导的传统国家治理模式下,权利共识的嵌入并非易事。在德沃金教授看来,保障权利增加了国家维护公共利益的难度和成本,因此,除非存在正当理由,否则这将是多余的和不公正的。强调认真对待权利,通常需要基于两个基本理念:一是尊严理念,即,没有尊严的待遇是不公正的。二是平等理念,

---

〔1〕 Christine Chinkin, *International Human Rights Law* (*third edition*), Oxford University Press, 2018, p. 66.

〔2〕 Samuel Moyn, *Human Rights and the Uses of History*, Cambridge University Press, 2014, p. 77.

〔3〕 Banning, T. R. G. van., *The Human Right to Property*, Intersentia – Hart, 2002, p. 40.

即,弱势群体应当享有同等保护。[1] 认同这两个基本理念,是建立权利共识的前提。

首先来看尊严理念。尊严是现代人权制度的基石。尽管尊严理念拥有悠久的哲学历史,但是却只有较短的宪法历史。不过,作为宪法的基石性原则,尊严理念是如此重要,以至于传统上无须在宪法文本中具体体现,而是通常"隐居幕后"(stays behind the curtain)。[2] 尊严理念除了体现人的内在价值,还对凝聚权利共识具有重要的桥梁纽带功能,即尊严作为包容性极强的理念,能够体现不同权利哲学的重叠共识,进而协调不同的道德理论和政治主张,使其共同致力于解释和发展权利。同时,尊严理念还能统合平等、自由等宪法理念,更好地解决权利之间的冲突,形成协调有序的权利体系。[3] 71

中国《宪法》第三十八条规定,中华人民共和国公民的人格尊严不受侵犯。《刑事诉讼法》虽未直接规定尊严的字眼,但有关权利条款体现了尊严理念的内在要求。特别是历次《刑事诉讼法》修改,均能清晰地反映出尊严理念"隐居幕后"的重要影响。举例言之,1979 年《刑事诉讼法》对侦查阶段的被调查者,仍然沿用此前的"人犯"表述。1996 年《刑事诉讼法》修改,用 72

---

〔1〕 Jeremy Waldron, *Is Dignity the Foundation of Human Rights*?, in Rowan Cruft, et al., Philosophical Foundations of Human Rights, Oxford University Press, 2015, p. 14.

〔2〕 Susanne Baer, *Dignity, Liberty, Equality: A Fundamental Rights Triangle of Constitutionalism*, The University of Toronto Law Journal, Vol. 59: 4, p. 440 (2009).

〔3〕 Susanne Baer, *Dignity, Liberty, Equality: A Fundamental Rights Triangle of Constitutionalism*, The University of Toronto Law Journal, Vol. 59:4, p. 441 – 445 (2009).

"犯罪嫌疑人"取代了"人犯"的概念,不要小看这些法律语词的变化,其能够折射出诉讼理念的巨大转变。2012 年《刑事诉讼法》修改,将宪法规定的"尊重和保障人权"列为刑事诉讼法的任务,反映出人权保障已成为宪法法律的基本共识。此外,《刑事诉讼法》的许多权利条款,都体现了尊严理念的影子。例如,第十四条明确规定:" 人民法院、人民检察院和公安机关应当保障犯罪嫌疑人、被告人和其他诉讼参与人依法享有的辩护权和其他诉讼权利。诉讼参与人对于审判人员、检察人员和侦查人员侵犯公民诉讼权利和人身侮辱的行为,有权提出控告。"有鉴于此,尽管本书主张,刑事程序的权利赤字值得关注,但这是基于深化司法改革要求,意在优化现有司法制度的批判性思考。至于近年来中国刑事诉讼制度取得的进步,特别是人权保障领域取得的成就,则是丝毫不容否认和低估的。

73 由于各种主客观原因,人的尊严以及权利保障等理念,引入中国刑事程序的时间较短,从理念到文本再到政策直至实践,尚需一定时日。同时,要想从根本上培育权利意识,塑造以尊严为基础的权利实践,仅有宪法法律的原则性规定尚不足够,还需要建立系统的权利规范体系以及程序实施机制。这意味着,以尊严为基础的权利共识,其形成与实践必将是一个渐进式的发展过程。

74 其次,平等理念也是权利保障制度的关键要素。权利保障制度的价值在于,不断创造法律的受益群体,促进社会民主政治,维护国家治理的正当性。从国际人权法的角度看,人权是每个人的固有权利,并不取决于个体的身份。但毫无疑问,与普通公众相比,进入刑事诉讼程序的个体,直接面临权利遭到侵犯的现实风险。特别是被采取强制措施的情形中,犯罪嫌疑人、被告人行使权利将面临诸多限制。有鉴于此，平等理念对于权利保障具有特殊的重要性。一方面，即便是刑事程序的被追诉者，也应当平等享有宪法法律的保护，不得因其涉嫌犯罪就不当限制和剥夺其合法权利。换言之，犯罪嫌疑人、被告人不能因其涉嫌犯罪就被剥夺政治共同体的身份，这一要求能够消除阿伦特教授的失权隐忧。另一方面，个体进入刑事程序后，面临权利遭到侵犯的现实危险，其人身自由也将受到限制。这意味着，与各类权利主体相比，被追诉的对象成为权利领域的弱势群体。相应地，为了实现法律面前的实质平等，这些弱势群体理应获得特殊的权利保护。如同对儿童和残疾人等弱势群体给予特殊的权利保护一样，唯有对刑事程序的被追诉者给予特殊的权利保护，才能践行法律面前人人平等原则的实质要求。

在刑事程序内部，平等理念也具有多元的权利保障要求。 75
首先，程序待遇应当具有平等性。不论被追诉者具有何种地位和身份，在法律程序面前一律平等，任何人不得有超越法律的特权，也不能遭受有损尊严的不公待遇。其次，各类权利的保障应当具有平等性。除了生命权、自由权、健康权等人身权利外，财产权利也应当得到正当程序的平等保护。近年来，中国刑事司法在权利平等保护方面取得了一定进步。以冤假错案的纠正为例，传统上主要关注对人的错误定罪问题，最近一段时期，司法机关开始关注涉产权错判的依法纠正，特别是最高人民法院陆续纠正多起重大涉产权错判案件，体现出司法对产权的平等保护。[1]

〔1〕 刘静坤:《坚持实事求是，依法复查纠正涉产权错案》，载《人民法院报》2019 年 4 月 16 日，第 2 版。

这种制度演进脉络表明，各类权利的平等法律保护是一个渐进的过程。随着新类型的权利不断出现，以及既有权利的内涵不断丰富，法律的权利保护网络也将逐步扩展开来。

76 除德沃金教授提出的尊严和平等理念之外，自由、博爱等理念对刑事程序也有重要影响。不过，本书无意对刑事程序的哲学和法理基础进行系统分析，只是以尊严和平等理念为例表明，权利共识的塑造是一个渐进的过程。无论是权利意识的生成、权利机制的建立，还是新型权利的确认、权利内涵的丰富，都不可能一蹴而就。权利共识的渐进性还意味着，如果司法机关尚未形成权利共识，或者尚未对特定的权利形成共识，相关权利实践就很难取得令人满意的效果。有鉴于此，权利保障制度的改革完善，是一项战略性很强的事业，既不能因坐等时机而影响改革进程，也不能因冒进而适得其反。

77 打开历史的长镜头，自 1979 年《刑事诉讼法》出台至今，中国刑事程序的发展只有短短四十多年的历史，有鉴于此，有必要秉承渐进性的发展观念，理性看待权利实践取得的进步与成绩，冷静分析当前面临的问题与挑战。相应地，立足司法实际探讨刑事程序改革，有必要继续坚持渐进性的改革思路，既要看清当前所处的发展阶段，找准实践中的突出问题，又要合理设定改革的时间表和路线图，积极稳妥地推进改革。

1.2.2.2 正当程序的内卷化

78 刑事程序改革，是一个由易到难的渐进式过程。改革前期处理的多为技术性问题，政法机关容易达成共识，所以短时间内即可取得显著成效。然而，随着改革进入深水区，触及深层次的制度性问题,开启复杂的利益博弈,改革就容易陷入僵局。这可能是任何改革都难以避免的内在规律。

概括起来,刑事程序改革面临的棘手问题,主要涉及两个维 79
度:一是权力制约机制难以建立。基于权力共识的路径依赖,政法机关倾向于互相配合,尚未形成互相制约的司法习惯。如果不引入新的法律机制,很难打破对权力共识的路径依赖。二是权利保障机制难以实施。尽管法律规定了诸多权利条款,但被追诉者及其辩护律师在刑事程序中总体上处于弱势地位。由于难以对权力共识产生实际影响,辩护律师在一定程度上游离于刑事程序之外进行辩护,难以提出有效的权利主张,也很难针对权利遭到侵犯的情形寻求有效的司法救济。实际上,这两个维度的问题之间存在紧密关联,唯有引入权利共识,才能改变对权力共识的路径依赖,进而催生权力制约机制,为权利主张和权利救济创造良好的司法环境。

每当刑事程序改革触及这两个问题,都会面临这样一个困 80
惑:尽管改革政策和文件三令五申,但始终难以推动根本的制度性变革!问题的症结可能在于,改革始终无法摆脱权力共识的影响,此种情况下,对于未达成权力共识的事项,短期内难以取得实质性进展,即使有一定进展,也可能偏离改革的初衷。这种状况容易导致改革陷入空转困境,乃至滋生正当程序的内卷化问题。所谓正当程序的内卷化,是指虽有诸多改革文件和举措,但实际效果比较有限,未能推动刑事程序的结构性改革。

反思改革的内卷化问题,还要回到问题本身。针对权力制 81
约机制和权利保障机制,究竟为何难以达成共识?其原因除部门利益等因素外,还涉及一些需要厘清的认识顾虑,主要包括:

改革方法顾虑、放纵犯罪顾虑、国家权能顾虑。

82 一是改革方法顾虑。改革如同立法,目的在于确定新的政策和规则。因此,如何制定政策和规则,是决定改革成效的核心问题。基于传统立法“宜粗不宜细”的原则,为避免改革规定过细,影响地方的积极性和创造性,改革文件通常表现为政策性、原则性的规定。这种做法的优点是防止束缚改革实践,便于适应复杂的社会实际,但缺点在于无法直接付诸实施。具体到刑事程序,明确、刚性的规则无疑更加便于执行,更有助于贯彻严格司法原则,[1]提高刑事程序对外部影响的免疫力。面对外界压力,柔性的政策和规则更加容易被扭曲、滥用。例如,加强人权司法保障,关键在于明确权利的范围、内涵和救济程序,如果改革文件对此类问题没有作出明确规定,而只是提出原则性的政策要求,虽然在一定程度上有利于在观念上增强权利意识,但难以避免权利在实践中遭到搁置乃至侵犯,这是权利虚置化难以解决的重要原因。

83 所以,在起草改革文件时,应当准确理解“重大改革于法有据”原则。党的十八届四中全会明确指出,要实现立法和改革决策相衔接,做到重大改革于法有据、立法主动适应改革和经济社会发展需要。实践证明行之有效的,要及时上升为法律;实践条件还不成熟、需要先行先试的,要按照法定程序作出授权;对不适应改革要求的法律法规,要及时修改和废止。据此,“重大改革于法有据”原则并非指改革文件只能依据现有法律作出规定。相反,改革的实质恰恰在于制度创新,因此,不能简单以现

---

〔1〕 沈德咏:《论严格司法》,载《政法论坛》2016年第4期,第96-111页。

行法律没有依据为由迟滞改革。[1] 就刑事程序改革而言，无论是权力制约机制，还是权利保障机制，都有明确的宪法法律依据，也有清晰的改革政策要求，关键在于通过深化改革积极探索行之有效的新制度和新机制。

二是放纵犯罪顾虑。加强人权司法保障，坚持法律的正当 84
程序，经常面临放纵犯罪的质疑。在偏重惩罚犯罪的诉讼模式下，避免放纵犯罪通常被视为首要的司法目标。但实事求是地讲，实践中总有一些案件，由于各种主客观原因，案件事实处于真伪不明的状态，此种情况下，坚持疑罪从无原则，既是法律的明确要求，也是防范冤假错案的制度保障。[2] 如果片面强调惩罚犯罪，办案机关容易受有罪推定观念影响，扭曲法律的正当程序。而法院在惩罚犯罪的外部压力下，也往往难以坚持依法独立审判。诸如此类的问题，使疑罪从无原则难以落实，案件质量存在严重隐患。实际上，基于现有的制度设计，坚持疑罪从无原则，放纵犯罪的风险能够保持在可控范围内；而背离疑罪从无原则，则极易导致冤假错案。要想从根本上解决“疑罪从无难”问题，必须推动形成以下共识：坚持疑罪从无原则并不等于放纵犯罪。

更重要的是，虽然坚持疑罪从无原则可能暂时使个别罪犯 85
不能被绳之以法，但这是由于侦查、审查起诉的案件事实证据未能达到法定证明标准，与人权保障制度本身并无关联，因此，不

---

〔1〕 周汉华：《改革要于法有据》，载《时事报告》2015 年第 4 期，第 34－35 页。

〔2〕 沈德咏：《论疑罪从无》，载《中国法学》2013 年第 5 期，第 5 页。

能将权利保障与放纵犯罪等同起来。实际上，加强司法人权保障，有助于抵制有罪推定等错误观念，促使办案机关准确查明案件事实，及时甄别有罪者与无辜者，避免无罪的人受到法律追究。同时，以权利共识为基础塑造的正当程序，有助于办案机关摒弃“以口供为中心”的办案理念，实现从“由供到证”向“供证并重”的积极转变，这对于从根本上提高司法权能具有重要意义。

86 三是国家权能顾虑。国家具有尊重和保障人权的宪法法律义务，但实践中经常有观点将人权保障与国家权能对立起来，认为加强人权保障就会限制国家权能。实际上，国家是人权的保护主体，加强对人权的尊重和保障，有助于提高国家治理的正当性。同时，完善权利保障制度，有利于从根本上优化国家权能。因为权利越多，就意味着国家权能越多，国家的治理能力也就越强。以财产权的法律保护为例，有恒产者，有恒心，因此，加强财产权的法律保护，非但不会限制国家权能，反而有利于营造良好的法治环境和营商环境，这对于优化国家权能具有重要意义。

87 如果从狭隘的部门利益出发，刻意限缩、限制权利，非但不符合尊重和保障人权的宪法法律原则，还会妨碍正当程序的制度构建，这从长远上有损国家权能和国家治理的正当性。例如，如果办案机关为提高侦破效率而忽视正当程序，通过刑讯逼供等侵犯人权的方式收集证据，尽管可以取得侦破案件的短期效果，暂时缓解破案压力，但一旦非法取证方法被公之于众，特别是由此导致冤假错案，此前的办案“成绩”就将付诸东流，司法的形象和公信力还将受到严重冲击。

1.3 基于权利共识的正当程序

刑事诉讼具有惩罚犯罪与保障人权的双重功能，如果将这两项功能视为天平的两端，毫无疑问，惩罚犯罪一端明显超重，而保障人权一端过于轻微，以致刑事诉讼这杆天平面临严重失衡的问题。尽管传统的权力制约机制，在一定程度上有助于缓解惩罚犯罪理念的极端化，但如果不引入基于权利共识的权利保障制度，不仅权力制约机制难以奏效，人权保障理念边缘化、虚置化的问题也难以解决。就像罗素勋爵所讲的那样，保护"少数"(minority)的利益，始终是节制权力的一个主要方面。[1] 被追诉者作为刑事程序中的"少数"，其权利始终面临遭到限制、侵犯的风险，只有加强对被追诉者的权利保障，才能有效地维护司法公平正义。 88

1.3.1 通过权利共识塑造正当程序

权利，是法律的道德性与程序的正当性的检验标准。权利的实质化，使人真正成为权利主体，使法律程序真正成为正当程序。就法律和程序而言，一旦缺乏权利要素，就很容易沦为专断的规则。将权利作为法律和程序的核心要素，并不是单纯强调权利主体相对于国家权力的优势地位，而是为国家权力划定法律边界，防止国家权力滥用。相应地，尊重和保障人权，也是国家对个体应当承担的道德和法律义务。获得法律之下充足的权 89

〔1〕［英］伯特兰·罗素：《权力论：新社会分析》，吴友三译，商务印书馆 2012 年版，第 224－225 页。

利,是权利主体特别是弱势群体的希望。

90 刑事程序的权利赤字,是权力共识影响下的制度产物。由此导致的权利边缘化、虚置化等问题,使权利保障制度流于形式,权力制约机制难以施行。在此基础上,以人权保障为重点的刑事司法改革,同样受权力共识影响,难以在短期内形成权利共识,并产生正当程序内卷化问题。权利赤字,除了增加冤假错案风险,还将因偏离尊重和保障人权的法律承诺而影响刑事司法的正当性,进而影响中国司法的国际形象。

91 要想解决权利赤字问题,首先要摆脱对权力共识的路径依赖,引入与权力共识并行的权利共识。权力逻辑和权利逻辑,是刑事程序的基本结构要素。权利共识的引入,能够矫正权力共识的内在缺陷,为刑事程序增加一个新的制度引擎,进而提高司法的整体效能,降低司法的总体错误率。

92 权利共识的渐进性特征,意味着权利共识的引入及其对权力共识的矫正,将是一个逐步推进的过程。在这个过程中,权力共识与权利共识此消彼长,逐步消除对权利保障的各种顾虑,逐步认识到权利共识对提高司法权能的潜在价值,从而在逐步完善权利保障制度同时,促使办案机关树立牢固的权利共识。需要指出的是,权利与权力并非非此即彼的关系,在理想的状态下二者是互相兼容、相辅相成的关系。法律的正当程序,既要根植于权利保障,也要立足于司法权能。须知权利保障制度的演进,在一定程度上意味着对现有权力的限制,因此,唯有优化司法权能,才能对冲权利保障对权力运行的影响。例如,国家增加侦查资源投入,推广先进的鉴定和侦查技术,办案机关就无须通过限制和侵犯人权的方式收集证据,此种情况下,完善权利保障制度，就不会遇到办案机关的阻力，也不会产生制度反弹。反之，如果司法权能的优化停滞不前，现有司法资源无法承载人权保障的需求，权利保障制度就将成为无源之水、无本之木。

权利共识的形成，意味着刑事程序逐步实现向正当程序模式的转变。强调正当程序的重要性，并不是放弃犯罪控制的目标，而是要让司法机关回归应然的制度角色，通过法律的正当程序实现犯罪控制。具体到权利保障制度，基于正当程序模式的要求，刑事程序应当充分体现权利要素，实现司法权能与权利保障的有机统一。相应地，司法机关应当尊重和保障人权，为侵权行为提供法律救济，并通过法律的正当程序，让有罪的人得到公正审判，避免无罪的人受到法律追究。 93

权利共识，代表着国家尊重和保障人权的法律承诺。莫恩教授指出，在国际人权法领域，随着其他宏大理念的崩塌，人权成为最后的乌托邦(last utopia)。[1] 相比之下，在国内刑事司法领域，尊重和保障人权，并非虚幻的宏大理念，而是刑事程序的基本价值追求。完善权利保障制度，是防范冤假错案、提高司法效能的关键举措。尽管权利本身不能实现正义，但却能够避免非正义。一旦权利缺位，非正义就会横行。有鉴于此，构建以权利共识为基础的刑事程序，有利于践行保障人权理念，维系刑事司法的公平正义。 94

---

〔1〕 Samuel Moyn, *The Last Utopia: Human Rights in History*, Harvard University Press, 2010, p. 1.

1.3.2 哈特的初级和次级规则体系

95 构建以权利共识为基础的正当程序，并非简单主张达成抽象的权利共识，而是要建立健全系统完备的权利保障制度。参照国际人权公约的制度设计，权利保障涉及立法、行政、司法等领域的综合举措。例如，《禁止酷刑和其他残忍、不人道或有辱人格的待遇或处罚公约》（以下简称《反酷刑公约》）第二条第一款规定，每一缔约国应采取有效的立法、行政、司法或其他措施，防止在其管辖的任何领土内出现施行酷刑的行为。具体到刑事程序领域，如何以权利共识为基础，建立行之有效的权利体系，既激活宪法法律的权利条款，又优化司法权能和权力制约机制？对此，哈特教授构建的初级和次级规则体系具有重要参考价值。

96 关于法律的要素，特别是社会控制视野下的义务性规则，哈特教授创造性地提出了初级规则（primary rules）和次级规则（secondary rules）的区分。[1] 在他看来，群体内部的习惯性行为模式可被视为初级规则，初级规则作为义务性规则的基础，反映了群体内部的规则共识，但也具有自身的局限性。主要包括：第一，如果没有权威文本依据或者权威解释主体，初级规则就会具有“不确定性”（uncertainty）。第二，初级规则具有“静态性”（static）特征，需要根据社会需求与时俱进。第三，如果没有终局性、权威性的纠纷解决机制，初级规则的治理就具有“不充分性”（inefficiency）。

---

〔1〕 H. L. A. Hart, *The Concept of Law*, Oxford University Press, 2012, p. 91 – 99.

为矫正初级规则的局限，哈特提出了次级规则的理念。比较而言，虽然同属规则，初级规则关注的是个体必须或者禁止从事的行为；而次级规则关注的是初级规则本身。进一步讲，次级规则关注的是如何有效地确定、引入、排除、改变初级规则，以及如何有效地确定初级规则是否遭到违背。[1] 具体言之，针对初级规则的不确定性，次级规则引入了“确认规则”（rule of recognition）。确认规则旨在确定规则的权威来源，并通过适当的方式解决规则争议。针对初级规则的静态性，次级规则引入了“改变规则”（rules of change）。改变规则旨在授权特定主体或机构引入新的初级规则，或者废止旧的规则。针对初级规则的不充分性，次级规则引入了“裁决规则”（rules of adjudication）。裁决规则旨在授权特定主体对初级规则是否遭到违背作出权威性认定，并确定裁决的程序。实际上，裁决规则与确认规则和改变规则存在紧密的关联。 97

哈特教授对初级规则和次级规则所作的区分，主要适用于义务性规则。不过，考虑到尊重和保障人权是国家应当履行的义务，权利性规则（个体权利）与义务性规则（国家义务）具有相辅相成的紧密关联。有鉴于此，权利保障制度的构建，可以参考哈特教授的理论模式，特别是次级规则体系。本书关于“刑事程序的权利逻辑”的基本理论框架，主要包括以下三个部分： 98

第一，权利的确认。宪法和刑事诉讼法规定的权利条款，主要解决的是权利确认问题，也就是“权利的法律化”问题。不过，由于宪法和刑事诉讼法的有关规定较为原则，有必要通过规范 99

---

[1] H. L. A. Hart, *The Concept of Law*, Oxford University Press, 2012, p. 94.

分析,进一步确认宪法法律究竟确认了哪些具体权利。关于权利的确认规则,应当认识到权利法律化的锁定效应。同时,基于权利保障和实施机制的差异,有必要区分积极权利和消极权利。相应地,国家尊重和保障人权的义务,也可分为积极义务和消极义务。

100 第二,权利的信托。这主要涉及权利保障主体的角色定位问题。从权利保障的角度看,辩护律师和检察机关的角色,既有对立性又有统一性。两者均可被视为权利主体的信托人,只不过分别扮演私人信托人和公共信托人的角色。尽管哈特教授并未明确提出信托问题,但无论是初级规则还是次级规则,规则的实施主要依托于特定的主体和机构,这些主体和机构的制度角色,理应成为关注的重点。

101 第三,权利的救济。这是裁决规则旨在解决的问题。无救济则无权利。权利的救济,主要是指司法救济。司法救济制度不仅涉及权利的可诉性与救济程序的设计等问题,还涉及权利救济的主要方式。同时,既有的宪法法律权利,也需要根据情势需要,不断调整权利要素和内涵。哈特教授所讲的改变规则,在权利救济领域,主要体现为权利的有效解释。

102 在刑事程序领域,权利共识的建立和维系,取决于权利的确认、信托和救济等要素组成的有机制度体系。随着权利保障制度的不断建立完善,权利共识将趋于稳定,并与权力共识保持合理均衡,共同维系法律的正当程序。

1.3.3 权利作为法律的公共产品

103 有了权利,才存在权利主体。无论是抽象地讨论权利,还是规定抽象的、空洞的权利，都无益于权利保障和正义需要。就像欧洲人权法院所讲的那样：公约权利不能是理论的或虚幻的（theoretical or illusory），而应当是实际的和有效的（practical and effective）。有鉴于此，权利的确认是权利保障制度的首要问题，经确认的权利是法律创造的公共产品。

104 沃尔泽教授在探讨供给的公平份额时指出，基于供给的社会道德逻辑，一旦共同体提供人们需要的物品，就必须向所有需要该物品的人提供与他们的需要相称的份额。[1] 具体到刑事程序领域，法律确认的权利，是每个权利主体平等享有的合法份额。这是法律面前人人平等原则的基本要求。

105 在哈特教授的次级规则理论中，首先提到的就是法律的确认规则。哈特教授指出，现代法律制度存在多种类型的法律渊源，这使法律的确认规则变得更加复杂，通常包括宪法、法律以及司法判例。[2] 权利的确认规则，与法律的确认规则具有类似之处。权利共识的形成，关键在于权利的法律化。只有法律化的权利，才具有确定性和稳定性，才能避免遭到随意限制和剥夺。权利的法律确认规则，主要是指宪法法律的权利条款，这是权利的规范基础。同时，司法判例对权利的确认和解释，使权利的内涵不断丰富和完善，并且可以确认衍生的权利。这意味着，权利的解释规则也具有确认权利的辅助功能。

106 尽管权利的法律化非常重要，但需要强调的是，权利的确

[1] [美]迈克尔·沃尔泽：《正义诸领域：为多元主义与平等一辩》，褚松燕译，译林出版社2002年版，第94页。

[2] H. L. A. Hart, *The Concept of Law*, Oxford University Press, 2012, p. 101.

认,实际上包括法律确认和社会确认两个维度。[1] 如果特定权利缺乏社会共识,就很难得到实质性的法律确认,即便在形式上写入法律条文,在实践中也难以落到实处。所以,权利共识,是法律共识和社会共识的集合体。实际上,权利共识的这个特点,不仅体现在国内法领域,也适用于国际人权法。国际人权公约确认的人权,最初建立在自然法基础上,具有(国际)社会确认的效果。随着国际人权公约纳入(incorporate)国内法,国内法所规定的法律权利,更多带有人定法的意味,体现了对人权的法律确认,从而达至社会确认和法律确认的统一。

1.3.3.1 权利确认的锁定效应

107 权利反映的是主体的需求,但两者并不是一回事。权利不仅是通过法律话语表达的需求,也是实现需求的重要途径。通过权利主张实现主体需求,关键在于权利的法律化。之所以强调权利的法律化,主要是由于,人权虽然被视为固有的"正当需求"(justified demands),但正当需求并不意味着必然拥有。就像阿伦特教授所主张的那样,人权只有转化为政治共同体确认和保障的法律权利,才能为权利主体实际享有。

108 德沃金教授指出,权利命题认为,法官通过证实或者否认具体权利来判决疑难案件。这涉及抽象权利与具体权利的区分。法官所依据的具体权利,应当具有两个特点:它们必须是制度化的权利而不是基本权利,它们一定是法律权利而不是别的形式

---

〔1〕 Eyal Benvenisti, *Margin of Appreciation*, *Consensus*, *and Universal Standards*, International Law and Politics, Vol. 31:4, p. 843 – 846(1999).

的制度化的权利。[1] 这种制度化的法律权利,不是抽象的、虚幻的权利,而是具体的、真实的权利。权利的法律化,其核心价值在于:通过确立法律权利形成制度锁定效应(lock - in effect)。立足国际人权法的经验,如果国际人权公约不对特定的人权作出明确确认,就很难区分哪些人权具有规则属性,哪些人权仅仅是愿景(aspirations)。不过,鉴于国际人权公约的实施机制比较特殊,有些人权虽然具有规则属性,但相关条款并不具有权威性;有些人权虽然体现为愿景属性,但相关条款却很有权威性。

具体到国内法,如果特定权利未被明确规定为法律权利,通 109
常就意味着该权利尚未得到法律确认,相应地,权利主体很难主张此类权利,也很难对此寻求法律救济。更重要的是,如果那些应当在法律中确认的权利,未能及时得到法律确认,就可能导致权利主体通过法律之外的方式寻求救济,这种脱离法律的非常规救济极易损害法治的权威。

权利确认的锁定功能,还体现为宪法权利的具体化。在宪 110
法并未直接付诸实施的制度框架下,宪法权利多为原则性规定,需要借助部门法才能得以确认并实施。刑事诉讼法作为"小宪法""人权法",承载着确认宪法权利(或称宪法权利具体化)的重要制度功能。通过确认宪法权利,并在刑事诉讼法中设置配套的程序权利,刑事程序发挥了宪法权利的锁定功能,这无疑有助于巩固权利保障制度的现有成果,防止人权保障水平滑坡。同时,宪法权利的具体化,不仅使权利主体得以享有实际的宪法

〔1〕 [美]罗纳德·德沃金:《认真对待权利》,信春鹰、吴玉章译,上海三联书店 2008 年版,第 142 页。

保护,还通过宪法赋权催生权利的程序实施机制。

111 关于确认规则,哈特教授区分了两种视角,即内部视角和外部视角。内部视角意味着,特定主体在自身认同确认规则的基础上,运用这些确认规则来识别特定规则的有效性。而外部视角则意味着,特定主体在自身并未认同确认规则的前提下,认识到其他主体认同这些确认规则。[1] 在刑事程序领域,这一区分对权利法律化的锁定效应具有重要启示。如果特定的权利未能得到法律确认,那么,办案机关可能以该权利缺乏法律明确规定为由,拒绝承认和保障。相反,如果特定的权利已经实现法律化,特别是特定的宪法性权利已经得到法律确认,那么,办案机关就无法置之不理,而只能认同并遵守宪法法律规定,依法履行保障权利的法律义务。

1.3.3.2 积极权利与消极权利之分

112 波斯纳法官指出:"宪法是消极自由而非积极自由的宪章……《权利法案》的起草者并不担心政府为人民做得太少,而是担心政府做得太多。1868 年制定的联邦宪法第十四修正案体现的是自由放任理念,试图避免美国公民遭到联邦政府的压迫,而不是确保他们获得基本的政府设施。"[2] 尽管波斯纳强调的是积极自由和消极自由的区分,并未明确提到"权利"一词,但毫无疑问,其所提到的美国《权利法案》,特别是联邦宪法第十四修

---

〔1〕 H. L. A. Hart, *The Concept of Law*, Oxford University Press, 2012, p. 102 - 103.

〔2〕 Jackson v. City of Joliet, 715 F. 2d 1200, 1203 (7th Cir.), cert. denied, 465 U. S. 1049 (1983).

正案,是权利保障制度的宪法基石。此后美国学界关于积极权利与消极权利的讨论,通常会涉及波斯纳法官的这一主张。

美国联邦宪法第十四修正案规定,禁止各州未经正当法律程序而剥夺任何人的生命、自由或财产。从条文表述看,这一规定属于禁止性规定,而非积极性要求。这是波斯纳法官主张宪法保护的是消极自由而非积极自由的基本前提。基于类似的理由,美国联邦最高法院认定,宪法规定的正当程序条款禁止各州将堕胎规定为犯罪。[1] 不过,基于类似的宪法条款,德国最高法院却要求将堕胎规定为犯罪,理由在于,胎儿的生命受基本法的保护,基本法不仅禁止政府侵犯生命权,还要求政府保护生命权免受他人非法侵犯。[2] 这意味着,对类似的宪法权利条款,可能存在不同的解释。即便某一宪法条文属于禁止性规定,也并不代表其仅规定了消极权利,其中也可能包括积极权利。 113

关于宪法权利条款的内涵,再来看美国联邦宪法第六修正案。根据第六修正案的规定,被告人有权获得律师帮助为其进行辩护。似乎可以认为,这一规定仅规定了消极权利,即政府不能阻止被告人聘请律师。不过,美国联邦最高法院一直主张,该条款规定了政府的积极义务,如果被告人不能聘请律师,政府应当提供法律帮助。[3] 这是否意味着,所有的宪法权利条款都包含政府的积极义务?答案是否定的,这取决于具体条文的表述方式和所涉的权利内涵,不过,这起码表明,对波斯纳法官的主 114

〔1〕 Roe v. Wade, 410 U. S. 113,93S. Ct. 705, 35L. Ed. 2d 147 (1973).

〔2〕 2 BVerfGE 39, 20 (1975).

〔3〕 John v. Zerbst, 304 U. S. 458, 468 (1938).

张应当保持审慎态度。[1]

115 考虑到权利涉及的是个体与国家之间的关系，所谓积极权利与消极权利的区分，反映的是权利主体在特定情形下的法律地位差异。在耶利内克教授看来，公法上的个体权利，主要体现为个体相对于国家的地位，具体表现为包括“向国家履行义务”“排除国家干预”“对国家的请求权”“为国家实施行为”等内容的一个阶梯式的体系。[2] 类似地，盐野宏教授将个体的法律地位分为三类：一是作为自由权和财产权主体的“防御性地位”；二是向国家、公共团体要求给付的“受益性地位”；三是对行政立法、行政程序的“参与性地位”。[3]

116 在刑事程序领域，强调积极权利与消极权利之分，对被追诉者的法律地位以及行为方式具有重要影响。对于积极权利，权利主体处于主动性地位，可以提出特定的权利主张，对侵权情形寻求法律救济等。权利主体可以放弃积极权利，但并非所有放弃积极权利的情形都会免除国家义务。相比之下，对于消极权利，权利主体处于被动性（或防御性）地位，通常并不要求权利主体提出积极主张。例如，在审前程序中，由于被追诉者通常处于被羁押状态，面临权利遭到侵犯的风险，所以，被追诉者的首要权利就是消极权利，即免受侵犯的权利。当然，在辩护律师的帮

〔1〕 David Currie, *Positive and Negative Constitutional Rights*, The University of Chicago Law Review, Vol. 53:3, p. 886 (1986).

〔2〕 [德]格奥格·耶利内克：《主观公法权利体系》，曾韬、赵天书译，中国政法大学出版社2012年版，第79页。

〔3〕 [日]盐野宏：《行政法总论》，杨建顺译，北京大学出版社2008年版，第242－245页。

助下,被追诉者在各个诉讼阶段都可以行使辩护权等积极权利。但总体上讲,审判阶段的权利保障机制更为完善,被追诉者既可以寻求消极权利的防御,也可以充分地行使各种积极权利。

权利属性不同,国家需要履行的义务也不相同。对于积极 117
权利,国家通常需要履行积极义务;但对于消极权利,国家不一定仅仅需要履行消极义务。有些消极权利,如免受酷刑的权利,国家既要履行消极义务,也要履行特定的积极义务。不过,反过来讲,国家义务涉及宽泛的国家职责,并不必然都与人权保障相关。舒尔教授认为,消极义务与基本人权的保障相关,如自由权的保障就涉及国家的消极义务;而积极义务则不一定与人权相关,或者仅仅与基本人权之外的权利相关。[1] 这种对国家义务的二分法有一定的合理性,但也存在值得商榷之处。例如,国家预防酷刑的积极义务,就涉及基本人权的保障。下文关于消极权利与积极权利的分析,将一并探讨相应的国家义务。

---

〔1〕 Henry Shue, *Mediating Duties*, Ethics, 98 (1988), p. 687 - 704.

2　权利的确认:消极权利

权利本身并不消极,消极权利是法律提供的最低保障。

118 消极权利,是基本人权的主要类型,通常体现为"免于……的权利"的形式。消极权利并不总是"消极的"存在,除要求国家履行消极义务外,还可能涉及国家的积极义务。在刑事程序领域,由于被追诉者面临权利遭到侵犯的制度风险,所以,消极权利作为防御性权利,对于被追诉者的权利保障至关重要。从某种程度上讲,保障消极权利是国家保障人权的首要任务。

119 刑事程序领域的消极权利,通常蕴含在基本的诉讼原则之中。但如果仅抽象认同有关诉讼原则,不将权利具体化,就难以避免"抽象认同原则、具体否定权利"的实践问题。概括起来,在刑事诉讼领域,消极权利主要包括不被推定有罪的权利、不被强迫自证其罪的权利、不被非法剥夺人身自由的权利、不被非法干预隐私和家庭生活的权利、不被非法干预合法财产的权利、不被专断地重复追诉的权利等。

2.1 不被推定有罪的权利

无罪推定原则是现代刑事诉讼的基石性原则。如果将之转 120
化为权利主张,可以直接表述为无罪推定权利(right to be presumed innocent)。许多国际人权文件都明确规定了无罪推定权利。例如,《世界人权宣言》第十一条第一款规定,凡受刑事控告者,在未经获得辩护上所需的一切保证的公开审判而依法证实有罪以前,有权被视为无罪。《公民权利与政治权利国际公约》第十四条第二款规定,所有受到刑事指控的人,在被依法证实有罪之前,有权被推定为无罪。《欧洲人权公约》第六条第二款规定,所有受到刑事指控的人,在被依法证实有罪之前,应当被推定为无罪。尽管《欧洲人权公约》并未明确使用“权利”这一字眼,但在欧洲人权法院[1]看来,无罪推定始终被视为一项基本权利。

中国《刑事诉讼法》第十二条规定,未经人民法院依法判决, 121
对任何人都不得确定有罪。传统上认为,中国刑事诉讼既不实行无罪推定,也不实行有罪推定,而是坚持实事求是原则。但实际上,在无罪推定与有罪推定之间,并无第三条路可循。有罪推

〔1〕 本书关于国际刑事司法准则及有关权利要素的分析,参考了欧洲人权法院的典型判例。欧洲人权法院经过多次战略转型,成功发展、演进为欧洲的“准最高人权法院”(quasi – Supreme Court of human rights in Europe),对推进国际人权法发展发挥了重要作用。欧洲人权法院的有关案例,兼顾国际刑事司法准则和成员国的合理裁量空间,对中国刑事程序的权利保障制度具有重要参考价值。Mikael Rask Madsen, *The Legitimization Strategies of International Judges: The Case of the European Court of Human Rights*, Oxford University Press, 2015, in Michal Bobek, Selecting Europe's Judges, http://papers.ssrn.com/sol3/papers.cfm? abstract_id = 2536859.

定极易导致冤假错案，这已经成为基本的司法共识，因此，无罪推定是刑事程序的必然选择。由于法律并未使用无罪推定的表述，为提高这一权利的普遍可接受性，可将无罪推定权利更换一种表述方式，即不被推定有罪的权利。实际上，坚持无罪推定，就是反对有罪推定，两者讲的是一回事。

122 无罪推定权利的基本要素主要包括两个方面：一是在程序上被推定为无罪。在审前程序中，应当保障犯罪嫌疑人在法律上无罪的地位。在基于无罪推定权利形成的证明责任分配机制中，公诉机关承担被告人有罪的证明责任，被追诉者不承担证明无罪的责任，但拥有提供无罪线索或者材料的权利。二是在实体上疑罪从无。法庭不能对被告人存在司法偏见。对于疑罪情形，应当按照疑罪从无原则认定被告人无罪。

2.1.1 程序上的推定无罪

123 无罪推定，是建立在正当程序基础上的程序性推定。被追诉者在未经公正审判被认定为有罪之前，在法律地位上是无罪的人。被追诉者依法享有的宪法法律权利，除为确保诉讼程序顺利进行而采取的必要措施之外，不得被限制或者剥夺。同时，作为程序性推定，无罪推定是可以推翻的推定。据此，认定犯罪嫌疑，针对被追诉者启动刑事程序，并不违反无罪推定，但办案机关在诉讼过程中不得径行宣称被追诉者有罪。办案机关启动刑事程序，意味着被追诉者存在犯罪嫌疑，其在法律上无罪的推定面临挑战，但只有公诉机关向法庭证实指控的犯罪事实成立，才能推翻上述推定，依法认定被追诉者有罪。这种可推翻的程序性推定，是刑事诉讼证明责任制度的基础。

2.1.1.1 审前程序的无罪推定

国际人权公约关于无罪推定权利的表述，有的明确提到审判程序，有的则并未提及诉讼阶段，但不容否认，无罪推定权利作为刑事诉讼的核心权利，涉及的是被追诉者在法庭裁判之前的法律地位，故应当适用于刑事诉讼的全过程。有人可能主张，既然实行无罪推定，为什么还要启动追诉程序？实际上，无罪推定并非无罪认定，其并不否定被追诉者存在犯罪嫌疑。办案机关的法律职责恰恰是准确认定犯罪嫌疑人，依法甄别被追诉者的犯罪嫌疑。同时，基于以审判为中心的诉讼理念，侦查、起诉阶段认定犯罪嫌疑，只是推进刑事程序的条件，至于能否认定被追诉者有罪，则取决于审判阶段作出的最终裁判。 124

无罪推定权利的确立，使权利共识得以融入审前程序，进而推动办案观念的转变。在有罪推定的程序模式下，办案机关启动追诉程序，目的就是证实被追诉者有罪，这种以确证犯罪为导向的刑事程序，与权利主张存在内在冲突，极易导致司法错误。相比之下，为保障无罪推定权利，办案机关需要坚持证实与证伪并行的调查理念，既要准确查明案件事实，也要甄别被追诉者的犯罪嫌疑，这种以排除犯罪嫌疑为导向的审前程序，与权利主张能够互相兼容，并能避免案件调查误入歧途。 125

办案机关针对犯罪嫌疑人启动调查，显然以认定犯罪嫌疑、形成犯罪嫌疑人可能有罪的假说为前提，否则，如果认为犯罪嫌疑人无罪，就无须对其进行调查。尽管认定犯罪嫌疑并不违反无罪推定，但为保障无罪推定权利，审前程序应当关注以下规则：第一，办案机关认定犯罪嫌疑，必须以事实证据为根据。《刑 126

事诉讼法》第一百零九条规定,公安机关或者人民检察院发现犯罪事实或者犯罪嫌疑人,应当按照管辖范围,立案侦查。根据该条规定,犯罪嫌疑人的认定隐含着两个先决条件:一是存在犯罪事实。如果不存在犯罪事实,就不存在认定犯罪嫌疑人的事实基础。二是有证据证明犯罪嫌疑人涉嫌犯罪。如果没有证据指向犯罪嫌疑人与犯罪事实的关联,就不得仅凭猜测和推断认定犯罪嫌疑人。

127 第二,无罪推定作为基本人权,与刑法规范紧密相关,如果特定行为不构成犯罪,就不涉及无罪推定权利的法律保障。[1]《刑事诉讼法》第一百一十二条中规定,人民法院、人民检察院或者公安机关对于报案、控告、举报和自首的材料,应当按照管辖范围,迅速进行审查,认为有犯罪事实需要追究刑事责任的时候,应当立案;认为没有犯罪事实,或者犯罪事实显著轻微,不需要追究刑事责任的时候,不予立案。据此,对于虽有犯罪事实,但犯罪事实显著轻微,不需要追究刑事责任的情形,不能启动追诉程序。相应地,因此种情形实质上不涉及犯罪的认定,也就谈不上无罪推定权利的保障。

128 第三,办案机关应当坚持证实与证伪并重的理念,关注证据体系的动态变化,持续甄别犯罪嫌疑人的犯罪嫌疑。伴随着案件调查进程的不断推进,犯罪嫌疑人的嫌疑程度始终处于变化之中,具体取决于证据材料的掌握情况。《刑事诉讼法》第五十二条中规定,审判人员、检察人员、侦查人员必须依照法定程序,

---

〔1〕 Stefan Trechsel, *Human Rights in Criminal Proceedings*, Oxford University Press, 2005, p. 160.

收集能够证实犯罪嫌疑人、被告人有罪或者无罪、犯罪情节轻重的各种证据。这意味着，办案机关应当尊重犯罪嫌疑人的无罪推定权利，保持开放的思维方式，基于证据变化情况动态甄别犯罪嫌疑人的犯罪嫌疑，不得固守犯罪嫌疑人可能有罪的假定，也不得通过自身言行显示犯罪嫌疑人有罪。如果办案机关发现能够或者可能证实犯罪嫌疑人无罪的证据，应当及时调查核实，一经查证属实，就应当洗脱犯罪嫌疑人的犯罪嫌疑。

第四，被追诉者自愿认罪，并不丧失其无罪推定权利。无罪 129
推定权利涉及被追诉者在刑事诉讼中的法律地位，以及法律上无罪的人依法享有的法律保障。即便被追诉者认罪，办案机关也不得降低程序保障标准。在普通法制度下，认罪答辩通常具有类似定罪的法律效果。但在大陆法系国家，犯罪嫌疑人的供述只是一种证据种类，法庭要审查供述的真实性以及供述能否与其他证据互相印证。《刑事诉讼法》第五十五条第一款规定，只有被告人供述，没有其他证据的，不能认定被告人有罪和处以刑罚。这意味着，被追诉者认罪，并不等同于可以对其定罪，特别是在认罪自愿性缺乏制度保障的情况下，被追诉者认罪并不意味着其放弃了无罪推定权利。不过，被追诉者认罪后，再主张无罪推定权利，构成与先前行为的矛盾（*venire contra factum proprium*）[1]，这类似于合同法领域中的反言。对于此种情形，如果被追诉者主张认罪并不具有自愿性，就需要提供相应的理由和依据。

---

〔1〕 Stefan Trechsel, *Human Rights in Criminal Proceedings*, Oxford University Press, 2005, p. 161.

130 第五,审前羁押本身并不违反无罪推定,但如果审前羁押期限过长,就将侵犯无罪推定权利。人权委员会在案件中指出,如果审前羁押达数年之久,就侵犯了无罪推定权利,并违反了公约的规定。[1] 实际上,审前程序中的制度设计,应当以尊重和保障无罪推定权利为前提,避免因追诉偏见而扭曲诉讼程序,甚至影响公正审判。

131 此外,无罪推定权利与公正审判等权利存在紧密关联。当案件同时涉及诸多权利时,就涉及如何主张权利的选择问题。根据《公民权利与政治权利国际公约》第十四条的规定,无罪推定权利可被视为公正审判权的组成部分。鉴于公正审判权具有更大的包容性,如果主张公正审判权,通常就不再单独提及无罪推定权利。

2.1.1.2 证明责任的分配机制

132 基于无罪推定原则,刑事案件中被告人有罪的证明责任由控诉方承担。相应地,对于公诉案件,公诉机关应当提供证据证明被告人有罪,被告人无须证明自己无罪,但有权提供证明自己无罪的证据。中国《刑事诉讼法》规定的证明责任分配机制,体现了这一原则的要求。《刑事诉讼法》第五十一条规定,公诉案件被告人有罪的证明责任由人民检察院承担。尽管法庭基于查明案件事实的职责,通常会主导法庭审理程序,但证明责任的分配机制在法律上是非常明确的。

---

〔1〕 Alex Conte, Richard Burchill, *Defining Civil and Political Rights*, Ashgate, 2009, p. 177.

问题在于，被追诉者对于其提出的无罪辩解，是否需要提供证据予以证实？显然，要想证明不存在某一事实，是一件非常困难的事。但通常认为，对于公诉机关指控的犯罪事实，被追诉者提出无罪辩解时，至少需要提供表面上成立的（prima facie）证据。[1] 如果被追诉者提出的无罪辩解，与公诉机关指控的犯罪事实，立足于相同的证据体系，只是属于不同的"事实版本"，如公诉机关指控故意杀人，而被追诉者辩称正当防卫，则法庭通常只需基于现有证据作出最终的裁断。不过，如果被追诉者提出的无罪辩解涉及新的证据或者线索，超出公诉机关的证据体系，或者与现有证据存在矛盾，就需要办案机关调查核实。 133

2016年"两高三部"《关于推进以审判为中心的刑事诉讼制度改革的意见》第六条规定，在案件侦查终结前，犯罪嫌疑人提出无罪或者罪轻的辩解，辩护律师提出犯罪嫌疑人无罪或者依法不应追究刑事责任的意见，侦查机关应当依法予以核实。之所以强调办案机关对无罪辩解的调查核实义务，主要是考虑被追诉者缺乏必要的调查取证能力，如对无罪辩解疏于核查，可能导致冤假错案。不过，这并不意味着犯罪嫌疑人、被告人可以随意提出无罪辩解，为便于办案机关调查核实，无罪辩解至少应当有据可查。 134

对于特定类型的案件，基于证明难度等政策考量，法律或司法解释确立了一些不利于被追诉者的推定规则。例如，2007年"两高一部"《办理毒品犯罪案件适用法律若干问题的意见》第 135

---

〔1〕 Stefan Trechsel, *Human Rights in Criminal Proceedings*, Oxford University Press, 2005, p. 168.

二条规定了毒品犯罪中主观“明知”的推定规则。具体言之，对于以下情形，如执法人员在口岸、机场、车站、港口和其他检查站检查时，要求行为人申报为他人携带的物品和其他疑似毒品物，并告知其法律责任，而行为人未如实申报，在其所携带的物品内查获毒品的；以伪报、藏匿、伪装等蒙蔽手段逃避海关、边防等检查，在其携带、运输、邮寄的物品中查获毒品的；执法人员检查时，有逃跑、丢弃携带物品或逃避、抗拒检查等行为，在其携带或丢弃的物品中查获毒品的；体内藏匿毒品的；为获取不同寻常的高额或不等值的报酬而携带、运输毒品的；采用高度隐蔽的方式携带、运输毒品的；采用高度隐蔽的方式交接毒品，明显违背合法物品惯常交接方式的，如果被追诉者不能作出合理解释，可以认定其“应当知道”，但有证据证明其确属被蒙骗的除外。

136 需要指出的是，此类推定规则，应当满足两个前提条件：一是推定的设立应当存在前置性规则。这意味着，只有存在前置性规则要求，如规定了相关人员配合检查义务的海关检查规则或者边境检查站排查规则，对于违反前置性规则的情形，才能确立相应的推定规则。二是推定的适用应当保留辩护空间。通过法律规则设立的不利于被追诉者的推定，应当建立在事实基础之上，并允许被追诉者加以反驳。此类基于前置性规则且具有可反驳性的推定规则，并不违反无罪推定权利，对被追诉者并不存在不公平的对待。同理，为保障言论自由权，对于诽谤犯罪，刑法通常允许行为人通过证明有关言论的真实性来反驳犯罪指控。如果行为人不能反驳有关言论是虚构事实这一指控，就将构成诽谤犯罪。

137 此外，尽管被追诉者不承担证明自己无罪的法律责任，但如其掌握无罪证据或线索,应当及时提交给办案机关,以便尽快澄清犯罪嫌疑,便于办案机关及时调整调查方向与范围。据此,中国《刑事诉讼法》第四十二条规定,辩护人收集的有关犯罪嫌疑人不在犯罪现场、未达到刑事责任年龄、属于依法不负刑事责任的精神病人的证据,应当及时告知公安机关、人民检察院。根据这一规定,辩护人掌握无罪证据后,不能留待开庭审判时才予以出示,而是应当一经发现就及时告知办案机关。

2.1.2 实体上的疑罪从无

中国《刑事诉讼法》第六条规定,人民法院、人民检察院和公安机关进行刑事诉讼,必须以事实为根据,以法律为准绳。保障无罪推定权利,与这一规定并不矛盾。由于主客观因素限制,总有一些案件,尽管被追诉者有重大嫌疑,可能事实上有罪,但办案机关却无法提供确实、充分的证据证实其有罪,进而无法使被追诉者的法律身份由被告人转变为罪犯。由于办案机关未能推翻被追诉者在法律上无罪的推定,就只能按照疑罪从无原则(*in dubio pro reo*),依法认定被告人无罪。相反,一旦主张有罪推定,实行疑罪从有、从轻,违反法律规定认定被追诉者有罪,或者使其长期处于"准罪犯"状态,就将违反"以事实为根据,以法律为准绳"的原则。 138

2.1.2.1 法庭的司法偏见

保障无罪推定权利,关键在于促使司法机关形成理性的司法态度,避免先入为主地认定被告人有罪。除审前程序中办案机关不能通过言行显示犯罪嫌疑人有罪外,在审判阶段,法庭也不得在作出定罪判决之前,通过言行显示被告人有罪。这一要 139

求与被告人获得法庭公正审判的权利紧密相关。

140 法庭在审判过程中，不能假定被告人就是罪犯。如果法庭存在司法偏见，其审理案件就可能敷衍了事。在欧洲人权法院审理的一起案件中，一名法官在审判阶段向媒体宣称，其并不相信被告人是无辜者，认为被告人至多只能获得部分无罪的判决，同时还宣称被告人应当证明自己无罪。欧洲人权法院认为，无罪推定权利应当得到切实有效的保障，该法官的做法明显违反了无罪推定权利的要求。[1]

141 基于无罪推定权利的要求，法庭在作出定罪判决之前，不得先行认定被告人有罪。2016 年《人民法院法庭规则》第十三条规定，刑事在押被告人或上诉人出庭受审时，着正装或便装，不着监管机构的识别服。人民法院在庭审活动中不得对被告人或上诉人使用戒具，但认为其人身危险性大，可能危害法庭安全的除外。此类专门性措施，主要是为了避免产生推定被告人有罪的心理影响。此外，法庭在审判过程中，不得要求被告人证明自己无罪，不得在作出定罪判决之前通过各种方式宣称被告人有罪。

2.1.2.2 疑罪的认定规则

142 布莱克斯通法官指出，宁可放纵十个罪犯，也不能冤枉一个无辜者。这一司法格言，是对疑罪从无原则所作的通俗而又经典的阐释。中国《刑事诉讼法》第二百条规定，证据不足，不能认

---

〔1〕 Lavents v. Latvia, para. 124. 需要指出的是，本书提及的欧洲人权法院判例，主要参考了 Stefan Trechsel 教授在 *Human Rights in Criminal Proceedings* 一书中提供的案例目录索引。

定被告人有罪的，应当作出证据不足、指控的犯罪不能成立的无罪判决。随着关于疑罪从无原则的司法共识逐步形成，疑罪的认定成为疑难案件中的核心争议问题。

第一，疑罪的认定标准。法律所规定的疑罪，是指定罪的事实不清、证据不足，对于案件中一般的细枝末节问题和不影响定罪事实的疑点，不可轻率适用疑罪从无原则。关于“疑罪”的认定，应当以法定的证明标准为基准，从证实与证伪两个维度加以分析。一方面，从证实的角度看，公诉机关应当提供确实、充分的证据证实被告人有罪，如果指控证据不足以证明犯罪行为系被告人实施，存在被告人无罪的合理怀疑，就属于法律所规定的疑罪。进一步讲，疑罪是公诉机关未能履行证明责任的结果，不以被告人是否认罪为前提；即便被告人笼统认罪，如其认罪供述的真实性缺乏保障，全案证据未能达到法定证明标准，也不能认定被告人有罪。另一方面，从证伪的角度看，疑罪案件不同于存在无罪证据的案件。如有证据证明被告人是无辜者，就该被告人而言，案件显然不是疑罪，而是应当依法宣告被告人无罪。但这种无罪不是基于疑罪从无原则宣告的无罪，而是事实上的无罪。 143

第二，疑罪从无原则的适用范围。作为无罪推定权利的核心要素，疑罪从无原则不仅是对法庭审判的要求，在侦查、审查起诉环节同样适用。据此，在侦查、审查起诉阶段，如果办案机关认为指控犯罪嫌疑人有罪的事实不清、证据不足，就应当继续调查核实，不能勉强将案件移送审查起诉或者提起公诉。如果在审查起诉阶段，经补充侦查仍然认为证据不足，不符合起诉条件，则公诉机关应当作出不起诉的决定。 144

第三，疑罪的法庭认定规则。受追诉倾向影响，办案机关在 145

审前程序中难以坚持疑罪从无。基于以审判为中心的疑罪检验规则，尽管疑罪的形成是诸多因素共同作用的结果，但最终是在法庭上予以认定的。疑罪，是法庭在控辩双方举证、质证、辩论基础上，基于法定证据标准对现有证据材料进行综合评估之后得出的认定结论。换言之，疑罪不是一种静止的定在，而是庭审过程中控辩双方动态对抗的产物。在现有的诉讼制度下，为确保法庭认定的案件事实符合客观真相，认定疑罪时应穷尽可得的证据材料。不过，随着以审判为中心的刑事诉讼制度改革逐步深化，控辩双方应当按照裁判的要求和标准进行庭审准备，不能在庭审中随意补充完善证据，否则，庭审的质量和效率就很难得到保障。

2.1.2.3　疑罪从无的衍生问题

146　基于疑罪从无原则，公诉机关作出不起诉决定，或者法庭作出无罪判决，从处理结果看有利于被追诉者。但由于涉及对被追诉者的法律评价以及后续的法律赔偿，上述情形仍然可能引发有关无罪推定权利的衍生问题。

147　一是疑罪从无判决的国家赔偿。被追诉者基于疑罪从无原则获得无罪判决后，可能涉及国家赔偿的问题。中国《国家赔偿法》并未对此加以限制，无论被追诉者是基于无罪证据被宣告无罪，还是基于疑罪从无原则被宣告无罪，都有权申请国家赔偿。目前司法机关纠正的多起重大冤假错案，都是基于疑罪从无原则改判被告人无罪，随后依法给予其国家赔偿。

148　二是疑罪从无判决后被害人的赔偿请求。法院基于疑罪从无原则判决被告人无罪后，被害人可能对被告人提起民事赔偿诉讼。欧洲人权法院认为，法院对刑事指控的认定结论并不影响民事赔偿诉讼，如果不允许被害人提起民事赔偿诉讼，就将对其寻求法院救济的权利构成任意和不适当的限制，同时还将使被宣告无罪的被告人获得规避责任的不当利益。因此，尽管民事赔偿诉讼不能改变疑罪从无判决，但并不妨碍被害人基于较低的证明标准主张赔偿责任；进一步讲，刑事案件与民事赔偿案件并无实质性关联，刑事诉讼的结果对民事赔偿诉讼并无决定性影响。[1] 中国实行刑事附带民事诉讼制度，对于法院作出疑罪从无判决的情形，可以对附带民事诉讼进行调解，经调解不能达成协议的，应当一并作出刑事附带民事判决。被害人在刑事诉讼过程中未提起附带民事诉讼，另行提起民事诉讼的，法院可以进行调解，或者根据物质损失情况作出判决。

三是疑罪从无判决对后续案件量刑的影响。在审判结束 149

---

〔1〕 Ringvold v. Norway, paras. 38, 41. The Court observes that, while the conditions for civil liability could in certain respects overlap, depending on the circumstances, with those for criminal liability, the civil claim was nevertheless to be determined on the basis of the principles that were proper to the civil law of tort. The outcome of the criminal proceedings was not decisive for the compensation case. The victim had a right to claim compensation regardless of whether the defendant was convicted or, as here, acquitted, and the compensation issue was to be the subject of a separate legal assessment based on criteria and evidentiary standards which in several important respects differed from those that applied to criminal liability. The Court considers that, while exoneration from criminal liability ought to stand in the compensation proceedings, it should not preclude the establishment of civil liability to pay compensation arising out of the same facts on the basis of a less strict burden of proof. The ensuing civil proceedings were not incompatible with, and did not "set aside", that acquittal. The Court reiterates that the outcome of the criminal proceedings was not decisive for the issue of compensation. In this particular case, the situation was reversed: despite the applicant's acquittal it was legally feasible to award compensation. Regardless of the conclusion reached in the criminal proceedings against the applicant, the compensation case was thus not a direct sequel to the former.

后，疑罪从无原则仍然继续发挥作用。在一些案件中，先前被指控的犯罪行为，在后续案件中可能成为从重处罚的依据。根据量刑指导意见以及有关司法解释，前科、累犯构成从重处罚的依据。但如果先前被指控的犯罪行为并未被法庭定罪，此种情况下，将之作为从重处罚的依据，就违反了无罪推定权利的要求。不过，欧洲人权法院的判例认为，如果先前被指控的犯罪行为，只是在量刑阶段作为评估被告人人格（personality）的依据，并未达到构成新的指控的程度，就不违反无罪推定权利的要求。[1]

2.2　不被强迫自证其罪的权利

150　与无罪推定权利一样，不被强迫自证其罪特权（privilege against self - incrimination），也是刑事程序中极其重要的一项权利。之所以称为“特权”，是因为该项权利需要更强有力的法律保障。《世界人权宣言》并未直接规定不被强迫自证其罪特权，但在第五条规定，对任何人不得加以酷刑，或施以残忍的、不人道的或侮辱性的待遇或刑罚。尽管免受酷刑与不被强迫自证其罪并不等同，不过，在刑事诉讼背景下，免受酷刑是不被强迫自证其罪的重要内容。类似地，《欧洲人权公约》并未专门规定不被强迫自证其罪特权，但在第三条规定了免受酷刑的权利。相比之下，《公民权利与政治权利国际公约》第十四条第三款（g）

---

〔1〕 Bohmer v. Germany, para. 55; Phillips v. United Kingdom, para. 35. Once an accused has properly been proved guilty of a particular criminal offence, Article 6 § 2 can have no application in relation to allegations made about an accused's personality as part of the sentencing process, unless they are of such a nature and degree as to amount to the bringing of a new charge within the autonomous meaning of the Convention.

项规定，所有受到刑事指控的人，有权获得最低限度的保障，包括不被强迫自证其罪或者作出有罪供述。

中国《刑事诉讼法》第五十二条规定，严禁刑讯逼供和以威胁、引诱、欺骗以及其他非法方法收集证据，不得强迫任何人证实自己有罪。通常认为，该规定确立了不被强迫自证其罪的权利，该权利与免受刑讯逼供等非法取证行为的权利一起，构成了非法证据排除规则的制度基础。同时，《刑事诉讼法》第二编第二章第二节、第三节分别规定了讯问犯罪嫌疑人、询问证人的程序规范。 151

2.2.1　不被强迫自证其罪的权利与沉默权

不被强迫自证其罪的权利与沉默权（right to silence），虽然存在紧密关联，并经常交替使用，但二者在权利内涵上存在一定差异。沉默权是指拒绝陈述的权利，其适用范围较窄，仅限于言语交流。相比之下，不被强迫自证其罪特权包括拒绝提交文件等证据的权利，其适用范围不限于言语交流。与此同时，沉默权并不限于不被强迫作出不利于自己的陈述的权利，而是指拒绝作出任何陈述的权利。这一权利在实践中非常重要，即便被追诉者未直接作出认罪陈述，他对一些看似无关紧要的问题的陈述也可能给其带来重大风险。因为被追诉者可能无意识地作出认罪的意思表示，或者作出与先前陈述相矛盾的陈述，这些都可能被用作对其不利的证据。 152

中国法律并未明确规定沉默权规则，同时，《刑事诉讼法》第一百二十条第一款规定，犯罪嫌疑人对侦查人员的提问，应当如实回答，这使不被强迫自证其罪的权利与如实回答义务并存于法律之中。对于这一潜在的法律冲突，可以作如下理解：不被强 153

迫自证其罪的权利属于基本权利，因此，即便法律未规定沉默权，也不得强迫犯罪嫌疑人作出归罪性陈述。同时，根据法律规定，如实供述自己罪行的，可以从宽处罚，这表明，即便犯罪嫌疑人不回答问题，也不会面临负面的法律后果。有鉴于此，基于有效解释原则，所谓如实回答义务，是指在犯罪嫌疑人放弃沉默权的情形下，犯罪嫌疑人不得作出虚假陈述。该义务的重点在于“如实”回答，而不在于“应当”回答。当然，为避免不必要的认识分歧，切实保障不被强迫自证其罪的权利，可考虑在修改法律时删除犯罪嫌疑人应当如实回答的有关规定。

2.2.1.1　沉默权的基本要素

154　沉默权与言论自由权存在内在关联。言论自由权除包括积极的自由发表言论的权利外，还包括消极的不被强迫发表言论的权利，即保持沉默的权利。基于国际人权公约的权利框架，如果权利主体与案件存在关联，但自身并未面临指控，而是以证人身份出庭作证，就可能面临两难境地：或者作伪证，或者被迫承认自己参与犯罪行为。此种情况下，因权利主体并非被追诉者，无法主张公正审判的权利，言论自由权所包含的消极权利就成为可行的救济手段。这也表明，各项权利之间互相牵连，可以在实践中选择适用。

155　沉默权通常被视为一项绝对权。首先，沉默权不存在例外情形。其次，对于非法剥夺沉默权的行为，即便不能认定该行为构成犯罪，也应当认定其构成侵权。换言之，认定侵权行为，不以该行为构成犯罪为前提。此外，沉默权的适用不受案件类型的限制。即便白领犯罪、毒品犯罪等证明难度很大的案件，也不构成沉默权的例外情形。最后，公共利益不能成为侵犯沉默权的正当理由。基于沉默权的要求,法院不能因被告人保持沉默而作出对其不利的推断,也不能将被告人保持沉默作为判决的理由。

需要指出的是,在一些案件中,被告人事先并未被提起刑事 156
追诉,而是因其他违法行为接受非刑事性调查。基于有关法律规定,被告人在非刑事性调查程序中有义务接受强制性询问,并由此形成询问笔录。随后,因被告人涉嫌犯罪,先前制作的询问笔录就可能被用作指控其犯罪的证据。此种情况下,如果被告人在询问笔录中并未作出归罪性陈述,该询问笔录能否作为指控犯罪的证据使用?欧洲人权法院认为,不得强迫自证其罪特权中的自证其罪,并不限于作出认罪供述或者归罪性陈述。因为通过强迫方式取得的言词证据,可能在随后的刑事程序中用作不利于被告人的证据,据以质疑被告人提交的证据或者被告人所作的其他辩解,所以,在非刑事性调查程序中强制取得的陈述,不能在刑事程序中用作不利于被告人的证据。[1]

---

〔1〕 Saunders v. United Kingdom, paras. 70, 71. The applicant was tried together with three co – defendants. The trial involved seventy – five days of evidence, ten days of speeches by counsel and a five – day summing – up to the jury by the trial judge. The applicant faced fifteen counts including, inter alia, eight counts of false accounting contrary to section 17 (1) b of the Theft Act 1968 and two counts of theft and several counts of conspiracy. In the course of his trial the applicant, who was the only accused to give evidence – after the reading of the transcripts – testified that he knew nothing about the giving of indemnities or the paying of success fees and that he had not been consulted on such matters. He asserted that he had been guilty of no wrongdoing. The Crown relied heavily on the evidence of Mr Roux (Guinness's finance director) who had been granted immunity from prosecution. It also referred to the statements made by the applicant in the course of interviews to the DTI inspectors. The transcripts of the interviews were read to the jury by the prosecution over a three – day period during the trial. They were used in order to establish the state of the applicant's knowledge and to refute evidence given by the applicant to the jury.

2.2.1.2 沉默权的例外规则

157 英国《刑事司法与公共秩序法》(Criminal Justice and Public Order Act 1994)第三十四条规定了沉默权规则适用的例外情形。[1] 例如,侦查人员在犯罪嫌疑人体表、衣物、随身物品或犯罪嫌疑人被逮捕时所处场所的任何地方发现可疑物品、材料、痕迹,并且发现有证据证实犯罪嫌疑人与上述物品、材料或痕迹存在关联,但犯罪嫌疑人在接受讯问时未对上述物品、材料或痕迹作出解释,法官或陪审团可以作出不利于其的推论。又如,侦查人员因犯罪嫌疑人在案发当时出现在犯罪现场而将其逮捕,并且有关联证据证实犯罪嫌疑人当时出现在犯罪现场与案件有关,但犯罪嫌疑人接受讯问时拒绝对此作出解释,法官或陪审团可以作出不利于其的推论。

158 需要强调的是,沉默权例外规则不是为了迫使犯罪嫌疑人作出供述,而是当侦查人员在犯罪嫌疑人身上或身边发现与犯罪有关的物品、材料、痕迹,或者发现犯罪嫌疑人在案发时出现在犯罪现场时,犯罪嫌疑人应当对这些明显表明其有犯罪嫌疑的情形作出解释,从而帮助法官和陪审团查清事实及相关情况。同时,因被告人沉默而作出的不利于其的推论,只是证据推论,不能据此认定其有罪,认定被告人有罪的证明责任始终在控诉方。

159 关于沉默权的例外规则,欧洲人权法院认为,如果仅仅因为被告人保持沉默,或者拒绝回答问题,就认定其有罪,无疑有违

---

〔1〕 刘静坤、武丹蕾:《被告人沉默时能否作出不利于其的推论》,载《人民法院报》2016 年 4 月 27 日,第 6 版。

不被强迫自证其罪权利的要求;但是,案件情况明确要求被告人作出解释,被告人仍然保持沉默的,可以在评估控诉方证据的说服力时,将被告人的沉默纳入考虑范围。[1] 需要指出的是,如果在讯问时告知犯罪嫌疑人,沉默行为将在随后被用作对其不利的证据,这可能构成间接的强迫。

为避免沉默权的例外规则构成不适当的强迫,欧洲人权法 160
院指出,关键在于指控方提供的证据是否足以要求被追诉者作

---

〔1〕 John Murray v. United Kingdom, paras. 46, 47. The Court does not consider that it is called upon to give an abstract analysis of the scope of these immunities and, in particular, of what constitutes in this context "improper compulsion". What is at stake in the present case is whether these immunities are absolute in the sense that the exercise by an accused of the right to silence cannot under any circumstances be used against him at trial or, alternatively, whether informing him in advance that, under certain conditions, his silence may be so used, is always to be regarded as "improper compulsion".

On the one hand, it is self-evident that it is incompatible with the immunities under consideration to base a conviction solely or mainly on the accused's silence or on a refusal to answer questions or to give evidence himself. On the other hand, the Court deems it equally obvious that these immunities cannot and should not prevent that the accused's silence, in situations which clearly call for an explanation from him, be taken into account in assessing the persuasiveness of the evidence adduced by the prosecution. Wherever the line between these two extremes is to be drawn, it follows from this understanding of "the right to silence" that the question whether the right is absolute must be answered in the negative. It cannot be said therefore that an accused's decision to remain silent throughout criminal proceedings should necessarily have no implications when the trial court seeks to evaluate the evidence against him. In particular, as the Government have pointed out, established international standards in this area, while providing for the right to silence and the privilege against self-incrimination, are silent on this point. Whether the drawing of adverse inferences from an accused's silence infringes Article 6 (art. 6) is a matter to be determined in the light of all the circumstances of the case, having particular regard to the situations where inferences may be drawn, the weight attached to them by the national courts in their assessment of the evidence and the degree of compulsion inherent in the situation.

出回答。如果指控证据要求被追诉者作出解释，而被追诉者拒绝作出任何解释，那么，基于常识，可以推断被追诉者无法作出解释，进而推断被追诉者有罪；相反，如果指控证据不足以要求被追诉者作出解释，此时被追诉者拒绝作出解释，并不足以推断被追诉者有罪。[1] 简言之，只有当指控证据已经逼近或者达到

---

〔1〕 John Murray v. United Kingdom, para. 51. In this context, it is recalled that these were proceedings without a jury, the trier of fact being an experienced judge. Furthermore, the drawing of inferences under the Order is subject to an important series of safeguards designed to respect the rights of the defence and to limit the extent to which reliance can be placed on inferences.

In the first place, before inferences can be drawn under Article 4 and 6 of the Order appropriate warnings must have been given to the accused as to the legal effects of maintaining silence. Moreover, as indicated by the judgment of the House of Lords in R. v. Kevin Sean Murray the prosecutor must first establish a prima facie case against the accused, i. e. a case consisting of direct evidence which, if believed and combined with legitimate inferences based upon it, could lead a properly directed jury to be satisfied beyond reasonable doubt that each of the essential elements of the offence is proved.

The question in each particular case is whether the evidence adduced by the prosecution is sufficiently strong to require an answer. The national court cannot conclude that the accused is guilty merely because he chooses to remain silent. It is only if the evidence against the accused "calls" for an explanation which the accused ought to be in a position to give that a failure to give any explanation "may as a matter of common sense allow the drawing of an inference that there is no explanation and that the accused is guilty". Conversely if the case presented by the prosecution had so little evidential value that it called for no answer, a failure to provide one could not justify an inference of guilt. In sum, it is only common - sense inferences which the judge considers proper, in the light of the evidence against the accused, that can be drawn under the Order.

In addition, the trial judge has a discretion whether, on the facts of the particular case, an inference should be drawn. As indicated by the Court of Appeal in the present case, if a judge accepted that an accused did not understand the warning given or if he had doubts about it, "we are confident that he would not activate Article 6 against him". Furthermore in Northern Ireland, where trial judges sit without a jury, the judge must explain the reasons for the decision to draw inferences and the weight attached to them. The exercise of discretion in this regard is subject to review by the appellate courts.

被追诉者有罪的证明标准时，才要求被追诉者作出除罪性解释，如果被追诉者继续保持沉默，就意味着其无法作出除罪性解释。实际上，此种情况下，法官即便不考虑被告人保持沉默的情形，现有证据也已达到了定罪标准。

在司法实践中，犯罪嫌疑人决定是否主张沉默权，通常会综合考虑案件情况。除可能在特定情形下招致不利推定外，犯罪嫌疑人行使沉默权，将导致办案机关投入更多资源收集证据。这意味着，犯罪嫌疑人既丧失了作出合理辩解的机会，也无法以认罪为由主张从宽处罚。所以，在司法实践中，对于办案机关已经收集有力证据的情形，犯罪嫌疑人实际上很少行使沉默权，而是选择作出认罪答辩。 161

2.2.2 不被强迫自证其罪与免受酷刑

以沉默权为基础的不被强迫自证其罪权利，涉及两个维度的保障机制：一是不得因被追诉者保持沉默而作出不利于其的推定；二是不得通过酷刑等非法方法逼取供述。关于后者，不被强迫自证其罪权利，实际上牵涉免受酷刑的权利。免受酷刑或者残忍的、不人道的或侮辱性的待遇，是国际人权公约规定的基本人权，也是与不得强迫自证其罪特权并列的重要权利。《反酷刑公约》专门确立了禁止酷刑的制度体系。中国已经加入该公约，应当与其他缔约国一道履行公约义务。 162

在刑事程序背景下，除了可能导致虚假供述和冤假错案等负面后果外，通过酷刑等非法方法强迫犯罪嫌疑人证实自己有罪，违反了无罪推定权利的要求。此外，酷刑或者残忍的、不人道的或者侮辱性待遇，还侵犯了被追诉者保持沉默的意志自由 163

权。需要指出的是,《反酷刑公约》和国际人权公约规定的免受酷刑权利,通常存在严重程度的要求。从国际人权法的角度看,对于刑事程序中达到酷刑程度的强迫取证行为,权利主体既可以提出免受酷刑的权利主张,也可以提出不被强迫自证其罪的权利主张。

2.2.2.1 酷刑等侵权方法解析

164 国际人权公约和《反酷刑公约》对免受酷刑权利所作的规定,除针对酷刑本身外,通常还涉及诸多类型的侵犯人权方法,包括残忍的、不人道的或者侮辱性待遇。值得指出的是,《非洲人权公约》第五条首先强调尊重人的尊严和法律地位,然后禁止各种形式的掠夺和侮辱性待遇,包括奴隶制、奴隶交易、酷刑以及残忍的、不人道的或者侮辱性惩罚与待遇。这种将酷刑与奴隶制、奴隶交易并列规定的做法,体现出酷刑作为侵犯人权行为的特殊性,以致酷刑也被称为新型奴隶制。[1]

165 中国《刑事诉讼法》第五十二条除严禁刑讯逼供外,还严禁以威胁、引诱、欺骗以及其他非法方法收集证据。这意味着,在刑事程序框架内,以不被强迫自证其罪权利为坐标系,可将酷刑等非法方法纳入一个谱系,以体现各种非法方法不同的侵权程度和表现形式。综合考虑国际人权公约和中国《刑事诉讼法》禁止的各类非法方法的核心要素,可将酷刑等非法方法概括为以下三类:一是强迫方法,包括酷刑(或刑讯逼供)和威胁等身体或

---

〔1〕 Susanne Baer, *Dignity, Liberty, Equality: A Fundamental Rights Triangle of Constitutionalism*, The University of Toronto Law Journal, Vol. 59:4, p. 482(2009).

精神强制方法；二是虐待方法（ill-treatment），包括残忍的、不人道的或者侮辱性待遇；三是引诱、欺骗等其他方法。

第一，酷刑等强迫方法。《反酷刑公约》第一条对酷刑作出了界定，核心要素包括给人造成身体或者精神上（physical or mental）的剧烈疼痛或痛苦（several pain or suffering），其中包括威胁或者强迫（intimidating or coercing）方法。实际上，中国法律规定的"刑讯逼供"比较形象地体现了酷刑的三个核心要素，即，通过"刑讯""逼取""供述"。总体上讲，酷刑（或刑讯逼供）和威胁，其核心特征是迫使被追诉者违背自由意志作出供述。 166

免受酷刑的权利，是一项特殊的基本人权。《〈反酷刑公约〉一般评论（二）》（General Comment No. 2）指出，免受酷刑的权利是人的一项绝对和不可克减的权利，这不仅是国际习惯法，也是具有强制性的强行法（jus cogens）规则。国际法院指出，酷刑禁令作为国际习惯法，意味着酷刑已经成为各国和国际社会谴责的对象。[1] 联合国前南斯拉夫问题国际刑事法庭总结了酷刑禁令的三项重要特征：[2] 167

一是酷刑禁令涉及面广，甚至涵盖潜在违反情形。具体言之，首先，酷刑禁令具有特殊的严格性和覆盖性。各国不仅要禁止和惩罚酷刑，还要预防酷刑发生。其次，各国要建立国内实施机制，这是履行国际义务的内在要求。最后，与酷刑禁令相反的国内立法，无论是既有的法律规定还是新出台的法律，都将因违 168

〔1〕 ICJ, *Questions Relating to the Obligation to Prosecute or Extradite* (*Belgium v. Senegal*), 20 July 2012.

〔2〕 Prosecutor v. AntoFurundzija, Judgement, ICTY, Trial Chamber, 1998.

反公约义务而引发国家责任。

169 二是酷刑禁令构成普遍性义务(*Erga Omnes*)。所有成员国都要遵守该义务。国际组织有权监督各国是否已采取所有必要的措施预防和惩罚酷刑。

170 三是酷刑禁令具有强行法的地位。酷刑禁令作为强行法，效力高于其他的条约法以及普通的习惯法。酷刑禁令是国际社会最基本的法律规范。个体对此负有超越国家义务的国际法义务。

171 中国《刑事诉讼法》始终明令禁止刑讯逼供和威胁方法。关于刑讯逼供的界定,可以参考2005年《最高人民检察院关于渎职侵权犯罪案件立案标准的规定》对刑讯逼供案设定的立案标准。该立案标准列举了八种情形,其中与刑讯逼供行为方式有关的情形主要包括两类:一是以殴打、捆绑、违法使用械具等恶劣手段逼取口供的;二是以较长时间冻、饿、晒、烤等手段逼取口供,严重损害犯罪嫌疑人、被告人身体健康的。在此基础上,2017年"两高三部"《关于办理刑事案件严格排除非法证据若干问题的规定》区分了广义和狭义的刑讯逼供。狭义的刑讯逼供,主要是指殴打、违法使用戒具等暴力方法;广义的刑讯逼供,则是指变相肉刑的恶劣手段,其中包括较长时间冻、饿、晒、烤等手段,此类变相肉刑的恶劣手段也可被视为国际公约所指的虐待方法。

172 第二,虐待方法,包括残忍的、不人道的或者侮辱性待遇。《反酷刑公约》将虐待方法与酷刑并列加以规定,这涉及两者的法律关系问题。《〈反酷刑公约〉一般评论(二)》规定,酷刑和虐待方法存在不可分割、互相依赖和互相交织(indivisible, interde-

pendent and interrelated）的关系。在实践中，酷刑与虐待之间并不存在明确的界限，虐待往往是酷刑的前奏，因此，预防酷刑的措施应当适用于虐待行为。与免受酷刑的权利一样，免受虐待也是人的一项不可克减的权利。英国上议院指出，《欧洲人权公约》并未对酷刑和虐待方法加以区分，考虑到公约是“灵动的文件，应当作出与时俱进的解释”（living instrument which must be interpreted in the light of present - day conditions），过去被视为“不人道的或者侮辱性待遇”的行为，可能随后被界定为“酷刑”。[1] 这种动态看待酷刑和虐待之间互动影响的司法理念，具有重要的借鉴价值。

在虐待方法中，疲劳讯问是比较常见的方法。关于疲劳讯 173
问是否属于酷刑，始终存在一定的争议。以色列最高法院认为，讯问行为能够反映司法制度的品质，讯问可能导致不充分的睡眠，长时间或者夜间剥夺睡眠不符合比例原则和合理讯问原则（reasonable interrogation）；剥夺睡眠不构成酷刑，但这种做法损害犯罪嫌疑人的权利和尊严，属于“不人道的和侮辱性的”待遇，应当予以禁止。[2]

酷刑包括身体酷刑和精神酷刑，其中的精神酷刑，需要与虐 174
待方法加以区分。欧洲人权法院认为，侵犯免受酷刑权利的行为应符合最低限度的严重性要求，行为的严重性需要基于个案

---

〔1〕 A & Ors v. Secretary of State for the Home Department（no. 2）［2005］UKHL 71；［2005］3 WLR 1249.

〔2〕 Public Committee Against Torture v. Israel（case HCJ 5100/94），Supreme Court of Israel sitting as the High Court of Justice，Judgment of 6 September 1999，（1999）38 ILM 1471.

情况作出评估,综合考虑特定行为的持续时间、对当事人造成的身体或精神影响、是否属于故意行为、行为目的以及背景等情况。对于威胁使用身体酷刑的行为,究竟认定为精神酷刑,还是不人道的或者侮辱性待遇,取决于特定案件的具体情形,包括对当事人造成的压力的严重性以及精神痛苦的程度。[1]

175 中国《刑事诉讼法》禁止刑讯逼供,但并未专门提及虐待方法。实际上,2006 年《最高人民检察院关于渎职侵权犯罪案件立案标准的规定》中所列的刑讯逼供情形中,第二项"以较长时间冻、饿、晒、烤等手段逼取口供,严重损害犯罪嫌疑人、被告人身体健康",可以被视为虐待方法。2013 年《最高人民法院关于建立健全防范刑事冤假错案工作机制的意见》第八条第一款规定,

---

〔1〕 Gafgen v. Germany, [2011] 52 EHRR 1, paras. 94 – 108, 115 – 132, 167 – 187. Having regard to the relevant factors for characterising the treatment to which the applicant was subjected, the Court is satisfied that the real and immediate threats against the applicant for the purpose of extracting information from him attained the minimum level of severity to bring the impugned conduct within the scope of Article 3. It reiterates that according to its own case – law, which also refers to the definition of torture in Article 1 of the United Nations Convention against Torture, and according to the views taken by other international human rights monitoring bodies, to which the Redress Trust likewise referred, a threat of torture can amount to torture, as the nature of torture covers both physical pain and mental suffering. In particular, the fear of physical torture may itself constitute mental torture. However, there appears to be broad agreement, and the Court likewise considers, that the classification of whether a given threat of physical torture amounted to psychological torture or to inhuman or degrading treatment depends upon all the circumstances of a given case, including, notably, the severity of the pressure exerted and the intensity of the mental suffering caused. Contrasting the applicant's case to those in which torture has been found to be established in its case – law, the Court considers that the method of interrogation to which he was subjected in the circumstances of this case was sufficiently serious to amount to inhuman treatment prohibited by Article 3, but that it did not reach the level of cruelty required to attain the threshold of torture.

采用刑讯逼供或者冻、饿、晒、烤、疲劳审讯等非法方法收集的被告人供述,应当排除。该规定在刑讯逼供之外,规定了“冻、饿、晒、烤、疲劳审讯等非法方法”,实际上与《反酷刑公约》将酷刑和虐待方法并列的立法模式具有类似之处。此外,2017 年“两高三部”《关于办理刑事案件严格排除非法证据若干问题的规定》中规定的“变相肉刑的恶劣手段”,也可被视为虐待方法。

第三,引诱、欺骗等方法。与酷刑和虐待相比,引诱、欺骗等方法并不涉及强迫、侮辱等要素,但因其违反了意志自由和正当程序的内在要求,可以被归入不被强迫自证其罪权利的范畴。 176

欧洲人权法院认为,不被强迫自证其罪特权并不仅仅适用于通过强迫等方法违反被追诉者自由意志的情形。该项权利作为正当程序的核心要求,旨在保护犯罪嫌疑人在面对讯问时选择是否保持沉默的自由。当侦查机关通过线人从犯罪嫌疑人处套取了原本无法获得的供述或者归罪性陈述时,就侵犯了犯罪嫌疑人选择保持沉默的自由。进一步讲,只有当线人代表侦查机关套取供述时,才构成对犯罪嫌疑人沉默权的侵犯。此种情况下,需要结合个案情况,考察线人与犯罪嫌疑人之间的沟通是否发挥了讯问的制度功能,以及线人与犯罪嫌疑人之间的关系属性。[1] 实际上,线人从犯罪嫌疑人处套取供述的做法,可被视 177

---

〔1〕 Allan v. United Kingdom, paras. 50, 51. While the right to silence and the privilege against incrimination are primarily designed to protect against improper compulsion by the authorities and the obtaining of evidence through methods of coercion or oppression in defiance of the will of the accused, the scope of the right is not confined to cases where duress has been brought to bear on the accused or where the will of the accused has been directly overborne in some way. The right, which the Court has previously observed is at the heart of the notion of a fair procedure, serves in principle to pro-

为一种“非正式的讯问”，由于缺乏讯问程序应有的法律保障，所以，应当被视为侵犯不被强迫自证其罪权利的情形。[1]

178 中国《刑事诉讼法》第五十二条明确禁止以引诱、欺骗等非法方法收集证据。由于引诱、欺骗等方法与侦查策略难以区分，加上此前未被纳入不被强迫自证其罪权利的范畴，所以，在规范和实践层面，对其缺乏有效的应对措施。应当认识到，通过引

---

tect the freedom of a suspected person to choose whether to speak or to remain silent under police questioning. Such freedom of choice is effectively undermined in a case in which, the suspect having elected to remain silent during questioning, the authorities use subterfuge to elicit from the suspect confessions or other statements of an incriminatory nature which they were unable to obtain during such questioning and where the confessions or statements thereby obtained are adduced in evidence at trial.

Whether the right to silence is undermined to such an extent as to give rise to a violation of Article 6 of the Convention depends on all the circumstances of the individual case. In this regard, however, some guidance may be found in the decisions of the Supreme Court of Canada, referred to in paragraphs 30 – 32 above, in which the right to silence, in circumstances which bore some similarity to those in the present case, was examined in the context of section 7 of the Canadian Charter of Rights and Freedoms. The Canadian Supreme Court there expressed the view that, where the informer who allegedly acted to subvert the right to silence of the accused was not obviously a state agent, the analysis should focus on both the relationship between the informer and the state and the relationship between the informer and the accused: the right to silence would only be infringed where the informer was acting as an agent of the state at the time the accused made the statement and where it was the informer who caused the accused to make the statement. Whether an informer was to be regarded as a state agent depended on whether the exchange between the accused and the informer would have taken place, in the form and manner in which it did, but for the intervention of the authorities. Whether the evidence in question was to be regarded as having been elicited by the informer depended on whether the conversation between him and the accused was the functional equivalent of an interrogation, as well as on the nature of the relationship between the informer and the accused.

〔1〕 Stefan Trechsel, *Human Rights in Criminal Proceedings*, Oxford University Press, 2005, p. 352.

诱、欺骗等方法获取认罪供述，违反了意志自由和正当程序的内在要求，但与酷刑和虐待相比，引诱、欺骗等方法对权利的侵犯具有一定的隐蔽性、模糊性，因此，为了有效禁止引诱、欺骗等方法，关键在于合理划定引诱、欺骗等方法与侦查策略的边界。这也反映出权利保障和司法权能之间的互动关系，只有合理划定侵权行为与法律准许的司法行为之间的法律边界，为司法权能的行使保留制度空间，并提供明确、可行的规则，才能促使办案机关依法有效地保障被追诉者的合法权利。

2.2.2.2　免受酷刑的权利内涵

霍尔兹沃斯教授形象地指出，一旦酷刑在法律制度中滋生， 179
就会像传染病一样快速传播开来。[1] 随着办案机关对酷刑习以为常，政府就可能试图实现酷刑的合法化，相应地，社会群体也会基于功利考量对酷刑产生默示认同，由此形成对酷刑的集体性冷漠，使酷刑逐步腐蚀整个社会结构。为有效禁止酷刑，《反酷刑公约》等国际公约确立了系统的国家义务，从中可以提炼免受酷刑的权利内涵。

第一，免受酷刑风险的权利。在刑事诉讼中，被追诉者在羁 180
押期间始终面临遭受酷刑的风险。《反酷刑公约》第二条第一款规定，每一缔约国应采取有效的立法、行政、司法或其他措施，防止在其管辖的任何领土内出现实施酷刑的行为。同样从预防酷刑的角度，《反酷刑公约》第三条第一款规定，成员国不得将个体驱逐、遣返或引渡到有实质理由相信个体可能遭受酷刑的国家。

---

〔1〕 William Holdsworth, *A History of English Law*, Vol. 5:3, p. 195(1945).

上述预防酷刑的国家义务,实际上赋予了个体免受酷刑风险的权利。

181 为保护个体免受酷刑风险的权利,《反酷刑公约》第四条要求成员国将所有的酷刑行为规定为犯罪,从根本上遏制办案人员诉诸酷刑的制度性动机。《〈反酷刑公约〉一般评论(二)》指出,赦免或者拒绝处罚酷刑犯罪的实施者,或者将酷刑降级认定为虐待,都将违反不可克减的公约义务。中国《刑法》第二百四十七条将刑讯逼供和暴力取证行为规定为犯罪,在制度层面符合公约的这一要求。

182 同时,《〈反酷刑公约〉一般评论(二)》还规定了预防酷刑的诸多举措,对于被剥夺自由的个体,国家需要提供基本的权利保障,包括:对被羁押者进行官方登记,告知其依法享有的权利,使其及时获得独立的法律帮助和医疗帮助,与家属取得联系,建立中立的羁押场所审查机制。如果被羁押者被转移到曾经发生酷刑、虐待的场所,或者缺乏充分保障措施的场所,国家需要承担违反预防酷刑义务的责任,有关官员需要接受处罚。此外,《〈公民权利与政治权利国际公约〉一般评论(二十)》也对预防酷刑的举措提出了具体要求,包括:一是对讯问的规则、方法和实践以及羁押监管制度进行系统性审查,有效预防酷刑和虐待行为。二是应当将被羁押者羁押在官方认可的羁押场所,并将羁押场所的名称、地点以及负责人员登记在案,以便被羁押者的亲友查阅。三是应当将所有讯问的时间和地点都记录在案,一并记载所有在场者的姓名,使有关信息可在诉讼活动中被查阅。四是不得进行与外界失去联络的羁押。所有的羁押场所都不得存放可被用于实施酷刑或者虐待的装备。五是保障被羁押者得到医生和律师的帮助的权利，以及会见家庭成员的权利。

中国《刑事诉讼法》规定了羁押讯问的法律程序，从免受酷 183
刑风险的角度看，其主要涉及以下两个方面：

一是羁押讯问的场所规范。《刑事诉讼法》第一百一十八条 184
第二款规定，犯罪嫌疑人被送交看守所羁押以后，侦查人员对其进行讯问，应当在看守所内进行。为防止在看守所外讯问发生刑讯逼供等情形，2013 年《中央政法委关于切实防止冤假错案的规定》第一条规定："讯问犯罪嫌疑人、被告人，除情况紧急必须现场讯问外，应当在规定的办案场所进行；犯罪嫌疑人被送交看守所羁押后，讯问应当在看守所讯问室进行并全程同步录音或者录像。侦查机关不得以起赃、辨认等为由将犯罪嫌疑人提出看守所外进行讯问。"目前，羁押场所处于办案机关的监管之下，酷刑发生的风险仍然不容忽视，有鉴于此，有必要按照《反酷刑公约》的要求，建立透明化的登记监管制度，完善羁押期间的权利保障制度，并可考虑建立羁押场所的酷刑黑名单制度。

二是讯问的程序和方法。《刑事诉讼法》第一百二十条第二 185
款规定，侦查人员在讯问犯罪嫌疑人的时候，应当告知犯罪嫌疑人享有的诉讼权利，如实供述自己罪行可以从宽处理和认罪认罚的法律规定。同时，第一百二十三条还规定了讯问过程录音录像制度。这些程序安排有利于提高讯问程序的公正性，减少酷刑发生的风险。与此同时，有必要借鉴《公民权利与政治权利国际公约》的要求，对讯问规则、方法和实践进行系统性审查，提高讯问法治化水平。讯问是一门科学，从某种程度上讲，讯问制度不发达，是诱发酷刑的重要原因。因此，系统地完善讯问的规则和方法，提升侦查人员依法讯问的能力，有助于从根本上预防酷刑发生。此外，只有对讯问规则和方法制定成文规定，才能有效审查有关规则和方法的合法性，进而结合法律规定的要求不断予以完善。

186 第二，申诉救济的权利。《反酷刑公约》第十三条规定，每一缔约国应确保任何声称在其辖区内遭受酷刑的个体有权提出申诉，并且由适格机构及时公正地予以审查。申诉者和证人在提出申诉或者提供证据后，应当得到法律保护，免受任何虐待或者恐吓。为加强权利保障，《〈反酷刑公约〉一般评论（二）》规定：应为面临遭受酷刑和虐待风险的被羁押者提供司法救济，及时公正地对申诉进行审查，保障被羁押者辩护的权利以及质疑羁押合法性的权利。

187 中国《刑事诉讼法》规定，遭到刑讯逼供的个体具有申诉救济的权利。第三十八条规定，辩护律师在侦查期间可以代理申诉、控告，其中就包括代理对刑讯逼供的申诉、控告。同时，第五十七条规定，人民检察院接到报案、控告、举报或者发现侦查人员以非法方法收集证据的，应当进行调查核实。对于确有以非法方法收集证据情形的，应当提出纠正意见；构成犯罪的，依法追究刑事责任。基于上述规定，被羁押的犯罪嫌疑人，遇有刑讯逼供等情形的，可以请求辩护律师代为申诉、控告，也可以向派驻羁押场所的检察官报案、控告、举报。在审前程序中，人民检察院作为法律监督机关，对侦查活动的合法性进行法律监督，依法对刑讯逼供的申诉、控告进行调查核实。

188 第三，申请排除非法证据的权利。《反酷刑公约》第十五条规定，每一缔约国应当确保在任何诉讼程序中不得援引任何确属酷刑逼供取得的陈述作为证据使用，但针对酷刑实施者提起指控的情形除外。之所以确立非法证据排除规则,不仅是考虑到经酷刑取得的证据的不可靠性,更重要的是为了维护文明价值和司法公正。究其实质,经酷刑取得的证据的排除规则,涉及的是宪法原则问题。从反酷刑的角度看,这里的非法证据并非一般意义上违反法律规定取得的证据,也非取证程序存在瑕疵的证据,而是违反法定取证程序,通过侵犯基本人权的方法取得的证据。

中国2012年《刑事诉讼法》修改确立了非法证据排除规则, 189
此后通过推进司法改革,不断完善严格实行非法证据排除规则的制度机制。《刑事诉讼法》第五十六条第一款规定了非法证据的范围,采用刑讯逼供等非法方法收集的犯罪嫌疑人、被告人供述和采用暴力、威胁等非法方法收集的证人证言、被害人陈述,应当予以排除。收集物证、书证不符合法定程序,可能严重影响司法公正的,应当予以补正或者作出合理解释;不能补正或者作出合理解释的,对该证据应当予以排除。为规范非法证据排除的申请及审查处理,第五十七条至第六十条规定了非法证据的排除程序。

在此基础上,2017年"两高三部"《关于办理刑事案件严格 190
排除非法证据若干问题的规定》进一步完善了非法言词证据的范围和认定标准。该规定第二条将刑讯逼供方法界定为"殴打、违法使用戒具等暴力方法或者变相肉刑的恶劣手段",其中"变相肉刑的恶劣手段"与《反酷刑公约》规定的虐待方法具有类似性,可被视为广义的刑讯逼供;第三条将采用威胁方法收集的犯罪嫌疑人、被告人供述纳入非法证据的范畴,并将威胁方法界定为"以暴力或者严重损害本人及其近亲属合法权益等进行威胁的方法”;第四条将采用非法拘禁等非法限制人身自由的方法收集的犯罪嫌疑人、被告人供述纳入非法证据范畴。此外,为从根本上遏制刑讯逼供的制度性动机,完善非法证据排除规则的体系,该规定第五条还确立了重复性供述的排除规则。

191 需要指出的是,关于“毒树之果”的可采性,中国《刑事诉讼法》和有关规定并未作出明确规定。各国非法证据排除规则对“毒树之果”的态度不尽相同,或者确立“原则 + 例外”的排除模式,或者适用裁量排除规则。欧洲人权法院认为,通过酷刑取得的实物证据不能采纳,但并未明确通过虐待方法取得的实物证据是否应当排除。[1] 总体上讲,对于“毒树之果”的可采性,法院需要结合个案情况,综合评估救济被害人、追诉犯罪以及公正审判等价值。

2.2.3 不被强迫提供其他证据

192 除了不被强迫作出陈述外,不被强迫自证其罪权利还涉及不被强迫提供其他证据。例如,被追诉者可能被强迫提交归罪性文件。例如,在一起案件中,联邦税务局发现了当事人投资的证据,但当事人并未报税。联邦税务局要求当事人提交所有与投资有关的文件,由于当事人拒绝提交,联邦税务局多次对其进行罚款。欧洲人权法院认为,联邦税务局的这种做法明显违反了不得强迫自证其罪特权的要求。[2]

---

〔1〕 Gafgen v. Germany, [2011] 52 EHRR 1, paras. 115 – 132.

〔2〕 Stefan Trechsel, *Human Rights in Criminal Proceedings*, Oxford University Press, 2005, p. 354.

实践中,与强迫被追诉者提供证据有关的情形,还有醉驾案件中抽取血液样本,以及强奸、命案等案件中提取毛发、血液等DNA 样本等问题。欧洲人权法院认为,不被强迫自证其罪特权主要保护的是被追诉者的意志自由,有鉴于此,独立于犯罪嫌疑人意志的证据,如可以通过搜查获得的文件,或者血液、尿液等DNA 鉴定样本,并不属于该特权保护的范畴。[1] 上述情形,可被视为不被强迫提供其他证据的例外情形。 193

中国《刑事诉讼法》并未对强迫被追诉者提供其他证据的问题作出专门规定。不过,该问题与"毒树之果"的可采性存在一定关联。同时,《刑事诉讼法》第一百三十二条规定了办案机关的强制采样权力,即,为了确定被害人、犯罪嫌疑人的某些特征、伤害情况或者生理状态,可以对人身进行检查,可以提取指纹信息,采集血液、尿液等生物样本。犯罪嫌疑人如果拒绝检查,侦 194

---

〔1〕 Saunders v. United Kingdom, para. 69. The right not to incriminate oneself is primarily concerned, however, with respecting the will of an accused person to remain silent. As commonly understood in the legal systems of the Contracting Parties to the Convention and elsewhere, it does not extend to the use in criminal proceedings of material which may be obtained from the accused through the use of compulsory powers but which has an existence independent of the will of the suspect such as, inter alia, documents acquired pursuant to a warrant, breath, blood and urine samples and bodily tissue for the purpose of DNA testing.

In the present case the Court is only called upon to decide whether the use made by the prosecution of the statements obtained from the applicant by the inspectors amounted to an unjustifiable infringement of the right. This question must be examined by the Court in the light of all the circumstances of the case. In particular, it must be determined whether the applicant has been subject to compulsion to give evidence and whether the use made of the resulting testimony at his trial offended the basic principles of a fair procedure inherent in Article 6 para. 1 (art. 6 – 1) of which the right not to incriminate oneself is a constituent element.

查人员认为必要的时候,可以强制检查。

2.3 不被非法剥夺人身自由的权利

195 在刑事程序中,强制措施以及附随的审前羁押,是确保刑事诉讼顺利进行的重要制度安排。尽管强制措施和审前羁押的属性不同,所涉法律规范亦不相同,但两者紧密相关且在程序上具有嵌套关系,均涉及被追诉者的人身自由权利(the right to liberty)。《世界人权宣言》第九条规定,对任何人不得加以任意逮捕(arrest)、羁押(detention)或放逐。《公民权利与政治权利国际公约》第九条第一款规定,每个人都有权享有人身自由和安全。任何人不得被专断地逮捕或者羁押。除非基于法律规定的理由和程序,任何人不得被剥夺自由。该条第二款至第五款还规定了关于不被非法剥夺人身自由的各项程序权利。类似地,《欧洲人权公约》第五条第一款规定,每个人都有权享有人身自由和安全。除非基于法律规定的情形和程序,任何人不得被剥夺人身自由。该条第二款至第五款亦规定了关于不被非法剥夺人身自由的各项程序权利。

196 中国《宪法》第三十七条规定:“中华人民共和国公民的人身自由不受侵犯。任何公民,非经人民检察院批准或者决定或者人民法院决定,并由公安机关执行,不受逮捕。禁止非法拘禁和以其他方法非法剥夺或者限制公民的人身自由,禁止非法搜查公民的身体。”应当说,宪法对人身自由权的确认,以及对基本制度的安排,奠定了人身自由权的宪法基础。《刑事诉讼法》虽未明确规定人身自由权利,但其第二条规定:“中华人民共和国刑事诉讼法的任务,是……保护公民的人身权利、财产权利、民主权利和其他权利……"同时,《刑事诉讼法》在第一编第六章对强制措施作出了专门规定。立足司法实践,现阶段审前程序对人身自由权利的保障不断强化,但受传统司法理念影响,加上办案机关裁量空间较大,羁押性强制措施的适用仍然较为普遍,非羁押性强制措施的适用比例较低。同时,强制措施附随的审前羁押期限较长,容易导致超期羁押以及"关多久判多久"等问题。

2.3.1 强制措施的司法控制

从国际公约层面看,避免逮捕和羁押的专断性(arbitrari- 197
ness),始终是保障人身自由权的核心问题。[1] 与酷刑类似,对人身自由权的限制,是刑事程序中国家强制力的典型体现。但与酷刑内在的违法性不同,为确保诉讼活动顺利进行,办案机关有权依法采取强制措施,基于正当程序限制或剥夺被追诉者的人身自由。为保障人身自由权,国际公约通常从实体依据和正当程序两个方面规范强制措施的适用。

中国《刑事诉讼法》第六章专门对强制措施作出规定,具体 198
包括拘传、取保候审、监视居住、拘留和逮捕。从法律属性看,拘传属于强制到案措施,取保候审属于期限较长的非羁押性强制措施,监视居住属于逮捕的替代措施,拘留属于临时性强制措施,而逮捕则属于典型的羁押性强制措施。由于逮捕通常附随审前羁押,因此是法律规制的重点。总体上讲,《刑事诉讼法》对

〔1〕 国际公约除规定人身自由权外,还规定了人身安全权(the right to security)。但有意见认为,人身安全权并未在人身自由权基础上有额外的保障,因此,可被视为包含在人身自由权之中。Stefan Trechsel, *Human Rights in Criminal Proceedings*, Oxford University Press, 2005, pp. 410 - 411.

强制措施的规范也可分为实体依据和程序规范两个方面。

2.3.1.1 强制措施的实体依据

199 与《公民权利与政治权利国际公约》的基本框架类似,《欧洲人权公约》第五条第一款限定了剥夺人身自由的法定情形,其中涉及刑事程序领域的主要是(c)项规定,即,基于对特定人员已经实施犯罪的合理嫌疑(reasonable suspicion),或者基于合理考量有必要预防其实施犯罪,或者避免其在实施犯罪后逃跑,可以对特定人员依法予以逮捕或羁押。尽管该项规定表述为"逮捕"或"羁押"的选择性模式,但实际上,审前羁押(pretrial detention)通常存在于从采取逮捕措施到案件审判的诉讼过程。该项规定涉及的三类实体依据之间属于选择性关系,具体分述如下:

200 第一,对特定人员已经实施犯罪的合理怀疑。所谓"合理嫌疑"标准,要求犯罪嫌疑存在"合理性",不能只是凭空的、没有依据的怀疑。欧洲人权法院指出,犯罪嫌疑必须具有"可信性"(plausible),办案机关提交的材料必须足以说服客观的旁观者,涉案人员可能已经实施了犯罪行为。[1] 这意味着,采取强制措

〔1〕 Murray v. United Kingdom, para. 63. Having regard to the level of factual justification required at the stage of suspicion and to the special exigencies of investigating terrorist crime, the Court finds, in the light of all the above considerations, that there did exist sufficient facts or information which would provide a plausible and objective basis for a suspicion that Mrs Murray may have committed the offence of involvement in the collection of funds for the Provisional IRA. On the particular facts of the present case, therefore, the Court is satisfied that, notwithstanding the lower standard of suspicion under domestic law, Mrs Murray can be said to have been arrested and detained on "reasonable suspicion" of the commission of a criminal offence, within the meaning of sub-paragraph (c) of Article 5 para. 1 (art. 5-1-c).

施，必须提供相应的事实证据，且证据已达到“合理嫌疑”的标准。同时，“嫌疑”这一术语本身也表明，案件结果可能存在一定的不确定性。换言之，办案机关无须在采取强制措施时就证明被追诉者有罪，因为最终要通过侦查来进一步核实，依据在案证据是否足以对被追诉者提起指控。[1]

需要强调的是，“合理嫌疑”标准指向的内容是被追诉者可 201
能“已经实施了犯罪”。羁押候审（detention on remand）的目的是确保被追诉者到庭接受审判，从这个意义上讲，审前羁押并不必然以被追诉者涉嫌的犯罪可能被判处监禁刑为前提，对于特定类型的轻罪案件，也可能基于公共利益的考虑，对犯罪嫌疑人进行审前羁押。[2] 当然，如果对犯罪嫌疑人是否构成犯罪存在争议，就不得随意采取强制措施。

第二，有必要预防特定人员实施新的犯罪。欧洲人权法院 202
认为，这里的新的犯罪，应当是指具体的、特定的犯罪，因此，不

---

〔1〕 NC v. Italy, para. 45. the Court considers that where a new legally relevant procedural event subsequently occurs which may influence the admissibility of the application, it would be contrary to the interests of the proper administration of justice to allow a respondent Contracting Party to wait for an excessive period before making a formal objection. This situation has similarities with the late discovery of a fact which might have a decisive influence. It is significant that in such circumstances Rule 80 requires a request for revision to be submitted to the Court within a period of six months after the party acquired knowledge of the relevant fact.

〔2〕 Stefan Trechsel, *Human Rights in Criminal Proceedings*, Oxford University Press, 2005, p. 426.

能基于一般预防的目的对被追诉者进行羁押。[1] 实际上，这一

---

〔1〕 Guzzardi v. Italy, para. 102. It is true that there was "reasonable suspicion of [his] having committed an offence" and that he remained subject to charges throughout the time he spent on Asinara, but the decisions of the Regional Court (30 January 1975), the Court of Appeal (12 March 1975) and the Court of Cassation (6 October 1975) had no connection in law with the investigation being pursued in his respect; they were based on the 1956 and 1965 Acts which are applicable irrespective of whether or not there has been a charge and do not prescribe any subsequent appearance "before the competent legal authority". Mr. Guzzardi's detention on remand had terminated on 8 February 1975, on the expiry of the two years' time – limit laid down by Article 272 of the Code of Criminal Procedure. If – as the applicant insinuated but did not prove – the said Acts had been utilised in order to prolong the detention, it would not in that case have been "lawful"; whilst the French text of sub – paragraph (c), (art. 5 – 1 – c) unlike that of sub – paragraphs (a), (b), (d), (e) and (f) (art. 5 – 1 – a, art. 5 – 1 – b, art. 5 – 1 – d, art. 5 – 1 – e, art. 5 – 1 – f), does not contain the equivalent word "régulière", the English version does speak of "lawful" detention and the principle expressed by this adjective dominates the whole of Article 5 par. 1 (art. 5 – 1). In addition, problems might have arisen in connection with paragraph 3 of Article 5 (art. 5 – 3), which has to be read together with paragraph 1 (c) (art. 5 – 1 – c).

At first sight, a more likely hypothesis is that the measure complained of was taken because it was "reasonably considered necessary to prevent [Mr. Guzzardi's] committing an offence" or, at the outside, "fleeing after having done so". However, in that case as well a question would arise as to the measure's "lawfulness" since, solely on the basis of the 1956 and 1965 Acts, an order for compulsory residence as such, leaving aside the manner of its implementation, does not constitute deprivation of liberty. It would also be necessary to consider whether the requirements of paragraph 3 of Article 5 (art. 5 – 3) had been observed. In any event, the phrase under examination is not adapted to a policy of general prevention directed against an individual or a category of individuals who, like mafiosi, present a danger on account of their continuing propensity to crime; it does no more than afford the Contracting States a means of preventing a concrete and specific offence. This can be seen both from the use of the singular ("an offence", "celle – ci" in the French text; see the Matznetter judgment of 10 November 1969, Series A no. 10, p. 40, 43, separate opinions of Mr. Balladore Pallieri and Mr. Zekia) and from the object of Article 5 (art. 5), namely to ensure that no one should be dispossessed of his liberty in an arbitrary fashion.

依据的适用,以案件存在第一类实体依据为前提。试想,如果不存在对特定人员已经实施犯罪的合理怀疑,势必无法仅以预防新的犯罪为由进行羁押。但如果已经存在第一类实体依据,预防新的犯罪就成为从属性甚至冗余性的依据。

第三,特定人员存在逃跑风险。与预防新的犯罪同理,这一 203
依据的适用,也以存在对被追诉者已经实施犯罪的合理怀疑为前提。可见,犯罪嫌疑的认定,始终是强制措施适用的核心问题。

中国《刑事诉讼法》对逮捕等强制措施规定了差异化的适用 204
条件。关于逮捕措施,第八十一条规定了三个实体条件:一是事实证据条件,即"有证据证明有犯罪事实"。这与《欧洲人权公约》的"合理嫌疑"标准类似。二是刑罚条件,即"可能判处徒刑以上刑罚"。这一条件比《欧洲人权公约》更为严格,实际上,欧洲人权法院也认识到,《欧洲人权公约》只规定了基本人权的底线标准,成员国的法律通常会规定更为严格的人权保障标准。根据刑罚条件的要求,对于可能判处徒刑以下刑罚的案件,不适用逮捕措施。三是社会危险性条件,具体包括:可能实施新的犯罪;有危害国家安全、公共安全或者社会秩序的现实危险;可能毁灭、伪造证据,干扰证人作证或者串供;可能对被害人、举报人、控告人实施打击报复;企图自杀或者逃跑。这一社会危险性因素清单,比《欧洲人权公约》规定的"预防新的犯罪"和"防止逃跑"两种情形覆盖面更广。在此基础上,最高人民检察院、公安部 2015 年出台《关于逮捕社会危险性条件若干问题的规定(试行)》,进一步对社会危险性清单的各项因素作出了细化解释,如第五条规定,犯罪嫌疑人"可能实施新的犯罪",包括以下情形:案发前或者案发后正在策划、组织或者预备实施新的犯罪;扬言实施新的犯罪;多次作案、连续作案、流窜作案;一年内曾因故意实施同类违法行为受到行政处罚;以犯罪所得为主要生活来源;有吸毒、赌博等恶习;其他可能实施新的犯罪的情形。显然,社会危险性因素越多、覆盖面越广,说明逮捕适用的条件越宽泛,这无疑并不利于保障被追诉者的人身自由权。因此,与前两个限制性因素相比,社会危险性清单系授权性因素,应当在实践中严格控制。

205 作为逮捕的替代措施,《刑事诉讼法》第七十四条规定了监视居住。实际上,监视居住措施的实体条件与逮捕相同,只不过另外附有独立的适用条件,具体包括:第一,患有严重疾病、生活不能自理;第二,怀孕或者正在哺乳自己婴儿的妇女;第三,系生活不能自理的人的唯一扶养人;第四,因为案件的特殊情况或者办理案件的需要,采取监视居住措施更为适宜;第五,羁押期限届满,案件尚未办结,需要采取监视居住措施。不难发现,监视居住的适用条件大致可被分为两类:一类是无法或者不能继续适用逮捕的情形,包括前三项情形及第五项情形;另一类是裁量适用的情形,即,考虑案件的特殊情况或者办理案件的需要,由于这一抽象规定缺乏必要指引,在实践中主要取决于办案机关的主观裁量。据此,逮捕的社会危险性条件较为宽泛,而监视居住的裁量空间又缺乏规范,这是实践中逮捕适用率偏高的一个重要制度原因。此外,《刑事诉讼法》第七十五条还规定了指定居所监视居住措施。具体言之,对于无固定住处的犯罪嫌疑人、被告人,可以在指定的居所执行监视居住;对于涉嫌危害国家安全犯罪、恐怖活动犯罪,在住处执行可能有碍侦查的,经上一级公安机关批准，也可以在指定的居所执行。为避免指定居所监视居住遭到滥用，异化为“变相逮捕”措施，法律限定了其适用的案件范围，同时强调不得在羁押场所、专门的办案场所执行。前文在讨论酷刑的预防措施时提到，健全羁押场所的管理规范，有助于预防酷刑等侵权行为。相比之下，对于指定居所监视居住的情形，为避免酷刑等侵权行为发生，同样应当建立类似的规范管理制度。

此外，《刑事诉讼法》还规定了取保候审措施，这是一种经常 206
与监视居住并列的非羁押性强制措施。《刑事诉讼法》第六十七条规定了取保候审的适用条件，具体包括：可能判处管制、拘役或者独立适用附加刑；可能判处有期徒刑以上刑罚，采取取保候审不致发生社会危险性；患有严重疾病、生活不能自理，怀孕或者正在哺乳自己婴儿的妇女，采取取保候审不致发生社会危险性；羁押期限届满，案件尚未办结，需要采取取保候审。可见，取保候审主要适用于轻微案件。对于可能判处有期徒刑以上刑罚的案件，由于现有规定设立了较为宽泛的社会危险性指标体系，所以，重罪案件以及犯罪性质比较恶劣的轻罪案件，通常很难适用取保候审措施。法律对取保候审（以及普通监视居住）的适用条件所作的规定，目前仍然较为原则，而逮捕的适用条件则较为宽泛，这使办案机关基于诉讼便利等考虑，倾向于适用羁押性强制措施，从而导致实践中非羁押性强制措施的适用率偏低。

立足这种制度和实践现状，为保障被追诉者的人身自由权， 207
避免“逮捕反制定罪”以及“关多久判多久”等超期羁押问题，有必要建立“非羁押性强制措施为原则，羁押性强制措施为例外”的强制措施适用原则。从制度层面看，可考虑严格规范逮捕的事实证据条件。就像欧洲人权法院所指出的那样,逮捕的事实证据条件,是其他所有条件的前提。鉴于法律和有关规定设定了宽泛的社会危险性条件,作为制度对冲,有必要严格规范逮捕的事实证据条件。《人民检察院刑事诉讼规则》第一百二十八条第二款规定,“有证据证明有犯罪事实”,是指同时具备下列情形:有证据证明发生了犯罪事实;有证据证明该犯罪事实是犯罪嫌疑人实施;证明犯罪嫌疑人实施犯罪行为的证据已经查证属实。这一限制性解释,实际上设置了有罪与无辜的甄别机制,有利于降低对无辜者适用逮捕措施的可能性,因此,应当在实践中严格执行。类似地,也可考虑进一步提高逮捕的刑期条件,将之限定于重罪案件。同时,鉴于现有的社会危险性指标体系过于宽泛,泛化风险较大,可考虑进一步限定该指标体系,并在实践中进行严格解释。

2.3.1.2 强制措施的程序规范

208 关于强制措施的实体规范,欧洲人权法院通常赋予成员国较大的裁量空间,因此,实践中审理的案件主要涉及程序问题。[1] 中国的审查批准逮捕制度,也面临类似的情形。基于权力共识,人民检察院作为逮捕的审批机关,在审查办案机关移送审查批准逮捕的案件是否符合逮捕条件时,通常会考虑或默认办案机关的裁量权。鉴于逮捕的社会危险性条件较为宽泛,办案机关通常对逮捕的适用拥有较大的裁量空间。

---

〔1〕 Stefan Trechsel, *Human Rights in Criminal Proceedings*, Oxford University Press, 2005, p. 422.

为加强对强制措施的合法性审查,《公民权利与政治权利国际公约》第九条第四款规定了人身保护令程序(habeas corpus proceeding)。《欧洲人权公约》第五条第四款作出了类似的规定,即,任何人因遭到逮捕或羁押,被剥夺人身自由后,有权申请法院尽快对羁押的合法性作出裁决,并对羁押不合法的情形及时予以释放。与其他基本人权的救济相比,人身保护令程序是对人身自由权的特别救济手段。尽管《公民权利与政治权利国际公约》第二条第三款(a)项和《欧洲人权公约》第十三条分别规定了有效救济的权利,但比较而言,人身保护令程序强调由司法机关进行救济,且要求快速有效地作出裁决,这无疑是一种更为有效的特别救济途径。 209

需要指出的是,作为人身保护令程序的"前置程序",《欧洲人权公约》第五条第二款、第三款分别规定了被告知的权利和面见司法官员的权利。其中,第二款规定,被逮捕者应当立即被告知逮捕和指控的理由(详见第三章关于知情权的分析);第三款规定,任何人被逮捕或羁押后,应当立即被带到法官或者司法官员之前。之所以建立逮捕后及时面见司法官员制度,除了为防范酷刑、及时发现酷刑或者虐待情形外,主要是为了便于司法官员对逮捕的合法性进行审查。这一制度还对办案机关具有潜在的威慑效应,即,办案机关只能采取临时性的强制措施,逮捕或羁押应当由司法机关审查,同时,一旦办案机关实施酷刑或者虐待,司法机关就能够及时发现并予以制裁。 210

人身保护令程序包括以下几个特点:第一,程序自动适用,不以羁押违法为前提。人身保护令程序是自动适用的程序,没有权利门槛,任何人因遭到逮捕或羁押被剥夺人身自由,都可以 211

寻求该程序的救济。尽管被羁押者主张人身保护令程序,通常会对羁押的合法性提出异议,但程序适用无须以羁押违法为前提。实际上,正是通过人身保护令程序,才能对羁押的合法性进行实质性审查。当然,如果经审查发现,羁押具有合法性,只是存在瑕疵,如未告知羁押理由,就不能对当事人予以释放。第二,程序立即适用,不得无故延迟。在逮捕或羁押的决定作出后,被羁押者就可以申请对剥夺人身自由的合法性进行司法审查。第三,先行释放与羁押合法性认定并行不悖。人身保护令程序以审查羁押合法性为内容,当事人同时会主张对其予以释放。即便犯罪嫌疑人已被先行释放,仍需对羁押合法性作出认定,因为后者还可能涉及违法羁押的赔偿问题。第四,法院所作决定的"吸收原则"(incorporation doctrine)。欧洲人权法院指出,对于行政当局剥夺人身自由的决定,有必要进行司法审查,但对于法院通过司法程序作出的剥夺人身自由的决定,因其决定过程就已包含司法审查的实质要素〔1〕,故基于吸收原则,通

〔1〕 De Wilde, Ooms and Versyp v. Belgium, para. 76. At first sight, the wording of Article 5 (4) (art. 5 – 4) might make one think that it guarantees the right of the detainee always to have supervised by a court the lawfulness of a previous decision which has deprived him of his liberty. The two official texts do not however use the same terms, since the English text speaks of "proceedings" and not of "appeal", "recourse" or "remedy" (compare Articles 13 and 26 (art. 13, art. 26)). Besides, it is clear that the purpose of Article 5 (4) (art. 5 – 4) is to assure to persons who are arrested and detained the right to a judicial supervision of the lawfulness of the measure to which they are thereby subjected; the word "court" ("tribunal") is there found in the singular and not in the plural. Where the decision depriving a person of his liberty is one taken by an administrative body, there is no doubt that Article 5 (4) (art. 5 – 4) obliges the Contracting States to make available to the person detained a right of recourse to a court; but there is nothing to indicate that the same applies when the decision is made

常无须再对此类司法决定进行司法审查。第五，审查主体的客观独立性。《欧洲人权公约》明确规定由法院对羁押的合法性进行审查。不过，欧洲人权法院认为，这里的"法院"并不必然属于典型意义上的法院，但需要具备两个基本特征：一是独立于行政机关和当事人；二是能够提供为审查羁押合法性所需的司法程序保障，即，有权对羁押的合法性争议作出决定，并有权在羁押违法时决定予以释放。[1]有鉴于此，客观中立的假释委员会可

---

by a court at the close of judicial proceedings. In the latter case the supervision required by Article 5 (4) (art. 5 – 4) is incorporated in the decision; this is so, for example, where a sentence of imprisonment is pronounced after "conviction by a competent court" (Article 5 (1) (a) of the Convention) (art. 5 – 1 – a). It may therefore be concluded that Article 5 (4) (art. 5 – 4) is observed if the arrest or detention of a vagrant, provided for in paragraph (1) (e) (art. 5 – 1 – e), is ordered by a "court" within the meaning of paragraph (4) (art. 5 – 4).

It results, however, from the purpose and object of Article 5 (art. 5), as well as from the very terms of paragraph (4) (art. 5 – 4) ("proceedings", "recours"), that in order to constitute such a "court" an authority must provide the fundamental guarantees of procedure applied in matters of deprivation of liberty. If the procedure of the competent authority does not provide them, the State could not be dispensed from making available to the person concerned a second authority which does provide all the guarantees of judicial procedure.

In sum, the Court considers that the intervention of one organ satisfies Article 5 (4) (art. 5 – 4), but on condition that the procedure followed has a judicial character and gives to the individual concerned guarantees appropriate to the kind of deprivation of liberty in question.

[1] Hutchison Reid v. United Kingdom, para. 63. As regarded the burden of proof in the sheriff proceedings, the Government submitted that technical distinctions between burdens of proof tended to become artificial once evidence was heard. The burden of proof was not a determining factor of the case unless the court was ultimately unable to come to a definite conclusion on the evidence or some part of it. In practice, both the patient and the State led evidence on the issue of whether the lawful criteria for detention were met and it was normal practice in Scotland for the State to lead evidence that the patient was continuing to suffer from a mental disorder. In the present case, the sheriff,

被视为“法院”,而不具备客观中立性的检察官和预审法官则不能被视为“法院”。

212 在人身保护令程序中,被羁押者应当得到基本的程序保障。相应的程序权利主要包括:一是言词听审的权利。被羁押者有权当面向审查和决定羁押合法性的司法机构陈述意见。这意味着,法院应当通过听审决定羁押的合法性。至于听审的程序,基于无罪推定权利等考虑,在审前程序中专门对羁押合法性进行“公开”听审,可能并不符合被羁押者的利益,但具体形式可以尊重被羁押者的程序选择权。二是平等对抗的权利。在听审程序中,控辩双方可以对羁押合法性争议提供证据材料,并在互相了解对方证据材料的基础上进行辩论。三是获得案卷材料的权利。为保证被羁押者能够有效质疑羁押的合法性,应当确保其能够获得案卷材料。尽管侦查活动需要保密,并避免犯罪嫌疑人串供或者毁灭、改变证据,但为有效解决羁押合法性争议,应当确保辩护方获得为质疑羁押合法性所需的案卷材料。四是获得法律帮助的权利。为保证被羁押者能够依法质疑羁押的合法性,应当确保其获得律师帮助。

---

who had had the inestimable advantage of hearing the witnesses, found it to be established that he suffered from a mental disorder and that there was a high probability that he would reoffend. He thus came to a definite conclusion on the evidence and no question of onus arose. The Government agreed that section 64 was broadly analogous to sections 72 and 73 in issue in Ex parte H., since which the law had been changed by a remedial order. The Scottish Ministers in Lyons had accepted that the burden of proof lay on them in appeals brought by a patient and the Government also accepted that the State was required to satisfy the court of the positive facts which warranted the continuing detention of a patient. This accorded with what had been the previous practice. Section 64 of the 1984 Act was therefore not incompatible with Article 5 § 4 of the Convention and the question of the onus of proof was of no significance or materiality.

与人身保护令程序相比，中国的审查批准逮捕程序具有一定的制度特色。根据《刑事诉讼法》的规定，人民检察院主导逮捕审查制度，这与人民检察院的宪法定位和制度功能存在紧密关联，并对人身自由权的法律保障产生了重要影响。具体分析如下： 213

第一，逮捕的批准权（或决定权）与执行权分离。根据中国《宪法》第三十七条的规定，逮捕由人民检察院批准或者决定，或者由人民法院决定，并由公安机关执行。这种权力分工机制，是保障人身自由权的制度基础。其中，在人民法院决定逮捕的情形中，基于与欧洲人权法院提到的吸收原则类似的理由，无须再进行司法审查。而人民检察院的审查批准逮捕制度，则是实践中居于主导地位的逮捕合法性审查制度。在中国的刑事程序中，人民检察院通常被视为“司法机关”，并且履行宪法规定的法律监督职能，秉承客观公正的诉讼定位，对被追诉者权利具有公共信托义务（详见第四章分析）。这种独特的制度设计，在一定程度上或可搁置对强制措施合法性审查主体的潜在争议。当然，基于程序的补充性理念，刑事程序可以设置多重的程序救济机制，以解决单一程序救济能力不足的问题。例如，在人民检察院审查批准逮捕制度基础上，可以考虑由人民法院另行或者在后续审判程序中，对强制措施的合法性进行审查，通过这种系统的程序性救济机制，强化人身自由权的法律保障。 214

第二，事先审查批准的保障性机制。与人身保护令程序的事后司法审查模式相比，中国刑事程序对逮捕实行事先审查批准模式。办案机关对于需要逮捕的情形，提请人民检察院审查批准，并提交案卷材料和证据。人民检察院对提请审查批准逮 215

捕的案件进行审查后，作出是否批准逮捕的决定。总体上讲，事先审查批准模式如能发挥预期功能，其实际效果通常优于事后司法审查模式，更有利于保障犯罪嫌疑人的人身自由权。当然，各种模式均有其制度优势，关键在于能否提供有效的程序保障，即，当逮捕不符合法定条件时，审批主体是否有权决定予以释放。

216 第三，审查批准逮捕的程序性保障。与人身保护令程序相比，人民检察院审查批准逮捕，不以犯罪嫌疑人提出申请为前提，而是建立在办案机关提请批准逮捕的基础之上。《刑事诉讼法》规定了办案机关提请批准逮捕的期限，以及人民检察院审查批准逮捕的期限，这有助于提高强制措施的适用效率，避免犯罪嫌疑人的人身自由权长期处于悬而未决的状态。更重要的是，法律规定了审查批准逮捕的具体程序，建立了不公开的听取意见机制。《刑事诉讼法》第八十八条第一款规定，人民检察院审查批准逮捕，可以讯问犯罪嫌疑人；对于特定情形，即对是否符合逮捕条件有疑问的，或犯罪嫌疑人要求向检察人员当面陈述的，或侦查活动可能有重大违法行为的，应当讯问犯罪嫌疑人。从人权保障角度看，这种讯问机制实际上并非意在获取供述，而是类似《欧洲人权公约》的羁押后及时面见司法官员制度，意在通过及时面见犯罪嫌疑人，了解其是否遭遇刑讯逼供等非法取证情形，并听取其对强制措施的意见。同时，人民检察院审查批准逮捕，可以询问证人等诉讼参与人，听取辩护律师的意见；辩护律师提出要求的，应当听取辩护律师的意见。基于这种听取意见机制，犯罪嫌疑人和辩护律师可以对逮捕的适用条件提出异议，并请求人民检察院对侦查违法行为进行法律监督。

2.3.2 羁押必要性审查

犯罪嫌疑人被逮捕之后,办案机关需要继续进行案件调查。 217
随着调查工作的推进,案件事实证据体系将会发生动态变化,相应地,犯罪嫌疑人所涉犯罪可能判处的刑期,以及犯罪嫌疑人的社会危险性也会随之发生动态变化。这意味着,原本符合逮捕条件的案件,随着案件调查的推进,可能不再符合继续羁押的法定条件。有鉴于此,基于保障人身自由权的考量,强制措施的审查批准不应是一项静态的制度安排,而应当成为一项动态的持续审核机制。在审查批准逮捕的基础上,持续对羁押的必要性进行审查,也是保障被逮捕者救济权的内在要求。

人权委员会指出,审前羁押应当作为例外情形,并且保持尽 218
可能短的期限,除非存在有碍侦查等情形,否则应当准许保释;相应地,羁押决定应当定期接受审查,以便重新对羁押的必要性进行评估,确保羁押不超过法律规定的期限。[1]《欧洲人权公约》规定了人身保护令程序,以及较为严密的配套司法审查制度,这使逮捕或羁押在实践中处于正当程序的规范之下,有利于避免专断地剥夺个人自由。但在欧洲人权法院看来,法律规定的实体依据和程序规范,仍然难以在实践中避免逮捕或羁押的专断性,只有进一步满足必要性标准,才能避免逮捕或羁押面临正当性质疑。[2] 同时,由于审前羁押涉及无罪推定权利,因此,

---

〔1〕 Alex Conte, Richard Burchill, *Defining Civil and Political Rights*, Ashgate, 2009, p. 112.

〔2〕 Stefan Trechsel, *Human Rights in Criminal Proceedings*, Oxford University Press, 2005, p. 421.

为了防止审前羁押异化为预先惩罚,从逮捕到法院裁判的羁押期限应当满足合理性标准的要求。作为一项底线标准,审前羁押的期限不得超过犯罪嫌疑人实际可能被判处的刑期。比较而言,中国的逮捕制度存在较大的裁量空间,受制于权力共识的影响,人民检察院在审查批准逮捕环节通常难以驳回办案机关的逮捕请求。这意味着,人身自由权的保障程序存在松动风险,实践中居高不下的逮捕适用率似乎印证了这种风险。同时,《刑事诉讼法》规定了逮捕后延长侦查羁押期限的制度安排,逮捕附随的羁押期限可以因多种因素而延长,这使犯罪嫌疑人在被逮捕之后,可能在接受审判之前的较长时间内一直处于被羁押的状态。

219 为维护被逮捕的犯罪嫌疑人、被告人的合法权益,《刑事诉讼法》建立了羁押必要性审查制度。第九十五条规定,犯罪嫌疑人、被告人被逮捕后,人民检察院仍应当对羁押的必要性进行审查;对不需要继续羁押的,应当建议予以释放或者变更强制措施。在此基础上,2016 年最高人民检察院出台《人民检察院办理羁押必要性审查案件规定(试行)》。羁押必要性审查制度,建立了与人身保护令程序具有类似功能的事后审查程序,与审查批准逮捕制度一起,形成了逮捕措施的二元化程序审查体系。

220 在人权委员会看来,批准羁押的决定应当允许被追诉者上诉,或者接受适格机关审查,从而为被追诉者提供保释的机会,否则就将侵犯国际公约规定的权利。[1] 在中国的刑事程序中,人民检察院对羁押必要性的审查可以依职权进行,也可以根据

---

〔1〕 Alex Conte, Richard Burchill, *Defining Civil and Political Rights*, Ashgate, 2009, p. 113.

被羁押者的申请进行。《人民检察院办理羁押必要性审查案件规定(试行)》第七条规定,犯罪嫌疑人、被告人及其法定代理人、近亲属、辩护人申请进行羁押必要性审查的,应当说明不需要继续羁押的理由;有相关证明材料的,应当一并提供。需要指出的是,该规定第十四条指出,人民检察院可以对羁押必要性审查案件进行公开审查。这种公开审查机制,无疑有利于充分听取被羁押者的意见,全面审查有关材料。但是,人民检察院在审查后,并不直接作出决定,而是向办案机关提出是否释放或者变更强制措施的建议。这表明,羁押必要性审查制度,与人身保护令程序相比,缺乏权威有效的司法决定权,实质上属于一种柔性的程序建议机制。进一步讲,人民检察院在法律上具有审查批准逮捕的权力,但一旦批准逮捕,即便随后经审查认为案件不再符合逮捕条件,也没有决定释放或者变更强制措施的权力。这似乎意味着,在权力共识的制度模式下,逮捕的决定权虽然依法由人民检察院行使,但在实质决策层面仍面临外在制约。

总体上讲,尽管羁押必要性审查制度可以被视为一种程序 221
救济机制,但由于缺乏刚性权威,可能难以取得预期的实践效果。除此之外,根据《刑事诉讼法》第九十七条的规定,犯罪嫌疑人、被告人及其法定代理人、近亲属或者辩护人有权申请变更强制措施。人民法院、人民检察院和公安机关收到申请后,应当在三日以内作出决定;不同意变更强制措施的,应当告知申请人,并说明不同意的理由。这种直接申请变更强制措施的程序,其最终结果仍然取决于办案机关的裁量决定。在审前程序中,要想说服办案机关变更强制措施,申请人通常需要提供充分的理由,这在实践中难度很大。

2.3.3 避免不合理的诉讼拖延

222 诉讼效率,是人身自由权保障的一项重要程序要求。《欧洲人权公约》第五条关于人身自由权的规定,反复重申及时性的要求。例如,该条第二款规定,被逮捕者应当立即(promptly)被告知逮捕和指控的理由;第三款规定,任何人被逮捕或羁押后,应当立即(promptly)被带到法官或者司法官员之前,并且应当在合理期限内(within a reasonable time)接受审判;第四款规定,任何人因逮捕或羁押被剥夺人身自由后,有权申请法庭尽快(speedily)审查羁押的合法性并作出决定。实际上,尽管强调及时性的要求,但欧洲人权法院认为,实践中存在一定的灵活裁量空间,很难确定绝对的时间限制,需要结合个案情况具体判断。〔1〕

223 除了逮捕或羁押必要性的司法审查外,及时接受审判也是一项重要的诉讼权利。该项权利的主要目的是,避免被追诉者长期处于焦虑的等待状态,并因诉讼的不确定性而遭受心理煎熬。当然,强调及时接受审判,主要针对的是处于审前羁押状态的被追诉者。如果被追诉者并未被羁押,那么,快速进行审判可能并不符合诉讼利益,因为基于刑法从旧兼从轻原则,如果在等

〔1〕 Koster v. Netherlands, para. 24. The use in the French text of the word "aussitot", with its constraining connotation of immediacy, confirms that the degree of flexibility attaching to the notion of "promptness" is limited, even if the attendant circumstances can never be ignored for the purposes of the assessment under paragraph 3. Whereas promptness is to be assessed in each case according to its special features, the significance to be attached to those features can never be taken to the point of impairing the very essence of the right guaranteed by Article 5 para. 3 (art. 5 – 3), that is to the point of effectively negativing the State's obligation to ensure a prompt release or a prompt appearance before a judicial authority.

待审判期间,出台了新的更为轻微的法律规定或者司法解释,被追诉者可能获得更有利的诉讼结果。同时,从有效辩护的角度看,如果辩护人获得更多的辩护准备时间,就可能收集到更多有利于被追诉者的证据材料。

毫无疑问,案件中罪与非罪的争议越大,涉及的诉讼风险越 224
大,就越有必要提高诉讼效率,尽快将被追诉者提交审判。在中国现阶段的司法环境下,基于逮捕反制定罪的影响,审前羁押的时间越长,法院判决被告人无罪的压力越大,"关多久判多久"的问题越难解决。

需要指出的是,中国刑事诉讼实行以固定期限为基准的司 225
法效率管理模式,这在一定程度上有利于解决抽象的及时性原则面临的实践难题。所谓固定期限,主要包括《刑事诉讼法》规定的审前侦查羁押期限,以及审查起诉、审判的法定期限。为解决疑难复杂案件中固定期限不适应实践需要的问题,《刑事诉讼法》规定了延期审理、中止审理等补充性制度。实际上,就诉讼效率而言,中国刑事司法面临的挑战与其他国家不尽相同。在中国的诉讼制度框架下,侦查、起诉机关为缓解办案压力,通常会尽快将案件提交审判,极少出现其他一些国家存在的因追诉机关故意拖延或者案件数量过多而长期无法起诉等问题。中国刑事司法面临的挑战是,对于一些疑难复杂的案件,由于被追诉者已遭受较长时间的审前羁押,在案件定罪事实证据存在疑问的情况下,法院对疑罪案件面临"定放两难"的司法困境,往往需要通过审判委员会讨论或者发回重审等机制缓解裁判压力,这导致法院在审判阶段难以及时作出判决。因此,只有从根本上解决对审前羁押的制度性依赖,才能缓解法院的依法裁判压力,进而从整体上提高诉讼效率。

226 要解决诉讼与羁押“互相捆绑”给依法裁判带来的挑战，关键在于改变羁押型诉讼的传统模式，特别是避免不必要的审前羁押。除前述羁押必要性审查制度外，对于超出法定办案期限或者强制措施法定期限的情形，法律规定了释放或者变更强制措施的要求。《刑事诉讼法》第九十八条规定：“犯罪嫌疑人、被告人被羁押的案件，不能在本法规定的侦查羁押、审查起诉、一审、二审期限内办结的，对犯罪嫌疑人、被告人应当予以释放；需要继续查证、审理的，对犯罪嫌疑人、被告人可以取保候审或者监视居住。”关于强制措施的法定期限，第九十九条规定：“人民法院、人民检察院或者公安机关对被采取强制措施法定期限届满的犯罪嫌疑人、被告人，应当予以释放、解除取保候审、监视居住或者依法变更强制措施。犯罪嫌疑人、被告人及其法定代理人、近亲属或者辩护人对于人民法院、人民检察院或者公安机关采取强制措施法定期限届满的，有权要求解除强制措施。”上述关于两类期限届满后应如何处理的规定，有助于缓解超期羁押问题。但办案机关设法“用足”法定期限的问题，仍然难以解决。有鉴于此，完善逮捕和审前羁押的司法机关审查批准程序，严格限定审前羁押的适用条件，是加强人身自由权保障、消除法院依法裁判压力的治本之策。

227 鉴于中国《刑事诉讼法》规定了具体的羁押和办案期限制度，以及部分症结在于法院依法裁判面临困境，所以，被追诉者很难简单参照国外的程序制度，直接提出及时获得审判的权利主张。不过，立足人身自由权，被追诉者可以在各个诉讼阶段，针对案件事实证据的变化，主张变更强制措施或者予以释放。

2.4 不被非法干预隐私和家庭生活的权利

刑事诉讼领域的国家强制力,除了体现为逮捕等强制措施外,还表现在对隐私和家庭生活权利(right to respect for private and family life)的干预乃至侵犯。作为社会动物,人不是与世隔绝的个体,而是通常处于家庭和社会的关系网络之中,因此,对个体隐私权的干预,往往会波及家庭成员和与之关联密切的第三方。这是国际人权公约将隐私和家庭生活权利视为一项整体性权利的重要原因。 228

在刑事程序中,对隐私和家庭生活的干预,主要存在于隐私、家庭、住宅和通信(包括各种传统和现代通信手段)领域,具体体现为搜查、扣押、通信检查、电子监控等侵犯隐私权的强制性侦查措施。关于隐私和家庭生活的保障,《世界人权宣言》第十二条规定:人的隐私、家庭、住宅和通信不受专断的干预,人的荣誉和名誉不受攻击。每个人都有权受到法律保护,以免受此类干预或攻击。《公民权利与政治权利国际公约》第十七条基本沿用了上述规定,只是作出细微调整,增加了非法性要素,即人的隐私、家庭、住宅和通信不受专断或者非法的干预,人的荣誉和名誉不受非法的攻击。每个人都有权受到法律保护,以免受此类干预或攻击。相比之下,《欧洲人权公约》第八条作出了更为具体的规定:每个人的隐私和家庭生活、住宅和通信,都有得到尊重的权利。公共当局不得干预这些权利的行使,除非基于法律规定和民主社会的必要需求,如维护国家安全、公共安全或者国家的经济福利,预防失序或者犯罪,保护健康或者道德,或者保护他人的权利和自由。比较而言,《公民权利与政治权利国 229

际公约》的规定似乎将合法干预作为制度前提,然后禁止非法干预,这意味着,侵权对象需要证明干预的非法性。但在《欧洲人权公约》看来,除非基于特定的理由,否则,对隐私和家庭生活的任何干预,都不具有合法性和正当性。这意味着,侵权对象只需证明干预的存在,然后应当由侵权主体证明干预的法律依据和正当理由。

230 中国《宪法》对公民的隐私和住宅等权利作出了详细规定。第三十九条规定,中华人民共和国公民的住宅不受侵犯。禁止非法搜查或者非法侵入公民的住宅。第四十条规定,中华人民共和国公民的通信自由和通信秘密受法律的保护。除因国家安全或者追查刑事犯罪的需要,由公安机关或者检察机关依照法律规定的程序对通信进行检查外,任何组织或者个人不得以任何理由侵犯公民的通信自由和通信秘密。在此基础上,《刑事诉讼法》在第二编第二章第五节、第六节、第八节分别规定了搜查、通信检查和技术侦查等措施的程序规范。

2.4.1 强制性侦查措施的基本要素

231 搜查、邮件检查和技术侦查等措施,作为强制性侦查措施,构成对隐私和家庭生活权利的干预,因此,应当符合正当程序的基本要素。基于《欧洲人权公约》的权利框架,除非符合特定条件,否则,对隐私和家庭生活权利的干预,都不具有合法性和正当性。应当说,这种理念比抽象地禁止专断或者非法的干预,更加有利于权利保障。中国《刑事诉讼法》对强制性侦查措施设定的程序规范,在一定程度上体现了上述理念的要求。

232 第一,强制性侦查措施的合法性要素。强制性侦查措施必须符合法律规定，这是正当程序的基本要求。所谓合法性，是指法律对干预隐私和家庭生活的侦查措施作出明确的授权性规定。需要强调的是，作为合法性前提的“法律”本身，也要符合特定的条件。中国《立法法》第七条第二款规定，全国人民代表大会制定和修改刑事、民事、国家机构的和其他的基本法律。有鉴于此，只有《刑事诉讼法》等基本法律，才属于可以对强制性侦查措施作出授权性规定的法律。同时，根据《立法法》第八条第五项的规定，对公民政治权利的剥夺、限制人身自由的强制措施和处罚，只能制定法律。尽管其中并未明确提及强制性侦查措施，但考虑到人身自由权、隐私权、通信自由和通信秘密权利同属宪法性权利且均涉及国家强制力的运用，为加强对基本人权的法律保障，强调由法律对强制性侦查措施作出授权性规定，应属题中应有之义。换言之，除《刑事诉讼法》等法律之外的其他规范，不得对强制性侦查措施作出授权性规定，也不得对法律所作的授权性规定作出进一步扩展。

强制性侦查措施存在滥用的可能性，有鉴于此，欧洲人权法 233
院专门强调指出，法律所作的授权性规定，应当设定避免滥用的程序保障措施。[1] 中国《刑事诉讼法》作为授权采取强制性侦

〔1〕 Silver and others v. United Kingdom, para. 90. The applicants further contended that the law itself must provide safeguards against abuse.

The Government recognised that the correspondence control system must itself be subject to control and the Court finds it evident that some form of safeguards must exist. One of the principles underlying the Convention is the rule of law, which implies that an interference by the authorities with an individual's rights should be subject to effective control. This is especially so where, as in the present case, the law bestows on the executive wide discretionary powers, the application whereof is a matter of practice which is susceptible to modification but not to any Parliamentary scrutiny.

查措施的适格法律，确立了避免此类措施滥用的限制性条件，主要体现为审批程序或授权要求。例如，关于搜查措施，《刑事诉讼法》第一百三十八条规定："进行搜查，必须向被搜查人出示搜查证。在执行逮捕、拘留的时候，遇有紧急情况，不另用搜查证也可以进行搜查。"关于邮件检查措施，《刑事诉讼法》第一百四十三条第一款规定，侦查人员认为需要扣押犯罪嫌疑人的邮件、电报的时候，经公安机关或者人民检察院批准，即可通知邮电机关将有关的邮件、电报检交扣押。尽管该条未明确提及令状，但这是"批准"程序的内在要求。《公安机关办理刑事案件程序规定》第二百三十二条第一款对此作出补充性规定，扣押犯罪嫌疑人的邮件、电子邮件、电报，应当经县级以上公安机关负责人批准，制作扣押邮件、电报通知书，通知邮电部门或者网络服务单位检交扣押。类似地，根据《刑事诉讼法》第一百五十条的规定，公安机关、人民检察院在立案后，对于特定类型的案件，根据侦查犯罪的需要，经过严格的批准手续，可以采取技术侦查措施。基于"严格的批准手续"要求，《公安机关办理刑事案件程序规定》第二百六十五条第一款规定，需要采取技术侦查措施的……报设区的市一级以上公安机关负责人批准，制作采取技术侦查措施决定书。

234 从人权保障角度看，刑事程序中的强制性侦查措施，涉及对基本人权的法律干预，有必要像逮捕和羁押措施一样建立司法

However, the Court does not interpret the expression "in accordance with the law" as meaning that the safeguards must be enshrined in the very text which authorises the imposition of restrictions. In fact, the question of safeguards against abuse is closely linked with the question of effective remedies and the Court finds it preferable to take this issue into account in the wider context of Article 13 (art. 13).

审查批准程序。同时，法律应当对授权令状的要素作出明确规定，体现司法令状的基本要求。之所以强调将强制性侦查措施纳入司法机关审查批准的范畴，主要是考虑此类侦查措施与逮捕和羁押措施相比，同样涉及对基本人权的干预乃至侵犯。更重要的是，对于逮捕和羁押情形，被追诉者的人身自由受到直接影响，能够及时寻求权利救济。相比之下，通信检查、技术侦查措施的适用具有秘密性，被追诉者可能自始至终都不知晓自身权利遭到了干预或者侵犯。一旦技术侦查等措施遭到滥用，不仅侵犯被追诉者自身的合法权利，还可能连带侵犯他人隐私权，进而对司法公正乃至法律权威造成严重冲击。这意味着，对此类具有内在隐蔽性并且极具侵犯性的权利干预措施，应当设立更加严格的审查批准程序，至少不能比逮捕和羁押措施的审查批准程序宽松，进而避免其在实践中遭到滥用。

第二，强制性侦查措施的正当性要素。《欧洲人权公约》对 235
隐私和家庭生活权利所作的规定，列举了可以对权利进行干预的若干例外情形。具体到刑事程序领域，尽管这些例外情形并未明确提及刑事侦查的需要，但可以认为，诸如维护国家安全、公共安全，预防失序或者犯罪，或者保护他人的权利和自由等情形，都与追诉犯罪存在直接或者间接的关联。

中国《刑事诉讼法》对强制性侦查措施所作的规定，基本上 236
体现了正当目的要素的要求。例如，关于搜查措施，第一百三十六条规定，为了收集犯罪证据、查获犯罪人，侦查人员可以对犯罪嫌疑人以及可能隐藏罪犯或者犯罪证据的人的身体、物品、住处和其他有关的地方进行搜查。又如，关于技术侦查措施，根据该法第一百五十条的规定，技术侦查措施适用于公安机关办理的“危害国家安全犯罪、恐怖活动犯罪、黑社会性质的组织犯罪、重大毒品犯罪或者其他严重危害社会的犯罪案件”，以及人民检察院办理的“利用职权实施的严重侵犯公民人身权利的重大犯罪案件”，并限定于“侦查犯罪的需要”。同时，追捕被通缉或者批准、决定逮捕的在逃的犯罪嫌疑人、被告人，经过批准，可以采取追捕所必需的技术侦查措施。相比之下，关于邮件检查措施，第一百四十三条并未明确规定该措施的正当目的，只是提出原则性要求，即侦查人员认为需要扣押犯罪嫌疑人的邮件、电报的时候，经公安机关或者人民检察院批准，即可通知邮电机关将有关的邮件、电报检交扣押。当然，也可考虑将该条规定纳入第一百四十一条的整体框架之下加以解释，即，在侦查活动中发现的可用以证明犯罪嫌疑人有罪或者无罪的各种财物、文件，应当查封、扣押，其中可以包括邮件、电报的检交扣押。比较而言，搜查措施的目的更为明确具体，技术侦查措施适用的案件类型具有明确限定性，而邮件检查措施的目的则相对较为宽泛。尽管各类强制性侦查措施具有各自的特点和要求，但法律对各类措施的正当目的所作的规定，可考虑适用具体明确、相对统一的规范标准。在此基础上，办案机关可以更好地规范强制性侦查措施的适用程序，相应地，被追诉者也能够对强制性侦查措施适用的正当性提出有效质疑。

237 第三，强制性侦查措施的必要性要素。为加强人身自由权的法律保障，在强制措施领域，应当坚持“以非羁押性强制措施为原则，羁押性强制措施为例外”的基本原则。同理，为加强隐私和家庭生活权利的法律保障，各类侦查措施的适用，应当坚持“以非强制性(或称任意性)侦查措施为原则，强制性侦查措施为例外”的基本原则。

《欧洲人权公约》对此提出了“民主社会的必要需求”(necessary in democratic society)这一特殊的必要性要素。各类强制性侦查措施所涉具体情形各异,故需要分别加以分析。但总体上讲,需要注意两项基本要求:一是不得采取不人道的或者侮辱性措施。这一禁令,实际上是《反酷刑公约》的禁止性规定,但同样适用于强制性侦查措施的适用,这也反映出各项基本人权之间的内在关联。二是准确理解必要性要素的含义。强制性侦查措施所指的必要性要求,涉及特定的程序标准:一方面应当低于《欧洲人权公约》第二条第二款对剥夺生命措施规定的“绝对必要性”(absolute necessary)标准,以及第六条第一款对公正审判权规定的“严格必要性”(strictly necessary)标准;另一方面则应当高于单纯的“有用性”(useful)或“有益性”(desirable)标准。欧洲人权法院就此指出,对隐私和家庭生活权利的干预措施,必须符合紧迫的社会需要,并且对例外情形作出狭义解释[1]。 238

〔1〕 Handyside v. United Kingdom, paras. 48,49; Klass and others v. Germany, para. 42. The Court, which, with the Commission, is responsible for ensuring the observance of those States' engagements (Article 19) (art. 19), is empowered to give the final ruling on whether a "restriction" or "penalty" is reconcilable with freedom of expression as protected by Article 10 (art. 10). The domestic margin of appreciation thus goes hand in hand with a European supervision. Such supervision concerns both the aim of the measure challenged and its "necessity"; it covers not only the basic legislation but also the decision applying it, even one given by an independent court. In this respect, the Court refers to Article 50 (art. 50) of the Convention ("decision or ... measure taken by a legal authority or any other authority") as well as to its own case-law.

239 中国《刑事诉讼法》对强制性侦查措施所作的规定，体现了必要性要素的基本要求。例如，关于搜查措施，搜查的对象限于犯罪嫌疑人以及可能隐藏罪犯或者犯罪证据的人的身体、物品、住处和其他有关的地方。又如，对于技术侦查措施，除适用的案件范围有明确限定外，第一百五十一条还规定了种类和对象要求，即批准决定应当根据侦查犯罪的需要，确定采取技术侦查措施的种类和适用对象。同时，批准决定自签发之日起三个月以内有效。此外，对于不需要继续采取技术侦查措施的，应当及时解除。需要指出的是，尽管上述法律规定体现了必要性原则的基本要素，但总体上看仍然较为原则，例如，搜查措施（以及通信检查措施）的适用条件尚不明确，技术侦查措施的审批条件（侦查犯罪的需要）过于宽泛。这意味着，为加强对隐私和家庭生活权利的保护，仍需进一步完善强制性侦查措施的程序规范。考

The Court's supervisory functions oblige it to pay the utmost attention to the principles characterising a "democratic society". Freedom of expression constitutes one of the essential foundations of such a society, one of the basic conditions for its progress and for the development of every man. Subject to paragraph 2 of Article 10 (art. 10-2), it is applicable not only to "information" or "ideas" that are favourably received or regarded as inoffensive or as a matter of indifference, but also to those that offend, shock or disturb the State or any sector of the population. Such are the demands of that pluralism, tolerance and broadmindedness without which there is no "democratic society". This means, amongst other things, that every "formality", "condition", "restriction" or "penalty" imposed in this sphere must be proportionate to the legitimate aim pursued.

From another standpoint, whoever exercises his freedom of expression undertakes "duties and responsibilities" the scope of which depends on his situation and the technical means he uses. The Court cannot overlook such a person's "duties" and "responsibilities" when it enquires, as in this case, whether "restrictions" or "penalties" were conducive to the "protection of morals" which made them "necessary" in a "democratic society".

虑到各类侦查措施的特点,有必要进行类型化的规范分析。

2.4.2　强制性侦查措施的类型化规范

不同类型的强制性侦查措施,具有不同的制度功能,也有不同的侵权风险。其中,搜查、通信检查以及技术侦查等措施,分别代表三种不同的侦查措施模式,相应地,可以结合现有的程序安排探索完善权利保障机制。即便对强制性侦查措施建立系统的司法审查批准程序,此类权利保障机制也可作为重要的补充。 240

2.4.2.1　搜查:见证人在场型侦查措施

通常情况下,搜查是针对犯罪嫌疑人或与犯罪存在密切关联人员的住宅等私密场所进行,旨在查获犯罪嫌疑人和犯罪证据。搜查产生的侵权风险,与该类措施的特点紧密相关。从属性上看,搜查作为传统的侦查措施,可被视为见证人在场型侦查模式。为保障隐私和家庭生活权利,这种侦查模式应当遵循以下程序要求: 241

第一,搜查令状。办案机关进行搜查,除执行逮捕或拘留时遇有紧急情况可以进行附随性搜查外,必须向被搜查人出示搜查证。为避免搜查措施滥用,有必要进一步明确搜查的适用条件,即,基于案情和在案证据,有合理根据相信在特定场所可以查获犯罪嫌疑人或犯罪证据。同时,搜查证应当明确搜查的具体场所和指向的有关证据,不能随意扩大适用范围和对象。换言之,搜查作为强制性侦查措施,应当基于合理根据,具有明确指向,不能专断泛化地进行。需要强调的是,根据非法证据排除规则,如果未经依法批准,违反法律规定采取搜查措施,可能影 242

响司法公正,由此取得的非法实物证据应当予以排除。

243 第二,见证人在场。《刑事诉讼法》第一百三十九条第一款规定,在搜查的时候,应当有被搜查人或者他的家属、邻居或者其他见证人在场。从该条规定看,见证人在场制度,主要是为了监督搜查过程和现场取证的合法性,避免随意扣押与案件无关的物品。立足司法实际,为避免搜查过程的合法性引发争议,除被搜查人及其家属外,还有必要邀请其他没有利害关系的见证人同时在场。此外,基于对女性隐私权的特殊保障,搜查妇女的身体,应当由女工作人员进行。

244 第三,搜查记录。《刑事诉讼法》第一百四十条规定,搜查的情况应当写成笔录,由侦查人员和被搜查人或者他的家属、邻居或者其他见证人签名或者盖章。搜查记录作为对现场搜查和取证情况的记载,被搜查人有权予以核对,见证人也应当予以核对,从而避免证据的来源和真实性在随后的审判过程中产生争议。

245 在搜查措施尚未建立司法审查批准程序的制度背景下,见证人在场作为重要的补充性制度,有助于确保搜查措施依法规范进行,避免对隐私和家庭生活造成不必要的干预和侵犯。有鉴于此,现有的见证人制度,应当由选择性的制度安排转变为必要性的制度安排,并突出强调保障人权的制度功能。

2.4.2.2 通信检查:第三方协助型侦查措施

246 通信自由和通信秘密权利,属于隐私权的范畴,但与住宅搜查等情形涉及的隐私权相比,通信检查所涉权利的保护存在一定的特殊性。具体言之,办案机关采取搜查措施,通常针对的是犯罪嫌疑人或者相关人员的住宅等私密场所，并且在见证人在场情况下进行，这意味着，如有侵权行为，将会引发在场人员异议。同时，搜查措施不会针对无关主体随意进行，否则将会直接遭到对方拒绝和抗议。相比之下，通信检查措施，则是在犯罪嫌疑人不知情的情况下进行，并且缺乏见证制度，因此泛化滥用的风险较大。此类措施一旦滥用，不仅直接侵犯特定对象的权利，还将导致不特定公众的通信自由和通信秘密权利处于危险之中。

通信检查措施，包括传统的邮件、电报检查，以及现代的电子邮件检查，通常需要由第三方机构协助进行，因此，可以被视为第三方协助型侦查措施。由于第三方机构的介入，如邮电部门或者网络服务机构的协助，办案机关应当规范程序，提出通信检查的协助要求，并委托有关部门采取检交扣押措施。这种权力分工机制，客观上可形成一种程序制约，降低权利遭到侵犯的制度风险。为加强对通信自由和通信秘密权利的法律保障，第三方协助型侦查模式应当遵循以下程序要求： 247

第一，检交扣押的审批。《刑事诉讼法》将邮件、电报的检查，视为检交扣押措施。与典型的扣押措施相比，检交扣押通过邮电部门或者网络服务单位进行，犯罪嫌疑人作为此类强制措施的适用对象，通常对检交扣押并不知情，因此，这种特殊扣押的实质并不在于“扣押”有关材料，而在于“检查”犯罪信息。根据《宪法》第四十条的规定，通信检查限于“国家安全或者追查刑事犯罪的需要”，同时应当“由公安机关或者检察机关依照法律规定的程序”进行。 248

立足传统的“通信”方式，《刑事诉讼法》第一百四十三条规 249

定了“邮件、电报”的检交扣押。随着电子邮件的普及应用,有必要对法律规定的“邮件”概念作出适当的扩大解释,以便将电子邮件涵盖在内。有鉴于此,《公安机关办理刑事案件程序规定》第二百三十二条第一款将电子邮件与邮件、电报并列为检交扣押的对象。为规范通信检查措施的适用,办案机关通知邮电部门或者网络服务部门检交扣押邮件、电报或者电子邮件,应当履行审批手续,制作专门的法律文书,并将适用对象限定为犯罪嫌疑人,不得扩大对象范围。

250 第二,在押犯罪嫌疑人与辩护人的通信权。犯罪嫌疑人与辩护人的通信权,既可被视为通信自由和通信秘密权利,又属于刑事程序专门规定的诉讼权利。《刑事诉讼法》第三十九条第一款规定,辩护律师可以同在押的犯罪嫌疑人、被告人会见和通信。其他辩护人经人民法院、人民检察院许可,也可以同在押的犯罪嫌疑人、被告人会见和通信。尽管该条规定强调的是辩护人的诉讼权利,但基于犯罪嫌疑人与辩护人的权利对应性,在押犯罪嫌疑人也享有与辩护人的通信权。

251 关于在押犯罪嫌疑人与辩护人之间的通信能否被办案机关检查,法律并未作出明确规定。会见权是与通信权并列且同等重要的权利,《刑事诉讼法》对其所作的特殊规定可资参考。《刑事诉讼法》第三十九条第四款规定,辩护律师会见犯罪嫌疑人、被告人时不被监听。之所以要求会见过程不被监听,主要是考虑为双方提供私密的交流空间,避免犯罪嫌疑人、被告人担心交流内容被监听而不敢与辩护人进行有效交流。同理,为保障犯罪嫌疑人的辩护权,消除犯罪嫌疑人与辩护人有效交流的顾虑,不应对在押犯罪嫌疑人和辩护人的通信进行检查。

第三,第三方协助的程序规范。第三方机构协助采取检交扣押措施,有助于避免办案机关专断地干预通信自由和通信秘密权利。但与此同时,为避免第三方机构不当侵犯隐私权,有必要规范协助检交扣押的程序。例如,邮电部门或者网络服务单位应当按照办案机关的要求,将有关的邮件、电报、电子邮件检交扣押,不得私自审查、复制、传播有关信息。 252

2.4.2.3 技术侦查:严格保密性侦查措施

技术侦查措施是现代监控技术在侦查领域的应用成果,由于此类措施通常秘密进行,并不对外公开,因此在外界看来属于刑事程序的神秘角落。在一些案件中,技术侦查措施主要是为了获得侦破案件的线索,有关线索自身并未转化为诉讼证据。这意味着,该措施的适用对象,可能自始至终都不知晓自己曾经处于技术监控之下。毫无疑问,技术侦查措施的保密程度越高,专断适用的风险越大,也就越需要加强程序规制。 253

2012年《刑事诉讼法》修改,正式在立法层面确立了技术侦查制度,但法律并未对技术侦查措施作出具体界定。根据《公安机关办理刑事案件程序规定》第二百六十四条第一款的规定,技术侦查措施是指由设区的市一级以上公安机关负责技术侦查的部门实施的记录监控、行踪监控、通信监控、场所监控等措施。随着技术侦查措施的法定化,如何更好地保障隐私权,防止技术侦查措施滥用,需要在现有法律规定基础上作进一步的研究。鉴于技术侦查措施的秘密性使该措施的适用具有潜在的专断风险,欧洲人权法院指出,基于可预见性原则(foreseeability)的要求,法律应当建立明确、具体的规则,为社会公众提供充分的行 254

为指引，避免因规定含糊不清而形成不同的解释。[1] 唯有如此，

---

〔1〕 Malone v. United Kingdom, paras. 67, 79. The Court would reiterate its opinion that the phrase "in accordance with the law" does not merely refer back to domestic law but also relates to the quality of the law, requiring it to be compatible with the rule of law, which is expressly mentioned in the preamble to the Convention. The phrase thus implies – and this follows from the object and purpose of Article 8 (art. 8) – that there must be a measure of legal protection in domestic law against arbitrary interferences by public authorities with the rights safeguarded by paragraph 1 (art. 8 – 1) (see the report of the Commission, paragraph 121). Especially where a power of the executive is exercised in secret, the risks of arbitrariness are evident. Undoubtedly, as the Government rightly suggested, the requirements of the Convention, notably in regard to foreseeability, cannot be exactly the same in the special context of interception of communications for the purposes of police investigations as they are where the object of the relevant law is to place restrictions on the conduct of individuals. In particular, the requirement of foreseeability cannot mean that an individual should be enabled to foresee when the authorities are likely to intercept his communications so that he can adapt his conduct accordingly. Nevertheless, the law must be sufficiently clear in its terms to give citizens an adequate indication as to the circumstances in which and the conditions on which public authorities are empowered to resort to this secret and potentially dangerous interference with the right to respect for private life and correspondence.

The foregoing considerations disclose that, at the very least, in its present state the law in England and Wales governing interception of communications for police purposes is somewhat obscure and open to differing interpretations. The Court would be usurping the function of the national courts were it to attempt to make an authoritative statement on such issues of domestic law. The Court is, however, required under the Convention to determine whether, for the purposes of paragraph 2 of Article 8 (art. 8 – 2), the relevant law lays down with reasonable clarity the essential elements of the authorities' powers in this domain.

Detailed procedures concerning interception of communications on behalf of the police in England and Wales do exist. What is more, published statistics show the efficacy of those procedures in keeping the number of warrants granted relatively low, especially when compared with the rising number of indictable crimes committed and telephones installed. The public have been made aware of the applicable arrangements and principles through publication of the Birkett report and the White Paper and through statements by responsible Ministers in Parliament.

才能督促办案机关审慎地、不专断地采用技术侦查措施。作为一种具有严格保密性的侦查措施，技术侦查的适用应当遵循以下程序要求：

第一，严格限定适用对象。根据《公安机关办理刑事案件程 255
序规定》第二百六十四条第二款的规定，技术侦查措施的适用对象是犯罪嫌疑人、被告人以及与犯罪活动直接关联的人员。所谓"与犯罪活动直接关联的人员"，在实践中存在泛化的风险，应当从严把握，限于因犯罪活动而与犯罪嫌疑人、被告人存在直接关联的人员。正是基于与犯罪嫌疑人、被告人之间的直接关联，特定人员才成为附随性的监控对象。如果其他人员与犯罪嫌疑人、被告人没有直接关联，则不应纳入技术侦查措施的适用范围。同时，如果案件尚未确定犯罪嫌疑人，就不能对潜在的嫌疑对象动辄采用技术侦查措施。

第二，严格规范适用程序。《刑事诉讼法》第二编第二章第 256
八节专门规定了技术侦查措施的适用程序。除严格限定可采取技术侦查措施的案件范围和对象范围外，第一百五十一条强调规范技术侦查措施的种类和期限，批准决定自签发之日起三个月以内有效，对于不需要继续采取技术侦查措施的，应当及时解

Nonetheless, on the evidence before the Court, it cannot be said with any reasonable certainty what elements of the powers to intercept are incorporated in legal rules and what elements remain within the discretion of the executive. In view of the attendant obscurity and uncertainty as to the state of the law in this essential respect, the Court cannot but reach a similar conclusion to that of the Commission. In the opinion of the Court, the law of England and Wales does not indicate with reasonable clarity the scope and manner of exercise of the relevant discretion conferred on the public authorities. To that extent, the minimum degree of legal protection to which citizens are entitled under the rule of law in a democratic society is lacking.

除;对于复杂、疑难案件,期限届满仍有必要继续采取技术侦查措施的,经过批准,有效期可以延长,每次不得超过三个月。第一百五十二条第一款规定,采取技术侦查措施,必须严格按照批准的措施种类、适用对象和期限执行。需要指出的是,现阶段技术侦查措施的适用系办案机关自行审批,有必要严格规范内部的审批和制约机制,并在条件成熟时考虑建立司法机关审查批准的程序。

257 第三,设定必要的程序救济机制。技术侦查措施通常由办案机关秘密适用,监控对象并不知情,此种情况下,即便办案机关违反规定侵犯隐私权,因监控对象无从知晓,救济也就无从谈起。欧洲人权法院就此指出,作为一项一般规则,处于秘密监控之下的个体,在监控措施结束之后,应当被告知监控措施的适用情况,但为了确保监控措施的有效性,也有必要确立相应的例外情形。[1]基

---

[1] Klass and others v. Germany, para. 58. In the opinion of the Court, it has to be ascertained whether it is even feasible in practice to require subsequent notification in all cases.

The activity or danger against which a particular series of surveillance measures is directed may continue for years, even decades, after the suspension of those measures. Subsequent notification to each individual affected by a suspended measure might well jeopardise the long – term purpose that originally prompted the surveillance. Furthermore, as the Federal Constitutional Court rightly observed, such notification might serve to reveal the working methods and fields of operation of the intelligence services and even possibly to identify their agents. In the Court's view, in so far as the "interference" resulting from the contested legislation is in principle justified under Article 8 para. 2 (art. 8 – 2), the fact of not informing the individual once surveillance has ceased cannot itself be incompatible with this provision since it is this very fact which ensures the efficacy of the "interference". Moreover, it is to be recalled that, in pursuance of the Federal Constitutional Court's judgment of 15 December 1970, the person concerned must be informed after the termination of the surveillance measures as soon as notification can be made without jeopardising the purpose of the restriction.

于中国的刑事诉讼制度，这种事后告知机制目前难以实行，但对于办案机关将采取技术侦查措施收集的材料作为证据使用的情形，被监控者可以获悉技术侦查措施的法律文件和收集的材料，并对违反法律规定的情形提出异议。此外，基于非法证据排除规则，对于办案机关违反法律规定采取技术侦查措施的情形，可能影响司法公正的，有关证据的合法性将面临质疑。

第四，规范数据的使用和处理。监控类的技术侦查措施，通 258
常会产生大量涉及犯罪线索或证据的个人数据。关于数据的适用和处理，欧盟《通用数据保护条例》(General Data Protection Regulation)确立了许多重要原则。需要指出的是，该条例第二条规定，有关主管部门为侦查犯罪而进行的个人数据处理，不属于该条例的适用范围。这是考虑侦查犯罪的特殊政策需要而作出的例外规定。不过，作为数据保护的代表性文件，该条例确立的数据处理原则，对于办案机关处理采取技术侦查措施获取的数据，仍然具有重要参考价值。例如，该条例第五条规定：对于个人数据，必须通过依法、公正和透明的方式予以处理；必须按照特定的、明确和正当的目的予以收集，不得用于无关用途；必须通过适当的方式确保个人数据安全，避免未经授权或非法的处理，等等。为避免监控取得的个人数据遭到滥用，《刑事诉讼法》第一百五十二条第二款、第三款规定了相应的数据使用和处理规范。对于采取技术侦查措施过程中知悉的国家秘密、商业秘密和个人隐私，办案人员应当保密；对采取技术侦查措施获取的与案件无关的材料，必须及时销毁。同时，采取技术侦查措施获取的材料，只能用于对犯罪的侦查、起诉和审判，不得用于其他用途。在此基础上，有必要参考欧盟《通用数据保护条例》的要求,制定专门的监控数据处理规则,保护监控对象的数据权利,同时建立规范的监控数据转换机制,确保有关数据材料在诉讼中作为有效的证据使用。

2.5 不被非法干预合法财产的权利

259 基于传统的诉讼理念,刑事诉讼主要旨在解决被告人的罪责刑问题,因此,人身权的程序保障在刑事诉讼中始终居于主导地位。但实际上,财产权(the right to property)同样属于基本人权,在刑事诉讼中同样面临遭到权力不当侵犯的风险。对于许多被追诉者而言,财产权遭到不当侵犯给生活带来的伤害,可能并不亚于人身权遭到侵犯的情形,有时甚至比后者更为严重。这意味着,财产权应当与人身权一样,纳入刑事程序的法律保护体系之中。

2.5.1 财产权与“对物之诉”

260 孟子曰,无恒产者无恒心。财产权的法律保护,不仅涉及个体的财产权利,而且关乎国家的总体法治环境和营商环境。为了加强财产权的法律保护,首先必须认识到财产权作为基本人权的内在属性。在刑事程序中,与涉及人身权的“对人之诉”相对应,有必要建立相对独立的“对物之诉”,进而形成“对人之诉”与“对物之诉”并行的系统化程序体系。

2.5.1.1 财产权是基本人权

261 首先需要指出的是,财产权是一项复杂的权利,或者说是一系列权利的组合,涉及宪法、民事、刑事等法律部门。[1] 洛克指出,财产权是生命、自由和财产等概念的核心要素。在现代市场经济框架下,财产更被视为经济活动的基本前提。然而,由于制度、传统等方面的原因,关于财产权究竟是否属于基本人权,以及是否应当受到法律保护,始终面临一定的争议。这在国际公约层面也有直接的体现。

在《世界人权宣言》起草过程中,财产权条款的表述面临较 262
大争议。[2] 最终的协商结果是,第十七条仅对财产权作出原则性规定,人人得有单独的财产所有权以及同他人合有的所有权。任何人的财产不得任意剥夺。需要指出的是,《世界人权宣言》采用的是"财产权"的表述,并未提及私有财产权,体现了求同存异的共识理念。不过,《公民权利与政治权利国际公约》却并未提及财产权,这反映出财产权在制度化过程中仍然面临认识分歧。《欧洲人权公约》也并未提及财产权,但《欧洲人权公约(第一议定书)》第一条对财产权作出了具体规定,这意味着,欧洲国家逐步打破观念僵局,对财产权保护形成了基本的制度共识。此外,世界银行和国际货币基金组织等机构,也开始将财产权的法律保护作为良好治理的重要指标。[3]

围绕财产权的法律争论,始终难以回避资本和私有财产的 263

〔1〕 Banning, T. R. G. van., *The Human Right to Property*, Intersentia - Hart. 2002, p. 2.

〔2〕 Banning, T. R. G. van., *The Human Right to Property*, Intersentia - Hart. 2002, p. 36 - 38.

〔3〕 Jose E. Alvarez, *The Human Right of Property*, University of Miami Law Review, Vol. 72, p. 586 (2018).

"原罪",以及因分配不公导致的贫富不均等深层次的制度问题。[1] 但这并不意味着,合法财产不需要法律保护;换言之,财产权所涉的深层次制度问题,与公民合法财产的法律保护,并不是一回事。鉴于两者涉及不同层面的事项,简单地以制度层面的分配不公等问题,搁置或否定实践层面的合法财产保护,显然并不可取。

264 实际上,如同人身权一样,财产权事关人的尊严和自由,是人普遍享有的权利,也是社会经济良性运转的基础。尽管社会存在贫富差距,但这是诸多复杂因素综合作用的结果,不能简单归因于财产权法律制度。进一步讲,论及财产权的法律保护,富有者和贫穷者面临同样的法律风险。财产权不只是为了保护富有阶层,对贫穷阶层同样甚至更为重要。相对于富有者,贫穷者被非法剥夺财产权利后可能受到更加严重甚至灾难性的影响。

265 具体到刑事程序,被追诉者的合法财产始终面临遭到权力不当干预或侵犯的风险,有鉴于此,有必要建立有效的财产权利保障机制。关于财产权的法律保护,欧洲人权法院的司法实践值得关注。尽管面临诸多争论,欧洲人权法院仍然以《欧洲人权公约(第一议定书)》为基础,在征收等领域积极推进财产权的司法保护。在1959年至2016年,欧洲人权法院一共作出19,570个裁决,其中3098个裁决涉及财产权问题,占总数的1/6左右。[2] 这意味着,对财产权的法律保护,应当采取求真务实的态

〔1〕 Jose E. Alvarez, *The Human Right of Property*, University of Miami Law Review, Vol. 72, p. 588 (2018).

〔2〕 Jose E. Alvarez, *The Human Right of Property*, University of Miami Law Review, Vol. 72, p. 657 (2018).

度，不宜陷入无谓的抽象争论。

中国目前处在社会主义初级阶段，坚持公有制为主体、多种 266
所有制经济共同发展的基本经济制度，坚持按劳分配为主体、多种分配方式并存的分配制度。以公有制为主体，并不代表私有财产不受法律保护。《宪法》第十三条规定："公民的合法的私有财产不受侵犯。国家依照法律规定保护公民的私有财产权和继承权。"相应地，《刑事诉讼法》第二条在规定刑事诉讼法的任务时，明确提出保护公民的人身权利、财产权利……这意味着，财产权利与人身权利一样，均属宪法性基本权利，应当在刑事程序中实行同等保护。试想，如果连刑事诉讼中被追诉者的财产权都缺乏正当程序保护，那么其他领域的财产权保护无疑将面临更加不利的局面。因此，刑事诉讼领域合法财产的法律保护，既具有正当性，也具有必要性。

2.5.1.2　涉案财物的处置模式

刑事诉讼领域财产权的保护，与实体法领域涉案财物的处 267
置紧密相关。《刑法》第六十四条规定，犯罪分子违法所得的一切财物，应当予以追缴或者责令退赔；对被害人的合法财产，应当及时返还；违禁品和供犯罪所用的本人财物，应当予以没收。其中，除违禁品和供犯罪所用的本人财物依法应予没收之外，主要涉及合法财产与违法所得的甄别与处理。有鉴于此，对于该条规定，有必要明确以下两点：第一，合法财产的返还。这除了涉及被害人的合法财产外，还涉及被追诉者和利害关系人的合法财产。这意味着，对于涉案财物，首先要确认究竟是违法所得还是合法财产；如果属于合法财产，还要进一步甄别权属，区分被追诉者、被害人或者利害关系人的合法财产。第二,违法所得的处理。关于违法所得的财物,该条规定确立了追缴和责令退赔两种处理方式。这两个术语在司法实践中经常引起误解和争议,故有必要对其含义作出准确解读。所谓"追缴"和"责令退赔",尽管属于实体性处分措施,但实际上并非法院对物的具体裁判方式。

268 该条规定提到的"追缴",可被理解为针对被追诉者违法所得采取的追索和保全措施,[1]当然也在一定程度上隐含最终处理层面的"上缴国库"[2]之意。基于《刑事诉讼法》第三百条第一款对违法所得特别没收程序所作的规定,法院经审理,对经查证属于违法所得及其他涉案财产,除依法返还被害人的以外,应当裁定予以没收。这意味着,违法所得的没收才是法院对违法所得的裁判方式,最终的处理结果是上缴国库。整合《刑法》和《刑事诉讼法》的有关规定,可对刑事诉讼领域违法所得的处理流程作如下概括:办案机关通过查封、扣押、冻结等方式对涉案财物采取强制措施(程序意义上对物的追索),经法院确认为违法所得后予以没收(实体意义上对物的裁判),随后将违法所得上缴国库(执行意义上的上缴)。

269 该条规定提到的"责令退赔",通常是指非法占有的被害人

〔1〕 1987年《公安机关办理刑事案件程序规定》第五章第六节规定了"追缴赃款赃物"(新规定已取消该节),关于该规定所涉"追缴"的含义,此前存在一定争议。有学者指出,刑事诉讼法意义上的追缴属于财产保全性扣押,追缴是通过扣押物品、冻结存款、汇款的方式完成。参见袁坦中、刘建:《论刑事诉讼法中追缴的性质》,载《中国刑事法杂志》2010年第4期,第64页。

〔2〕 《刑事诉讼法》第二百四十五条第四款规定,对查封、扣押、冻结的赃款赃物及其孳息,除依法返还被害人的以外,一律上缴国库。

财物并非特定物,或者已经被挥霍、毁损、灭失,因此无法直接返还被害人,只能通过退赔方式弥补被害人。据此,与返还被害人的合法财产相比,责令退赔是一种独立的涉案财物处理方式,也可以被视为对被害人的补充救济方式。同时,责令退赔与《刑法》第三十六条规定的"赔偿经济损失"也不是一回事,后者针对的是被追诉者的犯罪行为给被害人带来的经济损失。

基于上述分析,针对被追诉者的违法所得,《刑法》规定的 270
"追缴"和"责令退赔"这两种实体性处分,并非法院对物的具体裁判方式,因此,有必要构建配套的涉案财物处理程序。[1] 同时,从依法保障被追诉者、被害人和利害关系人合法财产的角度考虑,也有必要将涉案财物的甄别和处理纳入法律的正当程序。这意味着,在刑事诉讼领域,基于保障财产权的考虑,有必要建立专门针对涉案财物的"对物之诉"程序。

2.5.1.3 相对独立的"对物之诉"

在刑事诉讼领域,与人身权的程序保障相比,财产权所涉的 271
法律关系更为复杂。涉案财物的处理,不仅涉及被追诉者的合法财产权利,还涉及被害人与利害关系人的合法财产权利。这意味着,刑事程序有必要区分所涉的不同主体的财产权,不能将之混为一谈。然而,传统的刑事程序主要关注人身权的保障问题,对财产权重视不够,缺乏专门的涉案财物处理程序。财产权保护未被纳入正当程序的范畴,导致被追诉者以及被害人、利害

---

〔1〕 袁坦中、刘建:《论刑事诉讼法中追缴的性质》,载《中国刑事法杂志》2010年第4期,第62-65页。

关系人的合法财产面临遭到不当侵犯或剥夺的法律风险。更重要的是，与审前羁押反制定罪类似，一旦办案机关在审前程序中专断地处置涉案财物，就可能导致涉案财物的审前处置“反制”定罪，使法院面临“定放两难”的困境。

272 为规范涉案财物的处置程序，依法对涉案财物采取强制措施，准确甄别涉案财物权属，避免被追诉者的合法财产被认定为违法所得，同时避免被害人与利害关系人的合法财产被认定为违法所得，应当在“对人之诉”的基础上，建立相对独立的“对物之诉”程序，将被追诉者、被害人和利害关系人的财产权纳入正当程序的保护。当然，从严格意义上讲，被害人和利害关系人的财产权面临的风险，在一定程度上可被视为被追诉者财产权风险的附随风险，因此，强调财产权的基本人权属性，主要是针对被追诉者的合法财产权而言的。

273 建立相对独立的“对物之诉”，与刑事程序的精密化改革密不可分。近年来，随着新一轮刑事司法改革的进行，中国刑事程序逐步趋于精密化，主要体现为两次重要的制度创新：

274 一是定罪程序与量刑程序相分离。传统司法主要聚焦定罪问题，对量刑问题重视不够，缺乏专门的量刑程序，导致实践中出现罪刑失衡问题。为贯彻罪责刑相适应原则，最高人民法院牵头推进量刑规范化改革，并由“两高三部”联合出台《关于规范量刑程序若干问题的意见》，建立了相对独立的量刑程序。2012年《刑事诉讼法》修改，吸收了量刑规范化改革成果，特别是在第一百九十三条第一款[1]规定，法庭审理过程中，对与定罪、量刑

[1] 2018年《刑事诉讼法》第一百九十八条第一款。

有关的事实、证据都应当进行调查、辩论。此外,量刑规范化改革还引入了量刑建议和量刑意见等制度,2018 年《刑事诉讼法》修改以此为基础,建立了认罪认罚从宽制度。第一百七十四条规定,犯罪嫌疑人自愿认罪,同意量刑建议和程序适用的,应当在辩护人或者值班律师在场的情况下签署认罪认罚具结书。第二百零一条规定, 对于认罪认罚案件,人民法院依法作出判决时,除特定情形外,一般应当采纳人民检察院指控的罪名和量刑建议。实践证明,定罪与量刑程序相分离,既提高了刑事程序的精密度,又完善了繁简分流机制。

二是“对人之诉”与“对物之诉”相分离。传统司法主要关注 275
“对人之诉”,对涉案财物处置重视不够,缺乏专门的涉案财物处置程序,导致实践中涉案财物处置乱象丛生。2012 年《刑事诉讼法》修改,建立了犯罪嫌疑人、被告人逃匿、死亡案件违法所得的没收程序。尽管该程序是为了解决被追诉者逃匿、死亡情况下违法所得的没收问题,但在制度层面,其标志着一种刑事对物之诉机制的确立。特别是在被告人到场案件中,引入对物之诉机制,不仅可以有效地限制法院在涉案财物追缴方面的自由裁量权,为被告人、被害人及其他利害关系人参与诉讼活动创造条件,而且符合审判中心主义的改革理念,可以提高司法裁判的公信力。[1] 在此基础上,为加强财产权的司法保障,中办、国办印发《关于进一步规范刑事诉讼涉案财物处置工作的意见》,要求进一步规范涉案财物查封、扣押、冻结程序,完善涉案财物审前

〔1〕 陈瑞华:《刑事对物之诉的初步研究》,载《中国法学》2019 年第 1 期,第 204 页。

返还程序，完善涉案财物先行处置程序，以及建立有效的权利救济机制。建立相对独立的"对物之诉"，有助于规范涉案财物的处置程序，实现人身权和财产权的同等保护。

276 刑事程序的"对物之诉"，作为与"对人之诉"相对应的专门制度安排，应当关注以下基本的程序要素：

277 一是规范涉案财物的强制措施。与逮捕等对人的强制措施相对应，《刑事诉讼法》规定了查封、扣押、冻结等对物的强制措施。之所以对涉案财物采取强制措施，主要是为了收集犯罪证据，避免被追诉者转移违法所得等涉案财物。关于以取证为目的的查封、扣押措施，《刑事诉讼法》第一百四十一条规定，在侦查活动中发现的可用以证明犯罪嫌疑人有罪或者无罪的各种财物、文件，应当查封、扣押；与案件无关的财物、文件，不得查封、扣押。对查封、扣押的财物、文件，要妥善保管或者封存，不得使用、调换或者损毁。对于以保全涉案财物为目的而采取的查询、冻结措施，《刑事诉讼法》第一百四十四条规定，人民检察院、公安机关根据侦查犯罪的需要，可以依照规定查询、冻结犯罪嫌疑人的存款、汇款、债券、股票、基金份额等财产。有关单位和个人应当配合。犯罪嫌疑人的存款、汇款、债券、股票、基金份额等财产已被冻结的，不得重复冻结。现阶段，办案机关可以依职权采取对物的强制措施，无须司法机关审查批准。为加强财产权的司法保障，避免专断地对物采取强制措施，可考虑将上述措施逐步纳入司法机关的审查批准程序。

278 二是规范审前程序涉案财物争议先行处理机制。根据《刑事诉讼法》第一百一十七条的规定，当事人和辩护人、诉讼代理人、利害关系人对于司法机关及其工作人员有对与案件无关的财物采取查封、扣押、冻结措施，或者应当解除查封、扣押、冻结不解除等行为的，有权向该机关申诉或者控告。不过，对于办案机关违法侵害被追诉者等主体财产权利的行为，缺乏有效的程序性制裁包括惩罚后果，同时，申请救济的措施也并不完善。[1] 实践表明，这种自查自纠型救济模式效果并不理想。借鉴“对人之诉”的羁押必要性审查制度，可考虑建立审前程序涉案财物争议先行处理机制，即，被追诉者、被害人或者利害关系人对涉案财物的强制措施存在异议的，可以向人民检察院申请进行涉案财物权属审查，并申请解除强制措施。对于办案机关对涉案财物违法采取强制措施导致的财产或者利益损失，有关权利主体可以主张赔偿。

三是建立庭审环节相对独立的涉案财物权属调查程序。基 279
于“对物之诉”理念，可以将庭审程序分为两个相对独立的环节：一是对定罪量刑问题进行的法庭审理程序；二是对涉案财物追缴问题开展的法庭审理程序。[2] 基于量刑规范化改革对定罪和量刑程序所作的区分，有必要对“对物之诉”和“对人之诉”进一步加以区分。简言之，在法庭调查环节，应当先调查案件事实，再调查涉案财物权属。需要指出的是，涉案财物的处理，往往是案件中重要的量刑情节，因此，在法庭调查程序的设计上，有必要考虑有关事实的内在关联。对于涉众型案件等涉案财物较为复杂的案件，法庭为提高诉讼效率，可能先对定罪量刑问题作出

---

〔1〕 左卫民：《刑事诉讼法再修改与被追诉人财产权的保护》，载《现代法学》2012 年第 1 期，第 135 – 143 页。

〔2〕 陈瑞华：《刑事对物之诉的初步研究》，载《中国法学》2019 年第 1 期，第 204 页。

判决,再对涉案财物作出处理。此种情况下,有必要重视庭前会议环节的涉案财物争点整理,以及庭审环节的涉案财物权属调查,为后续的涉案财物处理奠定基础。

280 需要指出的是,因涉案财物的属性不同,涉及复杂的法律关系,刑事诉讼中的对物之诉并非单一化的程序安排所能涵盖。进一步讲,因被追诉者、被害人和利害关系人所涉财产权的法律关系存在差异,相应的"对物之诉"并不具有同质性,故应在程序设计上有所差异。不过,上述基本程序要素,是各类财产权主张均需加以关注的核心问题。

2.5.2 "对物之诉"的类型化规范

281 刑事程序领域的"对物之诉",因涉及不同的权利主体和权利主张,大致可分为以下几种类型:一是违法所得的没收程序,包括普通程序中违法所得的没收程序,以及犯罪嫌疑人、被告人逃匿、死亡案件违法所得的特别没收程序。这是与"对人之诉"并列的"对物之诉"的基本形态,旨在规范涉案财物的强制措施以及解决违法所得的认定等问题。二是被追诉者、被害人和利害关系人合法财产返还程序。该程序既涉及违法所得与合法财产的甄别,也涉及具体权利主体的确认。在实践中,合法财产的返还程序,通常与违法所得的没收程序一并进行,但有时也可独立进行。三是被害人因犯罪行为遭受物质损失而提起的附带民事诉讼程序。附带民事诉讼主要解决被害人向被追诉者的索赔问题,需以办案机关扣押、冻结被追诉者的财物为前提,可被视为"对物之诉"的牵连之诉。

2.5.2.1 被追诉者违法所得的刑事没收程序

传统上，我国刑事诉讼程序聚焦被告人的罪责刑问题，对涉案财物处理程序关注不够。2012 年《刑事诉讼法》修改确立违法所得特别没收程序，使“对物之诉”成为一种可行的制度探索。对于违法所得特别没收程序的属性，此前存在民事程序、刑事程序和保安处分程序等不同观点。[1] 但从立法目的和法律规定看，比较中肯的观点是将其视为刑事“对物之诉”。有学者指出，刑事“对物之诉”是与刑事“对人之诉”相并列的概念，主要是指检察机关代表国家对被告人违法犯罪所得提起的追缴之诉，其诉讼目标是没收违法所得及其他涉案财物。[2] 282

从立法动因看，违法所得特别没收程序主要是为了解决犯罪嫌疑人、被告人逃匿、死亡案件违法所得的没收难题。不过，回归刑事诉讼程序的初衷，始终不能忽视程序的人权保障功能。刑事“对物之诉”的引入，无疑有助于实现没收未经定罪的违法所得这一目的，但与此同时，违法所得没收程序作为一种程序保障机制，应当以保障人权——被追诉者的财产权为宗旨。 283

之所以强调违法所得没收程序具有刑事程序属性并以保障被追诉者的财产权为宗旨，主要是考虑到，如果将该程序简单等同于民事程序，单纯强调其没收违法所得的目的，忽视被追诉者的权利保障，就可能增加制度风险。关于这一问题，美国民事没 284

---

〔1〕 熊秋红：《从特别没收程序的性质看制度完善》，载《法学》2013 年第 9 期，第 72－81 页。

〔2〕 陈瑞华：《刑事对物之诉的初步研究》，载《中国法学》2019 年第 1 期，第 204 页。

收程序的发展历程可资参考。美国早期一直将民事没收作为司法惯例。斯托里法官指出,“对物之诉”(proceeding in rem)独立于刑事程序的“对人之诉”(criminal proceeding in personam),进一步讲,对物没收并不以对人定罪为前提。[1] 不过,如果考察早期民事没收程序的适用范围,就会发现,当时的联邦没收法律主要适用于海关实务领域,针对的对象主要是传统属人管辖无法约束的外国人。换句话说,如果不采取“对物之诉”的没收程序,而仅依据属人管辖原则,美国对违反海关法的外国商船就缺乏制裁措施。[2] “对物之诉”的制度功能在于,一旦特定财产被用于法律禁止的用途,财产的所有权就转移到政府手中。所以,政府可以通过对特定财产提起“对物之诉”来确认所有权。[3]

285 不过,基于联邦宪法第五修正案和第十四修正案规定的正当程序条款,美国政府不能对那些原本能够顺利启动“对人之诉”的案件,变通启动“对物之诉”的民事没收程序。[4] 针对民事没收程序滥用的风险,如无辜者的合法财产因他人违法行为而遭到没收,或者执法机关利用该程序谋取办案经费,美国国会于 2000 年通过了《民事没收改革法》(Civil Asset Forfeiture Reform Act)。此后,一些州要求民事没收应当以定罪为前提,有的

〔1〕 The Palmyra, 25 U. S. (12 Wheat.) (1827). at 14 – 15.

〔2〕 Caleb Nelson, *The Constitutionality of Civil Forfeiture*, Yale Law Journal, Vol. 125, p. 2457 – 2458 (2016).

〔3〕 Caleb Nelson, *The Constitutionality of Civil Forfeiture*, Yale Law Journal, Vol. 125, p. 2481 (2016).

〔4〕 Stefan B. Herpel, *Toward a Constitutional Kleptocracy: Civil Forfeiture in America*, Michigan Law Review, Vol. 96, p. 1925 – 1926 (1998).

州限缩民事没收程序的适用范围,或者停止适用民事没收程序。[1] 关于民事没收程序的合宪性,以及联邦最高法院对该程序的属性及其与刑事没收程序的关系的认定,目前仍然存在较大争议。[2]

从美国民事没收程序的发展历程看,该程序最初并非针对 286
刑事案件涉案财物的处理问题,尽管随着"对物之诉"的发展,针对犯罪所得的民事没收程序与刑事没收程序相向而行,但此种民事没收程序的制度风险已然显现,这也是推动民事没收程序改革的重要原因。同时,美国联邦最高法院也试图对民事没收的内在属性进行辨析,区分惩罚性(punitive)或者救济性(remedial)的没收程序,解决民事没收程序所涉的权利保障问题[3]。

中国违法所得特别没收程序施行时间较短,司法经验较为 287
有限,有必要认真对待美国民事没收程序引发的宪法争议,特别要警惕其所导致的权力滥用和权利受损等问题。究其实质,刑事诉讼领域的违法所得特别没收程序,是办案机关基于对犯罪事实的前期调查,在被追诉者无法到案的情况下,针对被追诉者的涉案财物启动的追诉,以没收违法所得为直接目标,这与国外单纯的民事没收程序存在内在的差异。换言之,违法所得特别没收程序解决的并非单纯的民事权益问题,而是在启动刑事诉

[1] Caleb Nelson, *The Constitutionality of Civil Forfeiture*, Yale Law Journal, Vol. 125, p. 2451(2016).

[2] Christine A. Budasoff, *Modern Civil Forfeiture Is Unconstitutional*, Texas Review of Law & Politics, Vol. 23, p. 467(2019).

[3] Caleb Nelson, *The Constitutionality of Civil Forfeiture*, Yale Law Journal, Vol. 125, p. 2491(2016).

讼、查明犯罪事实的基础上，基于被追诉者无法到案这一现实难题，为避免被追诉者从犯罪中受益，退而求其次，先行对其违法所得予以没收。

288 如果将违法所得特别没收程序视为脱离刑事程序的独立民事程序，就可能导致美国所面临的办案机关以不当处置涉案财物为目的搁置或者规避刑事程序等问题。进一步讲，在中国的刑事诉讼制度框架下，刑事“对物之诉”是“对人之诉”的延伸，或者说是特定情形下“对人之诉”无法顺利进行时的变通制度安排。“对物之诉”作为刑事追诉的重要形式，意味着被追诉者的合法财产权可能面临不当侵犯，有鉴于此，违法所得特别没收程序，作为特殊的刑事程序，应当重点关注被追诉者的财产权保障，防止错将被追诉者的合法财产认定为违法所得。

289 需要指出的是，中国的刑事“对物之诉”制度，遵循的是由特别程序到普通程序的特殊演进脉络。具体而言，传统的涉案财物处理程序较为原则，2012 年《刑事诉讼法》修改确立犯罪嫌疑人、被告人逃匿、死亡案件违法所得特别没收程序，在此基础上，有必要在普通程序中构建专门的违法所得没收程序。与犯罪嫌疑人、被告人逃匿、死亡等不在案情形相比，对于被追诉者在案的案件，“对物之诉”可被视为“对人之诉”的自然延伸，相应地，需要按照对物的强制措施、审前程序涉案财物争议先行处理机制和庭审环节相对独立的涉案财物权属调查程序等要素，规范涉案财物的处置流程。除了在既有诉讼程序中增设有关程序要素外，关键差异可能就是“对物之诉”的证明规则。

290 陈瑞华教授指出，刑事对物之诉并不涉及对被告人刑事责任的追究问题,适用民事诉讼的证明机制。[1] 施鹏鹏教授认为,由物的错误执行比较容易弥补,也比较容易执行回转,因此,优势证据标准可以提高诉讼效率,而且较排除合理怀疑更具公平性和正当性。[2] 这些主张不无合理性,但考虑到违法所得与犯罪事实紧密相关,即便适用与犯罪事实相同的证明标准,也不会显著增加取证负担,因此似无降低证明标准的必要。同理,对于违法所得特别没收程序,因其以证明犯罪事实成立为前提,亦无须降低证明标准。

2.5.2.2 被害人、利害关系人的合法财产返还权利

《刑法》第六十四条规定,对被害人的合法财产,应当及时返 291
还。同理,对于利害关系人的合法财产,也应当及时返还。当然,被追诉者的合法财产同样存在依法及时返还问题,但该问题通常在违法所得没收程序中一并解决。

在办案机关对被追诉者的涉案财物采取强制措施的情况 292
下,被害人、利害关系人只需向办案机关主张合法财产权即可,无须单独提起"对物之诉"。不过,在办案机关尚未对涉案财物采取强制措施,或者将被害人、利害关系人的财产视为涉案财物等情形下,被害人、利害关系人有权提起"对物之诉",主张返还合法财产。这种"对物之诉"在属性上属于民事追索程序,实际上,无论被追诉者的行为是否构成犯罪,被害人、利害关系人都

---

〔1〕 陈瑞华:《刑事对物之诉的初步研究》,载《中国法学》2019 年第 1 期,第 209－210 页。

〔2〕 施鹏鹏:《缺席审判程序的进步与局限——以境外追逃追赃为视角》,载《法学杂志》2019 年第 6 期,第 16－24 页。

有权主张返还自身的合法财产。

293 根据《刑事诉讼法》第二百九十九条的规定，在违法所得特别没收程序中，犯罪嫌疑人、被告人的近亲属和其他利害关系人有权申请参加诉讼，也可以委托诉讼代理人参加诉讼。利害关系人参加诉讼的，人民法院应当开庭审理。陈瑞华教授认为，利害关系人属于有独立请求权的第三人，有权对人民检察院申请追缴的全部或部分涉案财物的权利归属提出独立的诉讼请求。[1] 将利害关系人视为有独立请求的第三人，体现了“对物之诉”主体的特殊性。

294 与被害人相比，利害关系人的财产权并未受到犯罪行为的侵害，涉及的主要问题是自身合法财产与被追诉者违法所得的混同，因此与“对人之诉”没有直接关联，仅仅在“对物之诉”中存在诉讼利益。在“对物之诉”中，利害关系人面临与被追诉者类似的境地，即，其合法财产被办案机关采取强制措施，存在被法院认定为违法所得并予以没收的法律风险。因此，利害关系人参与“对物之诉”，不是为了向被追诉者索赔，而是为了向法院主张自身的合法财产权，请求法院确认并返还其合法财产，避免其合法财产被错误认定为违法所得并被没收。正是考虑到这一点，利害关系人在“对物之诉”中享有实质性的诉讼参与权，并享有独立的上诉权。

---

〔1〕 陈瑞华：《刑事对物之诉的初步研究》，载《中国法学》2019年第1期，第219－220页。

2.5.2.3 被害人的民事索赔权利

《刑法》第三十六条规定,由于犯罪行为而使被害人遭受经济损失的,对犯罪分子除依法给予刑事处罚外,并应根据情况判处赔偿经济损失。相应地,《刑事诉讼法》第一百零一条第一款规定,被害人由于被告人的犯罪行为而遭受物质损失的,在刑事诉讼过程中有权提起附带民事诉讼。被害人死亡或者丧失行为能力的,被害人的法定代理人、近亲属有权提起附带民事诉讼。 295

尽管附带民事诉讼在属性上与典型的“对物之诉”存在一定差异,但其与涉案财物紧密相关,在刑事诉讼中通常只有有效追索涉案财物才能满足附带民事诉讼请求,故可将附带民事诉讼视为刑事“对物之诉”的牵连之诉。美国2000年通过的《民事没收改革法》也专门规定了利用没收资金赔偿被害人损失的条款。 296

被害人因犯罪行为遭受物质损失而提起的附带民事诉讼,本质上属于民事索赔程序,之所以将之界定为附带民事诉讼,主要是为了避免单独提起民事诉讼的程序负担。质言之,刑事附带民事诉讼是一种特殊的民事诉讼,与刑事诉讼同源(同因犯罪行为引起)不同质(刑事与民事性质有异),应当注重强化其民事救济功能。[1] 297

目前,在司法实践中,附带民事诉讼通常与刑事诉讼捆绑进行,由此导致的索赔效率和赔偿标准等问题亟待妥善解决。《刑事诉讼法》第一百零四条规定,附带民事诉讼应当同刑事案件一 298

---

〔1〕 王福华、李琦:《刑事附带民事诉讼制度与民事权利保护》,载《中国法学》2002年第2期,第138页。

并审判，只有为了防止刑事案件审判的过分迟延，才可以在刑事案件审判后，由同一审判组织继续审理附带民事诉讼。根据该规定，附带民事诉讼的审判只能与刑事案件的审判同步，或者晚于刑事案件的审判。同时，《刑事诉讼法》第一百零三条规定，人民法院审理附带民事诉讼案件，可以进行调解，或者根据物质损失情况作出判决、裁定。对于“物质损失”的理解，特别是物质损失是否包含死亡赔偿金、残疾赔偿金，《民法典》与刑事诉讼法司法解释的规定存在分歧，导致实践中的赔偿标准并不统一。

299 从权利保障角度看，被害人对物质损失的索赔权，既可在刑事诉讼中主张，也可单独通过民事诉讼主张。这意味着，有必要赋予被害人程序选择权，使其在特定情形下可以不限于提起附带民事诉讼，也无须等待刑事案件审结，而是可以单独提起民事诉讼，进而改变“刑事优先”的传统模式，以平行诉讼的方式处理。[1] 对于刑事诉讼周期较长的案件，或者被害人急需获得赔偿的案件，允许被害人先行提起民事诉讼索赔，从权利保障角度看具有正当性。在此基础上，无论被害人选择附带民事诉讼，还是单独提起民事诉讼，都有必要按照普通的民事诉讼对待，并统一赔偿标准。

2.6 不被专断地重复追诉的权利

300 毫不夸张地说，无论你是何种身份，一旦成为刑事追诉对象，就不得不面对人生的梦魇。这样的人生梦魇，如果反复进

〔1〕 王福华、李琦：《刑事附带民事诉讼制度与民事权利保护》，载《中国法学》2002 年第 2 期，第 138－139 页。

行,就无异于遭受酷刑。难怪菲利教授慨叹,程序就是惩罚![1]有鉴于此,尽管《世界人权宣言》并未专门规定不被专断地重复追诉的权利,但在某种程度上,或可将重复追诉纳入该宣言第五条禁止的酷刑范畴。

为维护生效裁判的既判力和稳定性,许多国家确立了一事不再理(*ne bis in idem*)或者避免双重危险(protection against double jeopardy)原则。尽管表述不同,但这些原则体现了相同的权利内涵,即,不被专断地重复追诉的权利。从权利保障角度看,在国家处罚权耗尽的情况下,禁止在生效判决后针对同一行为启动新的追诉程序,有助于督促公诉机关谨慎行使追诉权,保持控辩双方诉讼地位平等,防止公诉权滥用。[2] 301

中国刑事司法秉承"实事求是、依法纠错"理念,在常规的上诉救济之外,设立了审判监督程序,允许当事人对生效判决、裁定提起申诉,也允许司法机关依职权对确有错误的生效判决、裁定启动再审。尽管中国《刑事诉讼法》并未确立一事不再理或者避免双重危险原则,但上述原则蕴含的权利内涵和要素,仍然值得认真对待,并在制度和实践中积极吸收借鉴。 302

2.6.1 禁止重复追诉的权利内涵

2.6.1.1 不被专断地重复追诉的权利基础

无论在大陆法系国家,还是英美法系国家,也无论表述为一 303

〔1〕 Malcolm M. Feeley, *The Process is the Punishment: Handling Cases in a Lower Criminal Court*, Russell Sage Foundation, 1992.

〔2〕 宋英辉主编:《刑事诉讼原理》,法律出版社2003年版,第151-155页。

事不再理原则，还是避免双重危险原则，不被专断地重复追诉的权利，都被视为一项颇具争议的权利。由于这项权利具有较大争议，《公民权利与政治权利国际公约》和《欧洲人权公约》在起草之初，都并未予以提及。最终，在一些国家提议下，经过反复修改，《公民权利与政治权利国际公约》第十四条第七款规定：任何人根据该国法律和刑事程序，经过终局性判决认定有罪或被无罪释放后，不得就同一犯罪再次予以审判或处罚。《欧洲人权公约》并未对该项权利作出规定，但《欧洲人权公约（第七议定书）》第四条规定了不被再次审判和处罚的权利（right not to be tried or punished twice）。该规定具体包括三项要求：第一，任何人根据该国法律和刑事程序，经过终局性判决认定有罪或被无罪释放后，不得就同一犯罪在该国辖区内再次通过刑事程序予以审判或处罚。第二，如果出现新的证据或者新发现的事实，或者先前程序存在重大瑕疵，可能影响案件的处理结果，前项规定不应妨碍根据该国法律和刑事程序再次针对该案启动诉讼。第三，本条规定不得根据公约第十五条予以克减。相比之下，《美洲人权公约》的规定更为简练，第八条第四款规定：任何人基于不可上诉的判决而被无罪释放后，不得因同一事由接受新的审判。

304 通常认为，一事不再理原则与避免双重危险原则，具有功能上的等同性。但实际上，两者的价值取向存在一定差异，这种差异在上述国际公约中亦有一定程度的体现。这意味着，有必要对两项诉讼原则加以辨析，准确识别其中蕴含的权利要素。基于避免双重危险原则，如果重新审判有利于此前被定罪的个体，如改判轻罪或者无罪，就不构成对权利的侵犯。相比之下，基于一事不再理原则,"法律确定性"(legal certainty)和裁判"终局性"(finality)是主要的政策考量因素。尽管这些考量与个体权利并无直接关联,但毫无疑问,维护司法的独立性与权威性,对权利保障也有重要意义。不过,与避免双重危险原则相比,一事不再理原则主要关注的是裁判终局性,至于先前判决究竟是定罪还是无罪,并不在其考虑之列。

毋庸讳言,不同的诉讼原则通常立足于不同的制度和文化基础,但这并不意味着,诉讼原则之间不能互相通约和借鉴。从权利保障角度看,可以从上述国际公约和诉讼原则中归纳出以下基本要求: 305

第一,终局判决后不得重复追诉。这是《公民权利与政治权利国际公约》、《欧洲人权公约(第七议定书)》和《美洲人权公约》共同确认的基本要求,也是一事不再理原则和避免双重危险原则的共通之处。欧洲人权法院指出,不被再次审判和处罚的权利,旨在禁止对已经作出终审判决的案件重复进行刑事追诉。[1] 应当说,将该项权利界定为禁止"重复追诉"是比较准确 306

---

〔1〕 Gradinger v. Austria, para. 53. The Court notes that, according to the St Pölten Regional Court, the aggravating circumstance referred to in Article 81 para. 2 of the Criminal Code, namely a blood alcohol level of 0.8 grams per litre or higher, was not made out with regard to the applicant. On the other hand, the administrative authorities found, in order to bring the applicant's case within the ambit of section 5 of the Road Traffic Act, that that alcohol level had been attained. The Court is fully aware that the provisions in question differ not only as regards the designation of the offences but also, more importantly, as regards their nature and purpose. It further observes that the offence provided for in section 5 of the Road Traffic Act represents only one aspect of the offence punished under Article 81 para. 2 of the Criminal Code. Nevertheless, both impugned decisions were based on the same conduct. Accordingly, there has been a breach of Article 4 of Protocol No. 7 (p. 7 – 4).

的,也更有利于权利保障。理由在于,尽管公约条文提到的是“审判或处罚”,但追诉是审判的程序前提,同时,与禁止再次审判相比,禁止重复追诉无疑能够提供更有效的权利保护。

307 第二,如果再次审判有利于被告人,可考虑不列入禁止范围。这是避免双重危险原则在保障人权方面的独到之处。作为该原则的制度体现,《美洲人权公约》规定,只有无罪判决才不得重复追诉。换言之,如果再次审判旨在改判轻罪或者无罪,就不应仅以维护裁判稳定性或确定性为由予以禁止。此种情形下的再次审判,实质上并非重复追诉,而是依法纠错。进一步讲,究竟是否允许在特定情形下再次审判,涉及裁判终局性与司法公正性的内在博弈。公正是司法的生命线,如果固守裁判的终局性,无视错误定罪判决造成的严重不公,非但不利于维护司法公正,还会严重减损司法权威。以人权保障为基准,通过再次审判改判轻罪或者无罪,并不会损害司法权威,反而会增强公众对司法的信心。

308 第三,再次审判的例外,通常限于有利于被告人的情形。如果因追诉机关疏忽失误,导致事实上的重罪只能被认定为轻罪,或者事实上有罪的案件只能作出疑罪从无的判决,则不能重复启动追诉程序。换言之,追诉机关不能以损害被告人权利为代价弥补自身的失误。需要指出的是,虽然《欧洲人权公约(第七议定书)》第四条第二款并未将例外情形明确限定为有利于被告人的情形,但通常情况下,对原有的终审判决启动再次审判,应当以有利于被告人为前提,这既是国际人权公约的题中应有之义,也是对条约规定进行系统解释的应然结论。不过,该议定书并未明确禁止启动不利于被告人的再次审判。鉴于一些成员国的法律不允许启动不利于被告人的再次审判，进而导致国内法与该议定书的要求存在龃龉，这种制度分歧可能是导致一些成员国未批准该议定书的重要原因。[1]

第四，公正审判的内在要求。《公民权利与政治权利国际公约》和《美洲人权公约》，均将不被专断地重复追诉的权利视为公正审判权的基本要素。从这个角度看，将该项权利的例外限定为有利于被告人的情形，是保障公正审判权的必然逻辑结论；反之，如果允许专断地启动不利于被告人的重复追诉，无疑有违公正审判权的内在要求。需要指出的是，《欧洲人权公约》是在第七议定书中对该项权利作出规定，因此，并未将之直接纳入公正审判权的范畴。如果从保障人权的角度对此加以解释，或可认为，专断地启动不利于被告人的重复追诉，并不符合公正审判权的要求，因为此类情形根本就不应当进行重新审判。 309

2.6.1.2 不被专断地重复追诉的权利要素

从国际公约层面看，不被专断地重复追诉的权利，具有域外适用和国内司法两个维度的要求。此处的讨论限于国内司法维度。概括起来，不被专断地重复追诉，主要包括以下权利要素： 310

第一，先前处罚的刑事属性。从国际公约的规定看，不被专断地重复追诉的权利，适用于根据一国法律和刑事程序，经过终局性判决认定有罪或被无罪释放的情形。这意味着，先前处罚应当具有刑事属性。如果先前处罚并非刑事处罚，只是行政处 311

---

〔1〕 Stefan Trechsel, *Human Rights in Criminal Proceedings*, Oxford University Press, 2005, p. 384 – 385.

罚或者纪律处罚,则不属于该项权利的保护范围。

312 第二,先前审判应当作出终审判决。所谓终审判决,具有程序和实体两方面的要求。在程序方面,终审判决主要包括以下情形:已经穷尽上诉救济程序,未在上诉期限内提起上诉,或者提起上诉后撤回上诉,判决已经生效。那些处于上诉阶段或者中止审理、延期审理的案件等,不属于终审情形。如果法律允许追诉机关在作出不起诉的决定后再次提起追诉,此类决定也不属于终审判决。当然,如果追诉机关的不起诉决定构成终局性司法结论,就应当被视为无罪判决。在实体层面,欧洲人权法院认为,如果法院认定追诉机关提起的部分指控,但对其他指控未予认定,此类未予认定的指控可被视为无罪判决。[1]类似地,如果被告人已经因轻罪被定罪,但随后又因同一事实被提起重罪指控,也构成对该项权利的侵犯。需要指出的是,是否属于终审判决与判决是否存在错误并无关联。如果判决已经发生法律效力,即便判决可能存在错误,也属于终审判决。

313 第三,重复追诉的认定标准。重复追诉涉及先前终审判决与后续新的追诉之间的关系问题。国际公约强调,前后两个诉讼应当涉及相同的"犯罪"(offence),欧洲人权法院通行的认定标准是"相同主体、相同行为标准"(same person, same conduct test)。所谓"相同主体",是指被追诉者具有同一性。在共同犯罪中,如果只有部分行为人曾被作出终审判决,对于其他未被追诉的行为人,当然可以提起追诉,并不构成重复追诉。所谓"相同行为",在欧洲人权法院看来,是指被追诉者面临追诉的行为具有

---

[1] Gradinger v. Austria, paras. 8, 14, 55.

同一性。[1]例如,行为人实施一起暴力犯罪,该起暴力犯罪导致多人死亡、多人受伤,在其被终审定罪后,原本受伤的被害人因医治无效死亡,此种情况下,因涉及同一行为,不能因被害人死亡人数增加而重新予以追诉。

无独有偶,对于一事不再理原则的适用,国际刑事法院也坚 314
持"相同主体、相同行为标准"。国际刑事法院认为,行为构成案件的基础,"相同行为"指向的是被追诉的行为。前后两个诉讼所涉行为是否相同,取决于行为重叠的程度,其中,起决定作用的是被追诉的行为,而不是行为的法律定性。[2] 这意味着,对于一个行为构成多个罪名的情形,实际上通常只会选择其中某个罪名进行追诉,因此,最终起决定作用的不是选择的罪名,而是具体所涉的行为。有鉴于此,追诉机关在提起追诉时,要综合考虑追诉犯罪的公共利益和不被专断地重复追诉的权利考量,对起诉罪名、分案起诉等重要问题审慎作出决定,避免不必要的法律争议。

第四,例外情形。前文提到,《欧洲人权公约(第七议定 315
书)》规定了避免重复追诉的例外情形,包括发现新的事实和证据,或者存在重大程序瑕疵,可能影响案件处理结果的情形。关于这两项例外情形,具体分述如下:

一是发现新的事实和证据。新的事实,既可能是有利于被 316

〔1〕 Gradinger v. Austria, para. 50.

〔2〕 ICC, Saif Al – Islam Gaddafi and Abdullah Al – Senussi, Judgment on the Appeal of Libya against the Decision of Pre – Trial Chamber I of 31 May 2013 Entitled "Decision on the Admissibility of the Case against Saif al – Islam Gaddafi", paras. 1 and 62, 72 – 74.

追诉者的无罪、罪轻事实,也可能是不利于被追诉者的有罪、罪重事实。基于前文分析,对于新的有利于被追诉者的无罪、罪轻事实,可以启动重新审判,并不构成对被追诉者的双重危险。相比之下,新的、独立的犯罪事实,由于涉嫌新的犯罪,并不属于重复追诉所指的“相同行为”,因此,对其的追诉实际上并非重复追诉,而是追诉新罪,当然可以启动新的追诉程序。此外,对于先前终审判决,发现新的不利于被追诉者的事实和证据,可能影响案件处理结果的,也可以启动重复追诉。但是,对于此种情形,新的事实和证据必须是先前终审判决作出之后才发现的事实和证据,换言之,如果追诉机关在先前终审判决作出之前就已掌握有关事实和证据,只是“备而不用”,并留待面临不利诉讼结果时再予启用,则明显属于滥用追诉权。[1]

317 二是先前终审判决存在重大程序瑕疵。所谓重大程序瑕疵,通常是指影响公正审判的程序瑕疵,如通过强迫证人、提供伪证、贿赂法官等非法手段扭曲诉讼结果。对于一般的程序瑕疵,不影响案件处理结果的,没有必要启动再次审判。

2.6.2 追求实体真实的程序限度

318 首先需要指出的是,本节之所以将所涉的权利限定为“不被专断地重复追诉的权利”,而不是像欧洲人权法院那样简单概括为“不被重复追诉的权利”,主要是考虑,《刑事诉讼法》尚未确立一事不再理或避免双重危险原则,重复追诉并未被法律明令

---

〔1〕 Stefan Trechsel, *Human Rights in Criminal Proceedings*, Oxford University Press, 2005, p.401.

禁止。与此同时，《欧洲人权公约（第七议定书）》虽禁止重复追诉，但也规定了例外情形。此种情况下，将该项权利表述为“不被专断地重复追诉的权利”，强调重复追诉的专断性要素，既与以避免专断性为宗旨的国际公约权利体系契合，又具有更大的制度包容性。

中国刑事程序之所以没有确立一事不再理或避免双重危险原则，与偏重实体真实的传统司法理念存在极大的关联。不过，近年来程序正义、人权保障等理念逐步深入人心，实体真实与程序公正并重的司法理念逐步得到认可。特别是随着以审判为中心的刑事诉讼制度改革不断推进，我国刑事程序越发强调加强人权司法保障，通过法庭审判的程序公正实现案件裁判的实体公正。这意味着，中国的刑事程序并非与一事不再理等原则无法兼容，而是可以合理吸收借鉴其中的权利要素。更重要的是，正视中国司法实践面临的难题，如随意撤回起诉和“疑罪从无难”等问题，一事不再理等原则和不被专断地重复追诉的权利，实际上并非可有可无，而恰恰是破解司法难题的有效制度方案。具体言之，借鉴一事不再理原则，注重司法裁判的稳定性和权威性，能够避免因权力共识扭曲刑事程序和裁判结果。借鉴避免双重危险原则，固化司法的权利共识，能够避免以侵犯权利为代价而片面追求实体真实。 319

禁止专断地重复追诉，能够为司法机关划定追求实体真实的法律限度，将正当程序和人权保障理念嵌入刑事程序之中。立足现有刑事诉讼制度，为保障不被专断地重复追诉的权利，有必要针对各种显性或隐性的程序制度和惯例，设定对重复追诉的约束性规则，促使司法机关依法审慎行使职权。主要包括以 320

下三个方面：一是起诉权的程序约束，包括作出不起诉决定后的重新起诉，疑罪从无案件的再次追诉，以及以重复追诉为目的的撤回起诉等。二是审判权的追诉倾向克制，包括建议补充起诉，以及以重复追诉为目的的发回重审等。三是再审程序的理性规范，包括再审程序启动条件，以及再审制度的可能探索等。

2.6.2.1 起诉权的程序约束

321 审查起诉，是刑事诉讼承前启后的关键阶段，对制约侦查权、约束审判权具有重要影响。一方面，通过审查起诉程序，检察机关基于政策、法律和证据标准，将未达到法定标准或者不符合起诉政策的案件，排除在刑事程序之外，避免无罪的人受到刑事追究，督促侦查机关从源头上提高案件质量。另一方面，基于不告不理原则，检察机关依法确定起诉的事实和罪名，据此划定法院审判的事实和法律边界，避免被追诉者被法院专断地增加罪名。这是基于刑事程序的法治图景，刑事诉讼法对起诉权的应然制度定位。

322 然而，受偏重实体真实等传统司法理念影响，在当前中国的刑事程序框架下，起诉权对侦查权的制约不足，有时甚至受到反向制约，以致难以有效发挥审查把关作用；同时，起诉权对审判权制约过大，以致间接控制甚至扭曲审判程序，使法庭审判流于形式。在权力共识影响下，刑事程序存在各种显性和隐性的重复追诉。这些隐性的重复追诉，看似与一事不再理或者避免双重危险原则并不冲突，也似乎并不违反国际公约确立的基本要求，但实际上，被追诉者受隐性的重复追诉影响，不仅难以真正与公诉机关平等对抗，而且在很大程度上注定只能面临定罪的诉讼结局。

为保障被追诉者不被专断地重复追诉的权利,有必要加强对起诉权的程序约束,避免起诉权的失范或滥用。对于显性的重复追诉,如不起诉后的重新起诉,以及疑罪从无案件的重新起诉,重点在于严格控制重新起诉条件。对于隐性的重复追诉,如撤回起诉,则需要系统地加以规范。 323

第一,作出不起诉决定后重新起诉的程序规范。除《刑事诉讼法》第一百七十七条规定的法定不起诉和酌定不起诉两种情形外,第一百七十五条第二款还规定了存疑不起诉情形,即,对于审查起诉阶段经过二次补充侦查的案件,人民检察院仍然认为证据不足,不符合起诉条件的,应当作出不起诉的决定。在司法实践中,检察机关作出不起诉的决定后又重新起诉的情形,主要是指存疑不起诉。 324

需要指出的是,检察机关作出不起诉的决定后,侦查机关可以申请复议、复核,被害人可以提出申诉或者直接向人民法院起诉。这意味着,不起诉决定并不具有国际公约所指的终审判决的效力,因此,即便随后再次起诉,严格意义上讲也不属于重复追诉的范畴。但问题在于,检察机关作出的不起诉决定,在实践中通常具有终止诉讼的法律效果。特别是在辩护律师看来,检察机关作出不起诉的决定,往往比法院作出无罪判决对被追诉者更为有利。有鉴于此,作出不起诉决定后重新起诉,意味着刑事程序再次启动,这无疑将会导致被追诉者再次面临定罪风险。 325

对于存疑不起诉的情形,《人民检察院刑事诉讼规则》第三百六十九条规定,人民检察院在发现新的证据,符合起诉条件时,可以提起公诉。据此,作出不起诉决定后重新起诉的条件是 326

“发现新的证据,符合起诉条件”。鉴于此类案件此前已历经二次补充侦查,基本上已穷尽现有可得的证据材料,所以,在作出不起诉决定后,只有发现影响起诉决定的新的证据,才能决定提起公诉。所谓“新的证据”,通常是指作出不起诉决定后收集的,单独或者与原有证据体系组合起来,足以证明指控的犯罪事实的证据。如果“新的证据”是检察机关在作出不起诉决定时就已掌握的证据,或者并不具有影响起诉决定的效力,则不能作为重新起诉的根据。

327 第二,疑罪从无案件再次追诉的程序规范。对于定罪证据不足的案件,法院基于疑罪从无原则依法宣告被告人无罪后,应当立即释放被告人。这意味着,原有案件回到程序原点,侦查机关需要调整侦查思路,重新对案件进行侦查。由于法律并未禁止对宣告无罪的被告人进行后续核查,因此,侦查机关重新启动侦查,首先可能需要核查,疑罪从无的被告人究竟是无辜者,还是仅因证据不足而被宣告无罪。如果经核查发现,疑罪从无的被告人并非犯罪行为人,就需要重新确定侦查方向和范围,寻找新的犯罪嫌疑人。如果经继续调查,发现新的证据材料,证明疑罪从无的被告人就是犯罪行为人,基于现有法律规定,可以依法对被告人重新启动追诉程序。

328 作为一事不再理或者避免双重危险原则的例外情形,参照《欧洲人权公约(第七议定书)》的规定,侦查机关发现的新的证据,应当是指可能影响案件处理结果的证据,即,足以推翻原有的无罪判决,认定被追诉者有罪的证据。为避免随意对被追诉者再次启动追诉,应将新的证据限定为判决作出之后才发现的证据材料。同时,被追诉者基于疑罪从无原则被依法宣告无罪后，除非有新的证据证明其存在犯罪嫌疑，符合采取强制措施的法定条件，否则不能随意对其采取强制措施。

第三，撤回起诉的程序规范。首先需要强调的是，追诉权应当依法审慎行使，避免追诉的专断性。基于这一原则，在审查起诉阶段，检察机关如何审慎都不为过，在该阶段进行必要的补充、权衡乃至犹豫，都是法律所允许的。但“开弓没有回头箭”，一旦检察机关向法院提起公诉，法院依法启动审判程序，追诉决定就如同“射出的弓箭”，不能随意撤回。当然，考虑案件情况的动态变化，基于诉讼效率等考量，对于提起公诉后，法院宣告判决前，发现遗漏同案犯罪嫌疑人或者罪行的情形，检察机关可以追加、补充起诉。由于涉及新的事实，此种情形并不属于重复追诉。但相比之下，游离在法律边缘、以重复追诉为目的的撤回起诉，增加了被追诉者面临变相重复追诉的风险，应当受到严格规制。 329

作为隐性的重复追诉，撤回起诉是一项具有深刻历史印记的变通性制度安排。1979 年《刑事诉讼法》第一百零八条规定，人民法院对提起公诉的案件进行审查后，对于犯罪事实清楚、证据充分的，应当决定开庭审判；对于主要事实不清、证据不足的，可以退回人民检察院补充侦查；对于不需要判刑的，可以要求人民检察院撤回起诉。可见，基于当时的公诉审查制度，撤回起诉是与开庭审判、退回补充侦查并行的案件处理模式。 330

1996 年《刑事诉讼法》修改，为推进庭审方式改革，取消了退回补充侦查和撤回起诉制度。1996 年《刑事诉讼法》第一百五十条规定，人民法院对提起公诉的案件进行审查后，对于起诉书中有明确的指控犯罪事实并且附有证据目录、证人名单和主 331

要证据复印件或者照片的，应当决定开庭审判。这一程序改革举措，核心理念是将公诉审查由“实质性审查”改为“程序性审查”，以期促使法院严格落实庭审实质化和疑罪从无等原则的要求。但受制于传统司法体制和制度惯性，法院推进庭审实质化面临很大难度，疑罪从无原则难以真正落实。这些司法困境反映在制度层面，集中体现为1996年《刑事诉讼法》取消的退回补充侦查制度和撤回起诉制度最终面临的不同命运。

332 一方面，取消退回补充侦查制度，能够消解公诉机关的办案压力，因为公诉案件一旦移送到法院，法院就不得退回公诉机关，只能继续推进审判。在实践中，一些法院面对疑罪案件，难以径行作出无罪判决，仍然寄希望于将案件退回公诉机关补充侦查。然而，公诉机关为避免办案压力回流，通常以法律取消退回补充侦查制度为由，拒绝接收案件，这使退回补充侦查制度在实践中不复存在。另一方面，尽管法律同时取消了撤回起诉制度，但由于该制度顺应了权力共识基础上的实践需求，特别是有助于协商解决疑罪案件的处理难题，因此始终保持着顽强的制度生命力。对公诉机关而言，当特定案件在法庭上成为疑罪时，要想避免无罪判决给考核带来负面影响，可行的做法就是向法庭申请撤回起诉。对法院而言，疑罪案件难以径行宣告被告人无罪，此时由公诉机关撤回起诉，无疑能够消解疑罪从无的裁判压力。相应地，撤回起诉制度成为司法机关解决疑罪案件处理难题的变通路径。

333 尽管撤回起诉有助于缓解办案压力，但并不符合诉讼规律的要求，也容易损害被追诉者的程序权利。对于已经开庭审判，依法应当作出无罪判决的疑罪案件，为避免影响考核而申请撤回起诉，这种间接控制案件结果的诉讼机制，无异于架空庭审，变相虚置法院的裁判职能。更重要的是，一些案件撤回起诉后，并未实际终结，公诉机关在补充完善证据后可以再次提起公诉，使被追诉者实际上面临双重甚至多重危险。这种为弥补公诉缺陷而重复追诉的做法，有违正当程序的内在要求。

为保障被追诉者不被专断地重复追诉的权利，有必要对撤回起诉进行必要的程序限制，并可考虑在制度层面消除撤回起诉的存在空间。立足现有制度框架，对撤回起诉的程序规范，可重点关注以下方面： 334

首先，限定撤回起诉的具体情形。《人民检察院刑事诉讼规则》第四百二十四条规定了撤回起诉的主要情形，包括：(1)不存在犯罪事实的；(2)犯罪事实并非被告人所为的；(3)情节显著轻微、危害不大，不认为是犯罪的；(4)证据不足或证据发生变化，不符合起诉条件的；(5)被告人因未达到刑事责任年龄，不负刑事责任的；(6)法律、司法解释发生变化导致不应当追究被告人刑事责任的；(7)其他不应当追究被告人刑事责任的。实际上，该规定所列第一种至第五种情形，并不符合起诉条件，依法不应当提起公诉。对于第六种情形，因提起公诉后，法律、司法解释发生变化导致不应当追究被告人刑事责任的，从办案效果考虑，可以撤回起诉。 335

其次，疑罪案件撤回起诉的时间节点。现有规定将撤回起诉的时间节点确定为法院宣告判决前，这与庭审实质化改革的初衷并不契合，也有违公正审判的基本要求。随着庭前会议制度不断完善，控辩双方在庭前会议阶段互相展示证据后，公诉机关基于辩护方提供的证据材料，或者辩护方提出的辩护意见，认 336

为现有证据未能达到法定证明标准的，因案件不符合开庭审判的条件，可考虑撤回起诉。对于庭前会议阶段的案件协商处理机制，2018 年《人民法院办理刑事案件庭前会议规程（试行）》第二十二条规定，人民法院在庭前会议中听取控辩双方对案件事实证据的意见后，对于明显事实不清、证据不足的案件，可以建议人民检察院补充材料或者撤回起诉。建议撤回起诉的案件，人民检察院不同意的，人民法院开庭审理后，没有新的事实和理由，一般不准许撤回起诉。

337 最后，撤回起诉的程序后果。《人民检察院刑事诉讼规则》第四百二十四条规定，对于撤回起诉的案件，人民检察院应当在撤回起诉后三十日以内作出不起诉决定。需要重新调查或者侦查的，应当在作出不起诉决定后将案卷材料退回监察机关或者公安机关，建议监察机关或者公安机关重新调查或者侦查，并书面说明理由。对于撤回起诉的案件，没有新的事实或者新的证据，人民检察院不得再行起诉。有鉴于此，对于撤回起诉的疑罪案件，人民检察院应当对被追诉者作出不起诉的决定。这实际上类似于存疑不起诉案件的情形，此种情形下的重新起诉，应当以新的证据足以达到起诉标准为前提。

2.6.2.2 审判权的追诉倾向克制

338 基于权力共识的制度传统，中国的刑事审判模式具有强烈的职权色彩，以致形成了潜在的追诉倾向。法院的潜在追诉倾向，不利于塑造控辩平等对抗的审判环境，也不利于禁止专断地重复追诉。为促使法院回归客观中立的审判角色，依法保障被追诉者的合法权利，应当在制度层面克制追诉倾向。

第一，追诉建议的理性克制。基于避免放纵犯罪的考虑，2012 年《最高人民法院关于适用〈中华人民共和国刑事诉讼法〉的解释》第二百四十三条规定，审判期间，人民法院发现新的事实，可能影响定罪的，可以建议人民检察院补充或者变更起诉。尽管从实质正义的角度，这种做法可能无可厚非，但从程序公正的角度，法院有必要恪守中立的裁判地位，不宜扮演追诉角色。对于检察机关忽视的事实证据问题，法院有权在审判过程中依职权调查核实，也有权按照审理认定的罪名作出裁判，但不宜建议检察机关补充或者变更起诉。为促使控辩双方平等对抗，法院应当更加关注原本处于弱势地位的被追诉者，依法维护被追诉者的合法权利。有鉴于此，2021 年修订的《最高人民法院关于适用〈中华人民共和国刑事诉讼法〉的解释》第二百九十七条第一款规定，审判期间，人民法院发现新的事实，可能影响定罪量刑的，或者需要补查补证的，应当通知人民检察院，由其决定是否补充、变更、追加起诉或者补充侦查。 339

第二，发回重审的程序规范。基于“疑罪从无难”的司法困境，一审法院对于事实不清、证据不足的疑罪案件，难以径行作出无罪判决，又无法退回检察机关补充侦查，通常会作出“留有余地”的保留式判决。[1] 这种做法在死刑案件中表现得尤为突出。对于此类“留有余地”的判决，被告人提出上诉后，二审法院同样面临疑罪如何处理的难题。同时，对于一审法院坚持疑罪从无原则，依法认定被告人无罪的案件，检察机关提起抗诉后， 340

〔1〕 陈瑞华：《留有余地的判决——一种值得反思的司法裁判方式》，载《法学论坛》2010 年第 4 期，第 26－32 页。

二审法院也要面临是否维持一审判决的抉择。

341 《刑事诉讼法》第二百三十六条第一款规定，第二审人民法院对不服第一审判决的上诉、抗诉案件，经过审理后，应当按照下列情形分别处理：(1)原判决认定事实和适用法律正确、量刑适当的，应当裁定驳回上诉或者抗诉，维持原判；(2)原判决认定事实没有错误，但适用法律有错误，或者量刑不当的，应当改判；(3)原判决事实不清楚或者证据不足的，可以在查清事实后改判；也可以裁定撤销原判，发回原审人民法院重新审判。不难发现，二审法院面对疑罪案件的裁判压力，通常会选择第三种情形的后一项裁判方式，即，裁定撤销原判，发回原审法院重新审判。同样可以预见的是，原审法院面对二审法院发回重审的疑罪案件，依旧面临疑罪从无的现实压力，因此，除非存在发现新的无罪证据等情形，否则，原审法院通常会再次作出定罪判决。

342 基于这种程序回流机制，一些案件反复多次发回重审，久拖不决，不仅导致案件超期羁押，还使被追诉者持续处于定罪状态之中。对于依法应当宣告无罪的疑罪案件，二审法院裁定撤销原判、发回重审的，尽管被追诉者在形式上并未面临“重复追诉”的危险，但上、下级法院之间互相推诿依法裁判责任，导致被追诉者反复历经一审程序，持续处于被追诉的状态，这在实质上与“重复追诉”并无二致。进一步讲，被追诉者面临的风险，已经不仅是“重复追诉”风险，而是“持续定罪”风险。更重要的是，二审法院将疑罪案件发回重审后，在一审法院审理过程中，检察机关可能将案件撤回起诉，补充完善证据后再提起公诉。这种由二审程序直接退回到审前程序的程序回流，严重影响程序的稳定性和权威性，严重侵犯被追诉者获得公正审判的权利。

为督促二审法院严格落实审级责任和疑罪从无原则，2012年《刑事诉讼法》修改设置了二审程序回流的预防机制，2018年《刑事诉讼法》第二百三十六条第二款规定，原审人民法院对于依照前款第三项规定发回重新审判的案件作出判决后，被告人提出上诉或者人民检察院提出抗诉的，第二审人民法院应当依法作出判决或者裁定，不得再发回原审人民法院重新审判。应当说，这一程序既为二审法院保留了一定的缓冲空间，即，对于疑罪案件仍然可以决定发回重审；也体现了适当的程序刚性，即，发回重审以一次为限。不过，公正审判关键在于一审，因此，唯有从根本上解决疑罪从无的制度难题，才能有效维护被追诉者不被专断地重复追诉的权利，有效维护司法裁判的权威性和稳定性。 343

立足现有制度框架，为规范发回重审制度，可考虑探索完善以下程序机制：一是法院的立案审查制度。1996年《刑事诉讼法》修改，将公诉案件的立案审查由实体性审查调整为程序性审查，希冀法院推进庭审实质化，落实疑罪从无原则。但实践表明，如果任由疑罪案件轻易进入审判程序，则一审法院难以消解疑罪从无的制度压力，只能寻求检察机关撤回起诉，或者作出“留有余地”的判决，相应地，反复发回重审问题也难以得到有效解决。有鉴于此，为有效控制冤假错案风险，依法保障被追诉者的合法权利，有必要重构公诉案件的立案审查制度，通过庭前会议的协商机制，至少将明显事实不清、证据不足的案件排除于审判程序之外。 344

二是疑罪案件的提级审理和指定管辖制度。对于面临当地压力，难以确保公正审判的案件，一审法院可以申请由上级法院 345

提级管辖。通常情况下,由上级法院提级管辖,可以更加有效地抵御公正审判面临的外部影响。同时,上级法院也可考虑改变此类案件的地域管辖,指定与一审法院同级的异地法院审判,避免当地压力给公正审判带来的不必要影响。从权利保障角度看,被追诉者为获得公正审判,也可以申请上级法院对案件提级审理或者指定异地管辖。

2.6.2.3 审判监督程序的理性规范

346 审判监督制度,是具有中国特色的刑事诉讼制度。该制度蕴含的实事求是、依法纠错理念,或可视为一事不再理或者避免双重危险原则的补充,并与《欧洲人权公约(第七议定书)》确立的例外情形有共通之处。

347 从启动方式看,审判监督制度包括依申请启动和依职权启动两种方式。关于依申请启动方式,《刑事诉讼法》第二百五十二条规定,当事人及其法定代理人、近亲属,对已经发生法律效力的判决、裁定,可以向人民法院或者人民检察院提出申诉,但是不能停止判决、裁定的执行。关于依职权启动方式,《刑事诉讼法》第二百五十四条规定了三种情形:第一,各级人民法院院长对本院已经发生法律效力的判决和裁定,如果发现在认定事实上或者在适用法律上确有错误,必须提交审判委员会处理。第二,最高人民法院对各级人民法院已经发生法律效力的判决和裁定,上级人民法院对下级人民法院已经发生法律效力的判决和裁定,如果发现确有错误,有权提审或者指令下级人民法院再审。第三,最高人民检察院对各级人民法院已经发生法律效力的判决和裁定,上级人民检察院对下级人民法院已经发生法律效力的判决和裁定，如果发现确有错误，有权按照审判监督程序向同级人民法院提出抗诉。

基于防范和纠正冤假错案的司法共识，审判监督制度具有内在的正当性。但与此同时，该制度也给生效裁判的权威性和稳定性带来潜在影响，并导致被追诉者面临重复追诉的风险。为保障被追诉者不被专断地重复追诉的权利，并兼顾防范和纠正冤假错案的要求，在现有的制度框架下，有必要对审判监督程序进行理性规范。 348

现阶段，中国刑事案件的定罪率始终处于较高的水平，因此，审判监督程序的理性规范，关键在于限制不利于被追诉者的抗诉程序。《人民检察院刑事诉讼规则》第五百九十一条规定，人民检察院认为人民法院已经发生法律效力的判决、裁定确有错误，具有下列情形之一的，应当按照审判监督程序向人民法院提出抗诉：(1)有新的证据证明原判决、裁定认定的事实确有错误，可能影响定罪量刑；(2)据以定罪量刑的证据不确实、不充分；(3)据以定罪量刑的证据依法应当予以排除；(4)据以定罪量刑的主要证据之间存在矛盾；(5)原判决、裁定的主要事实依据被依法变更或者撤销；(6)认定罪名错误且明显影响量刑；(7)违反法律关于追诉时效期限的规定；(8)量刑明显不当；(9)违反法律规定的诉讼程序，可能影响公正审判；(10)审判人员在审理案件的时候有贪污受贿，徇私舞弊，枉法裁判行为。参考国际公约的基本原则，有必要对上述再审抗诉情形作出以下类型区分：一方面，对于(1)、(9)、(10)这三种情形，因涉及新的证据或者重大程序违法情形，可能影响案件处理结果，有必要通过抗诉予以纠正。另一方面，对于(2)～(8)种情形，因涉及对生效判 349

决的重新评判，除非抗诉结果有利于被追诉者，如纠正冤假错案，否则不宜动辄启动抗诉，以免影响生效判决的权威性和稳定性。

350 此外，为减少纠正冤假错案的制度阻力，避免专断地启动重复追诉，可考虑成立专门机构负责生效判决的审查与纠正。在这方面，英国的刑事案件复查委员会、美国的无辜者援助计划等制度可资借鉴。不过，这涉及第三方机构与司法机关的职能协调，需要建立相应的程序衔接机制。

3 权利的确认:积极权利

只有积极主张权利,才能真正成为权利的主人。

在刑事程序领域,与防御性的消极权利相对应,积极权利作为主动性权利,是被追诉者维护合法权益的法律武器。作为刑事诉讼的当事人,被追诉者并非单纯的追诉客体,其享有无罪推定等消极权利的保护,并有权行使各项积极权利,争取有利的诉讼结果。被追诉者的积极权利,同样伴随着国家的保障义务,且通常要求办案机关履行积极义务。 351

从权利的行使方式看,消极权利作为防御性权利,通常体现为刑事程序的禁止性规定,因此,只要办案机关不违反法律规定,被追诉者就无须提出主张。换言之,只有当消极权利遭到侵犯时,被追诉者才有必要主张此类权利,并寻求权利救济。相比之下,积极权利作为主动性权利,与被追诉者意图实现的诉讼利益紧密相关,因此,通常需要被追诉者提出积极主张。同样地,当积极权利遭到侵犯时,被追诉者有权寻求权利 352

救济。

353 从国家的保障义务看，对于被追诉者的消极权利，办案机关通常需要履行消极义务，即，不得专断地干涉此类权利。不过，反酷刑等事项也涉及国家预防酷刑等积极义务。相比之下，对于被追诉者的积极权利，办案机关通常需要履行积极义务，即，为被追诉者行使积极权利提供必要的程序保障。

354 被追诉者的积极权利，作为正当程序的基本要素，覆盖刑事程序的全过程。概括起来，核心的积极权利主要包括：知情权、辩护权、公开审判权、公正审判权、程序选择权和救济权。从国际公约角度看，公正审判权是一个包容性很大的概念，广义上包含诸多子权利，如无罪推定的权利、不被专断地重复追诉的权利以及上诉权等救济权利，本章重点介绍狭义上与管辖、回避、质证等紧密相关的诉讼权利。

3.1 知情权

355 基于法律的正当程序，知情权，特别是对权利的知情权，是被追诉者行使法律权利、维护合法权益的基本前提。如果像卡夫卡在《审判》中所描述的那样，被追诉者始终连自己面临的指控和享有的权利都不清楚，公正审判也就无从谈起。在刑事程序中，被追诉者的知情权，涉及刑事程序从启动到终结的各项程序决定，其中最主要的内容包括以下三个方面，即强制措施的知情权、指控的知情权以及权利的知情权。

3.1.1 强制措施的知情权

356 办案机关对被追诉者采取强制措施，通常标志着追诉程序进入实质性阶段。相应地,刑事程序的权利保障机制也将随之正式启动。《公民权利与政治权利国际公约》第九条第二款规定,任何人被逮捕后,应当在逮捕当时被告知逮捕的理由,并且立即被告知其所面临的指控。类似地,《欧洲人权公约》第五条第二款规定,任何人被逮捕后,应当立即以其理解的语言被告知逮捕和指控的理由。

被追诉者要想寻求有效的程序保护,维护不被非法剥夺人 357
身自由的权利,首先需要享有对强制措施的知情权。这要求办案机关在采取强制措施时,立即告知被追诉者相应的理由和依据。基于国际公约的要求,被追诉者唯有享有对强制措施的知情权,才能对强制措施的合法性提出质疑,并及时寻求法律救济。同时,这种知情权也是出于对司法人道的考虑,鉴于强制措施将给被追诉者的生活带来巨大的影响,使被追诉者知晓强制措施和指控的理由,能够避免其无所适从。[1]

中国《刑事诉讼法》对强制措施制度所作的规定,明确了适 358
用条件和执行程序,但并未专门强调知情权的保障。不过,相关司法解释等文件对此作出了具体规定。为保障被追诉者对强制措施的知情权,需要关注以下问题:

第一,强制措施的告知义务。办案机关采取强制措施,应当 359
依法告知被追诉者采取强制措施的决定,以及采取强制措施的理由和依据。需要指出的是,基于强制措施的司法令状要求,采取强制措施的理由和依据,应当在采取强制措施的法律文书上

〔1〕 Stefan Trechsel, *Human Rights in Criminal Proceedings*, Oxford University Press, 2005, p.456.

写明。例如,《刑事诉讼法》第九十三条第一款规定,公安机关逮捕人的时候,必须出示逮捕证。同时,《公安机关办理刑事案件程序规定》第一百四十三条第一款规定,执行逮捕时,必须出示逮捕证,并责令被逮捕人在逮捕证上签名、捺指印,拒绝签名、捺指印的,侦查人员应当注明。有鉴于此,被追诉者可以通过办案机关的当场告知,以及强制措施法律文书记载的信息,了解强制措施和指控的理由。

360 此外,侦查阶段采取强制措施,通常伴随着后续讯问。因此,在讯问环节,办案机关也要对强制措施进行告知。这意味着,如果办案机关在采取强制措施时,因紧急情况等客观原因,未能依法告知强制措施和指控等事项,可以在后续讯问环节补充告知。例如,《刑事诉讼法》第八十六条规定,公安机关对被拘留的人,应当在拘留后的二十四小时以内进行讯问。在拘留后的讯问环节,办案机关可以告知拘留的理由和涉嫌犯罪的情况。类似地,《刑事诉讼法》第九十四条规定,人民法院、人民检察院对于各自决定逮捕的人,公安机关对于经人民检察院批准逮捕的人,都必须在逮捕后的二十四小时以内进行讯问。在逮捕后的讯问环节,办案机关可以告知逮捕的理由和涉嫌犯罪的情况。

361 第二,强制措施的告知内容。办案机关采取强制措施,是刑事追诉的重要环节,旨在确保诉讼程序顺利进行。有鉴于此,在采取强制措施过程中,办案机关既要告知强制措施的属性和理由,也要告知指控的性质和内容。其中,强制措施的属性和理由,与强制措施适用的合法性紧密相关,被追诉者可以基于办案机关采取强制措施的实际情况,依法提出异议或者申请变更强制措施。相比之下,办案机关在侦查阶段提出的初步指控意见,可能随着侦查推进而发生改变,最终应当以检察机关作出的起诉决定为准。

由于侦查初期取得的证据材料相对有限,因此,在采取强制措施时,办案机关对案情所作的判断,以及形成的初步指控意见,可能并不完全准确。基于后续调查,办案机关逐步掌握更加全面的证据,可能会改变最初对案件性质所作的认定,但这并不意味着先前采取的强制措施不具有合法性。当然,如果先前采取强制措施的决定本身不具有充分的法律依据,就难免引起被追诉者的质疑。同时,如果后续调查显示,案件不再符合采取特定强制措施的条件,也应当及时释放被追诉者或者变更强制措施。 362

第三,强制措施的告知对象。被追诉者作为强制措施的适用对象,毫无疑问是知情权的主体。不过,被追诉者被采取强制措施后,自身难以有效行使诉讼权利,通常需要由其家属代为聘请辩护律师,因此,强制措施知情权的主体,除了被追诉者本人,还应当包括被追诉者的家属。从辩护权保障的角度看,被追诉者家属的知情权可能更为重要。除了这种功利性考虑之外,被追诉者的家属也因其与被追诉者存在特殊的身份关系,有权知晓被追诉者涉嫌的犯罪等事项。 363

《刑事诉讼法》第八十五条第二款规定,拘留后,除无法通知或者涉嫌危害国家安全犯罪、恐怖活动犯罪通知可能有碍侦查的情形以外,应当在拘留后二十四小时以内,通知被拘留人的家属。有碍侦查的情形消失以后,应当立即通知被拘留人的家属。第九十三条第二款规定,逮捕后,除无法通知的以外,应当在逮捕后二十四小时以内,通知被逮捕人的家属。上述规定一方面 364

赋予被拘留人、被逮捕人的家属知情权，另一方面又规定了办案机关履行通知义务的条件。除拘留所涉的例外情形外，“二十四小时”是法律规定的通知被追诉者家属的最长时限，办案机关应当在该时限之内，毫不拖延地通知家属。

365 不难发现，被追诉者在被办案机关采取强制措施后的二十四小时以内，就已经开始接受讯问。被追诉者的家属在接到办案机关通知之前，对强制措施的适用并不知情，也就无法委托辩护律师为被追诉者提供帮助。这段时间，既是侦破案件的黄金时间，也是极易出现非法取证行为的灰色时间。为防止权利保障出现真空地带，在被追诉者聘请律师或者被指派法律援助律师之前，可考虑发挥值班律师的临时辩护功能，为被追诉者提供必要的法律帮助，消除非法取证的程序空间，避免不必要的程序争议。

3.1.2 指控的知情权

366 保障被追诉者对强制措施的知情权，主要是为了督促办案机关依法采取强制措施，维护被追诉者不被非法剥夺人身自由的权利。与强制措施的知情权不同，被追诉者对指控的知情权，主要是从辩护权角度考虑，使被追诉者能为审判阶段的有效辩护做好准备。因此，《公民权利与政治权利国际公约》在公正审判权条款中，专门确立了对指控的知情权。该文件第十四条第三款(a)项规定，任何人有权以其通晓的语言，立即被详细告知指控的性质和理由。类似地，《欧洲人权公约》第六条第三款(a)项规定，任何人有权立即以其通晓的语言，被详细告知指控的性质和理由。

基于公正审判权的最低保证，对指控信息的知情权具有更高的权利标准，除了与强制措施知情权一样要求具有及时性之外，还要求具有详细性和准确性。只有明确知晓指控的性质和理由，才能有效开展有针对性的辩护准备。这是指控的知情权对辩护而言极其重要的原因。 367

3.1.2.1 指控信息的适格标准

关于指控信息的适格标准，存在两种不同的理念：功能主义理念和绝对主义理念。[1]所谓功能主义理念，是指指控信息应当包括为辩护所需的所有必要且有用的信息。这意味着，只有当办案机关未能提供必要信息，或者提供的信息具有误导性和不充分性时，才会影响被追诉者对指控的知情权。相比之下，绝对主义理念则不考虑指控信息对辩护的影响，而仅仅关注指控信息本身，即，如果办案机关未能按照法定要求提供指控信息，就将侵犯被追诉者对指控的知情权。这种理念不要求对指控信息本身进行裁量或者评估，无疑更加有利于被追诉者的知情权保护。 368

在欧洲人权法院看来，有必要评估指控信息的不充分性是否对辩护造成严重的负面影响，特别是是否影响被追诉者自我 369

〔1〕 Stefan Trechsel, *Human Rights in Criminal Proceedings*, Oxford University Press, 2005, p. 193.

辩护的能力。[1] 此外,对于一审存在的程序瑕疵,如果二审对一审所涉的事实和法律问题进行全面审查,并作出新的判决,就可以对上述程序瑕疵予以补救。[2] 这种做法在很大程度上体现了功能主义理念。基于这种司法路径,法院需要评估指控信息是否存在不足,以及是否对辩护产生严重负面影响。如果将这一证明责任归于辩护方,无疑对辩护方更为不利。例如,如果辩护方主张指控信息不够具体明确,就需要证明辩护由此遭受了多大的负面影响,这对辩护方显得过于苛求。

370 指控的知情权,实际上涉及的是被追诉者知晓指控内容的

---

〔1〕 Mattoccia v. Italy, para. 71. In conclusion, the Court is conscious of the fact that rape trials raise very sensitive and important issues of great concern to society and that cases concerning the very young or the mentally disabled often present the prosecuting authorities and the courts with serious evidential difficulties in the course of the proceedings. It considers, however, that in the present case the defence was confronted with exceptional difficulties. Given that the information contained in the accusation was characterised by vagueness as to essential details concerning time and place, was repeatedly contradicted and amended in the course of the trial, and in view of the lengthy period that had elapsed between the committal for trial and the trial itself (more than three and a half years) compared to the speed with which the trial was conducted (less than one month), fairness required that the applicant should have been afforded greater opportunity and facilities to defend himself in a practical and effective manner, for example by calling witnesses to establish an alibi.

〔2〕 Dallos v. Hungary, para. 52. Accepting the Government's argument on this point, the Court therefore considers that the applicant had the opportunity to advance before the Supreme Court his defence in respect of the reformulated charge. Assessing the fairness of the proceedings as a whole - and in view of the nature of the examination of the case before the Supreme Court - the Court is satisfied that any defects in the proceedings before the Regional Court were cured before the Supreme Court.

The Court is therefore convinced that the applicant's rights to be informed in detail of the nature and cause of the accusation against him and to have adequate time and facilities for the preparation of his defence were not infringed.

权利,与之相对应的是办案机关向被追诉者披露指控内容的义务。只要办案机关未能充分告知指控内容,就将对辩护产生不利影响,这种偏向于绝对主义理念的做法,更有利于保障被追诉者的知情权,也有利于督促办案机关严格执行法律对指控提出的要求。不过,由于指控内容可能在审判过程中发生变化,因此,对于指控的知情权,应当提供动态的保护。一方面,如果追诉机关提供的指控信息在审判初期不够明确细致,但在审判过程中得到明确阐释,并且辩护方具有充足的准备时间,也可弥补辩护权受到的偏见性影响。另一方面,如果追诉机关提供的指控信息最初是明确细致的,但随后内容发生了改变,并且辩护方没有足够的准备时间,就将影响审判的公正性。

概括起来,根据国际公约的规定,指控的知情权,涉及两个 371
维度的要求:一是被追诉者立即获得明确具体的指控信息。指控信息的质量,应当达到为辩护所必需的标准。二是追诉机关不得随意改变指控的内容。如果追诉机关在审判过程中改变指控,应当为辩护方提供必要的准备时间,这通常意味着需要对案件延期审理。

中国《刑事诉讼法》对指控的知情权作出了原则性规定,有 372
关司法解释明确了起诉书的具体要求。《刑事诉讼法》第一百八十七条第一款规定,人民法院决定开庭审判后,应当将人民检察院的起诉书副本至迟在开庭十日以前送达被告人及其辩护人。根据该条规定,在开庭十日之前,被追诉者可以获得起诉书副本,全面了解指控的具体内容。但实际上,从采取强制措施时起,被追诉者就已了解指控的基本内容。与此同时,辩护律师自检察机关对案件审查起诉之日起,就可以查阅、摘抄、复制本案的案卷材料。这意味着,被追诉者可以通过辩护律师获取案卷材料,间接获悉指控的内容。因此,在审前程序中,被追诉者在不同阶段,可以通过不同途径获得指控的信息。不过,最终的指控意见应当以起诉书为准。

373 关于起诉书的制作,《人民检察院刑事诉讼规则》第三百五十八条规定了基本的内容要求,主要包括:(1)被告人的基本情况。(2)案由和案件来源。(3)案件事实,包括犯罪的时间、地点、经过、手段、动机、目的、危害后果等与定罪量刑有关的事实要素。起诉书叙述的指控犯罪事实的必备要素应当明晰、准确。被告人被控有多项犯罪事实的,应当逐一列举,对于犯罪手段相同的同一犯罪可以概括叙写。(4)起诉的根据和理由,包括被告人触犯的刑法条款,犯罪的性质及认定的罪名,处罚条款,法定从轻、减轻或者从重处罚的情节,共同犯罪各被告人应负的罪责等。(5)被告人认罪认罚情况,包括认罪认罚的内容、具结书签署情况等。应当说,起诉书包含的上述信息,能够使被追诉者获知指控的性质和内容,进而促使被追诉者做好相应的辩护准备。

374 总体上讲,指控信息,特别是作为正式指控意见的起诉书,应当在事实和法律两个方面达到相应的质量要求:其一,在事实层面,应当对影响定罪量刑的事实要素作出明晰、准确的叙述。例如,关于犯罪的时间和地点,如果起诉书中未能作出明确表述,被追诉者和辩护律师就无法有针对性地提供犯罪时不在犯罪现场的证明。从辩护准备角度看,辩护律师在审前程序中收集有利于被追诉者的无罪、罪轻证据,主要是围绕办案机关的指控意见进行的。如果指控意见不够明确、具体,就可能导致潜在的无罪、罪轻线索和证据,因未被及时纳入辩护方视野而改变或者灭失，这将给辩护工作带来严重的负面影响。

其二，在法律层面，应当明确涉嫌犯罪的性质及罪名等定罪 375
量刑的法律要素。为尽量减少在审判阶段改变指控罪名或犯罪形态等情形，检察机关应当全面审查案件事实证据，统筹考虑辩护方可能提出的辩护意见，提高指控罪名、犯罪形态的准确度和量刑建议的适当性。例如，对于犯罪未遂或既遂存在争议的情形，检察机关应当按照犯罪既遂的要求进行准备，因为犯罪既遂的事实证据要素可以包含犯罪未遂的要求。但是，如果检察机关仅仅按照犯罪未遂的要求进行准备，因犯罪既遂涉及额外的证明要求，所以在审判过程中指控信息不能直接由犯罪未遂变更为犯罪既遂。同时，检察机关提出量刑建议，应当考虑庭审中辩护律师可能提出的量刑意见，进而提高量刑建议的包容性。这意味着，以量刑规范化实施细则为基础，体现一定幅度的量刑建议，更加适应庭审阶段案件情况的动态变化。

3.1.2.2　指控信息的动态变化

指控的性质和内容，取决于办案机关掌握的案件事实证据 376
情况。在刑事诉讼过程中特别是审前阶段，案件的事实证据持续动态变化，这意味着，不同诉讼阶段的指控可能也会随之发生变化。例如，与采取强制措施时形成的初步指控意见对应的事实证据基础，可能在审查起诉阶段发生变化，因此，检察机关在提起公诉时，需要基于当时的案件具体情况确定公诉意见。针对指控信息的动态变化，为保障被追诉者对指控的知情权，应当关注以下要求：

第一，审前程序中初步指控意见的要求和正式指控意见的 377

要求存在差异。在侦查阶段,办案机关推进侦查,采取强制措施,需要形成初步的指控意见。此时的指控意见是初步的、描述性的、概括性的,尽管需要以特定的事实证据为基础,但并不需要达到起诉指控的标准;相比之下,在审查起诉阶段,检察机关需要基于该阶段确定的案件事实证据,形成最终的指控意见。公诉意见应当是确定的、规范性的、具体性的,既划定审判的范围,又为辩护提供明确的参照。指控意见在不同诉讼阶段存在的上述差异,在法律文书中亦有直接的体现。例如,拘留证和逮捕证所列的指控意见,只需写明涉嫌的犯罪事实和罪名即可,相比之下,起诉书则有规范的格式和内容要求,需要详细写明起诉指控的事实和适用的法律等细节信息。

378 需要强调的是,在审前程序中,每当指控意见发生重大变化时,办案机关都应当及时通知被追诉者和辩护律师,以便辩护方按照新的指控信息开展辩护准备。在正式指控意见确定之前,被追诉者和辩护律师及时了解初步指控意见及其变化情况,对于辩护准备工作极为重要。通过了解准确的指控信息,被追诉者可以对强制措施和初步指控意见提出质疑,进而促使办案机关依法变更强制措施,或者调整指控意见,乃至对案件作出不起诉的处理。

379 第二,审判阶段的指控意见不能随意改变。检察机关提起公诉后,起诉书所列的指控意见就随之确定下来。尽管在审前程序中,随着案件事实证据的变化,检察机关可以改变侦查机关的初步指控意见,但一旦形成正式的指控意见,并将起诉书移送给法院,就不得随意改变指控意见。之所以作此要求,主要是考虑,检察机关在起诉书中所列的指控意见,是被追诉者和辩护律师进行辩护准备的基础。如果检察机关在审判阶段随意改变指控意见,将使指控处于不确定的状态,这将导致辩护工作受到严重影响,有违控辩平等对抗原则的要求。同时,一旦检察机关在审判阶段改变指控意见,法院为确保被追诉者进行必要的辩护准备,通常需要延期审理,由此导致诉讼不当拖延以及司法资源的浪费。

需要指出的是,在特定情形下,检察机关可以变更、追加或 380
者补充起诉。《人民检察院刑事诉讼规则》第四百二十三条规定,人民法院宣告判决前,人民检察院发现被告人的真实身份或者犯罪事实与起诉书中叙述的身份或者指控犯罪事实不符的,或者事实、证据没有变化,但罪名、适用法律与起诉书不一致的,可以变更起诉。发现遗漏同案犯罪嫌疑人或者罪行的,应当要求公安机关补充移送起诉或者补充侦查;对于犯罪事实清楚,证据确实、充分的,可以直接追加、补充起诉。这些情形下的变更、追加、补充起诉,应当给被追诉者和辩护律师保留必要的辩护准备时间,据此,法庭通常需要决定延期审理。

第三,法院依职权改变指控罪名的程序规范。在庭审过程 381
中,被追诉者及其辩护律师可能对起诉指控的罪名提出异议,如提出应为轻罪而非重罪,并详细阐述辩护意见,此种情形下,如果法院采纳辩护方的意见,就可以直接认定相应的罪名。与此同时,辩护方可能并未对起诉指控的罪名提出异议,或者虽然提出异议,但辩护方主张的罪名并未被法庭所采纳,此种情况下,法庭也可以依职权认定相应的罪名。

根据《最高人民法院关于适用〈中华人民共和国刑事诉讼 382
法〉的解释》第二百九十五条的规定,起诉指控的事实清楚,证据确实、充分,指控的罪名与审理认定的罪名不一致的,应当依据法律和审理认定的事实作出有罪判决。为保障辩护方的辩护权,对于法院依职权改变罪名的情形,有必要在庭审过程中听取控辩双方意见。对于法院认定的罪名与指控罪名不同,辩护方申请对此进行必要的辩护准备的情形,法院可以决定延期审理,给予辩护方必要的准备时间。

3.1.3 权利的知情权

383 本书第一章专门分析了享有权利的权利,实际上,从知情权角度看,被追诉者知晓权利的权利,是其实际享有权利的前提。如果被追诉者压根不知晓自身享有特定的权利,就无法积极主张权利,相应地,即便权利遭到侵犯,因其并未意识到权利遭到侵犯,也就无法积极寻求救济。

384 探讨权利的知情权,首先要实现权利的法律化和具体化,以便权利主体准确辨识其实际享有的法律权利。除了由法律确认特定的权利外,还需有相应的程序确保被追诉者知晓自身享有的具体权利。关于权利的知情权,需要关注以下事项:

385 第一,权利告知的程序规范。对于被追诉者委托辩护律师,或者由法律援助律师提供法律帮助的情形,辩护律师通常会告知被追诉者其依法享有的诉讼权利,以及办案机关应当履行的法律义务。这是被追诉者获悉诉讼权利以及主张诉讼权利的重要途径。与此同时,办案机关在诉讼过程中,应当按照规范的程序,依法对被追诉者进行权利告知。这是办案机关履行人权保障义务的基本要求,也是确保诉讼行为合法性的前提条件。

386 在侦查、起诉、审判各个诉讼阶段,侦查机关、检察机关和法院针对被追诉者实施特定的诉讼行为,应当将权利告知作为前置性的程序要求。换言之,权利告知程序,是办案机关针对被追诉者实施诉讼行为的前提。例如,《刑事诉讼法》第一百二十条第二款规定,侦查人员在讯问犯罪嫌疑人的时候,应当告知犯罪嫌疑人享有的诉讼权利,如实供述自己罪行可以从宽处理和认罪认罚的法律规定。又如,《刑事诉讼法》第一百七十三条第二款规定,人民检察院审查案件,犯罪嫌疑人认罪认罚的,人民检察院应当告知其享有的诉讼权利和认罪认罚的法律规定。还如,《刑事诉讼法》第一百九十条第一款规定,开庭的时候,审判长查明当事人是否到庭,宣布案由……告知被告人享有辩护权利;被告人认罪认罚的,审判长应当告知被告人享有的诉讼权利和认罪认罚的法律规定。

需要指出的是,对于新型诉讼权利,办案机关已经逐步形成 387
告知权利的基本共识。例如,最高人民法院和司法部近年来推进刑事案件律师辩护全覆盖试点工作,其中一项重要创新就是赋予被追诉者获得法律援助和法律帮助的权利。《关于开展刑事案件律师辩护全覆盖试点工作的办法》专门强调,各地在试点过程中,要进一步落实办案机关告知义务,办案机关应当告知犯罪嫌疑人、被告人有权委托辩护人,对没有委托辩护人的被告人,要告知其享有获得免费法律援助和法律帮助的权利;有条件的可以使用专门告知单,口头告知的要在笔录里记录并让犯罪嫌疑人、被告人签字;应当告知而没有履行告知义务的,要加强监督,严肃追责,真正把告知义务落到实处。

对被追诉者进行权利告知,确保被追诉者了解自身享有的 388
诉讼权利,进而理性作出选择或者决定,这是诉讼行为具有合法性的制度前提。如果被追诉者并不知晓自身享有的诉讼权利，而办案机关故意利用这一点误导被追诉者，或者采用侵犯被追诉者权利的方式实施诉讼行为，就将严重影响诉讼行为的合法性。有鉴于此，办案机关应当树立权利共识，在依法告知并保障被追诉者权利的基础上，按照正当程序的要求推进诉讼。

389 具体的权利告知方式，既可以是对被追诉者进行口头告知，并记录在案，也可以是制作权利告知书，向被追诉者宣读并进行必要的解释。对于被追诉者放弃诉讼权利，或者作出重要决定的情形，办案机关应当核实其是否明知自己享有的诉讼权利，以及放弃权利或者作出决定的法律后果。

390 第二，救济方式的告知义务。被追诉者了解自身享有的诉讼权利，知晓办案机关应当履行的法律义务，最终目的是能够在诉讼权利遭到侵犯时，及时有效地寻求法律救济。因此，办案机关在进行权利告知时，除了要宣读权利的内容外，还应当明确告知救济的途径。例如，《刑事诉讼法》第二百零三条规定，判决书应当由审判人员和书记员署名，并且写明上诉的期限和上诉的法院。通过对上诉期限和上诉法院所作的专门提示，可以确保被告人依法行使上诉权，寻求进一步的程序救济。

391 通常情况下，被追诉者都是在辩护律师的帮助下，对办案机关违反法定程序的情形寻求法律救济。在审前程序中，如果办案机关仅仅告知诉讼权利，而未同步告知权利救济的方式，被追诉者实际上并不知晓应当如何进行权利救济。如果辩护律师未能及时从被追诉者处得知权利遭到侵犯的情形，就意味着被追诉者将面临迟迟无法得到救济的局面。但实际上，基于检察机关的法律监督职能，以及派驻看守所的值班律师制度，被追诉者可以选择向驻所检察官或值班律师寻求及时的法律救济。如果被追诉者知晓并运用这些制度化的救济手段,就能够对办案机关形成程序制约,防止办案机关随意侵犯被追诉者的合法权利。有鉴于此,办案机关的权利告知义务,应当进一步程序化、明确化,既告知被追诉者依法享有的诉讼权利,又说明相应的救济程序。

3.2　辩护权

毋庸讳言,辩护权是辩护职能的核心要素,对被追诉者的权利保障具有关键作用。从权利属性看,辩护权(the right to defence)在传统上主要被视为消极权利(或防御性权利);但实际上,从权利保障角度看,现代的辩护职能更多体现为积极的申请或者主张,即,通过积极方式主张权利、争取权利、捍卫权利。因此,将辩护权纳入积极权利的范畴,更有利于体现辩护职能的主动性,特别是辩护律师积极维护被追诉者权利的法律职责。 392

与无罪推定权利类似,辩护权是一项主要适用于诉讼领域的基本权利。相比之下,人身自由权、隐私权、知情权等权利具有更大的适用范围,并不限于诉讼领域。《世界人权宣言》第十一条第一款在规定无罪推定权利时,将获得"辩护所需的一切保障"(all the guarantees necessary for his defence)作为无罪推定的基本要素。《公民权利与政治权利国际公约》第十四条将辩护权作为公正审判权的重要组成部分,该条第三款(d)项规定,被追诉者有权出庭接受审判,亲自或者通过自己选定的辩护人(legal assistance)进行辩护;如果被追诉者并未选定辩护人,应当被告知有权选定辩护人;基于公正利益(interests of justice)的需求, 393

被追诉者有权获得指派的辩护人,如果被追诉者没有足够能力支付辩护费用,可以免除有关费用。类似地,《欧洲人权公约》第六条第三款(c)项规定,被追诉者有权亲自或者通过自己选定的辩护人进行辩护,如果被追诉者没有足够能力支付辩护费用,基于公正利益的需要,可以免费获得辩护人。概括起来,上述公约对辩护权所作的规定,主要包括三项基本要素:一是自我辩护的权利;二是选定辩护人进行辩护的权利;三是基于公正利益的需要,由国家指派(state - appointed)辩护人进行辩护的权利。

394 此外,《公民权利与政治权利国际公约》第十四条第三款(b)项规定了被追诉者有获得充分的时间和条件进行辩护准备的权利,以及与自己选定的辩护人进行交流的权利;该条第三款(f)项还规定了被追诉者在不通晓或不能使用法庭所用的语言时,有获得翻译免费帮助的权利。类似地,《欧洲人权公约》第六条第三款(a)项规定了被追诉者有充分的时间和条件进行辩护准备的权利,该条第三款(e)项规定了被追诉者在不通晓或不能使用法庭所用的语言时,有获得翻译免费帮助的权利。鉴于上述两项权利与辩护权紧密相关,故一并加以论述。

395 辩护权的法律保障,是刑事诉讼平等武装原则(equality of arms)的制度体现,也是程序公正的内在要求。中国《宪法》第一百三十条规定,被告人有权获得辩护。《刑事诉讼法》第十一条规定,被告人有权获得辩护,人民法院有义务保证被告人获得辩护。实际上,辩护权是一项覆盖整个刑事程序的基本权利,除被告人外,审前程序中的犯罪嫌疑人同样享有辩护权。从权利所面临的风险角度看,审前程序的辩护权对司法人权保障更为重要。参考国际公约的基本制度框架,辩护权的法律保障主要涉及三个领域:一是自我辩护的权利;二是获得辩护律师帮助的权利,同时涉及获得翻译人员、有专门知识的人帮助的权利;三是获得有效辩护的权利。

3.2.1　自我辩护的权利

被追诉者拥有自我辩护的权利,这是程序公正的基本标准。396
如果被追诉者被限制或者剥夺自我辩护的权利,公正审判就无从谈起。自我辩护的权利,既与参与审判的权利紧密相关,也涉及自我辩护与律师帮助的关系。

3.2.1.1　自我辩护与缺席审判

自我辩护的权利,意味着被追诉者有权出庭接受审判,这是 397
《公民权利与政治权利国际公约》对辩护权所作规定的首要要求。在欧洲人权法院看来,公正审判权的总体目的是保证被告人有效地参与审判,这不仅表明被告人在审判时有权在场,还表明被告人可以聆听并参与审判。[1] 可见,作为对抗式诉讼程序的内在要求,自我辩护与参与审判紧密相关,既是参与审判的重要内容,也以有权参与审判为基本前提。

---

〔1〕 Stanford v. United Kingdom, para. 26. Nor is it in dispute that Article 6 (art. 6), read as a whole, guarantees the right of an accused to participate effectively in a criminal trial. In general this includes, inter alia, not only his right to be present, but also to hear and follow the proceedings. Such rights are implicit in the very notion of an adversarial procedure and can also be derived from the guarantees contained in sub-paragraphs (c), (d) and (e) of paragraph 3 of Article 6 (art. 6-3-c, art. 6-3-d, art. 6-3-e), - "to defend himself in person", "to examine or have examined witnesses", and "to have the free assistance of an interpreter if he cannot understand or speak the language used in court".

398 通常情况下,被追诉者都应当到庭接受审判,这不仅是行使辩护权的基本要求,也使法庭可以直接听取被追诉者的陈述,进而更为有效地审查供述和辩解的可靠性。同时,如果被追诉者并不在案,就无法执行判决确定的监禁刑等刑罚。不过,在特定情形下,缺席审判程序也有制度上的正当性,符合公正司法的利益,因此,不宜一概予以否定,更为合理的做法是确保缺席审判符合正当程序的要求。实际上,尽管《公民权利与政治权利国际公约》将到庭审判视为被追诉者的一项基本权利,人权委员会仍然指出,不能不考虑被追诉者缺席的具体原因而不加区分地否定缺席审判的可行性。〔1〕

---

〔1〕 Daniel Monguya Mbenge v. Zaire, para. 14. 1. In the first place, the Human Rights Committee has to examine whether the proceedings on the basis of which the author of the communication has been twice sentenced to death disclose any breach of rights protected under the International Covenant on Civil and Political Rights. According to article 14 (3) of the Covenant, everyone is entitled to be tried in his presence and to defend himself in person or through legal assistance. This provision and other requirements of due process enshrined in article 14 cannot be construed as invariably rendering proceedings in absentia inadmissible irrespective of the reasons for the accused person's absence. Indeed, proceedings in absentia are in some circumstances (for instance, when the accused person, although informed of the proceedings sufficiently in advance, declines to exercise his right to be present) permissible in the interest of the proper administration of justice. Nevertheless, the effective exercise of the rights under article 14 presupposes that the necessary steps should be taken to inform the accused beforehand about the proceedings against him (art. 14 (3) (a)). Judgement in absentia requires that, notwithstanding the absence of the accused, all due notification has been made to inform him of the date and place of his trial and to request his attendance. Otherwise, the accused, in particular, is not given adequate time and facilities for the preparation of his defence (art. 14 (3) (b)), cannot defend himself through legal assistance of his own choosing. (art. 14 (3) (d)) nor does he have the opportunity to examine, or have examined, the witnesses against him and to obtain the attendance and examination of witnesses on his behalf (art. 14 (3) (e)).

在欧洲人权法院看来,如果在缺席审判之后赋予被追诉者 399
获得重新审判的权利,就不影响缺席审判的公正性。进一步讲,尽管被告人并未到庭接受审判,但其在知晓案件审判之后,有权向主持审判的法庭主张,重新对指控的事实进行审判。[1] 如果不加区分地否定缺席审判,就可能会严重影响刑事程序顺利进行,如导致证据灭失、超过追诉时效或者司法错误等。不过,由于缺席审判导致被追诉者无法到庭行使辩护权,所以,基于公正审判的考虑,如果被追诉者提出申请,法庭就应当对案件重新审判。当然,被追诉者并未申请重新审判的,可视为其放弃了这一权利。

对于缺席审判的情形,需要区分被追诉者究竟是故意规避 400
到庭参加审判,还是因客观条件所限无法到庭参加审判。所谓故意规避到庭参加审判,主要是指被追诉者已经知晓审判日期,但是选择不到庭参加审判,此种情况下,被追诉者通常会委托律

〔1〕 Colozza v. Italy, para. 29. According to the Government, the right to take part in personin the hearing does not have the absolute character which is apparently attributed to it by the Commission in its report; it has to be reconciled, through the striking of a "reasonable balance", with the public interest and notably the interests of justice. It is not the Court's function to elaborate a general theory in this area. As was pointed out by the Government, the impossibility of holding a trial by default may paralyse the conduct of criminal proceedings, in that it may lead, for example, to dispersal of the evidence, expiry of the time - limit for prosecution or a miscarriage of justice. However, in the circumstances of the case, this fact does not appear to the Court to be of such a nature as to justify a complete and irreparable loss of the entitlement to take part in the hearing. When domestic law permits a trial to be held notwithstanding the absence of a person "charged with a criminal offence" who is in Mr. Colozza's position, that person should, once he becomes aware of the proceedings, be able to obtain, from a court which has heard him, a fresh determination of the merits of the charge.

师为其提供辩护。[1] 相比之下，有些被追诉者因客观条件所限，无法到庭参加审判，如法庭并未通知被告人审判的日期。人权委员会认为，如果法庭已经及时通知被告人到庭参加审判，则此种情况下的缺席审判并不违反公约规定；但如果法庭并未及时通知被告人到庭参加审判，则并不符合公约规定的要求。[2] 进一步讲，即便律师已经知晓法庭审判的日期，法庭也不能以此为由，主张律师应当通知被告人到庭参加审判，因为通知被告人到庭参加审判是法庭的职责。欧洲人权法院强调指出，被追诉者无须举证证明，自己并非故意逃避司法，或者自己因不可抗力而缺席审判。[3] 这意味着，法庭需要审慎履行通知被告人审判日

---

〔1〕 Poitrimol v. France, para. 31. This case differs from the Goddi, Colozza, F. C. B. and T. v. Italy cases in that the applicant was notified of each of the hearing dates, including the one of the Court of Appeal hearing on 4 February 1987, and decided of his own accord not to appear.

Proceedings held in an accused's absence are not in principle incompatible with the Convention if the person concerned can subsequently obtain from a court which has heard him a fresh determination of the merits of the charge, in respect of both law and fact. It is open to question whether this latter requirement applies when the accused has waived his right to appear and to defend himself, but at all events such a waiver must, if it is to be effective for Convention purposes, be established in an unequivocal manner and be attended by minimum safeguards commensurate to its importance.

〔2〕 Alex Conte, Richard Burchill, *Defining Civil and Political Rights*, Ashgate, 2009, p. 173.

〔3〕 Colozza v. Italy, para. 28. In fact, the Court is not here concerned with an accused who had been notified in person and who, having thus been made aware of the reasons for the charge, had expressly waived exercise of his right to appear and to defend himself. The Italian authorities, relying on no more than a presumption, inferred from the status of "latitante" which they attributed to Mr. Colozza that therehad been such a waiver.

In the Court's view, this presumption did not provide a sufficient basis. Examination of the facts does not disclose that the applicant had any inkling of the opening of

期的义务,不能因疏于通知而导致被告人缺席审判。进一步讲,如果被追诉者已经接到法庭的出庭通知,但未能出席法庭,就需要提供充分证据表明,自己系由于意志以外的原因无法到庭,并非放弃到庭参加审判的权利。

如果被追诉者放弃到庭参加审判的权利,这种对权利的放 401
弃,必须以"明确无误的方式"(in an unequivocal manner)予以认定。[1]当然,被追诉者到庭参加审判,既是依法享有的诉讼权利,也是应当履行的诉讼义务。因此,在一些国家,如果被追诉者接到法庭通知后拒不出庭,可能构成藐视法庭行为。需要指

---

criminal proceedings against him; he was merely deemed to be aware of them by reason of the notifications lodged initially in the registry of the investigating judge and subsequently in the registry of the court. In addition, the attempts made to trace him were inadequate: they were confined to the flat where he had been sought in vain in 1972 (via Longanesi) and to the address shown in the Registrar - General's records (via Fonteiana), yet it was known that he was no longer living there. The Court here attaches particular importance to the fact that certain services of the Rome public prosecutor's office and of the Rome police had succeeded, in the context of other criminal proceedings, in obtaining Mr. Colozza's new address; it was thus possible to locate him even though - as the Government mentioned by way of justification - no data - bank was available. It is difficult to reconcile the situation found by the Court with the diligence which the Contracting States must exercise inorder to ensure that the rights guaranteed by Article 6 (art. 6) are enjoyed in an effective manner.

In conclusion, the material before the Court does not disclose that Mr. Colozza waived exercise of his right to appear and to defend himself or that he was seeking to evade justice. It is therefore not necessary to decide whether a person accused of a criminal offence who does actually abscond thereby forfeits the benefit of the rights inquestion.

[1] Colozza v. Italy, para. 28. In the instant case, the Court does not have to determine whether and under what conditions an accused can waive exercise of his right to appear at the hearing since in any event, according to the Court's established case - law, waiver of the exercise of a right guaranteed by the Convention must be established in an unequivocal manner.

出的是,被追诉者拒绝到庭参加审判,仍然享有获得律师帮助的权利,这是维系公正审判的重要前提。因此,即便被追诉者并未到庭,也不能限制其委托律师参与审判的权利。这实际上反映出权利实践的一项原则,即,对被追诉者的程序制裁,不得损害其享有的正当权利,例如,不得因被追诉者不到庭参加审判,就径行剥夺其上诉权。

402 中国2018年《刑事诉讼法》在“特别程序”一章确立了缺席审判程序,主要涉及三种情形,其中既有被追诉者故意逃避追诉的情形,也有被追诉者因客观原因无法参与审判的情形。不过,这些情形与国际公约所涉情形存在一定差异。具体情形分述如下:

403 一是被追诉者身处境外的特定类型的案件。《刑事诉讼法》第二百九十一条规定了此类案件的适用范围和条件,即,对于贪污贿赂犯罪案件,以及需要及时进行审判,经最高人民检察院核准的严重危害国家安全犯罪、恐怖活动犯罪案件,犯罪嫌疑人、被告人在境外的,可以适用缺席审判程序。这种情形主要是指被追诉者故意逃匿至境外躲避追诉,因办案机关无法将其抓捕归案,只能通过缺席审判依法认定其刑事责任,并依法对违法所得及其他涉案财产作出处理。

404 尽管被追诉者故意规避到庭参加审判,但为保证审判的公正性,被追诉者有权委托辩护人,其近亲属可以代为委托辩护人。《刑事诉讼法》第二百九十三条还规定,被告人及其近亲属没有委托辩护人的,人民法院应当通知法律援助机构指派律师为其提供辩护。同时,与欧洲人权法院的要求类似,对于缺席审判的情形,应当赋予被追诉者到案后重新接受审判的权利。《刑事诉讼法》第二百九十五条规定,在审理过程中,被告人自动投案或者被抓获的,人民法院应当重新审理。罪犯在判决、裁定发生法律效力后到案的,交付执行刑罚前,人民法院应当告知罪犯有权对判决、裁定提出异议。罪犯对判决、裁定提出异议的,人民法院应当重新审理。这种在审判阶段被追诉者归案时自动重新审判,在裁判生效后依被追诉者申请重新审判的模式,体现了区别对待原则,符合程序公正的内在要求。

二是被告人患有严重疾病无法出庭的情形。根据《刑事诉讼法》第二百九十六条的规定,因被告人患有严重疾病无法出庭,中止审理超过六个月,被告人仍无法出庭的情形,可以进行缺席审理。这种情形主要是基于诉讼效率考虑,避免案件因被追诉者患有严重疾病而长期拖延,久拖不决。为确保审理程序的公正性,该情形下的缺席审判以被告人及其法定代理人、近亲属申请或者同意恢复审理为前提。实际上,对于被追诉者无法出席法庭,但可通过视频方式参加庭审的情形,也可考虑使其远程参加视频审判。 405

三是被告人死亡的情形。《刑事诉讼法》第二百九十七条规定,被告人死亡的,人民法院应当裁定终止审理,但有证据证明被告人无罪,人民法院经缺席审理确认无罪的,应当依法作出判决。人民法院按照审判监督程序重新审判的案件,被告人死亡的,人民法院可以缺席审理,依法作出判决。上述两种情形下的缺席审判,主要是考虑到虽然被告人已经死亡,但经审理认定被告人无罪或者依法纠正错判的,应当通过依法裁判为被告人恢复名誉。 406

3.2.1.2 自我辩护与律师帮助

407 国际公约将自我辩护权利与获得律师帮助权利并列加以规定,这意味着两项权利既互相补充,又各自具有一定的独立性。作为诉讼主体,被追诉者有权选择自我辩护或者委托律师进行辩护,换言之,被追诉者对通过何种方式进行辩护具有选择权。同时,基于公正利益的考量,可以将希望获得律师帮助,但又没有能力聘请律师的被追诉者纳入国家法律援助的范畴。关于自我辩护与律师帮助的关系,需要关注以下问题:

408 第一,律师帮助是自我辩护的制度补充。被追诉者的自我辩护权利是辩护权的逻辑起点,获得律师帮助权利是自我辩护权利的重要补充。基于对辩护方式的选择权,被追诉者既可以委托律师进行辩护,也可以拒绝律师帮助,自己进行辩护。《刑事诉讼法》第四十五条规定,在审判过程中,被告人可以拒绝辩护人继续为他辩护,这一规定体现了对被追诉者辩护选择权的尊重。

409 基于公正利益的考量,针对无力聘请律师的被追诉者,国家可以设立法律援助辩护制度,作为必要的制度救济。根据《刑事诉讼法》第三十五条的规定,对于被追诉者是盲、聋、哑人,或者是尚未完全丧失辨认或者控制自己行为能力的精神病人,或者可能被判处无期徒刑、死刑,没有委托辩护人的,应当通知法律援助机构指派律师为其提供辩护。需要指出的是,与委托辩护制度不同,法律援助辩护制度是国家基于保障人权的政策考量,为确保公正审判而设置的强制辩护机制,其适用不以被追诉者申请或同意为前提。这意味着,对于符合法定条件的被追诉者,只要其并未或者无力聘请律师，国家就会指派律师为其提供法律援助。对于法律规定的强制辩护情形，被追诉者虽然可以申请更换法律援助律师，但有次数限制，且不能以自我辩护为由拒绝法律援助。《最高人民法院关于适用〈中华人民共和国刑事诉讼法〉的解释》第三百一十一条就此规定，被告人当庭拒绝辩护人辩护，要求另行委托辩护人或者指派律师的，合议庭应当准许；被告人属于应当提供法律援助的情形，重新开庭后再次当庭拒绝辩护人辩护的，不予准许。这一规定体现了法律援助制度的特殊性，即，对于应当提供法律援助的强制辩护情形，被追诉者可以自我辩护，但不能仅仅进行自我辩护，而是应当同时由法律援助律师为其提供帮助。

此外，有的案件，被追诉者参与审判时并不积极进行辩护， 410
或者因客观因素限制无法进行有效的自我辩护，此种情况下，辩护律师可以辅助或者代表被追诉者进行辩护。例如，被追诉者当庭拒绝回答任何问题，或者因患病而无法当庭回答问题，此时，就可以由辩护律师为其提供辩护。当然，辩护律师代表被追诉者发表辩护意见，只是特定情形下的补救方案，并且通常以事先与被追诉者沟通确定辩护意见为前提，因此，不能以此变相剥夺被追诉者自我辩护的权利。

第二，自我辩护和律师帮助的分歧处理。在委托辩护或者 411
法律援助的情形中，被追诉者既可能形成与律师一致的辩护意见，也可能与律师的意见存在分歧。基于被追诉者的诉讼主体地位，当被追诉者的意见与律师存在分歧时，应当以被追诉者的意见为准。尽管如此，辩护律师仍然可以保留自己的专业意见，无须完全听从被追诉者的主张，否则就不会出现两者的意见分歧。实际上,辩护律师基于专业技能和经验,所提的辩护意见往往更加有利于维护被追诉者的诉讼利益,更有针对性地反映案件存在的问题。有鉴于此,无论被追诉者是否认可辩护意见,法庭都应当对辩护意见给予足够重视。

412 在司法实践中,如果辩护律师认为被追诉者提出的特定辩护方案并不可行,可以对被追诉者提出专业建议。进一步讲,被追诉者无权要求辩护律师执行违反法律或者职业准则的辩护方案。例如,被追诉者为获得无罪判决,要求辩护律师贿赂证人或者诱使证人改变证言的,辩护律师有权予以拒绝。换言之,律师从事辩护,既要考虑被追诉者的意见,也要遵守法律和职业准则的要求。《刑事诉讼法》对辩护律师的责任作出了明确要求,该法第三十七条规定,辩护人的责任是根据事实和法律,提出犯罪嫌疑人、被告人无罪、罪轻或者减轻、免除其刑事责任的材料和意见,维护犯罪嫌疑人、被告人的诉讼权利和其他合法权益。同时,《刑事诉讼法》第四十四条还专门强调,辩护人或者其他任何人,不得帮助犯罪嫌疑人、被告人隐匿、毁灭、伪造证据或者串供,不得威胁、引诱证人作伪证以及进行其他干扰司法机关诉讼活动的行为。

413 此外,被追诉者与辩护律师在交流过程中存在误解,可能会对有关辩护主张的有效性产生影响。欧洲人权委员会曾经受理这样一起案件:被告人在一审宣判后,并不知晓律师仍在为其提供帮助,因此与律师同时提出了不同的诉讼主张。律师提交了上诉声明和被告人答辩无效的意见,但随后撤回了被告人答辩无效的意见。而被告人则主张自己的答辩无效,但却放弃了上诉权。在欧洲人权委员会看来,律师撤回被告人答辩无效的意见是无效的，因为这违背了被告人的明确意图，理由是被告人明确主张自己的答辩无效；同时，被告人放弃上诉权的决定也是无效的，因为该决定并没有咨询律师的意见。[1]

3.2.2 获得律师帮助的权利

自我辩护固然重要，但辩护权的核心要素在于获得律师帮助的权利。在刑事诉讼特别是疑难案件的诉讼中，由于涉及复杂的事实和法律争议，普通人通常无法进行有效的自我辩护，只有在律师的专业帮助下，被追诉者才能充分行使诉讼权利。同时，在刑事诉讼过程中，被追诉者需要主动或被动地作出许多决定，这些决定与自身权利紧密相关，并对后续程序和诉讼结果具有重要影响。面对专业的警察、检察官等追诉主体，只有借助律师的知识与经验，被追诉者才能审慎而明智地作出诉讼决定，这是控辩双方平等武装原则的重要体现。实际上，即便被追诉者是法律人士，因其受到追诉带来的心理冲击，在“当局者迷”的状况下，也往往难以作出客观、理性的决策。恰恰由于法律人士知晓律师的重要性，所以，一旦他们进入诉讼程序，往往会选择聘请知名律师进行辩护。此外，从诉讼结构的角度看，律师全面参与刑事诉讼，既能促使被追诉者对诉讼活动施加有效的影响，也能对追诉活动的合法性进行监督，避免办案机关侵犯被追诉者的合法权利。 414

需要指出的是，获得律师帮助的权利，并不仅适用于审判阶段。尽管国际公约通常将获得律师帮助的权利纳入公正审判权 415

---

〔1〕 Alexander Wick v. Austria Application 15701/89.

的范畴，但该项权利无疑适用于刑事诉讼的全过程。由于审前程序涉及证据收集、强制措施和指控形成等重要事项，被追诉者在追诉活动伊始就应当获得律师的有效帮助，唯有如此，才能依法维护自身的合法权利，并为审判做好充分准备。

3.2.2.1 委托辩护的权利

416 与自我辩护、法律援助相比，委托辩护是最为理想的辩护方式。被追诉者可以选定自己信赖的律师，在诉讼过程中为其提供专业的法律帮助。委托辩护的权利，通常涉及辩护人的法律资质、参与诉讼的权利以及委托律师的费用等事项。

417 第一，辩护人的资质和数量等法律要求。基于诉讼效率等考虑，法律通常会对辩护人的资质和数量等作出必要的限制。《刑事诉讼法》第三十三条规定，被追诉者可以委托一至二人作为辩护人。对于复杂案件，有更多的辩护人参与，有助于分工协作，提高辩护成效。但考虑实际的程序负担，以及审判效率等因素，对辩护人的数量作出合理限制，在制度和实践层面具有正当性。同时，从辩护准备的角度看，尽管法律对辩护人的数量作出限制，但这并不妨碍辩护人组织辩护团队共同进行案件研究。此外，《刑事诉讼法》还对辩护人的资质作出了限制性要求，该法第三十三条规定，正在被执行刑罚或者依法被剥夺、限制人身自由的人，不得担任辩护人；被开除公职和被吊销律师、公证员执业证书的人，不得担任辩护人，但系犯罪嫌疑人、被告人的监护人、近亲属的除外。

418 第二，辩护律师的程序参与权。尽管与证人相比，律师并不具有不可替代性，但被追诉者选定律师后，除非自己拒绝由该律师继续辩护,否则办案机关不得要求律师退出辩护,也不得要求被追诉者解除与律师的委托关系。同时,办案机关应当为律师参与诉讼提供必要的便利,例如,针对被追诉者进行讯问或者采取相应的强制措施,应当及时通知律师,以便律师为被追诉者提供必要的法律帮助。尽管侦查工作需要保守秘密,但对于与被追诉者的权利保障紧密相关的诉讼活动,应当保证律师的知情权,至少应当在事后及时通知律师。

如果被追诉者决定在审判阶段更换律师,那么,在被追诉者 419
解除与原有律师的委托关系并选定新的律师之前,为保障其辩护权,审判程序不能继续进行。一些案件中,被追诉者可能滥用程序权利,通过反复更换律师拖延诉讼程序。对于这种情形,法律有必要加以限制,因为滥用权利的做法并不受法律保护。《最高人民法院关于适用〈中华人民共和国刑事诉讼法〉的解释》第三百一十一条就此规定,被告人当庭拒绝辩护人辩护,要求另行委托辩护人的,合议庭应当准许;重新开庭后,被告人再次当庭拒绝辩护人辩护的,可以准许,但被告人不得再次另行委托辩护人,由其自行辩护。通过这种必要的限制性规定,既可以保障被告人获得律师帮助的权利,又能避免被告人滥用权利拖延诉讼。在欧洲人权法院受理的一起案件中,对于被追诉者通过解除与律师的委托关系来拖延诉讼的情形,司法机关通过指派其他律师的方式，确保审判继续进行。[1]这种在必要时指派律师的法律机制，能够避免被追诉者滥用诉讼权利，同时满足公正审判的程序要求，值得积极借鉴。

420 第三，委托辩护的费用来源。在有的案件中，办案机关将被追诉者的财产认定为违法所得等涉案财物，并采取对物的强制措施。在此种情况下，被追诉者的财产处于控制之下，难以支付委托律师的费用，进而影响到其委托辩护的权利。这种颇为特殊的情形，反映出司法权能与权利保护之间的紧张关系。一方面，基于没收违法所得和追赃挽损的现实需要，办案机关应当对

---

〔1〕 Croissant v. Germany. The Commission concludes unanimously that there has been no violation of Article 6 para. 3 (c) (Art. 6 – 3 – c) of the Convention by the imposition on the applicant of the costs caused by the appointment with his consent of two legal aid defence counsel.

It is clear from the submissions of the parties that the third Official defence counsel was mainly appointed to ensure the proper running of the trial. It was feared that in view of the expected length of the proceedings the principal defence counsel might not always be available, whereas the applicable procedural law required that the applicant be defended by counsel throughout the trial at each hearing. Therefore the participation of the third ex officio counsel mainly served the purpose of being prepared for such an eventuality.

Nevertheless according to the Government's uncontested statements the third ex officio counsel took an active part in the defence of the applicant who, at that time, did not seem to question the reasonableness of the appointment of a further defence counsel but objected only to the choice by the trial court of the relevant lawyer. In these circumstances it cannot be found that the appointment of a third ex officio counsel affected the applicant's defence in a negative manner.

The Commission has held that the imposition of costs caused by legal aid counsel on the defendant in case he is convicted is, in principle, compatible with Article 6 para. 3 (c) (Art. 6 – 3 – c) unless his means are insufficient. In other words such imposition may constitute an unreasonable and disproportionate burden if it is enforced regardless of the financial situation of the person concerned depriving him of means of existence and thus of any real chances to reintegrate into social life.

涉案财物采取查封、扣押、冻结等必要的强制措施,否则有关涉案财物可能被不当地转移,以致难以追缴到案。同时,实践中也存在被追诉者挥霍、滥用违法所得的风险,毕竟在被害人和社会公众看来,被追诉者使用违法所得重金聘请知名律师有违公正的要求,难以令人接受。另一方面,基于辩护权的法律保护,被追诉者有权选定律师为其提供专业帮助,而支付律师费用又是委托辩护的基本前提。如果不加区分地对被追诉者的财产采取强制措施,导致被追诉者无力聘请律师,势必影响辩护权的有效行使。特别是在一些涉及违法所得的经济犯罪案件中,由于罪与非罪、此罪与彼罪的法律边界往往存在灰色地带,专业的律师帮助对于维护被追诉者的合法权益至关重要。

基于无罪推定原则,无论是对被追诉者的刑事责任,还是对 421
涉案财物的法律属性,在法院依法判决之前都不得进行有罪推定。这意味着,办案机关应当准确甄别涉案财物的权属,避免将合法财产随意认定为涉案财物。被追诉者使用合法财产委托律师的,即便委托费用较高,也不受法律干涉。同时,当涉案财物的权属面临争议时,办案机关应当为被追诉者保留必要的辩护费用,这涉及被追诉者滥用违法所得的风险,因此,需要基于个案情况审慎作出判断。此外,对于因涉案财物被采取强制措施而无力聘请律师的情形,被追诉者可以申请法律援助。当然,法律通常会对法律援助的对象设置特定的条件,被追诉者应当符合法定的条件。

3.2.2.2 获得法律援助的权利

法律援助制度,是指国家基于司法公正考量,为避免追诉偏 422

见、降低错案风险，针对无力聘请律师的被追诉者，提供免费的专业法律帮助。人权委员会指出，《公民权利与政治权利国际公约》并未规定所有案件的当事人都有获得法律援助的权利。[1]国际公约关于获得法律援助权利所作的规定，通常强调公正利益（interests of justice）的需要，并以被追诉者没有能力支付辩护费用为前提。人权委员会鼓励成员国对没有能力支付辩护费用的当事人提供法律援助。

423 与委托辩护相比，法律援助制度并非单纯基于委托关系，而主要是基于公正利益的考量。关于法律援助律师的特殊制度定位，详见第四章“权利的信托”中的阐述。此处关于获得法律援助权利的分析，主要关注法律援助的范围和条件，以及法律援助制度的拓展趋势。

424 第一，基于经济困难的法律援助要求。比较而言，富有群体更加注重自身权利，更加善于寻求法律救济，而贫穷群体则通常缺乏权利意识，难以有效应对追诉偏见等制度风险，因此，从实质平等的角度看，法律应当对贫穷群体给予特殊保护。

425 基于司法公正等政策考量，如果被追诉者因贫穷而无力支付律师费用，国家应当提供免费的法律援助。《刑事诉讼法》第三十五条第一款规定，犯罪嫌疑人、被告人因经济困难或者其他原因没有委托辩护人的，本人及其近亲属可以向法律援助机构提出申请。对符合法律援助条件的，法律援助机构应当指派律师为其提供辩护。通常情况下，如果被追诉者申请法律援助，需

---

〔1〕 Alex Conte, Richard Burchill, *Defining Civil and Political Rights*, Ashgate, 2009, p. 161.

要提供经济困难等方面的证明材料，表明其符合法律援助条件。不过，这一证明要求不宜过高，以免影响被追诉者主张获得法律援助的权利。

在欧洲人权法院看来，对于申请法律援助的情形，只要有迹象表明被追诉者经济困难即符合条件。[1] 类似地，中国《刑事诉讼法》将经济困难等原因作为申请法律援助的条件，并由法律援助机构决定是否提供法律援助。在判断被追诉者是否因经济困难等原因而符合法律援助条件时，法律援助机构具有一定的裁量权，但总体上，应当按照有利于被追诉者行使辩护权的原则作出 426

[1] Twalib v. Greece, para. 51. The Court notes, like the Commission, the difficulties in assessing at this stage whether or not the applicant lacked at the relevant time sufficient means to pay for legal assistance in connection with his appeal on points of law. This is a question of fact and it is only in exceptional circumstances that the Court will depart from the facts as found by the Commission.

It observes that the Commission found that there were several indications which suggested that the applicant did require legal aid on account of his limited financial means. For its part, the Court considers that these indications, although not conclusive of the issue, also confirm to its satisfaction that the applicant was indigent. In this respect it notes that the applicant was represented at his trial by court - appointed counsel and at the appeal proceedings by counsel provided by a humanitarian organisation. Furthermore, it cannot be said that the mere reference to his counsel, Mr P., in his appeal form substantiates the Government's contention that the applicant had in fact secured and could pay for that lawyer's services. It is noteworthy that the applicant subsequently made two enquiries about the availability of legal aid.

The Court also notes that the Commission decided to grant him legal aid in the proceedings before it on the ground that it was necessary in order to assist him in the presentation of his case. That grant has continued for the purposes of his representation before the Court.

In the light of the foregoing and in view of the absence of any clear indications to the contrary, the Court agrees with the Commission's finding that the applicant lacked sufficient means to pay for his legal representation in connection with his appeal to the Court of Cassation.

认定。如果法律援助机构未能提供法律援助,通常需要提供相应的理由。

427 第二,基于司法公正考量的法律援助要求。根据国际公约规定,基于公正利益(interests of justice)的需要,被追诉者有权获得法律援助。尽管从表述上看,所谓公正利益的需求,看似与被追诉者的权利并无直接关联,但毫无疑问,无论是考察国际公约的宗旨,还是分析公正利益的实质,被追诉者的权利保障都是法律援助的核心问题。欧洲人权法院指出,在评估是否符合公正利益的需求时,关键因素是缺乏律师帮助是否可能影响公正审判。具体言之,公正利益具有一项必不可少的要求,即,法院必须坚持正当程序的要求,在整个审判过程中为被追诉者提供进行辩护的实质条件。[1]

428 通常情况下,对公正利益的认定,需要基于以下标准:犯罪的严重性、案件的复杂程度、控辩双方平等武装的要求以及被追诉者的个体情况。[2] 其中,关于犯罪的严重性标准,欧洲人权法院认为,如果被追诉者可能被剥夺自由,就有必要基于公正利益

---

〔1〕 RD v. Poland, para. 49. There is, however, a primary, indispensable requirement of the "interests of justice" that must be satisfied in each case. That is the requirement of a fair procedure before courts, which, among other things, imposes on the State authorities an obligation to offer an accused a realistic chance to defend himself throughout the entire trial. In the context of cassation proceedings, that means that the authorities must give an accused the opportunity of putting his case in the cassation court in a concrete and effective way.

〔2〕 Stefan Trechsel, *Human Rights in Criminal Proceedings*, Oxford University Press, 2005, p. 273.

的需要为其提供法律援助。[1] 所谓剥夺自由,通常是指判处实际的监禁刑,而非适用缓刑或者假释。比较而言,被追诉者可能被判处的刑罚越重,提供法律援助的必要性越大,对法律援助的质量要求也就越高。同时,对于疑难复杂案件,为避免司法机关滥用裁量权,有必要通过提供有专业技能与经验的辩护律师,为被追诉者提供法律帮助。例如,在上诉程序中,即便上诉成功的可能性比较小,也不能拒绝为被追诉者提供法律援助。[2] 此外,对于被追诉者身患残疾等特殊情形,为加强对弱势群体的特殊政策保护,也有必要为其提供法律援助。

总体上看,经济因素与公正利益的需要,是国际公约设定法 429
律援助制度时考虑的两个基本要素。如果被追诉者具有聘请律师的经济能力,通常会选择聘请自己信赖的专业律师提供辩护。

---

[1] Benham v. United Kingdom, para. 61. The Court agrees with the Commission that where deprivation of liberty is at stake, the interests of justice in principle call for legal representation. In this case, Mr Benham faced a maximum term of three months' imprisonment.

[2] Boner v. United Kingdom, paras. 11, 41. The Court notes that, as the Government pointed out, there are indeed differences between the two cases. In addition, the introduction of a new practice more favourable to the unrepresented appellant is undoubtedly a positive development.

The legal issue in this case may not have been particularly complex. Nevertheless, to attack in appeal proceedings a judge's exercise of discretion in the course of a trial requires a certain legal skill and experience. That Mr Boner was able to understand the grounds for his appeal and that counsel was not prepared to represent him does not alter the fact that without the services of a legal practitioner he was unable competently to address the court on this legal issue and thus to defend himself effectively.

Moreover, the appeal court, as stated, had wide powers to dispose of his appeal and its decision was final. Of even greater relevance, however, the applicant had been sentenced to eight years' imprisonment. For Mr Boner therefore the issue at stake was an extremely important one.

如果被追诉者没有聘请律师的经济能力,但符合公正利益标准,也有权获得免费的法律援助。有观点认为,可能会有一些被追诉者搭法律援助的"顺风车",但实际上,那些有经济能力的被追诉者,通常会选择聘请知名律师为其提供辩护,极少放弃委托辩护的权利。同时,基于法律援助资源的有限性,司法机关在决定是否提供法律援助时,要一并对被追诉者的经济能力和公正利益的需要进行审查。如果经审查认为,被追诉者具有委托律师的经济能力,或者案件可能判处非监禁刑,并不属于重大复杂案件,不符合公正利益标准,也可以拒绝提供法律援助。

430 与国际公约相比,中国《刑事诉讼法》设立的法律援助制度具有一定特色,区分了申请援助和法定援助两种模式。前述因经济困难等原因无力聘请律师的被追诉者,可以申请法律援助。对于此种情形,法律援助机构通常会提供法律援助,但此种援助并非法定援助。与此同时,可能判处重刑的案件,或者被追诉者身患残疾等情形,则属于法定援助的范畴,无须被追诉者提出申请,办案机关依法应当为其提供法律援助。具体言之,《刑事诉讼法》第三十五条第二款、第三款分别规定,犯罪嫌疑人、被告人是盲、聋、哑人,或者是尚未完全丧失辨认或者控制自己行为能力的精神病人,或者可能被判处无期徒刑、死刑,没有委托辩护人的,人民法院、人民检察院和公安机关应当通知法律援助机构指派律师为其提供辩护。可见,这种申请援助与法定援助相结合的法律援助机制,体现了原则性和灵活性相统一的制度优势。基于经济困难等原因的法律援助情形,属于普惠性的制度安排,不以国际条约规定的公正利益需要为基础,但须以被追诉者提出申请为前提。法定援助情形与国际公约规定的公正利益标准具有功能上的等同性,但不以经济困难和提出申请为前提。不过,法定援助限于可能判处无期徒刑、死刑的重罪案件和被追诉者身患残疾等特殊情形,在覆盖范围上相对比较有限。

从属性上看,法律援助并非单纯的司法关照,而是被追诉者依法享有的(附条件的)诉讼权利。如果被追诉者无力聘请律师,并且基于权利保障和司法公正的需要应当获得律师帮助,就有必要将其纳入法律援助的范围。如果从权利角度看待法律援助制度,或可对《刑事诉讼法》规定的两种法律援助模式作如下解读:基于辩护权的法律保障,那些因经济困难等原因未能聘请律师的被追诉者,都属于法律援助覆盖的范围。除非被追诉者具有聘请律师的经济实力,不符合法律援助的条件,否则都有权获得法律援助。其中,对于可能判处的刑罚低于无期徒刑的案件,法律援助以被追诉者提出申请为前提,如果被追诉者并未提出申请,则视为放弃获得法律援助的权利。对于可能判处无期徒刑、死刑的案件,鉴于人权保障和司法公正的要求更高,或者借用国际公约的术语——公正利益的需要更为突出,因此,无论被追诉者是否提出申请,都应当提供法律援助。对于可能判处无期徒刑、死刑的案件或者被追诉者身患残疾等情形,法律并未附加经济困难等要求,因此,如果被追诉者放弃委托辩护律师的权利,即便其具有聘请律师的经济能力,也应当为其提供法律援助。 431

关于被追诉者能否选定法律援助律师,《刑事诉讼法》并未作出具体规定。鉴于被追诉者需要法律援助律师为其提供专业辩护,因此,尽管两者的关系并非委托关系,也需要建立在信任和合作的基础之上。欧洲人权法院指出,对于法庭指定法律援 432

助律师的情形,被追诉者有权在合理的时间内选定法律援助律师;除非法庭另有重要考量,否则,应当指定被追诉者选定的法律援助律师。[1] 这种尊重被追诉者选择权的做法,有助于避免其在后续审判过程中随意更换法律援助律师。当然,基于辩护成本和利益冲突等因素,办案机关可以建议被追诉者更换其预先选定的法律援助律师。例如,被追诉者预选的律师在异地长期办案,或者该律师已经接受同案人的辩护委托,此种情形下,办案机关可以建议被追诉者另行选定法律援助律师。

433 第三,法律援助的拓展趋势。获得法律援助的权利,尽管与委托辩护权利相并列,但两者实际上并不属于同一层次的权利,法律援助通常被视为委托辩护的制度补充。对于有能力聘请律师的被追诉者,如果属于法定援助的情形,虽然可以在委托辩护和法律援助之间作出选择,但委托辩护无疑更加契合被追诉者

〔1〕 Croissant v. Germany, paras. 20, 29. Whilst the appointment of Mr Baier and Mr Kempf obviously does not raise any problems as regards the applicant's right to be defended by counsel of his own choosing, the appointment of Mr Hauser does. The applicant emphasised that although the Regional Court knew that he had no confidence in Mr Hauser when it nominated him, the courts had refused to replace him by the lawyer proposed by the applicant.

It is true that Article 6 para. 3 (c) (art. 6 – 3 – c) entitles "everyone charged with a criminal offence" to be defended by counsel of his own choosing. Nevertheless, and notwithstanding the importance of a relationship of confidence between lawyer and client, this right cannot be considered to be absolute. It is necessarily subject to certain limitations where free legal aid is concerned and also where, as in the present case, it is for the courts to decide whether the interests of justice require that the accused be defended by counsel appointed by them. When appointing defence counsel the national courts must certainly have regard to the defendant's wishes; indeed, German law contemplates such a course. However, they can override those wishes when there are relevant and sufficient grounds for holding that this is necessary in the interests of justice.

的权利需求，而法律援助只是退而求其次的选择。对于无力聘请律师的被追诉者，由于其并不实际享有委托辩护和获得法律援助的选择权，只能依赖法律援助。所以，对于上述两类群体，法律援助可被视为辩护权的兜底性保障。

2017 年 10 月，最高人民法院和司法部发布《关于开展刑事案件律师辩护全覆盖试点工作的办法》，选定北京等 8 个省（直辖市）开展刑事案件律师辩护全覆盖试点工作，拓展法律援助的适用范围。2018 年 12 月，试点工作范围扩大到全国 31 个省（自治区、直辖市）和新疆生产建设兵团。[1] 根据《关于开展刑事案件律师辩护全覆盖试点工作的办法》第二条的规定，刑事案件律师辩护全覆盖试点工作，从三个方面扩展了法律援助的覆盖范围。因这项改革试点涉及不同类型的程序和不同的情形，故有必要从获得法律援助权利的角度加以分析。 434

一是拓展法律援助的案件范围，全面覆盖所有适用普通程序审理的案件。该试点办法第二条第三款规定，除法定援助的情形外，其他适用普通程序审理的一审案件、二审案件、按照审判监督程序审理的案件，被告人没有委托辩护人的，人民法院应当通知法律援助机构指派律师为其提供辩护。作为公正审判的内在要求，法律援助应当适用于刑事诉讼的全过程；除一审阶段外，在审前程序和上诉程序等救济程序中，也应当提供法律援助。欧洲人权法院就此指出，如果被追诉者在审判阶段没有能 435

〔1〕《最高人民法院、司法部关于扩大刑事案件律师辩护全覆盖试点范围的通知》，参见司法部网站，http://www.moj.gov.cn/government_public/content/2019-01/21/tzwj_227305.html。

力支付律师费用，应当获得法律援助；同理，在上诉阶段，在被追诉者的经济情况并未发生实质变化的情况下，不能无故拒绝继续提供法律援助。[1]

436 需要指出的是，将法定援助的情形拓展为所有适用普通程序审理的案件，并且不以经济困难等情形为前提，这无疑是法律援助制度的重大进步。不过与此同时，法律援助也要综合考虑司法资源和辩护质量等影响因素。在法律援助资源有限的情况下，显著扩大法定援助情形，可能会在一定程度上影响辩护质量，并由此导致权利通胀问题（inflation）。换言之，作为辩护权的制度保障，法律援助不仅要求在形式上有律师提供辩护，更重要的是在实质上要求援助律师提供有效辩护。如果仅有律师参与，但却缺乏有效辩护，显然并不符合法律援助的制度初衷。考虑到法律援助律师的制度激励较为有限，因此，有必要明确有效

---

〔1〕 RD v. Poland, para. 46. In that connection, the Court notes that in its judgment of 10 October 1996 the Wrocaw Court of Appeal held that the applicant be exempted from costs involved in legal assistance. That finding implies that that court had a sufficient basis to consider that bearing those costs would constitute a "disproportionate burden" for the applicant, within the meaning of Article 556 of the Code.

Some two and a half months later, on 23 December 1996, the same court refused to grant the applicant further free legal assistance in connection with his intended cassation appeal. In the light of the material adduced by the parties, it does not appear that the applicant's financial situation had in the meantime improved. Nor does it emerge from the relevant decision on what concrete circumstances the Court of Appeal based its opinion that the applicant could afford such costs in cassation proceedings, despite the fact that he had recently been exempted from costs of his legal representation at first instance and on appeal.

Against that background, the Court finds that in the present case there were reasonable grounds to consider that the applicant's financial means were limited. Hence, there were strong indications that he did not have "sufficient means to pay for legal assistance" within the meaning of Article 6 § 3 (c).

辩护的法律标准,从根本上保障辩护质量。

二是创设新的法律帮助模式,将适用简化程序审理的案件 437
纳入值班律师的法律帮助体系之中。该试点办法第二条第四款规定,适用简易程序、速裁程序审理的案件,被告人没有辩护人的,人民法院应当通知法律援助机构派驻的值班律师为其提供法律帮助。从国际公约角度看,如果被追诉者没有被剥夺自由的风险,如可能被判处缓刑,或者案件不存在复杂的争议问题,就无须提供法律援助。根据中国《刑事诉讼法》的规定,对于法定援助情形以外的案件,被追诉者基于经济困难等原因,可以申请法律援助。需要指出的是,该试点办法第二条第四款规定的法律援助模式,并非通常所指的由法律援助律师提供辩护,而是由值班律师提供法律帮助。有鉴于此,这种高于国际公约规定的法律援助适用标准,但却低于刑事诉讼法设定的法律援助辩护职能标准的法律帮助机制,有助于提高审判阶段的总体辩护水平。不过,这种法律帮助职能,虽然与法定援助情形在适用方式上具有类似性,但因值班律师的法律定位和精力所限,在实质功能上不能与辩护职能相提并论。

三是确立值班律师的临时法律帮助职能,与委托律师、法律 438
援助律师的辩护职能衔接,实现审判全过程的"辩护"全覆盖。该试点办法第二条第五款规定,在法律援助机构指派的律师或者被告人委托的律师为被告人提供辩护前,被告人及其近亲属可以提出法律帮助请求,人民法院应当通知法律援助机构派驻的值班律师为其提供法律帮助。这种临时的法律帮助职能,与简化程序案件的法律帮助职能并不相同,其实质上只是一种临时的法律帮助机制。这种临时的法律帮助机制,以被追诉者提出申请为前提,可被视为委托辩护或者法律援助辩护的前置性制度补充,有助于解决委托律师或援助律师介入前的辩护缺位问题。由于值班律师在一定程度上“代行”辩护律师的职责,加上先前程序中被追诉者所作的决定,对于后续程序具有重要影响,所以,这种临时的法律帮助职能也不容忽视。

3.2.3 获得有效辩护的权利

439 前文指出,仅仅在形式上获得律师帮助,并不足以确保公正审判,关键是要在律师帮助下开展辩护准备,进而由律师提供有效辩护。如果被追诉者无法与律师进行有效的交流,无法进行充分的准备,无法获得专家的帮助,那么,辩护权的法律保障就将流于形式。作为公正审判的前提,被追诉者应当享有获得有效辩护的权利,包括与律师进行有效交流,进行充分的辩护准备,以及获得其他专业帮助。

3.2.3.1 与律师秘密交流的权利

440 被追诉者与律师进行充分交流,是有效辩护的前提条件。只有被追诉者与律师建立信任关系,双方的私下交流能够保密,不受办案机关干预,才能促使被追诉者坦诚地与律师交换意见,进而做好辩护准备。需要指出的是,如果被追诉者处于羁押状态,要想与律师进行有效交流,就离不开办案机关的协作配合。然而,办案机关从追诉立场出发,往往担心辩护对追诉产生负面影响,例如,被追诉者在律师的建议下保持沉默,就可能影响讯问工作的顺利进行。又如,律师向被追诉者提出有针对性的辩护策略,就可能导致侦查工作陷入被动。因此,办案机关通常希望能够监督被追诉者与律师的交流过程,甚至有意无意地给双方交流制造妨碍,这些做法无疑将会影响被追诉者的辩护权。

国际公约基于保障辩护权的考量,赋予被追诉者与辩护人进行交流(或秘密交流)的权利。《公民权利与政治权利国际公约》第十四条第三款(b)项规定,被追诉者拥有与其选定的辩护人进行交流的权利。《美洲人权公约》第八条第二款(d)项专门保障被追诉者与律师进行自由、秘密交流的权利。相比之下,《欧洲人权公约》并未规定被追诉者与律师的交流权利。不过,《欧洲委员会和人权法院关于公民参与诉讼的协定》(European Agreement Relating to Persons Participating in Proceedings of the European Commission and Court of Human Rights)规定,当事人与律师的交谈应当在办案人员可以看见但却不能听见的情形下进行。这些规定体现出对被追诉者与律师进行秘密交流的权利的认可和尊重。 441

实践表明,如果被追诉者与律师的交流在办案机关的监督之下进行,就很难保证辩护权的有效行使。欧洲人权法院指出,被追诉者与律师的交流不被监听,是公正审判的基本要求,也是《欧洲人权公约》第六条第三款(c)项关于辩护权所作规定的必然结论。如果律师不能在排除办案机关监听的情况下与当事人进行交流,并获得当事人提供的案情信息,就将在很大程度上妨碍辩护的有效进行。《欧洲人权公约》的宗旨是确保权利的实用性和有效性(practical and effective),因此,作为辩护权的重要组成部分,被追诉者和律师之间交流的保密性应当得到保护。不过,如果存在正当理由,也可以对被追诉者会见律师的权利作出限制,因此,关键问题在于,从总体上看待整个诉讼程序,法律对 442

会见律师的权利所作的限制,是否剥夺了被追诉者获得公正审判的权利。[1]

443 被追诉者与律师进行秘密交流的权利,不仅涉及当面会见和交流,也适用于通信等交流方式。被追诉者与律师的通信交流,涉及前述通信自由权和通信秘密权。为保障被追诉者的辩护权,消除被追诉者与律师进行有效交流的顾虑,无论被追诉者是否在押,都不应对其与律师的通信进行秘密检查。尽管《欧洲人权公约》并未规定被追诉者与律师的秘密交流权利,不过,欧洲人权法院认为,办案机关对被追诉者与律师的通信进行检查的做法,违反了《欧洲人权公约》第八条规定的不被非法干预隐私的权利。

444 中国《刑事诉讼法》第三十九条规定,辩护律师可以同在押的犯罪嫌疑人、被告人会见和通信。辩护律师会见犯罪嫌疑人、被告人时不被监听。对于办案机关能否检查辩护律师与被追诉者之间的通信,法律并未作出明确规定。但与会见不被监听同理,辩护律师与被追诉者之间的通信应当属于双方秘密交流的范畴,办案机关不应进行检查。同时,基于会见不被监听的法律规定,会见场所的设置应当保持私密性,不得安装监听设备,也

---

〔1〕 Ocalan v. Turkey, para. 146. The principle of equality of arms is only one feature of the wider concept of a fair trial, which also includes the fundamental right that criminal proceedings should be adversarial. The right to an adversarial trial means, in a criminal case, that both prosecution and defence must be given the opportunity to have knowledge of and comment on the observations filed and the evidence adduced by the other party. Various ways are conceivable in which national law may meet this requirement. However, whatever method is chosen, it should ensure that the other party will be aware that observations have been filed and will get a real opportunity to comment on them.

不得指派办案人员在场监督或旁听。

强调被追诉者与律师交流的保密性,并不意味着这种秘密 445
交流绝对免于法律干预。欧洲人权法院指出,如果被追诉者存在串供风险,或者律师存在违反职业准则或者法律规定的情形,如律师受被追诉者指示影响证人或者毁灭证据,也可以对秘密交流进行适当限制。[1] 换言之,律师不能以秘密交流的权利为掩护,实施违反法律规定或者职业准则的行为。当然,对被追诉者与律师之间的交流施加限制,需要在秘密交流权利与司法公正要求之间寻求适当的平衡。为避免办案机关滥用监督权,可考虑引入中间控制机制,即由律师协会指派资深律师,会同辩护律师一道会见被追诉者,或者代为接收辩护律师与被追诉者之间的通信,从而通过行业内部的柔性约束避免外部不当干预。[2]

---

〔1〕 S v. Switzerland, para. 49. The risk of "collusion" relied on by the Government does, however, merit consideration.

Accordingly to the Swiss courts there were "indications pointing to" such a risk "in the person of defence counsel"; there was reason to fear that Mr Garbade would collaborate with W. 's counsel Mr Rambert, who had informed the Winterthur District Attorney's Office that all the lawyers proposed to co – ordinate their defence strategy.

Such a possibility, however, notwithstanding the seriousness of the charges against the applicant, cannot in the Court's opinion justify the restriction in issue and no other reason has been adduced cogent enough to do so. There is nothing extraordinary in a number of defence counsel collaborating with a view to coordinating their defence strategy. Moreover, neither the professional ethics of Mr Garbade, who had been designated as court – appointed defence counsel by the President of the Indictments Division of the Zürich Court of Appeal, nor the lawfulness of his conduct were at any time called into question in this case. Furthermore, the restriction in issue lasted for over seven months (31 May 1985 to 10 January 1986).

〔2〕 Stefan Trechsel, *Human Rights in Criminal Proceedings*, Oxford University Press, 2005, p. 282.

3.2.3.2 侦查程序获得律师帮助的权利

446 被追诉者何时可以获得律师帮助,国际公约并未作出专门规定。鉴于辩护权是贯穿整个刑事程序始终的权利,因此,刑事程序正式启动后,只要被追诉者的权利面临遭到限制或者剥夺的风险,就有权获得律师帮助。欧洲人权法院指出,获得公正审判的权利不应限于审判阶段,而是应当适用于整个刑事程序,更为准确地讲,只要办案机关未能遵守公正审判的要求,可能导致审判的公正性受到严重影响,就涉及公正审判权的适用。[1]

447 侦查作为诉讼的起始阶段,受破案压力影响,办案机关容易忽视或者侵犯被追诉者的权利。特别是在羁押讯问环节,无罪推定、不被强迫自证其罪等权利始终面临遭到侵犯的现实风险。同时,被追诉者在侦查阶段所作的决定,特别是认罪的意思表示,将会对后续诉讼程序产生重要影响。然而,在羁押状态下,被追诉者面对人身控制和讯问压力,自身很难作出理性、明智的决策。欧洲人权法院指出,被追诉者身处羁押状态,被切断了与

---

〔1〕 Imbrioscia v. Switzerland, para. 36. The Court cannot accept the Government's first submission without qualification. Certainly the primary purpose of Article 6 (art. 6) as far as criminal matters are concerned is to ensure a fair trial by a "tribunal" competent to determine "any criminal charge", but it does not follow that the Article (art. 6) has no application to pre - trial proceedings. The "reasonable time" mentioned in paragraph 1 (art. 6 - 1), for instance, begins to run from the moment a "charge" comes into being, within the autonomous, substantive meaning to be given to that term; the Court has occasionally even found that a reasonable time has been exceeded in a case that ended with a discharge or at the investigation stage. Other requirements of Article 6 (art. 6) - especially of paragraph 3 (art. 6 - 3) - may also be relevant before a case is sent for trial if and in so far as the fairness of the trial is likely to be seriously prejudiced by an initial failure to comply with them.

外界的联系，这种环境具有心理上的强迫性，为了抵消强迫氛围的影响，被追诉者应当有权获得律师帮助。[1] 辩护律师实质性地参与侦查程序，为被追诉者提供及时、有效的法律帮助，既是加强人权司法保障的重要途径，也是维护侦查程序正当性的内在要求。

从证据角度看，律师在讯问时在场，是认定供述具有自愿 448
性、合法性的制度前提。欧洲人权法院指出，在长达二十四小时

[1] Magee v. United Kingdom, paras. 43 – 44. The Court observes that prior to his confession the applicant had been interviewed on five occasions for extended periods punctuated by breaks. He was examined by a doctor on two occasions including immediately before the critical interview at which he began to confess. Apart from his contacts with the doctor, the applicant was kept incommunicado during the breaks between bouts of questioning conducted by experienced police officers operating in relays. It sees no reason to doubt the truth of the applicant's submission that he was kept in virtual solitary confinement throughout this period. The Court has examined the findings and recommendations of the European Committee for the Prevention of Torture and Inhuman or Degrading Treatment or Punishment ("CPT") in respect of the Castlereagh Holding Centre. It notes that the criticism which the CPT levelled against the Centre has been reflected in other public documents. The austerity of the conditions of his detention and his exclusion from outside contact were intended to be psychologically coercive and conducive to breaking down any resolve he may have manifested at the beginning of his detention to remain silent. Having regard to these considerations, the Court is of the opinion that the applicant, as a matter of procedural fairness, should have been given access to a solicitor at the initial stages of the interrogation as a counterweight to the intimidating atmosphere specifically devised to sap his will and make him confess to his interrogators. Irrespective of the fact that the domestic court drew no adverse inferences under Article 3 of the 1988 Order, it cannot be denied that the Article 3 caution administered to the applicant was an element which heightened his vulnerability to the relentless rounds of interrogation on the first days of his detention.

In the Court's opinion, to deny access to a lawyer for such a long period and in a situation where the rights of the defence were irretrievably prejudiced is – whatever the justification for such denial – incompatible with the rights of the accused under Article 6.

的讯问过程中，办案机关并未通知律师到场，法庭随后又对被追诉者保持沉默的情形作出不利推论，这种做法并不符合《欧洲人权公约》第六条第三款(c)项关于辩护权的规定。[1] 如果在讯问等与权利保障密切相关的环节，律师未能到场提供法律帮助，就无法满足有效辩护的要求，公正审判权也将受到严重影响。

449 有效辩护的前提是，被追诉者遇有重要权利事项，能够及时与律师进行沟通，并获得律师的专业帮助。对于羁押讯问情形，如果办案机关不通知律师在讯问时到场，律师就无从知晓讯问时间，也就无法到场提供法律帮助。这意味着，办案机关针对被追诉者采取讯问等措施时，应当提前通知律师到场，依法保障被追诉者的辩护权。如果将自我辩护与律师辩护视为被追诉者可对其行使选择权的并行选项，至少在被追诉者申请律师在场时，办案机关应当通知律师到场。此种情况下，律师即便因客观原因无法到场，也可以在讯问后及时会见被追诉者，从而向后者核实办案机关是否存在违反法定程序的情形，并依法采取相应的救济措施。

450 受传统和制度等因素影响，中国侦查程序的辩护权保障仍然较为薄弱。《刑事诉讼法》第三十四条规定，犯罪嫌疑人自被侦查机关第一次讯问或者采取强制措施之日起，有权委托辩护人；在侦查期间，只能委托律师作为辩护人。这意味着，在第一

---

〔1〕 Averill v. United Kingdom, para. 61. The Court finds therefore that the denial to the applicant of access to his solicitor during the first twenty – four hours of detention failed to comply with the requirements of Article 6 § 3 (c) of the Convention. For that reason, there has been a breach of that provision taken in conjunction with Article 6 § 1 of the Convention.

次讯问或者采取强制措施等重要环节，被追诉者实际上来不及委托辩护律师，也就谈不上律师在场。在后续讯问和取证环节，法律也没有规定律师的在场权和程序参与权。换言之，律师只有在会见被追诉者时，才能向其了解讯问等情形是否存在违法行为，这使侦查阶段的辩护很难实质性开展。例如，尽管法律规定，被追诉者可以在侦查阶段申请排除非法证据，但由于该阶段难以获得非法取证的线索或者材料，所以，辩护律师往往只能等到审判阶段才能依法提出排除非法证据的申请。

前文提到，近年来最高人民法院和司法部开展刑事案件律师辩护全覆盖试点工作，不过，该试点工作主要涉及审判阶段的辩护权保障，并未延伸到审前程序特别是侦查程序。从有效辩护的角度看，侦查程序的辩护权保障，是公正审判的先决性问题，应当成为下一步改革的重点。参照辩护律师全覆盖试点的基本模式，可考虑完善以下领域： 451

一是保障涉及权利事项的律师参与。对于侦查程序中涉及被追诉者权利的重要环节，如采取强制措施或者开展讯问等取证行为，办案机关应当通知律师到场，至少应当事后及时通知律师，以便律师及时到场参与或者会见被追诉者，为其提供必要的法律帮助。 452

二是扩大法律援助范围。根据法律规定，被追诉者因经济困难等原因无力聘请律师的，可以在侦查阶段申请法律援助。同时，根据试点方案的要求，适用普通程序审理的案件，法定援助不以存在经济困难等情形为前提。这意味着，如果被追诉者在审判阶段不认罪，案件就需要适用普通程序审理，进而应当为被追诉者提供法律援助；同理，如果被追诉者在侦查阶段就不认 453

罪,也有必要为其提供法律援助,否则就将导致刑事程序各阶段权利保障的差别待遇。实践证明,从权利保障的角度看,侦查阶段的法律援助,与审判阶段的法律援助同等重要,甚至在某种程度上比后者更为重要。

454 三是强化值班律师的法律帮助。《刑事诉讼法》第三十六条第一款规定,犯罪嫌疑人没有委托辩护人,法律援助机构没有指派律师为其提供辩护的,由值班律师为犯罪嫌疑人提供法律咨询、程序选择建议、申请变更强制措施、对案件处理提出意见等法律帮助。看守所应当告知犯罪嫌疑人有权约见值班律师,并为犯罪嫌疑人约见值班律师提供便利。据此,没有委托律师也没有获得法律援助的被追诉者,在侦查阶段可以获得值班律师提供的法律帮助。尽管这种法律帮助,在程序参与和帮助程度上无法与辩护相提并论,但毕竟可以使被追诉者在侦查阶段获得专业的法律帮助,进而提高自我辩护的能力。此外,在被追诉者委托律师或者获得法律援助之前,值班律师也可以为其提供临时的法律帮助,弥补侦查阶段辩护权的真空地带。

3.2.3.3 进行辩护准备的权利

455 作为介于被追诉者的知情权和获得律师帮助权之间的一项权利,被追诉者获得充分的时间和条件(adequate time and facilities)进行辩护的权利,可被视为公正审判项下有关辩护权的一项总揽性权利(overarching right)。《公民权利与政治权利国际公约》第十四条第三款(b)项规定,被追诉者有权获得充分的时间和条件进行辩护准备。类似地,《欧洲人权公约》第六条第三款(a)项规定,被追诉者有权获得充分的时间和条件进行辩护。

鉴于进行辩护准备的权利与公正审判所涉的其他具体权利存在紧密关联,其也可被视为一项从属性权利(subsidiary),作为其他具体权利的必要补充。[1] 从有效救济的角度看,被追诉者在寻求国际公约提供法律救济时,既可以同时主张多项权利条款,也可选择最为有利的权利条款。

从权利属性看,获得充分的时间和条件进行辩护准备的权利,并非绝对权利,如果该项权利受侵犯的被追诉者随后被无罪释放,就不涉及该项权利的适用。相比之下,对于免受酷刑等绝对权利,如果被追诉者的该项权利受到侵犯,那么,即便其随后被无罪释放,也构成违反国际公约规定的侵权行为。同时,要想主张该项权利,被追诉者必须表明自己遭到"实际损害"(actual prejudice),但这在实践中很难予以证明。总体上讲,进行辩护准备的权利,与控辩双方的行为都存在关联。一方面,如果办案机关实施的特定行为,对被追诉者的权利造成损害,就可能构成对辩护准备的妨碍。不过,如果办案机关的行为并未产生实际损害,就不构成对权利的侵犯。另一方面,被追诉者及其律师应当积极开展辩护准备,并审慎地利用时间和条件,避免因自身的疏忽或失误而影响辩护的成效。从国际公约的规定看,进行辩护准备的权利主要涉及时间和条件两项要素。被追诉者应当基于法律规定的时间和条件,最大限度地利用辩护资源。 456

第一,辩护准备的时间要素。对于不同的案件,以及不同的辩护律师,有效辩护的准备时间很难进行量化分析。国际公约 457

[1] Stefan Trechsel, *Human Rights in Criminal Proceedings*, Oxford University Press, 2005, p. 209.

规定的“充分”时间，应当立足于辩护的一般标准，即，普通律师进行有效辩护所需的合理时间。尽管国际公约还强调，被追诉者拥有在合理时间内接受审判的权利，但该项权利与获得充分辩护准备时间的权利并不冲突。充分的辩护准备时间作为特别规定，是公正审判的前提，因此，不能为追求诉讼效率而对辩护准备时间施加限制。

458 尽管强调控辩双方平等武装原则，但并不意味着两者需要同等的诉讼准备时间。实际上，由于控辩双方的诉讼准备具有对抗性，追诉和辩护既同步推进，也经常交替进行。例如，在侦查过程中，办案机关和辩护律师同步推进诉讼准备工作，各自侧重收集不利于和有利于被追诉者的证据材料。在审查起诉阶段，办案机关的证据材料收集完毕，辩护律师得以查阅案卷材料，在此基础上开展有针对性的辩护准备。类似地，当辩护律师向检察机关开示特定的证据材料，或者对检察机关的案卷材料提出异议时，检察机关也需要对此进行调查核实，并在此基础上开展有针对性的诉讼准备。

459 由于辩护准备涉及诸多条件，包括知晓指控的罪名，查阅案卷材料以及获得律师帮助等，这些条件都与辩护准备时间密切相关。例如，办案机关及时告知指控的罪名，及时开示案卷材料，能够确保辩护律师尽早进行辩护准备。类似地，被追诉者越早获得律师帮助，包括法律援助，进行辩护准备的时间就越充分。

460 中国《刑事诉讼法》规定了各个诉讼阶段的法定期间，这为辩护准备时间提供了明确的规则指引。同时，法律还明确规定了告知指控信息、查阅案卷材料和送达起诉书副本等重要环节的时间节点,例如,第三十四条第二款规定,侦查机关在第一次讯问犯罪嫌疑人或者对犯罪嫌疑人采取强制措施的时候,应当告知犯罪嫌疑人有权委托辩护人;第四十条规定,辩护律师自人民检察院对案件审查起诉之日起,可以查阅、摘抄、复制本案的案卷材料;第一百八十七条第一款规定,人民法院决定开庭审判后,应当将人民检察院的起诉书副本至迟在开庭十日以前送达被告人及其辩护人。这些附有明确时间要素的程序规则,既有助于提高诉讼效率,也有利于维护被追诉者进行辩护准备的权利。

461 此外,对于办案机关改变指控罪名,提交新的证据等情形,因涉及新的指控事由,如果进行审判突袭,将会严重损害被追诉者的辩护权。欧洲人权法院指出,当控诉方改变指控罪名时,应当为被追诉者提供必要的辩护准备时间。[1] 实际上,这种情况也与被追诉者的知情权紧密相关,控诉方临时改变指控罪名,无异于剥夺了被追诉者对指控的知情权。

---

〔1〕 Sadak and others v. Turkey, para. 57. The Court therefore considers that, in using the right which it unquestionably had to recharacterise facts over which it properly had jurisdiction, the Ankara National Security Court should have afforded the applicants the possibility of exercising their defence rights on that issue in a practical and effective manner, particularly by giving them the necessary time to do so. The case file shows that the National Security Court, which could, for example, have decided to adjourn the hearing once the facts had been recharacterised, did not give the applicants the opportunity to prepare their defence to the new charge, which they were not informed of until the last day of the trial, just before the judgment was delivered, which was patently too late. In addition, the applicants' lawyers were absent on the day of the last hearing. Whatever the reason for their absence, the fact is that the applicants could not consult their lawyers on the recharacterisation of the facts by the prosecution and the National Security Court.

462 为依法保障被追诉者进行辩护准备的权利,中国《刑事诉讼法》规定了延期审理制度。第二百零四条规定,在法庭审判过程中,对于需要通知新的证人到庭,调取新的物证,重新鉴定或者勘验等情形,影响审判进行的,可以延期审理。同时,《人民检察院刑事诉讼规则》第四百二十条列举了公诉人建议法庭延期审理的八种情形,其中第六项明确指出,公诉人出示、宣读开庭前移送人民法院的证据以外的证据,或者补充、追加、变更起诉,需要给予被告人、辩护人必要时间进行辩护准备的,人民检察院可以建议人民法院延期审理。

463 关于辩护准备的时间要素,国际公约设定了“充分性”的标准。实际上,充分性标准是国际公约所列的许多权利的构成要素,这一标准看似比较抽象,但可以立足实践总结操作规则。例如,基于个案情况,辩护准备时间取决于案件的复杂程度,包括指控的事实、罪名和案卷材料的数量等;具体事项不同,需要进行辩护准备的时间也不同。例如,对于补充、追加、变更起诉等复杂情形,无疑比调取新的证据需要更多的准备时间;如果被追诉者更换辩护律师,那么,新的辩护律师需要重新熟悉案件情况,也需要较多的准备时间。有鉴于此,司法机关在决定延期审理时,需要综合考虑控辩双方的诉讼主张,并结合个案情况合理确定必要的准备时间。

464 第二,辩护准备的条件要素。根据欧洲人权委员会的界定,所谓辩护准备的条件(facilities),主要是指被追诉者基于辩护准备的需要,在整个诉讼过程中有机会了解侦查取得的结果。[1]被追诉者及其律师进行辩护准备,首先必须充分了解指控,以及指控所依据的事实证据。这是控辩双方平等武装原则的重要体现,如果被追诉者不能充分知晓控诉方掌握的信息,有效辩护势必难以落到实处。

尽管国际公约强调控辩双方平等武装原则的重要性,但毫 465
无疑问,在审前程序中,办案机关掌握专门的调查技术和手段,有权采取强制性侦查措施,在资源和权能等方面占据优势地位。同时,基于侦查保密原则,办案机关在侦查阶段,通常不会向被追诉者透露案件事实证据细节,而是试图利用信息优势促使被追诉者认罪,减少办案压力。不过,被追诉者受无罪推定原则保护,亦能在律师的帮助下进行有效的辩护防御。此外,被追诉者具有案件知情优势,如果不被强迫认罪,也可以在控辩协商中掌握一定的主动权。

总体上讲,辩护准备的条件要素,主要是指获得控诉方掌握 466
的案件事实证据,从而制订有针对性的辩护方案。由于侦查阶段收集的证据材料通常汇总在案卷之中,因此,基于公正审判的要求,控诉方应当向辩护方公开案卷材料,以便辩护方进行充分的辩护准备。欧洲人权法院指出,基于公正审判的要求,控诉方应当向辩护方开示所有有利于和不利于被追诉者的实质证据,

[1] Foucher v. France, para. 27. The Commission too considered that denying the applicant access to the case file, when he was not even represented by a lawyer, constituted a substantial impairment of the right to a fair trial in view of the breach of the principle of equality of arms and the restriction in the rights of the defence which it entailed.

如果未能全面开示证据,就将导致审判程序存在缺陷。[1]

467 需要指出的是,办案机关制作案卷材料,往往选择那些与案件存在关联,并且具有较强证明价值的证据材料。基于司法效率和程序经济的要求,办案机关对于那些与案件事实无关的材料,或者不具有实质证明价值的材料,通常将之排除在案卷之外。此外,一旦办案机关受追诉偏见影响,就可能选择性地将不利于被追诉者的证据材料纳入案卷,而将有利于被追诉者的证据材料排除在外。这意味着,如果不能从源头上规范案卷材料的制作,基于办案机关宽泛的裁量权和选择空间,很难从实质上保障被追诉者进行辩护准备的权利。

468 基于对冤假错案的理性反思,唯有从制度层面完善案卷制作规范,才能督促办案机关依法客观公正地收集证据。问题在于,如何有效地监督办案机关的案卷制作过程?传统的控辩对抗理论,在审前程序中很难发挥实质作用,主要原因是辩护方无法有效参与侦查取证过程,只能被动地从办案机关处获取既有的案卷材料。有鉴于此,建立有效的侦查监督机制,由检察机关等适格的第三方主体审查案卷材料的全面性和规范性,不失为可行的解决方案。这也表明,权力制约是权利保障的重

---

〔1〕 Edwards v. United Kingdom, para. 36. The Court considers that it is a requirement of fairness under paragraph 1 of Article 6 (art. 6 – 1), indeed one which is recognised under English law, that the prosecution authorities disclose to the defence all material evidence for or against the accused and that the failure to do so in the present case gave rise to a defect in the trial proceedings.

However, when this was discovered, the Secretary of State, following an independent police investigation, referred the case to the Court of Appeal which examined the transcript of the trial including the applicant's alleged confession and considered in detail the impact of the new information on the conviction.

要路径。

鉴于辩护准备工作通常是由律师进行，所以，进行辩护准备的权利主体主要是指律师。欧洲人权法院指出，律师有权充分地获取法庭的案卷材料，包括复制案卷材料以及会见当事人。[1]一些国家可能仅仅对律师获取案卷材料作出规定，这种做法本身并不违反国际公约规定。因为律师在获取案卷材料后，可以在会见被追诉者时向其核实有关情况。当然，原则上讲，被追诉者和律师都是进行辩护准备的主体，均有权获取案卷材料。特别是当被追诉者并未聘请律师，或者没有获得法律援助时，如果 469

〔1〕 Kamasinski v. Austria, para. 52. According to section 285c of the Code of Criminal Procedure, the Supreme Court, after having obtained the view of the Procurator General, shall deliberate in private if the Procurator General or the reporting judge has proposed the application of, inter alia, section 285d or f of the Code. Section 285d provides for, inter alia, rejection of a plea of nullity by a decision in private if the Supreme Court unanimously considers that pleas based on sub - paragraphs 1 to 8 of section 281 § 1 are manifestly ill - founded.

By virtue of section 285f the Supreme Court, " when deliberating in private, may... order that inquiries be made as to facts relating to alleged procedural defects (section 281 § 1.1 - 4)".

Where the Supreme Court does not render its decision in private, an unrepresented defendant in custody has to be informed of the date set down for the hearing and advised that he may only appear through a lawyer (section 286 § 2). In the case of a represented defendant only the defence lawyer is informed of the date (section 286 § 3). Under the terms of section 287 § 3 the defendant or his lawyer is always entitled to the last word (letzte Äusserung) at the hearing.

不允许其获取案卷材料，就使其无法进行辩护准备。[1] 同时，被追诉者和律师在辩护准备过程中，对案卷材料的处理各有侧重。律师基于专业技能和经验，可以对案卷材料进行系统审查和分析，识别案卷材料存在的缺陷和问题，制定有针对性的辩护策略。而被追诉者则具有独特的案件知情优势，更加清楚哪些证据并未收集在案，哪些证据缺乏可靠性，等等。有鉴于此，只有被追诉者和律师都能接触案卷材料，才能在密切协同的基础上，真正充分地开展辩护准备工作。

470 既然被追诉者和律师进行辩护准备，需要获得案卷材料，那么，究竟何时可以接触办案机关的案卷材料呢？在侦查程序中，办案机关基于保密需要，往往需要控制案件信息，避免被追诉者串供、毁灭证据或者妨碍侦查。欧洲人权法院早期判例认为，从检察机关提起指控时起，被追诉者有权接触案卷材料。此后，在涉及人身保护令的案件中，欧洲人权法院指出，在这一关键的诉讼阶段，获得案卷材料对于被追诉者而言非常重要，这是对抗制

---

〔1〕 Foucher v. France, para. 35. In the instant case, three considerations are of crucial importance.

Firstly, Mr Foucher chose to conduct his own case, which he was entitled to do both under the express terms of the Convention and under domestic law). The Court's reasoning in the cases of Kamasinski and Kremzow to the effect that it is not incompatible with the rights of the defence to restrict the right to inspect the court file to an accused's lawyer does not therefore apply.

Secondly, as the applicant had been committed directly for trial in the police court without a preliminary investigation, the question of ensuring the confidentiality of the investigation did not arise.

Lastly, the applicant's conviction by the Caen Court of Appeal was based solely on the game wardens' official report, which, under Article 537 of the Code of Criminal Procedure, was good evidence in the absence of proof to the contrary.

诉讼的内在要求。[1] 尽管办案机关担心,辩护律师获取侦查案卷材料,可能会对侦查产生影响,但在欧洲人权法院看来,人身保护令程序应当秉承对抗制诉讼的要求,确保控辩双方平等对抗,有鉴于此,如果辩护方无法获得侦查案卷中的证据材料,就无法有效地质疑羁押的合法性;尽管为了防止被追诉者毁灭证据、妨碍司法,有必要对侦查阶段的部分信息保密,但实现这一正当目的不能以严重限制辩护权为代价,因此,对于评估羁押合

---

〔1〕 Lamy v. Belgium, para. 29. Like the Commission, the Court notes that during the first thirty days of custody the applicant's counsel was, in accordance with the law as judicially interpreted, unable to inspect anything in the file, and in particular the reports made by the investigating judge and the Verviers police. This applied especially on the occasion of the applicant's first appearance before the chambre du conseil, which had to rule on the confirmation of the arrest warrant. The applicant's counsel did not have the opportunity of effectively challenging the statements or views which the prosecution based on these documents.

Access to these documents was essential for the applicant at this crucial stage in the proceedings, when the court had to decide whether to remand him in custody or to release him. Such access would, in particular, have enabled counsel for Mr Lamy to address the court on the matter of the co – defendants' statements and attitude. In the Court's view, it was therefore essential to inspect the documents in question in order to challenge the lawfulness of the arrest warrant effectively.

The appraisal of the need for a remand in custody and the subsequent assessment of guilt are too closely linked for access to documents to be refused in the former case when the law requires it in the latter case.

Whereas Crown Counsel was familiar with the whole file, the procedure did not afford the applicant an opportunity of challenging appropriately the reasons relied upon to justify a remand in custody. Since it failed to ensure equality of arms, the procedure was not truly adversarial.

There was therefore a breach of Article 5 para. 4.

法性的必要信息，应当通过适当方式向辩护律师公开。[1]

---

〔1〕 Lietzow v. Germany, paras. 44, 47. The Court recalls that arrested or detained persons are entitled to a review bearing upon the procedural and substantive conditions which are essential for the "lawfulness", in the sense of the Convention, of their deprivation of liberty. This means that the competent court has to examine "not only compliance with the procedural requirements set out in [domestic law] but also the reasonableness of the suspicion grounding the arrest and the legitimacy of the purpose pursued by the arrest and the ensuing detention".

A court examining an appeal against detention must provide guarantees of a judicial procedure. The proceedings must be adversarial and must always ensure "equality of arms" between the parties, the prosecutor and the detained person. Equality of arms is not ensured if counsel is denied access to those documents in the investigation file which are essential in order effectively to challenge the lawfulness of his client's detention. In the case of a person whose detention falls within the ambit of Article 5 § 1 (c), a hearing is required.

These requirements are derived from the right to an adversarial trial as laid down in Article 6 of the Convention, which means, in a criminal case, that both the prosecution and the defence must be given the opportunity to have knowledge of and comment on the observations filed and the evidence adduced by the other party. According to the Court's case – law, it follows from the wording of Article 6 – and particularly from the autonomous meaning to be given to the notion of "criminal charge" – that this provision has some application to pre – trial proceedings. It thus follows that, in view of the dramatic impact of deprivation of liberty on the fundamental rights of the person concerned, proceedings conducted under Article 5 § 4 of the Convention should in principle also meet, to the largest extent possible under the circumstances of an ongoing investigation, the basic requirements of a fair trial, such as the right to an adversarial procedure. While national law may satisfy this requirement in various ways, whatever method is chosen should ensure that the other party will be aware that observations have been filed and will have a real opportunity to comment thereon.

The Court is aware that the public prosecutor denied the requested access to the file documents on the basis of Article 147 § 2 of the Code of Criminal Procedure, arguing that to act otherwise would entail the risk of compromising the success of the ongoing investigations, which were said to be very complex and to involve a large number of other suspects. This view was endorsed by the Frankfurt Court of Appeal in its decision of 24 April 1992.

基于欧洲人权法院的判例，即便在侦查阶段，对于事关羁押合法性的必要信息，辩护律师也有权获取。这一裁判规则，总体上对于有效辩护非常有利，不过，其中隐含一个前提，就是区分被追诉者和辩护律师的信息获取权，即，辩护律师可以获取必要的案卷信息，但这些信息应当对被追诉者保密。实际上，这种做法并不符合有效辩护的内在需求，试想，如果辩护律师不能与当事人建立足够的信任，而是需要向当事人隐瞒特定信息，无疑不利于充分进行辩护准备。这实际上涉及信息的控制机制问题，通过辩护律师控制被追诉者可以获得的信息，显然并非适当的选择，因此，或许可以考虑由办案机关从源头上控制可以公开的信息。换言之，只要办案机关决定向辩护方公开的信息，辩护律师就无须向被追诉者保密。随着强制措施等重要权利事项逐步纳入司法审查的范畴，办案机关应当审慎评估向辩护方公开的信息。如果办案机关故意隐瞒有利于被追诉者的信息，或者过于限定公开的信息范围，被追诉者就可能面临不利的诉讼结果。 471

审前羁押对人身自由的剥夺，与定罪判决对人身自由的剥夺，在权利干预程度上具有类似性。既然事关定罪问题的争议，需要赋予被追诉者充分获取案卷材料的权利；同理，对于审前羁押存在的争议，也应当赋予被追诉者相应的权利。退一步讲，虽 472

The Court acknowledges the need for criminal investigations to be conducted efficiently, which may imply that part of the information collected during them is to be kept secret in order to prevent suspects from tampering with evidence and undermining the course of justice. However, this legitimate goal cannot be pursued at the expense of substantial restrictions on the rights of the defence. Therefore, information which is essential for the assessment of the lawfulness of a person's detention should be made available in an appropriate manner to the suspect's lawyer.

然为了防止被追诉者毁灭证据、妨碍司法等风险，有必要对部分信息保密，但在被追诉者已经被羁押的情况下，上述风险已经显著降低，无须再对辩护方可以获取的案卷材料加以严格限制。有鉴于此，从辩护权保障的角度看，办案机关应当根据案件情况，动态调整可以向被追诉者公开的案卷材料范围。

473 具体到中国的刑事程序，法律对辩护准备的条件作出了较为系统的规定，其中既涉及前述共性的问题，也有一些独特的事项。首先，辩护律师有权获取案卷材料。《刑事诉讼法》第四十条规定，辩护律师自人民检察院对案件审查起诉之日起，可以查阅、摘抄、复制本案的案卷材料。同时，《刑事诉讼法》第三十九条第四款规定，自案件移送审查起诉之日起，辩护律师可以向犯罪嫌疑人、被告人核实有关证据。所谓核实证据，可以理解为辩护律师在获取案卷材料之后，针对案卷材料所涉证据，向被追诉者核实证据细节。尽管法律并未明确规定被追诉者可以获取案卷材料，但辩护律师通过核实证据，能够在一定程度上实现与被追诉者的信息共享。需要强调的是，上述规定将辩护律师获取案卷材料的时间限定为自审查起诉之日起，这意味着，该项权利主要着眼于庭审辩护的准备。前文指出，针对强制措施合法性等问题的审前辩护，对于被追诉者的权利保障至关重要，而审前辩护需要以辩护方获取有关案卷材料为前提，有鉴于此，有必要赋予辩护方在审前程序中，及时获取为审前辩护所必需的证据材料的权利。

474 其次，辩护人有权申请司法机关调取案卷材料之外的证据材料。办案机关基于指控成效考虑，通常会裁量选择将有利于指控的证据材料纳入案卷，这意味着，一些证据材料（特别是有利于被追诉者的证据材料）虽已收集在案，但可能并未纳入案卷。有鉴于此，《刑事诉讼法》第四十一条规定，辩护人认为在侦查、审查起诉期间公安机关、人民检察院收集的证明犯罪嫌疑人、被告人无罪或者罪轻的证据材料未提交的，有权申请人民检察院、人民法院调取。同时，尽管通常区分有利于和不利于被追诉者的证据材料，但对于一些证据材料，如现场生物检材，只有通过鉴定才能判断是否与案件存在关联，以及是否有利于被追诉者。2010年“两高三部”《关于办理死刑案件审查判断证据若干问题的规定》第七条规定，对在勘验、检查、搜查中发现与案件事实可能有关联的血迹、指纹、足迹、字迹、毛发、体液、人体组织等痕迹和物品应当提取而没有提取，应当检验而没有检验，导致案件事实存疑的，人民法院应当向人民检察院说明情况，人民检察院依法可以补充收集、调取证据，作出合理的说明或者退回侦查机关补充侦查，调取有关证据。从辩护角度看，对于办案机关已经收集在案，但尚未进行鉴定的证据材料，尽管无法判明是否属于有利于被追诉者的证据，也可以申请司法机关予以调取，并通过鉴定确认其证明价值，避免遗漏关键证据。

此外，辩护律师可以依法收集有关证据。除有权获取办案 475
机关的案卷材料外，辩护律师也可以单独收集有利于被追诉者的证据材料。《刑事诉讼法》第四十三条规定，辩护律师经证人或者其他有关单位和个人同意，可以向他们收集与本案有关的材料，也可以申请人民检察院、人民法院收集、调取证据，或者申请人民法院通知证人出庭作证。辩护律师经人民检察院或者人民法院许可，并且经被害人或者其近亲属、被害人提供的证人同意，可以向他们收集与本案有关的材料。需要指出的是，辩护律师调查取证的范围,主要限于上述言词证据;对于物证、书证、鉴定意见等证据,辩护律师应当申请司法机关予以收集、调取。

476 再次,被追诉者更换辩护律师的权利。对于被追诉者在审前程序中被羁押的情形,有效辩护主要取决于辩护律师的专业帮助。如果辩护律师,特别是法律援助律师,未能按照规范要求充分开展辩护准备工作,被追诉者有权更换辩护律师,或者申请更换法律援助律师。《刑事诉讼法》第四十五条规定,在审判过程中,被告人可以拒绝辩护人继续为他辩护,也可以另行委托辩护人辩护。在审前程序中,被追诉者基于有效辩护的考虑,也有权作出上述决定。

477 最后,被追诉者获得专业帮助的权利。《公民权利与政治权利国际公约》第十四条第三款(f)项规定,如果被追诉者不通晓法庭使用的语言,可以获得免费的翻译帮助。《欧洲人权公约》第六条第三款(e)项作出了类似的规定。实际上,除获得翻译帮助外,被追诉者还有权获得为有效辩护所需的其他专业帮助。基于控辩双方平等对抗原则,面对由检察官、警察、鉴定人组成的专业指控团队,辩护方除专业律师外,也需要聘请有关领域的专家,以便有效开展质证、辩论等工作。中国《刑事诉讼法》第一百九十七条第二款规定,公诉人、当事人和辩护人、诉讼代理人可以申请法庭通知有专门知识的人出庭,就鉴定人作出的鉴定意见提出意见。被追诉者除了可以聘请有专门知识的人对鉴定意见提出意见外,还可以聘请犯罪重建专家、心理学家等有专门知识的人,对现场取证的科学性、全面性,以及言词证据的偏见与风险,进行专业、有效的质证。被追诉者获得全方位的专业帮助,既是进行充分辩护准备的前提,也是推动庭审实质化的条件。

3.3　公开审判权

公开审判(public hearing)是刑事诉讼的基本原则,能够保证当事人免受秘密审判,并使审判接受社会公众监督。通过公开审判,刑事司法能够满足当事人和社会公众的合理预期,并最终实现看得见的正义。公开审判与公正审判存在密切关联,强调公开审判,在一定程度上有助于促进公正审判。不过,两者不能混为一谈,审判的公开性和公正性是两项独立的价值:前者强调的是审判的外在形式,而后者则主要关注控辩双方平等对抗等内在要求。同时,与公正审判相比,公开审判不仅涉及被追诉者的权利,还涉及媒体和公众的利益。 478

《世界人权宣言》第十条规定,人人完全平等地有权获得……公开的审判。《公民权利与政治权利国际公约》第十四条第一款规定,在确定任何刑事指控时,每个人都有权获得公开审判……基于民主社会的道德风化、公共秩序或者国家安全,或者保护当事人私人生活的利益,或者法院认为特定情形下公开审判可能影响公正利益,在绝对必要的限度内,可以禁止媒体和公众旁听全部或部分审判;但是,刑事案件的判决应当一律公开,除非基于保护未成年人利益的需要或者涉及婚姻争议或子女监护问题。《欧洲人权公约》第六条第一款规定,在确定任何刑事指控时,每个人都有权获得公开审判……判决应当公开宣布,但是,基于民主社会的道德风化、公共秩序或者国家安全,基于未成年人的利益或者保护当事人的私人生活,或者法院认为特定 479

情形下公开审判可能影响公正利益,在绝对必要的限度内,可以禁止媒体和公众旁听全部或部分审判。比较而言,上述国际公约对公开审判权及其例外情形所作的规定,并不完全相同,这体现了细微的理念差异,同时,国际公约还对审判公开(实际上主要是指公开审理)与判决公开专门加以区分。

480 中国《宪法》第一百三十条规定,人民法院审理案件,除法律规定的特别情况外,一律公开进行。《刑事诉讼法》第十一条规定,人民法院审判案件,除本法另有规定的以外,一律公开进行。同时,《刑事诉讼法》第二百零二条规定,宣告判决,一律公开进行。值得注意的是,《宪法》采用的是"审理"的表述,而《刑事诉讼法》则采用"审判"的表述。关于这一差异,可以理解为,审判包括审理与判决两个主要环节,在《宪法》规定的审理公开基础上,《刑事诉讼法》进一步强调审理和判决都要公开。实际上,审理公开与判决公开,既有相同的旨趣,也有不同的制度目标。这种以公开审理为原则,以不公开审理为例外的制度设计,符合公开审判权的内在要求。

3.3.1 公开审判的多元价值

481 公开审判的价值似乎不言而喻,但细究起来,实际上涉及复杂的利益考量。对于绝大多数普通案件,除了当事人及其亲友之外,社会公众通常并不关心,也极少旁听审判。即便有些公众旁听审判,由于公众并不熟悉法庭审判的程序和规则,所以,实际上也难以对程序公正所涉的技术性问题作出有效评判。不过,对于社会关注的热点案件,公开审判往往具有"法治公开课"的社会效果,更能体现司法公开的多元价值。

对于被追诉者而言，公开审判作为一项权利（the right to a public hearing），能够避免秘密审判的“暗箱操作”，也有利于充分行使辩护权等诉讼权利。同时，被追诉者的亲友和公众可以旁听审判，监督审判程序的公正性，为被追诉者提供外部支持，并对违反公正审判的情形主张法律救济。不过，公开审判并不单纯是一项个体权利，还蕴含着民主和法治等重要价值。 482

之所以主张公开审判并非单纯的个体权利，主要是因为：一些被追诉者实际上并不希望案件信息公之于众，在他们看来，公开审判意味着难堪的负面体验，特别是媒体公开宣传之后，公开审判还将导致社会羞辱效应（shaming effect）。但对社会公众而言，公开审判能够为其提供参与司法的机会，体现司法的民主性。此外，公众旁听审判，还能形成舆论监督效应，督促司法机关和诉讼参与人规范诉讼行为。如果将公开审判仅仅视为被追诉者的个体权利，那么，社会公众就难以主张旁听审判，也难以对审判活动进行社会监督。由此可见，公正审判是一项复合型的权利，既包括被追诉者的诉讼利益，也涉及第三方参与司法、获取司法信息的权利。 483

因为公开审判并非单纯的个体权利，而是一项重要的诉讼原则，所以，被追诉者不能随意放弃公开审判权。这意味着，即便被追诉者并未申请公开审判，也不能被视为放弃了公开审判权。由于涉及复杂的价值考量，只有存在法定的例外情形，法院才能结合被追诉者的申请，决定不公开审理。 484

欧洲人权法院指出，被追诉者放弃权利，必须通过明确无误的方式予以认定，同时，程序权利的放弃，应当根据权利的重要 485

程度,提供与之相对等的、最低限度的法律保障。[1] 具体到公开审判权,欧洲人权法院认为,该项权利的放弃可以通过明示或者默示的方式作出,这一要求显然比较宽松。所谓默示的放弃,意味着对于特定的情形,如果被追诉者不积极主张公开审判,就视为放弃了公开审判权。需要指出的是,刑事诉讼第一审程序,因与公正审判紧密相关,通常不能作出默示放弃公开审判权的程序推定。

486 如果公开审判权可以放弃,考虑到实践中一些被追诉者不愿面对公开审判的羞辱效应,那么,被追诉者是否可以主张不公开审判的权利?鉴于公开审判权不是单纯的个体权利,而是承载着多元的制度价值,因此,该项权利蕴含的公共利益,不能仅因被追诉者提出主张而予以搁置。在欧洲人权法院看来,被追诉者放弃权利的主张,不能违背重要的公共利益。[2] 当然,在辩诉交易的制度背景下,如果被追诉者与检察机关达成认罪交易,

---

〔1〕 Pfeifer and Plankl v. Austria, para. 37. The Government argued that the applicant had waived his right under Article 6 para. 1 (art. 6 – 1), not only implicitly in failing to challenge the composition of the Regional Court at the appropriate time but also expressly before the opening of the hearing.

According to the Court's case – law, the waiver of a right guaranteed by the Convention – insofar as it is permissible – must be established in an unequivocal manner. Moreover, the Court agrees with the Commission that in the case of procedural rights a waiver, in order to be effective for Convention purposes, requires minimum guarantees commensurate to its importance.

〔2〕 Pauger v. Austria, para. 58. The Court recalls that the public character of court hearings constitutes a fundamental principle enshrined in Article 6 para. 1 (art. 6 – 1), but that neither the letter nor the spirit of that provision (art. 6 – 1) prevents a person from waiving of his own free will, either expressly or tacitly, the entitlement to have his case heard in public. Any such waiver must be made in an unequivocal manner and must not run counter to any important public interest.

则因无须进行审判,也可视为其放弃了公开审判权,或者说规避了公开审判原则的要求。

3.3.2 公开审判的权利要素

3.3.2.1 公开审判的要求和适用范围

在法庭这一特定场域内,公开审判涉及个体权利和公共利益两个维度的要求。一方面,从被追诉者角度看,法庭应当通过直接言词方式进行审理,这与证据规则存在紧密关联。具体言之,控诉方指控犯罪的所有证据,都应当在公开的法庭上直接出示,并经控辩双方质证、辩论后,才能作为定案的根据。这既是程序公正的要求,也是公开审判的体现。 487

另一方面,从社会公众角度看,法庭应当允许社会公众进入法庭旁听审判。国际公约专门提到公众和媒体参与审判的要求:在实践中,基于隐私权和法庭秩序等考虑,旁听人员不得在法庭内拍照录像,但媒体经允许可以对审判情况进行报道。根据《最高人民法院关于适用〈中华人民共和国刑事诉讼法〉的解释》第三百零六条规定,法庭审理过程中,旁听人员不得对庭审活动进行录音、录像、拍照或者使用即时通讯工具等传播庭审活动;记者经许可实施上述活动的,应当在指定的时间及区域进行,不得干扰庭审活动。 488

需要指出的是,近年来,最高人民法院以审判流程公开、庭审活动公开、裁判文书公开、执行信息公开四大平台为载体,全面深化司法公开,特别是裁判文书上网和庭审网上直播,显著推进了公开审判的理念和制度创新。截至 2020 年 4 月,中国裁判 489

文书网公布文书9195万份，中国审判流程信息公开网向当事人公开案件2900万件，公开信息15亿项，中国庭审公开网直播案件696万件，观看量237亿人次。[1]

490 公开审判的适用范围包括诸多具体要求，既涉及具体的审判环节，也涉及不同的程序阶段。首先，公开审判的环节，主要是指开庭审判的整个流程，并不包括法庭评议过程。通常认为，法庭评议过程，包括法庭对陪审团的指示过程，应当秘密进行。根据《最高人民法院关于适用〈中华人民共和国刑事诉讼法〉的解释》第二百一十四条规定，评议情况应当保密。

491 其次，公开审判的要求通常限于审判程序，并不涵盖审前程序。人权委员会指出，公开庭审的权利适用于法庭审判活动，并不适用于办案机关和检察机关在审前程序中所作的决定。[2] 欧洲人权法院指出，对于羁押候审的被追诉者，无须启动公开程序，因此，公开审判并不适用于人身保护令程序。[3] 之所以作此

〔1〕 周强：《最高人民法院工作报告——2020年5月25日在第十三届全国人民代表大会第三次会议上》，载《人民法院报》2020年6月2日，第1版。

〔2〕 Alex Conte, Richard Burchill, *Defining Civil and Political Rights*, Ashgate, 2009, p. 172.

〔3〕 Neumeister v. Austria, para. 23. According to the Government, in connection with the fourth criterion, the Commission has presented no more than part of the result of its investigations, without mentioning in particular certain facts of which it was aware and which, properly viewed, would have cast a different light on the Applicant's conduct.

The Commission is said to have made the mistake of applying the fourth criterion from a subjective angle, forgetting that the attitude of an accused during proceedings is an objective factor. It is true that Neumeister did not try to slow down the proceedings by his appeals. Nevertheless, they did cause delays, since on each occasion the record had to be handed over to the competent authorities. Moreover, Neumeister is said to have done nothing to speed up the proceedings. On the contrary, he did not give an accurate

区分，主要是考虑，人身保护令程序并不解决定罪量刑等案件实体问题。当然，尽管在通常情况下，审前程序所作的司法决策，无须适用公正审判的要求，但这并不意味着，审前程序所涉事项不得公开，实际上，从维护被追诉者诉讼权利的角度看，审前程序的适度公开大有裨益。例如，考虑到审前羁押对后续诉讼程序的重要影响，通过公开程序解决羁押必要性争议，不失为可行的制度方案。有鉴于此，《人民检察院办理羁押必要性审查案件规定（试行）》第十四条规定，人民检察院可以对羁押必要性审查案件进行公开审查；但是，涉及国家秘密、商业秘密、个人隐私的案件除外。

再次，公开审判的地点，并不限于法庭，可以包括其他审判 492
场所。通常情况下，法院都是在法庭进行公开审判，并允许公众和媒体到法庭旁听。不过，基于押解安全等考虑，一些法院在看守所设立临时法庭，并在看守所临时法庭对被追诉者进行审判，此种情况并不违反公开审判原则。欧洲人权法院也曾讨论在监

---

account of his part in the transactions in question.

The Government lastly points out that, although the fourth criterion also covers the conduct of other accused persons, the Commission has considered the Applicant's behaviour in isolation. The Government holds that if several persons suspected of complicity are prosecuted simultaneously, each must bear the consequences of the others' actions. It therefore complains that the Commission has considered the prosecution of the Applicant separately from the rest of the case, whereas the Investigating Judge, when giving evidence before it as a witness, stated that the reason why he had not investigated Neumeister's case separately was that some of the offences with which he was charged were inextricably bound up with the activities of the other accused. According to the Government the Commission would, if its fact – finding had been complete and correct and its application of the criterion legally accurate, necessarily have expressed the opinion that the length of detention had been reasonable.

狱进行审判的问题，并对维护公开审判权提出以下要求：只有当公众能够获得审判的时间、地点等信息，并能够顺利到达审判地点时，才能满足公开审判的要求。如果在法庭之外的场所，特别是监狱等特殊场所进行审判，由于公众通常无法进入此类场所，这将给公开审判带来挑战。此种情况下，法院应当采取有针对性的补救措施，例如，对公众和媒体进行专门的通知，并确保他们能够获准进入这些场所旁听审判。[1] 换言之，如果法院审判的时间或地点，可能对公众和媒体参与审判造成妨碍，就应当采取专门的补救措施。中国《刑事诉讼法》第一百八十七条第三款规定，公开审判的案件，应当在开庭三日以前先期公布案由、被告人姓名、开庭时间和地点。对于在法庭之外的场所进行审判的情形，这一通知要求有利于公众和媒体参与审判。

493 最后，上诉程序，基于特定的政策考量，也需要适用公开审判的要求。人权委员会曾经认为，上诉程序无须进行公开审判，但随后又指出，如果上诉阶段需要解决指控的争议问题，也需要公开审判。由于上诉程序需要解决的争议类型较多，所以，是否

---

〔1〕 Riepan v. Austria, para. 27. The Court reiterates that the holding of court hearings in public constitutes a fundamental principle enshrined in paragraph 1 of Article 6. This public character protects litigants against the secret administration of justice with no public scrutiny; it is also one of the means whereby confidence in the courts can be maintained. By rendering the administration of justice transparent, publicity contributes to the achievement of the aim of Article 6 § 1, namely a fair trial, the guarantee of which is one of the fundamental principles of any democratic society. The public character of the proceedings assumes a particular importance in a case such as the present, where the defendant in the criminal proceedings is a prisoner, where the charges relate to the making of threats against prison officers and where the witnesses are officers of the prison in which the defendant is detained.

需要公开审判取决于个案情况。基于欧洲人权法院的判例,如果上诉程序需要重新审查事实证据,或者涉及量刑争议,如评估被追诉者的犯罪动机等量刑事实,就要求被追诉者和律师参与诉讼,进行有针对性的辩护。[1] 相比之下,如果所涉犯罪比较轻微,或者仅仅涉及一般法律争议,无须被追诉者到场辩护,则无须公开审判。中国《刑事诉讼法》对二审案件实行全面审查原则,在此基础上,该法第二百三十四条第一款明确规定了开庭审理的案件范围,具体包括:被告人、自诉人及其法定代理人对第一审认定的事实、证据提出异议,可能影响定罪量刑的上诉案件;被告人被判处死刑的上诉案件;人民检察院抗诉的案件;其他应当开庭审理的案件。总体上讲,法律对第二审程序所作的规定,体现了以不开庭审理为原则,以开庭审理为例外的思路。将开庭审理的案件范围限定为三种特殊类型的案件,也契合第二审程序的救济功能。不过,这种规定似乎隐含着一个程序假定,即,被追诉者在第二审程序中默示放弃了公开审判的权利,因此,只有对事实证据存在争议的案件,或者死刑上诉案件,才予以开庭审理。为了体现公正审判的内在要求,可以考虑赋予被追诉者程序选择权,即,被追诉者可以选择是否在第二审程序中接受公开审判,如果被追诉者明确放弃公开审判,则可以不公

---

〔1〕 Kremzow v. Austria, para. 58. The Court recalls that Article 6 (art. 6) extends to nullity and appeal proceedings such as those involved in the present case. However, the personal attendance of the defendant does not necessarily take on the same significance for an appeal or nullity hearing as it does for a trial hearing.

Indeed, even where an appeal court has full jurisdiction to review the case on questions both of fact and of law, Article 6 (art. 6) does not always require a right to a public hearing and a fortiori a right to be present in person.

开审理。

3.3.2.2　公开审判的限制和例外

494 国际公约规定了公开审判权的例外情形，包括道德风化、公共秩序或者国家安全，未成年人的利益，当事人私人生活的利益，或者公正利益，等等。类似地，中国《刑事诉讼法》第一百八十八条第一款规定了公开审判的例外情形，具体包括：有关国家秘密或者个人隐私的案件，不公开审理；涉及商业秘密的案件，当事人申请不公开审理的，可以不公开审理。同时，第二百八十五条规定，审判的时候被告人不满十八周岁的案件，不公开审理。

495 欧洲人权法院指出，《欧洲人权公约》已经明确规定了公开审判的例外情形，因此，不能对公开审判设定其他默认的限制。[1] 同理，中国《刑事诉讼法》对公开审判的例外情形作出了明确规定，除此之外，不能再对公开审判设置额外的限制。对于违反公开审判的情形，应当给予必要的程序性制裁。《刑事诉讼法》第二百三十八条规定，第二审人民法院发现第一审人民法院的审理违反公开审判的规定，应当裁定撤销原判，发回原审人民

〔1〕 Campbell and Fell v. United Kingdom, para. 90. It is true that the Court has recognised that to a certain extent the right of access to the courts secured by Article 6 (art. 6) may be subject to limitations permitted by implication. However, that recognition resulted from the fact that the right in question was inherent in the first sentence of Article 6 para. 1 (art. 6 - 1) but was not defined therein. Again, unlike the first sentence, the second sentence does already contain a detailed list of express exceptions. Bearing in mind the terms of Article 17 (art. 17) and the importance of the principle of publication, the Court does not consider that that principle may be regarded as subject to an implied limitation as suggested by the Government.

法院重新审判。

如果第二审程序不存在事实证据争议,或者不涉及死刑适用等特殊政策考量,而主要涉及技术性的争议,二审法院可以实行书面审理。尽管如此,为了维护被追诉者接受听审的权利,第二审程序应当体现最低限度的正当程序保障。《刑事诉讼法》第一百八十八条第二款规定,不公开审理的案件,应当当庭宣布不公开审理的理由。同时,第二百三十四条第二款规定,第二审人民法院决定不开庭审理的,应当讯问被告人,听取其他当事人、辩护人、诉讼代理人的意见。这些不开庭审理的程序保障,有利于维护被追诉者的诉讼权利和程序的公正性等内在价值。 496

3.3.2.3 判决公开的信息价值

国际公约在审判公开基础上,专门强调了判决公开的要求。 497
与审判公开类似,判决公开也涉及当事人和社会公众的双重需求。当事人关注判决结果,主要是由于判决结果与自身诉讼利益紧密相关。对于社会公众而言,他们之所以关注判决结果,除了希望知晓个案的最终处理结果,还希望通过判决包含的具体信息,为自身行为提供必要的依据指引。就像霍姆斯法官所讲的那样,普通公众通过法院判决了解法律,预测自身行为的法律后果,进而避免因违反法律而遭到制裁。[1]

关于判决公开的具体要求,国际公约的规定存在一定差异。 498
《公民权利与政治权利国际公约》的要求是"刑事案件的判决应

〔1〕 Oliver Wendell Holmes, *The Path of the Law*, Harvard Law Review, Vol. 110, p. 991(1897).

当一律公开(made public)”,而《欧洲人权公约》的要求则是“判决应当公开宣布(pronounced publicly)”,后者的要求无疑更为严格。不过,基于实践操作性等考量,欧洲人权法院指出,判决公开的方式很多,《欧洲人权公约》的起草过程并未表明判决公开宣布的要求,因此,只要判决予以公开,就可视为满足了公约的要求。[1] 相比之下,中国《刑事诉讼法》第二百零二条规定,宣告判决,一律公开进行,这一要求与《欧洲人权公约》的表述类似,不过,与欧洲人权法院的折中态度相比,中国法院对判决公开的法律规定执行较为严格,通常是通过公开宣判的方式宣告判决。

499 需要指出的是,强调判决公开,除了促使公众继续关注裁判结果,避免审判公开虎头蛇尾,更重要的价值在于向公众提供有价值的司法信息。从社会治理角度看,法官不是专业的政策制定者,却是专业的事实调查者,因此,与其他官方机构提供的信息相比,法庭提供的信息更为可靠。公开裁判理由,既能提高司法裁判的透明度,也能让社会公众通过法院判决,深入了解法律运行效果和社会治理现状。这意味着,判决公开的核心价值在于公开裁判包含的信息和理由,这也是判决公开对社会治理的

---

〔1〕 B and P v. United Kingdom, para. 45. The Court recalls its long – standing case – law that the form of publicity given under the domestic law to a judgment must be assessed in the light of the special features of the proceedings in question and by reference to the object and purpose of Article 6 § 1. Thus in Sutter, for example, it found that the publicity requirement under Article 6 § 1 was satisfied by the fact that anyone who could establish an interest could consult or obtain a copy of the full text of judgments of the Military Court of Cassation, together with the fact that that court's most important judgments were published in an official collection.

潜在贡献。特别是在国外的政策和法律研究机构看来，如果能够全面便捷地获得一国的司法判决数据，对于开展有针对性的政策和法律分析，无疑具有非常重要的价值。

此外，判决公开还与司法责任制等改革举措存在紧密关联。500 裁判文书作为司法审判的最终产品，应当详细阐明裁判理由，这是当事人继续寻求法律救济的前提，也是评估司法责任的依据。2015年《最高人民法院关于完善人民法院司法责任制的若干意见》第二十五条第二款规定，法官在审判工作中，故意违反法律法规，或者因重大过失导致裁判错误并造成严重后果，依法应当承担违法审判责任。所谓裁判错误，主要是指裁判结果出现错误；而裁判文书所列的结论和理由、依据，则是认定裁判错误的主要根据。同时，该意见第二十六条第五项规定，制作诉讼文书时，故意违背合议庭评议结果、审判委员会决定，或者因重大过失导致裁判文书主文错误并造成严重后果，应当依纪依法追究相关人员的违法审判责任。有鉴于此，强调裁判文书释法说理，并将裁判文书作为认定违法审判责任的主要依据，有助于促使审判主体提高审判质量，进而间接加强对被追诉者权利的保障。

进一步讲，判决公开还能体现裁判主体的有关信息，促使被 501 追诉者有效评估审判程序和裁判结果的公正性。具体言之，裁判文书除包含独任法官和合议庭的处理意见外，对于提交审判委员会讨论的案件，还应当写明审判委员会讨论案件的程序以及提出的具体意见。这些细节信息，对于被追诉者了解裁判过程和裁判依据具有重要价值。

3.4 公正审判权

502 广义的公正审判权，是包含无罪推定权利、辩护权等诸多权利的集合性权利。此处所讲的是狭义的公正审判权，主要涉及控辩审三方组成的诉讼构造，具体包括由独立和中立的法庭进行审判的权利(the right to an independent and impartial tribunal)，以及控辩双方平等武装的权利(the equality of arms)。从国际公约层面看，公正审判与公开审判的规定通常是并列的，不过，与前文介绍的公开审判权相比，公正审判权具有不同的权利内涵，两者在实践中是相辅相成的关系。

503 《世界人权宣言》第十条规定，人人完全平等地有权获得由独立、中立的法庭进行公正……审判的权利。《公民权利与政治权利国际公约》第十四条第一款规定，每个人都有权获得……由适格、独立和中立的法庭……公正审判的权利。《欧洲人权公约》第六条第一款规定，每个人都有权获得……由独立和中立的法庭……公正审判的权利。通常认为，由独立、中立的法庭进行审判，是刑事程序领域最重要的权利。同时，作为公正审判权的基本要素，控辩双方平等武装，也是正当程序的核心要求。

3.4.1 由独立和中立的法庭审判的权利

504 由独立、中立的法庭进行审判，既关系到权利的司法保障和救济，也涉及法治的制度根基。没有独立、中立的法庭体系，法治将成为无源之水、无本之木。换言之，正是基于独立、中立的法庭，才能建立、维系人权与法治之间的关联。需要指出的是，法庭的独立性与中立性，涉及不同的权利要素，简言之，独立审判更多涉及体制性问题,中立审判则更多涉及程序性问题。不过,在欧洲人权法院看来,独立性和中立性是紧密相关的两个概念,应当在实践中一并加以考虑。〔1〕

3.4.1.1　法庭独立审判的基本要素

法庭独立审判是公正审判权的核心要素。强调法庭独立审判,通常包括两个层面的要求:一是从司法权的宪法定位看,司法机关在国家法治体系中应当具有独立性,不受制于包括行政机关在内的其他国家机关。中国《宪法》第一百三十一条规定,人民法院依照法律规定独立行使审判权,不受行政机关、社会团体和个人的干涉。《刑事诉讼法》第五条重申了人民法院依法独立行使审判权的宪法原则。这些规定表明,依法独立审判已经在规范层面形成基本共识。二是从司法系统的层级关系看,各级法院在审判事务方面应当具有独立性,下级法院不应听从上级法院对具体个案提出的裁判要求。《宪法》第一百三十二条规定,最高人民法院监督地方各级人民法院和专门人民法院的审 505

〔1〕 Findlay v. United Kingdom, para. 73. The Court recalls that in order to establish whether a tribunal can be considered as "independent", regard must be had, inter alia, to the manner of appointment of its members and their term of office, the existence of guarantees against outside pressures and the question whether the body presents an appearance of independence.

As to the question of "impartiality", there are two aspects to this requirement. First, the tribunal must be subjectively free of personal prejudice or bias. Secondly, it must also be impartial from an objective viewpoint, that is, it must offer sufficient guarantees to exclude any legitimate doubt in this respect.

The concepts of independence and objective impartiality are closely linked and the Court will consider them together as they relate to the present case.

判工作，上级人民法院监督下级人民法院的审判工作。与检察机关的垂直领导体制不同，上下级法院之间是监督指导的关系。最高人民法院或者上级人民法院并不直接领导下级人民法院，但可通过发布司法解释、指导性案例或者受理上诉案件等方式对下级人民法院进行审判监督和指导。

506 在欧洲人权法院看来，法庭的独立性主要取决于以下要素：法官任命方式、任职期限、抵制外部压力的保障措施和独立的外在形象。[1] 首先，各国法官的任命方式并不相同，体现了不同的政治和法治模式。尽管通常强调法庭不受政治因素影响，但实际上，法庭难以完全脱离政治生活和社会主流意识形态。关键问题是如何妥善处理法治与政治的边界，从某种意义上讲，如果法庭能够审慎考虑社会的主流价值，如中国传统的"天理国法人情"观念，实际上有助于提高裁判的正当性和可接受性。不过，作为公正审判的基本要求，法庭应当始终坚守宪法法律和人权保障的底线。中国 2019 年修订的《法官法》确立了法官遴选制度，该法第十六条规定，省、自治区、直辖市设立法官遴选委员会，负责初

---

〔1〕 Incal v. Turkey, para. 65. The Court reiterates that in order to establish whether a tribunal can be considered "independent" for the purposes of Article 6 § 1, regard must be had, inter alia, to the manner of appointment of its members and their term of office, the existence of safeguards against outside pressures and the question whether it presents an appearance of independence.

As to the condition of "impartiality" within the meaning of that provision, there are two tests to be applied: the first consists in trying to determine the personal conviction of a particular judge in a given case and the second in ascertaining whether the judge offered guarantees sufficient to exclude any legitimate doubt in this respect. It was not contested before the Court that only the second of these tests was relevant in the instant case.

In the instant case, however, the Court will consider both issues – independence and impartiality – together.

任法官人选专业能力的审核。其中,省级法官遴选委员会的组成人员应当包括地方各级人民法院法官代表、其他从事法律职业的人员和有关方面代表,其中法官代表不少于三分之一。这种专业遴选制度,尽管在现阶段存在遴选机制的地方化、差异性,以及遴选标准之间的冲突性等问题[1],但随着遴选机制不断优化完善,有助于确保法官的专业素养和职业能力,总体上是比较合理的法官选任机制。

其次,法官的职业保障,包括任职期限和薪酬待遇,能够反 507
映法官职业的稳定性。如果法官任期较短,薪资较低,难以维持体面的生活,不仅会对法官职业的稳定性产生影响,还容易滋生司法腐败。中国传统上对法官适用公务员管理制度,伴随员额制改革,正在逐步建立与法官单独职务序列相衔接、有别于其他公务员的工资制度。根据2015年中央全面深化改革领导小组审议通过的《法官、检察官单独职务序列改革试点方案》和《法官、检察官工资制度改革试点方案》要求,提高法官等级设置规格,建立有别于其他公务员的法官单独职务序列及工资制度。法官工资水平按高于当地其他公务员工资收入的一定比例确定,并建立与法官工作职责、实绩和贡献紧密联系的工资分配机制。[2] 这些因素看似与公正审判权没有直接关联,但实际上,公正审判最终取决于审判主体的职业素养和操守。进一步讲,稳定和高素质的法官群体,是公正审判的制度保障。

---

〔1〕 左卫民:《员额法官遴选机制改革实证研究:以A省为样板》,载《中国法学》2020年第4期,第261-282页。

〔2〕 徐隽:《改革,让优秀人才留在法官队伍——访最高人民法院党组成员、政治部主任徐家新》,载《人民日报》2016年11月16日,第17版。

508 再次，抵制外部压力的保障措施。毋庸讳言，法庭审判有时会面对媒体舆论、当事人上访闹访等来自程序内外的压力。2013年《中央政法委关于切实防止冤假错案的规定》第八条指出，人民法院、人民检察院、公安机关办理刑事案件，必须以事实为依据，以法律为准绳，不能因为舆论炒作、当事人及其亲属上访闹访和"限时破案"、地方"维稳"等压力，作出违反法律规定的裁判和决定。在实践中，要想有效抵制这些压力，关键在于完善具体的制度安排，包括法官职业保障制度，以及抵制压力的程序机制等。《法官法》第五十三条规定，除法定情形外，不得将法官调离审判岗位。第五十四条还规定，任何单位或者个人不得要求法官从事超出法定职责范围的事务。对任何干涉法官办理案件的行为，法官有权拒绝并予以全面如实记录和报告；有违纪违法情形的，由有关机关根据情节轻重追究有关责任人员、行为人的责任。这些职业保障机制有助于消解法官面临的案外压力。但除了法官个体的职业保障外，法庭或者法院作为整体，能否坚持依法独立审判，在很大程度上取决于自身的职能定位，以及对权利保障的基本态度。此外，积极探索有效的程序机制，如提级管辖、异地审判等，也有助于缓解程序内部的审判压力。

509 最后，法庭独立审判的外在形象。具体到司法个案，当事人和公众对法庭是否独立审判的评价，往往取决于法官的外在表现。这一问题，在法庭中立审判方面体现得更为突出，详见下文分析。同时，法庭能否坚持独立审判，在司法政策和既往判决中通常有所体现。这与前文提到的司法判决的信息价值，实际上讲的是同一个道理。

510 以上简要总结了法庭独立审判的基本要素，这些要素与权利保障紧密相关。如果案件存在影响公正审判的特定情形，特别是法院的声明和做法不符合独立审判的外在形象，被追诉者可以提出有针对性的程序主张。基于现有刑事程序，可以结合管辖制度提出以下两类申请：一是主张异地审判。一些案件面临的审判压力，主要来自当地有关部门或者当事人上访闹访，如果案件压力已经影响公正审判，被追诉者可以申请上级法院将案件移送异地其他同级法院审判，以便有效抵制当地压力。《刑事诉讼法》第二十七条规定，上级人民法院可以指定下级人民法院审判管辖不明的案件，也可以指定下级人民法院将案件移送其他人民法院审判。这意味着，对于被追诉者向上级法院提出的异地审判申请，上级法院可以指定下级法院将案件移送异地法院审判。尽管异地审判可能增加一定的司法成本，但与减少司法成本相比，公正审判无疑是更重要的司法价值。同时，通过优化司法协作机制，包括推广电子卷宗系统，能够尽量减少异地审判的附加成本。

二是主张提级管辖。通常情况下，上级法院的司法权威更 511
高，面对的审判压力更小，有鉴于此，当案件审判面临地方压力，以致影响公正审判时，被追诉者可以申请上级法院提级审理，或者申请当地法院将案件移交上级法院审理。《刑事诉讼法》第二十四条规定，上级人民法院在必要的时候，可以审判下级人民法院管辖的第一审刑事案件；下级人民法院认为案情重大、复杂需要由上级人民法院审判的第一审刑事案件，可以请求移送上一级人民法院审判。有鉴于此，对于重大疑难复杂案件，由上级法院提级管辖，既能有效消除下级法院的审判压力，也能通过上级法院制作典型判例，统一辖区法院的审判标准。

3.4.1.2 法庭中立审判的基本要素

512 法庭中立审判，主要是指法官不能对案件存在先入为主的偏见，也不能偏袒一方当事人的利益。中国《刑事诉讼法》第六条规定，人民法院……进行刑事诉讼……必须以事实为根据，以法律为准绳。《法官法》第六条专门强调，法官审判案件，应当秉持客观公正的立场。这些规定体现了法庭中立审判的基本要求。对个案而言，与独立审判相比，法庭中立审判可能是更为重要的要求。因为在当事人看来，法庭独立更多的是抽象的体制性问题，而法官中立则是影响个案结果的具体性问题。如果法官并不中立，而是偏袒一方当事人，则无论法庭是否独立，对当事人来说都意味着不公正。进一步讲，尽管受主客观因素影响，司法错误可能难以杜绝，但法庭不能基于偏见或者私利，作出违反事实和法律的裁判。

513 关于法庭中立审判，欧洲人权法院区分主观标准和客观标准。所谓主观标准，是指对特定法官是否中立的个人确信，即，当事人是否认为法官保持中立。所谓客观标准，是指法官能否基于程序保障，有效排除当事人对司法偏见的合理怀疑。[1] 受成长环境、教育背景等因素影响，每个个体都可能存在显性或者潜在的偏见，因此，杜绝个人偏见并不现实。但比较而言，如果法官经过法律职业训练，能够秉承批判思考的职业理念，并且坚持法律的正当程序，就能够最大限度地抵制可能影响公正审判的司法偏见。

---

〔1〕 Incal v. Turkey, para. 65.

就主观标准而言，当事人对法官是否中立的判断本身，也可能受到心理偏见的影响。在陪审团审判模式下，无因回避制度的实行，为主观标准下的法庭中立审判消除了法律障碍。不过，中国《刑事诉讼法》实行有因回避制度，第二十九条专门规定了法官回避的法定事由，主要包括：是本案的当事人或者是当事人的近亲属；本人或者他的近亲属和本案有利害关系；担任过本案的证人、鉴定人、辩护人、诉讼代理人；与本案当事人有其他关系，可能影响公正处理案件。不难发现，这些法定回避事由涉及的主要是客观标准，即，法官与当事人或者案件之间存在特定的关系。这意味着，如果被追诉者仅仅主张法官存在偏见，却不能提供法定的回避事由，这种主张就很难为法庭所接受。 514

实际上，欧洲人权法院的判例显示，法庭在个案中通常会一并考虑主观标准和客观标准。例如，在一起案件中，当事人是一名律师，他在法庭上对证人进行交叉询问时，被法官中途打断，他对此非常气愤，并与法官进行争辩。法庭也被触怒，当场判处当事人五天监禁。欧洲人权法院认为，法庭违背了客观中立标准，仅因当事人冒犯法庭就对其进行处罚，同时也违反了主观中立标准，因为法庭并未考虑其他轻缓的处罚措施，如警告、通报律师协会或者要求其离开法庭，而是当场以藐视法庭罪作出处罚。[1] 515

谈及法庭中立审判的客观标准，主要涉及法官的外在形象。中国《刑事诉讼法》第二十九条规定的法官回避事由，如与本案当事人存在利害关系，或者担任过本案的证人、鉴定人、辩护人、 516

〔1〕 Incal v. Turkey, para. 65.

诉讼代理人,都与法官的外在形象密切相关。如果存在此类情形,则由于法官的外在形象不中立,即便裁判结果可能是公正的,也无法保障审判程序的公正性。

517 欧洲人权法院的判例,主要关注的是法官是否曾经参与先前程序,扮演过不同的诉讼角色,进而影响到法庭审判的中立性。例如,如果法官此前曾经担任检控官员,由于其先前已经对被追诉者形成不利甚至负面的评价,这种评价在后续其担任法官的审判环节势必难以消除,因此无法保证中立审判。[1] 在实行预审法官制度的国家,如德国,预审法官被视为中立的司法官员。但实际上,这种抽象的制度理念,并不能消除预审法官的先入为主之见,因此,如果预审法官随后担任同一案件的审判法官,就不符合中立审判的内在要求。[2]

---

[1] Borgers v. Belgium, para. 26. No one questions the objectivity with which the procureur général's department at the Court of Cassation discharges its functions. This is shown by the consensus which has existed in Belgium in relation to it since its inception and by its approval by Parliament on various occasions.

Nevertheless the opinion of the procureur général's department cannot be regarded as neutral from the point of view of the parties to the cassation proceedings. By recommending that an accused's appeal be allowed or dismissed, the official of the procureur général's department becomes objectively speaking his ally or his opponent. In the latter event, Article 6 para. 1 (art. 6 – 1) requires that the rights of the defence and the principle of equality of arms be respected.

[2] Tierce and others v. San Marino, para. 78. The Court reiterates that "in order that the courts may inspire in the public the confidence which is indispensable, account must ... be taken of questions of internal organisation. If an individual, after holding in the public prosecutor's department an office whose nature is such that he may have to deal with a given matter in the course of his duties, subsequently sits in the same case as a judge, the public are entitled to fear that he does not offer sufficient guarantees of impartiality".

需要强调的是,对于二审法院撤销原判、发回重审的情形,欧洲人权法院认为,如果撤销原判是基于程序事由,而重新审判是基于与原审相同的事实,并未增加新的事实要素,那么,由相同的法庭进行重新审判,并不违反公约规定。这一判例规则对中国刑事程序具有重要启示意义。中国《刑事诉讼法》第二百三十九条规定,原审人民法院对于发回重新审判的案件,应当另行组成合议庭,依照第一审程序进行审判。毫无疑问,对重审案件另行组成合议庭,有利于确保法庭中立审判。不过,考虑到员额制改革后,一些基层法院的刑事员额法官数量较少,通常只能组成一个合议庭,有的基层法院可能仅有一名刑事员额法官,如果一律要求重审案件另行组成合议庭,可能会导致部分法院勉为其难。此种情况下,如能区分撤销原判的事由,对基于程序事由发回重审的案件,允许由原合议庭重新审判,至少可以在一定程度上缓解审判负担。 518

此外,2018 年《刑事诉讼法》修改,引入了缺席审判程序。该法第二百九十五条规定,在审理过程中,被告人自动投案或者被抓获的,人民法院应当重新审理。同时,罪犯在判决、裁定发生法律效力后到案,在交付执行刑罚前对判决、裁定提出异议的,人民法院应当重新审理。对于此类重新审理的案件,能否由原合议庭审判,值得进一步研究。在欧洲人权法院看来,对于缺席审判的案件,可以由同一法庭进行审判,理由在于,法庭可以重新审视整个案件,并在被追诉者到场的情况下,通过对抗式程序全面审查现有的案件信息;如果允许被追诉者申请由新的法庭进行审判,新的法庭就不得不从头开始审理整个案件,这并不 519

符合公正的要求。[1] 应当说,这一判例规则是务实中肯的,值得积极借鉴。

3.4.2 控辩双方平等对抗的权利

520 公正审判权作为程序性权利,除了强调法庭的独立性和中立性之外,还涉及刑事诉讼的基本结构问题。在欧洲人权法院看来,公正审判的结构要素,主要是指对抗式诉讼基础上的控辩双方平等武装。这意味着,被追诉者有权在诉讼中获得与控诉方平等的法律待遇,同时,有权在对指控拥有知情权的前提下,对控诉方的证据进行质证,并对指控理由提出异议。在人权委员会看来,平等对抗的权利是指控辩双方拥有相同的程序权利,其目的在于避免被追诉者面临实际的不利局面和不公待遇。[2] 如果剥夺被追诉者陈述意见的权利,忽视被追诉者的主张和异议,就将违背对抗式诉讼下公正审判的要求。[3]

---

〔1〕 Thomann v. Switzerland, para 35. The Court does not find these arguments persuasive.

As the Federal Court explained, judges who retry in the defendant's presence a case that they have first had to try in absentia on the basis of the evidence that they had available to them at the time are in no way bound by their first decision. They undertake a fresh consideration of the whole case; all the issues raised by the case remain open and this time are examined in adversarial proceedings with the benefit of the more comprehensive information that may be obtained from the appearance of the defendantin person. That is in fact what happened in the present case.

Such a situation is not sufficient to cast doubt on the impartiality of the judges in question.

〔2〕 Alex Conte, Richard Burchill, *Defining Civil and Political Rights*, Ashgate, 2009, p. 163.

〔3〕 Quadrelli v. Italy, para. 34.

中国《法官法》第四条规定，法官应当公正对待当事人和其他诉讼参与人。这在刑事诉讼领域，突出体现为控辩双方平等对抗的程序要求。值得注意的是，这种平等对抗，并不是指普通意义上的法律面前人人平等，而是指存在诉讼利益冲突的控辩双方，在法庭面前拥有平等的诉讼地位和法律待遇。尽管《刑事诉讼法》并未明确表述控辩双方平等对抗的权利，但这已经成为刑事程序的基本权利共识。实际上，由于追诉机关拥有专业侦查取证技术，以及采取强制性措施的权力，控辩双方的诉讼力量并不均等，正是考虑到这一司法实际，法律赋予被追诉者无罪推定等权利，维系控辩双方在法庭面前的平等地位。进一步讲，只有尊重和保障被追诉者的权利，才能践行控辩双方平等武装的法律原则。 521

需要指出的是，《刑事诉讼法》第八条规定，人民检察院依法对刑事诉讼实行法律监督。由于检察机关在刑事诉讼中同时扮演多重角色，其中的法律监督角色可能与追诉犯罪角色存在混淆。基于控辩双方平等对抗的要求，公诉人在法庭上不能以监督者身份自居，否则，不仅被追诉者无法与之公平对抗，就连法庭的中立性也将受到负面影响。有鉴于此，《最高人民法院关于适用〈中华人民共和国刑事诉讼法〉的解释》第三百一十五条规定，人民检察院认为人民法院审理案件违反法定程序，在庭审后提出书面纠正意见，人民法院认为正确的，应当采纳。这一制度设计将检察机关的法律监督界定为单位监督、事后监督，符合法律监督制度的应有之义，并能与控辩双方平等对抗的诉讼原则互相兼容。 522

3.4.2.1 质证权

523 控辩双方平等对抗，隐含的一项制度前提是，案件的裁判结果并非预先确定，而是存在一定的“变数”，具体取决于控辩双方当庭程序对抗的结果。如果在法庭审判之前，裁判结果就已被预先商定，审判势必成为“走过场”(show trial)。这也表明，国际公约强调的对抗式诉讼和控辩双方平等武装，存在紧密关联。其中，被追诉者的质证权，是控辩双方平等对抗的权利支撑，也是避免审判流于形式的动力引擎。有鉴于此，法庭应当维护被追诉者的质证权，确保被追诉者针对控诉方的事实证据，充分阐明质证意见。

524 国际公约对质证权的规定，主要体现为针对证人的质证权(the right to test witness evidence)。《公民权利与政治权利国际公约》第十四条第三款(e)项规定，被追诉者有权对不利于其的证人进行质证询问(examine)，并且传唤有利于其的证人出庭接受询问。《欧洲人权公约》第六条第三款(d)项针对被追诉者对证人的质证权作出了相同的规定。被追诉者对证人的质证权是对抗式诉讼的内在要求，实际上，除了对证人的质证权，被追诉者对控诉方的所有证据都有质证的权利，这是控辩双方平等对抗的逻辑结论。唯有赋予被追诉者充分的质证权，才能维系被追诉者的诉讼主体地位，不至于使其沦为追诉的客体。此外，要求证人出庭接受质证，也是直接言词、有效辩护的基本要求，否则，以秘密获取的书面证言作为定案的根据，不仅使辩护方难以进行有效质证，也有违直接言词原则。

525 需要指出的是，对质权并非绝对权，换言之，被追诉者未能与证人对质，并不必然影响公正审判，因为基于个案情况，除证人证言外,案件中通常还存在其他证据。欧洲人权法院认为,法庭可以根据被害人向警察作出的陈述认定案件事实,同时可以将主持询问的警察所作的证言作为补强证据。[1] 这种折中的做法,显然不能与被追诉者直接对证人进行质证询问相提并论。

---

〔1〕 Asch v. Austria, paras. 28 – 31. In this instance, before the trial court only Officer B. recounted the facts of the case, as Mrs J. L. had described them to him on the very day of the incident. It would clearly have been preferable if it had been possible to hear her in person, but the right on which she relied in order to avoid giving evidence cannot be allowed to block the prosecution, the appropriateness of which it is moreover not for the European Court to determine. Subject to the rights of the defence being respected, it was therefore open to the national court to have regard to this statement, in particular in view of the fact that it could consider it to be corroborated by other evidence before it, including the two medical certificates attesting to the injuries of which Mrs J. L. had complained.

Furthermore, Mr Asch had the opportunity to discuss Mrs J. L. 's version of events and to put his own, first to the police and later to the court. However, on each occasion he gave a different version, which tended to undermine his credibility.

Moreover, the applicant chose not to question Officer B. on, in particular, the latter's own findings or to call other witnesses.

On the question of the expert medical opinion concerning the alleged injuries, Mr Asch only sought such a measure on appeal, at a time when it could reasonably have been supposed that the marks caused by the blows had disappeared. In any event, the Court of Appeal found the reasons stated in his application to be insufficient.

Above all it is clear from the file that Mrs J. L. 's statements, as related by Officer B. , did not constitute the only item of evidence on which the first – instance court based its decision. It also had regard to the personal assessment made by that officer as a result of his interviews with Mrs J. L. and the applicant, to the two concurring medical certificates, to the police investigation and to the other evidence appearing in Mr Asch's file. In this respect, the present case is distinguishable from the Unterpertinger case (judgment of 24 November 1986, Series A no. 110) and the Delta case (judgment of 19 December 1990, Series A no. 191 – A).

The fact that it was impossible to question Mrs J. L. at the hearing did not therefore, in the circumstances of the case, violate the rights of the defence; it did not deprive the accused of a fair trial. Accordingly, there has been no breach of paragraphs 1 and 3 (d) of Article 6 (art. 6 – 1, art. 6 – 3 – d), taken together.

不过,如果法庭并未将庭外证言作为定案的根据,就不构成对被追诉者对质权的妨碍。在随后的判例中,欧洲人权法院指出,如果证人证言并不符合有关对质权的公约规定,就不能仅仅基于该证据作出定罪判决,或者将该证据作为定罪的决定性依据(to a decisive extent)。[1] 同时,被追诉者可以放弃对质权,不过,这种放弃对质权的意思表示必须明确作出,同时,控诉方必须做出必要的努力促使证人出庭接受辩护方质证。[2]

---

〔1〕 Doorson v. Netherland, para. 76. Finally, it should be recalled that even when "counterbalancing" procedures are found to compensate sufficiently the handicaps under which the defence labours, a conviction should not be based either solely or to a decisive extent on anonymous statements. That, however, is not the case here: it is sufficiently clear that the national court did not base its finding of guilt solely or to a decisive extent on the evidence of Y. 15 and Y. 16. Furthermore, evidence obtained from witnesses under conditions in which the rights of the defence cannot be secured to the extent normally required by the Convention should be treated with extreme care. The Court is satisfied that this was done in the criminal proceedings leading to the applicant's conviction, as is reflected in the express declaration by the Court of Appeal that it had treated the statements of Y. 15 and Y. 16 "with the necessary caution and circumspection".

〔2〕 Sadak and others v. Turkey, para. 67. With regard to the Government's submission that the three applicants had not explicitly requested that the witnesses against them be heard at a public hearing before the National Security Court, the Court reiterates that waiver of the exercise of a right guaranteed by the Convention – in so far as such waiver is permitted in domestic law – must be established in an unequivocal manner. The Court notes that in the instant case the applicants complained before both the National Security Court and the Court of Cassation that they had been unable to take part in the taking of evidence during the preliminary investigation or the trial. They also questioned the credibility of the testimony against them obtained in the presence of the public prosecutor alone.

In any event, paragraph 1 of Article 6 taken together with paragraph 3 requires the Contracting States to take positive steps, in particular to enable the accused to examine or have examined witnesses against him. Such measures form part of the diligence which the Contracting States must exercise in order to ensure that the rights guaranteed by Article 6 are enjoyed in an effective manner.

中国《刑事诉讼法》第六十一条规定,证人证言必须在法庭上经过公诉人、被害人和被告人、辩护人双方质证并且查实以后,才能作为定案的根据。同时,第一百九十八条规定,法庭审理过程中,对与定罪、量刑有关的事实、证据都应当进行调查、辩论。经审判长许可,公诉人、当事人和辩护人、诉讼代理人可以对证据和案件情况发表意见并且可以互相辩论。此外,在审判长宣布辩论终结后,被告人有最后陈述的权利。 526

在此基础上,《最高人民法院关于适用〈中华人民共和国刑事诉讼法〉的解释》确立了未经质证不得认证的基本原则,第七十一条规定,证据未经当庭出示、辨认、质证等法庭调查程序查证属实,不得作为定案的根据。此外,《人民法院办理刑事案件第一审普通程序法庭调查规程(试行)》规定了法庭质证程序的具体要求。例如,第二十八条规定,公诉人出示证据后,经审判长准许,被告人及其辩护人可以有针对性地出示证据予以反驳;控辩一方举证后,对方可以发表质证意见。必要时,控辩双方可以对争议证据进行多轮质证。同时,第三十一条还规定,对于可能影响定罪量刑的关键证据和控辩双方存在争议的证据,一般应当单独举证、质证,充分听取质证意见。 527

应当说,庭审实质化改革,关键在于完善法庭质证程序。不过,质证权的程序保障,并非仅限于法庭上的证据质证,还涉及 528

The National Security Court refused to hear the heads of clans whose evidence against the applicants was used at their trial or organise a confrontation between them and the three applicants concerned. On that point the Government have failed to explain in what way the witnesses concerned – whose situation was different from that of the witness killed in prison – would have been exposing themselves to any danger by appearing before the National Security Court.

系统的程序机制。第一，证人、鉴定人出庭，应当成为对质权的基本要求。2012 年《刑事诉讼法》修改，进一步明确了证人、鉴定人出庭的条件，并且完善了强制证人出庭、证人补助和保护等配套制度。《刑事诉讼法》第一百九十二条规定，当事人或者辩护人对证人证言有异议，且该证人证言对案件定罪量刑有重大影响，人民法院认为证人有必要出庭作证的，证人应当出庭作证。当事人或者辩护人对鉴定意见有异议，人民法院认为鉴定人有必要出庭的，鉴定人应当出庭作证。从对质权的角度看，该条规定对证人、鉴定人出庭条件所作的限定，实际上包含两个要素：一是辩护方的异议，这意味着辩护方并未放弃对质权；二是证据的重要性，这意味着有关证据对定罪有决定性影响。只要具备这两个要素，证人、鉴定人就应当出庭作证。当然，基于亲亲相隐原则、脆弱被害人的保护等政策考虑，证人出庭也有例外情形。例如，《刑事诉讼法》第一百九十三条规定，被告人的配偶、父母、子女不得被强制出庭作证。同时，需要提供保护的证人、被害人，或者出庭确有不便的证人，也可以通过视频方式接受质证。例如，根据《最高人民法院关于适用〈中华人民共和国刑事诉讼法〉的解释》第二百五十三条的规定，对于在庭审期间身患严重疾病或者行动极为不便的证人，居所远离开庭地点且交通极为不便的证人，以及身处国外短期无法回国的证人，可以通过视频等方式作证。

529 第二，质证权应当以控诉方全面开示证据为前提。欧洲人权法院指出，控诉方有义务协助辩护方获得指控的证据材料。前文在探讨进行辩护准备的权利时，已经提到辩护方获得案卷材料和控方证据的基本要求。实际上，全面获取控诉方的案卷材料，以及控诉方收集在案但未纳入案卷的证据材料，是确保被追诉者充分行使质证权的前提条件。由于现阶段审前程序并非公开进行，因此，控诉方全面开示证据的程序机制较为脆弱，这要求法庭认真审查案卷材料，督促检察机关全面移送所有证据。

第三，鉴于控诉方全面开示证据缺乏足够的激励和监督机 530
制，有必要探索建立辩护律师参与侦查取证的程序，并可考虑将取证程序中的质证作为庭审质证的必要补充。首先需要指出的是，尽管侦查取证需要坚持保密原则，但辩护律师作为职业群体，可以通过签署保密协议，并结合律师职业准则约束，在不妨碍侦查顺利进行的前提下，参与并见证侦查取证的过程。同时，辩护律师在场制度，也有助于监督侦查取证的全面性、客观性和合法性。鉴于这一制度探索可能面临一定难度，可考虑在重大案件中先予试行，或者限于现场勘查、讯问和询问等重要取证环节。例如，在对证人的初次询问过程中，律师的参与非常重要，因为证人随后接受询问时，通常会重复此前的证言，由此避免证言的真实性面临质疑。〔1〕

从对质权的角度看，如果律师在侦查阶段能够参与询问等 531
取证程序，就可以在该阶段同步进行质证。欧洲人权法院指出，采用侦查阶段收集的言词证据并不违反公约规定的质证权，前提是充分保障辩护权；基于辩护权的要求，被追诉者应当有充分和适当的机会，在证人作出陈述的环节或者后续诉讼环节，对证

〔1〕 Stefan Trechsel, *Human Rights in Criminal Proceedings*, Oxford University Press, 2005, p. 234.

人进行质疑和询问。[1] 据此,如果辩护方在取证程序中已对证人进行质证,就可以将有关证人证言作为定案的根据。当然,即便辩护方已在取证程序中对证人进行质证,也不妨碍其在庭审中再次对证人进行质证。这种做法对中国刑事程序具有重要启示意义。现阶段证人出庭难的问题始终难以得到有效解决,既然证人出庭接受质证面临诸多困境,不妨将质证程序前移至取证环节。具体言之,办案机关对证人进行询问时,可以通知辩护律师到场,当场由辩护律师对证人进行质证询问,此后,即便证人因客观原因不能出庭,也不影响证人证言的可采性。

532 第四,基于控辩双方平等对抗的要求,控诉方不能对法庭审判施加额外影响,否则将会变相剥夺被追诉者的质证权。欧洲人权法院指出,如果检察官参与法庭的评议程序,向法庭提出裁判建议,尽管最终裁判结果仍由法庭独立作出,但检察官在被追诉者无法反驳的情况下,通过额外的机会向法庭施加影响,这种做法不符

〔1〕 SN v. Sweden, para. 44. The Court reiterates that the admissibility of evidence is primarily governed by the rules of domestic law, and that, as a rule, it is for the national courts to assess the evidence before them. The task of the Convention organs is to ascertain whether the proceedings in their entirety, including the way in which evidence was taken, were fair. All evidence must normally be produced in the presence of the accused at a public hearing with a view to adversarial argument. However, the use in evidence of statements obtained at the stage of the police inquiry and the judicial investigation is not in itself inconsistent with paragraphs 1 and 3 (d) of Article 6, provided that the rights of the defence have been respected. As a rule, these rights require that the defendant be given an adequate and proper opportunity to challenge and question a witness against him either when he was making his statements or at a later stage of the proceedings. The Court further draws attention to the fact that Article 6 does not grant the accused an unlimited right to secure the appearance of witnesses in court. It is normally for the national courts to decide whether it is necessary or advisable to hear a witness.

合平等武装原则的要求，不能确保法庭的中立性。[1] 这一裁判规

---

〔1〕 Borgers v. Belgium, paras 24 – 28. The Court notes in the first place that the findings in the Delcourt judgment on the question of the independence and impartiality of the Court of Cassation and its procureur général's department remain entirely valid. It is true that the Judicial Code has entered into force since then, but it substantially confirmed the existing rules in this field, through provisions whose wording was moreover examined at the hearing on 29 September 1969. Having regard to the grounds set out in that judgment, the Court does not perceive any breach of the Convention requirements on this issue.

It is, however, necessary to consider whether the proceedings before the Court of Cassation also respected the rights of the defence and the principle of the equality of arms, which are features of the wider concept of a fair trial. This has undergone a considerable evolution in the Court's case – law, notably in respect of the importance attached to appearances and to the increased sensitivity of the public to the fair administration of justice.

In this connection too the Government stressed that, both in criminal and civil proceedings, the procureur général's department at the Court of Cassation was in no way a party to the proceedings before that court – save in exceptional cases which were not material in this instance –, with the result that it could not be regarded as an opponent; its role was confined to giving the Court an impartial and independent opinion on the legal issues raised and, in criminal proceedings, to drawing attention, even of its own motion, to any point of law having regard to which the contested decision should be quashed.

No one questions the objectivity with which the procureur général's department at the Court of Cassation discharges its functions. This is shown by the consensus which has existed in Belgium in relation to it since its inception and by its approval by Parliament on various occasions.

Nevertheless the opinion of the procureur général's department cannot be regarded as neutral from the point of view of the parties to the cassation proceedings. By recommending that an accused's appeal be allowed or dismissed, the official of the procureur général's department becomes objectively speaking his ally or his opponent. In the latter event, Article 6 para. 1 (art. 6 – 1) requires that the rights of the defence and the principle of equality of arms be respected.

In the present case the hearing on 18 June 1985 before the Court of Cassation concluded with the avocat général's submissions to the effect that Mr Borger's appeal should not be allowed. At no time could the latter reply to those submissions: before hearing them, he was unaware of their contents because they had not been communicated to him in advance; thereafter he was prevented from doing so by statute. Article 1107 of the Judicial Code prohibits even the lodging of written notes following the intervention of the member of the procureur général's department.

则对中国刑事程序具有重要借鉴价值。根据《人民法院组织法》第三十八条的规定，审判委员会举行会议时，同级人民检察院检察长或者检察长委托的副检察长可以列席。在此基础上，“两高”2010年《关于人民检察院检察长列席人民法院审判委员会会议的实施意见》第三条规定，对于可能判处被告人无罪的公诉案件，可能判处被告人死刑的案件，以及人民检察院提出抗诉的案件，同级人民检察院检察长可以列席审判委员会。毫无疑问，此类案件通常是控辩双方争议较大的案件，由检察长单方面列席审判委员会讨论，会使被追诉者面临不对等的诉讼待遇，这种做法并不符合公正审判的要求。即便将检察长列席审判委员会作为法律监督机制，也应当体现为单位监督、事后监督的方式，并向辩护方公开法律监督的理由和依据。

533 此外，强调被追诉者的质证权，意味着法庭应当同等对待控

The Court cannot see the justification for such restrictions on the rights of the defence. Once the avocat général had made submissions unfavourable to the applicant, the latter had a clear interest in being able to submit his observations on them before argument was closed. The fact that the Court of Cassation's jurisdiction is confined to questions of law makes no difference in this respect.

Further and above all, the inequality was increased even more by the avocat général's participation, in an advisory capacity, in the Court's deliberations. Assistance of this nature, given with total objectivity, may be of some use in drafting judgments, although this task falls in the first place to the Court of Cassation itself. It is however hard to see how such assistance can remain limited to stylistic considerations, which are in any case often indissociable from substantive matters, if it is in addition intended, as the Government also affirmed, to contribute towards maintaining the consistency of the case – law. Even if such assistance was so limited in the present case, it could reasonably be thought that the deliberations afforded the avocat général an additional opportunity to promote, without fear of contradiction by the applicant, his submissions to the effect that the appeal should be dismissed.

辩双方的主张，并基于控辩双方的当庭质证、辩论结果作出裁判。这种包含"变数"的司法决策，对法庭审判的要求很高，因此，法官唯有具备足够的知识和经验，才能胜任公正审判的职业需求。不过，这是司法职业化的应有之义，也是司法尊严和权威的基础。如果法庭审判只是"依法确认"既定的结果，司法尊严和权威就无从树立。

3.4.2.2　异议权

除了针对证据的质证权之外，控辩双方平等对抗的另一权利 534
载体，就是被追诉者的异议权。所谓异议权，是指被追诉者针对影响公正审判的各种权利事项，依法提出申请或者异议的权利。在实践中，其主要包括针对管辖、回避和非法证据排除等程序事项提出异议。被追诉者提出的程序异议，实质上是权利异议。异议的提出，意味着程序和权利未能良性运转，公正审判面临现实风险。有鉴于此，唯有保障被追诉者的异议权，才能有效维护正当程序和诉讼权利。

基于阿伦特教授的主张，权利异议，意味着权利本身面临争 535
议，因此，法庭需要确认个体是否享有特定的权利。洪席耶教授进一步指出，权利的力量，在于确认权利以及解决权利异议的程序。通过权利异议，可以检验权利、核实权利、确认权利。换言之，如果没有异议权，没有解决异议的程序，权利只能是虚化的权利，或者书本上的权利。

中国《刑事诉讼法》虽未明确提及"异议权"的字眼，但多处规 536
定隐含着提出异议的权利。例如，第一百九十二条关于出庭作证的规定，将当事人或者辩护人对证人证言、鉴定意见有异议，作为证人、鉴定人出庭作证的法定条件。第二百零一条第二款关于量刑建议的规定，将被告人、辩护人对量刑建议提出异议，作为人民检察院调整量刑建议的基本前提。第二百一十四条关于简易程序的规定，将被告人对指控的犯罪事实没有异议，作为简易程序的适用条件。此外，第一百八十七条第二款规定，在开庭以前，审判人员可以召集公诉人、当事人和辩护人、诉讼代理人，对回避、出庭证人名单、非法证据排除等与审判相关的问题，了解情况，听取意见。此处的“了解情况，听取意见”，无疑包含被追诉者提出异议的情形。

537 在此基础上，《最高人民法院关于适用〈中华人民共和国刑事诉讼法〉的解释》第二百二十八条规定了庭前会议的基本制度安排。审判人员可以针对有关程序事项向控辩双方了解情况，听取意见，其中包含多项权利异议，如是否对案件管辖有异议，是否申请有关人员回避，是否对出庭证人、鉴定人、有专门知识的人的名单有异议，以及是否申请排除非法证据等。此外，该条第二款还规定，审判人员可以询问控辩双方对证据材料有无异议，对有异议的证据，应当在庭审时重点调查；无异议的，庭审时举证、质证可以简化。

538 对于被追诉者对权利事项提出异议的情形，法庭应当进行审查，并依法作出处理；其中，对权利遭到侵犯的情形，应当依法予以救济。欧洲人权法院指出，在涉及警察圈套(entrapment)的案件中，如果被追诉者被卧底侦查员诱使实施犯罪行为，有权对此提出异议，并申请法庭调取与警察圈套有关的证据；对于此种异议，法庭应当进行审查，并依法排除有关证据，否则就将剥夺被追诉者在对抗式诉讼下平等对抗的权利。[1] 比较而言,中国刑事程序的权利异议处理程序总体上尚不发达。现阶段,除非法证据排除程序日渐规范之外,其他权利争议的处理程序,包括管辖、回避、证人出庭等争议事项的处理程序,仍然偏重职权化审查,尚未纳入对抗式程序。有鉴于此,可参照非法证据排除程序,将各类权利主张和异议纳入对抗式程序,依法规范作出处理。

需要指出的是,保障被追诉者的异议权,有助于实现公正审 539
判,但也可能导致庭审中断,进而影响诉讼效率。对此,《人民法院办理刑事案件庭前会议规程(试行)》确立了初步的权利异议庭前先行处理程序。该规程第十条列举了可以在庭前会议中作出初步处理的十类争议问题,包括管辖、回避、非法证据排除、出庭人员名单等异议;对于其中可能导致庭审中断的事项,法院应

---

〔1〕 Edwards and Lewis v. United Kingdom, paras. 28,40. A second submission was then made on the applicant's behalf to exclude the evidence of undercover police officers under section 78 of PACE. However, before evidence was called from the officers in question – Chris and Ian – defence counsel sought guidance from the judge as to the areas of cross – examination which would or would not be allowed, given that certain issues relating to the investigation were covered by public interest immunity. It became apparent that most of the areas of cross – examination necessary to develop the submission were not to be allowed. Accordingly, the submission was withdrawn and the applicant entered guilty pleas to the indictment on 12 November 1996.

Once the judge was seized of the material, he or she had to perform the balancing exercise between the public interest in non – disclosure and the importance of the documents to the issues of interest, or likely to be of interest, to the accused. If the disputed material might prove the defendant's innocence or avoid a miscarriage of justice, the balance came down firmly in favour of disclosing it. Where, on the other hand, the material in question would not be of assistance to the accused, but would in fact assist the prosecution, the balance was likely to be in favour of non – disclosure.

当依法作出处理，在开庭审理前告知处理决定，并说明理由。控辩双方没有新的理由，在庭审中再次提出有关申请或者异议的，法庭应当依法予以驳回。

3.5 程序选择权

540 程序选择权，并非传统的权利类型，而是刑事法治发展到一定阶段后，以尊重被追诉者的主体地位为前提，为均衡公正与效率而创设的一类新型权利。尽管强调控辩双方平等对抗，但控辩双方除诉讼对抗外，也存在协商合作的制度空间。赋予被追诉者程序选择权，与刑事程序的裁量空间和司法资源等政策考量密不可分，是被追诉者诉讼主体地位的重要体现。作为一项诉讼权利，被追诉者在各个诉讼阶段，都拥有程序选择权，特别是在审判阶段，可以选择适用简化审理程序。

541 传统上关于程序和权利的探讨，通常是在抽象归纳的基础上进行的，关注的是程序和权利所涉的基本原则及其蕴含的法律价值。但具体到司法实践，每个案件都有自身的特点，产生不同的社会危害，每个被追诉者也都有不同的人身危险性。这意味着，刑事程序存在固有的裁量空间，在侦查、起诉、审判等诉讼环节，办案机关需要结合个案特点作出相应的司法决策，推进、调整或者终止诉讼程序。同时，基于司法成本考虑，对于不同类型的案件，以被追诉者的程序选择权为基础，有必要适用不同的诉讼程序，进而优化配置司法资源。

542 基于司法裁量权和司法成本等考虑，刑事程序形成了系统的繁简分流机制。对于轻微案件或者没有实质争议的案件，可以适用简化处理程序。在实行辩诉交易的国家，对于控辩双方达成认罪交易的情形,甚至无须针对定罪问题进行审判。中国《刑事诉讼法》确立的繁简分流机制,可以分为审前程序和审判程序两个环节。在审前程序中,侦查机关、检察机关可以针对法定情形,作出终止诉讼程序的处理。在审判阶段,则确立了包含简易程序、速裁程序和认罪认罚从宽制度在内的多元审理程序体系。

3.5.1 审前程序的选择空间

审前程序是审判程序的基础,被追诉者在审前程序中是否 543
拥有程序选择权,在一定程度上反映了整个刑事程序的法治水平。如果被追诉者在审前程序中完全处于被动地位,不具有意志自由权和程序选择权,那么,此种情况下被追诉者作出的决定,难免会在自愿性和合法性等方面引发争议,进而影响案件的公正审判。

实际上,在审前程序中,侦查机关、检察机关具有较大的裁 544
量空间,相应地,被追诉者也存在程序选择的空间。认识到这种制度空间,能够避免各种诉讼角色在程序中被动地裹挟前进,进而丧失理性选择和决策的能力。从权利保障角度看,被追诉者程序选择权的丧失,意味着程序公正的减损,这将导致刑事程序面临机械司法的异化风险。

3.5.1.1 审前程序中的选择权

传统上认为,在审前程序中,被追诉者作为侦查、起诉的对 545
象,并无程序选择权可言。但实际上,如果承认被追诉者的诉讼主体地位,认识到审前程序的裁量空间,那么,被追诉者仍然拥有(或者应当拥有)一定的程序选择权。审前程序中被追诉者的选择权,主要体现为其在重要程序环节所作的决定,包括强制措施的选择权、当事人和解的选择权以及认罪认罚的选择权等。

546 第一,强制措施的程序选择权。现阶段,审前羁押仍然是司法常态,除受传统司法理念的影响外,未能充分尊重被追诉者的程序选择权,也是一项重要原因。要想建立以非羁押性强制措施为原则,以羁押性强制措施为例外的新模式,有必要调整强制措施适用的职权属性,将被追诉者的程序选择权纳入强制措施的适用程序。

547 具体言之,办案机关在决定适用强制措施时,应当告知被追诉者各项强制措施的法定条件和具体要求,允许被追诉者选择适用相应的强制措施。当然,被追诉者选择适用非羁押性强制措施,须以符合法定条件为前提。例如,被追诉者选择取保候审措施,应当符合《刑事诉讼法》第六十九条所列条件,并依照法律规定提出保证人或者交纳保证金。需要指出的是,允许被追诉者对强制措施进行选择,并不意味着办案机关不能依职权决定适用特定的强制措施。不过,如果被追诉者选择特定的强制措施,又符合该强制措施的适用条件,那么,办案机关驳回被追诉者的选择,决定适用其他强制措施,就应当对此说明理由。引入强制措施的程序选择权,有助于减少强制措施适用的异议,并督促被追诉者自觉遵守强制措施的具体要求。

548 第二,当事人和解的程序选择权。2012 年《刑事诉讼法》修改,引入了当事人和解的特别程序。在审前程序中,犯罪嫌疑人通过向被害人赔偿损失、赔礼道歉等方式获得被害人谅解,被害人自愿和解的,双方当事人可以和解。对于符合当事人和解程序适用条件的案件,办案机关应当告知被追诉者拥有和解的程序选择权。被追诉者选择与被害人和解,尽管可能带有一定功利考虑,但当事人和解,有助于促使被害人尽早获得赔偿,恢复遭到破坏的社会关系,体现了恢复性司法理念的要求。

根据《刑事诉讼法》第二百八十九条的规定,对于被追诉者 549
与被害人达成和解的,办案机关应当听取当事人和其他有关人员的意见,对和解的自愿性、合法性进行审查,并主持制作和解协议书。与强制措施的程序选择权类似,办案机关应当对当事人和解的程序选择权保持适度控制,使之在法律的正当程序框架内进行。对于达成和解协议的案件,公安机关可以向人民检察院提出从宽处理的建议;人民检察院可以向人民法院提出从宽处罚的建议。

第三,认罪认罚的程序选择权。2018 年《刑事诉讼法》修改 550
引入认罪认罚从宽制度,在审前程序中,被追诉者可以选择认罪认罚,进而获得从宽处理。《刑事诉讼法》第一百二十条第二款规定,侦查人员在讯问犯罪嫌疑人的时候,应当告知犯罪嫌疑人如实供述自己罪行可以从宽处理和认罪认罚的法律规定。鉴于认罪认罚是重要的程序决定,直接影响后续程序和诉讼结果,因此,应当保障被追诉者在作出这一决定时,依法获得律师的专业帮助。此外,认罪认罚与无罪辩护、量刑辩护并不矛盾。[1] 从权利保障角度看,赋予被追诉者认罪认罚与进行无罪辩护、量刑辩护的程序选择权,能够调和刑事程序内在的强制性,避免强迫被

〔1〕 樊崇义:《认罪认罚从宽与无罪辩护》,载《人民法治》2019 年第 23 期,第 110 - 111 页。

追诉者认罪等情形发生。

551 现阶段,侦查程序中被追诉者认罪认罚的自愿性尚且缺乏充分制度保障。有鉴于此,《刑事诉讼法》第一百七十三条第二款规定,犯罪嫌疑人认罪认罚的,人民检察院应当告知其享有的诉讼权利和认罪认罚的法律规定,听取犯罪嫌疑人、辩护人或者值班律师、被害人及其诉讼代理人对认罪认罚从宽适用的意见。总体上讲,对于被追诉者在先前程序中作出的重要决定,后续程序都有必要审查核实,确保被追诉者的选择具有自愿性和合法性。同时,为加强认罪认罚程序的辩护权保障,《刑事诉讼法》第一百七十四条规定,犯罪嫌疑人自愿认罪,同意量刑建议和程序适用的,应当在辩护人或者值班律师在场的情况下签署认罪认罚具结书。需要强调的是,辩护人或者值班律师参与认罪认罚程序,应当为被追诉者提供有效辩护或者专业的法律帮助,并不只是单纯充当见证者的角色。

3.5.1.2 审前程序的简化空间

552 现阶段,刑事程序的繁简分流机制,主要体现为审判阶段的简化审理程序。如果将整个刑事程序视为一个整体,那么,仅仅简化审判程序,无论是从节约司法资源,还是从保障程序选择权的角度看,都只是程序的部分简化,未能达到最优化的司法效果。这意味着,有效的繁简分流机制,应当适用于刑事诉讼的全过程。

553 问题在于,审前程序是否存在简化的制度空间?首先需要指出的是,审判程序的简化,通常以案件事实清楚,证据确实、充分,控辩双方没有实质争议为前提。有鉴于此,审前程序的事实调查不能随意简化,否则就将影响案件的质量基础,非但无助于简化审判程序,反而容易导致疑罪情形。立足现有诉讼制度,审前程序的简化,主要体现为讯问方式的适当调整,以及起诉程序的适当简化。对于这两项程序简化机制,被追诉者的程序选择权都是重要的制度支撑。

第一,讯问方式的适当调整。传统的讯问程序,是在侦查人 554
员主导下,在办案机关所在的封闭环境中进行,由于缺乏第三方在场,被追诉者认罪的自愿性和合法性极易引发争议。为了有效获取和固定供述,讯问通常需要反复多次进行,导致讯问笔录的内容存在大量重复,笔录的制作中还经常存在剪切、粘贴等不规范做法。这种讯问方式,不仅容易滋生强迫认罪等非法讯问行为,也不符合侦查效率的要求。

为适应公正审判的要求,讯问程序有必要探索建立首次讯 555
问时第三方在场制度。尽管首次讯问时第三方在场,可能在一定程度上增加讯问难度,但如果程序设计得当,不仅可以显著减轻讯问负担,还能减少不必要的证据合法性争议。具体言之,首次讯问时第三方在场,可考虑采取以下两种模式:一是根据被追诉者的程序选择权,通知辩护律师或者值班律师在首次讯问时到场。辩护律师或者值班律师在场,能够结合案件情况,向被追诉者提供合理的法律建议,促使被追诉者明智、理性地作出是否认罪的决定。这一程序机制,不仅是有效辩护的要求,也是讯问合法性的保障。二是通知驻所检察官在场,监督讯问的合法性。与律师在场不同,驻所检察官肩负法律监督职责,其在首次讯问时在场,能够监督侦查人员依法讯问,确保被追诉者认罪的自愿性和合法性。

之所以强调"首次"讯问时第三方在场,主要是考虑首次讯 556

问意义重大，如果被追诉者在首次接受讯问时，即自愿作出认罪供述，就意味着定罪问题不存在实质争议，可以据此简化后续诉讼程序。如果将程序简化机制提前到这一环节，刑事诉讼法还需完善审前程序，以便与审判程序的简化审理机制有效衔接。反之，如果被追诉者在首次询问时并不认罪，则有必要按照规范程序开展讯问，并按照精密司法的要求推进诉讼。

557 需要指出的是，首次讯问第三方在场制度要想发挥预期功能，需要建立相应的配套制度。例如，被追诉者在首次讯问时认罪，可以获得较大的从宽幅度；被追诉者在首次讯问时认罪，随后翻供的，应当说明理由，否则不享受从宽处罚的优惠政策；辩护律师应当基于有效辩护的要求，向被追诉者提出合理的法律建议，等等。如果被追诉者在首次讯问时认罪，通常意味着没有必要反复多次进行讯问，只有当后续调查发现新的证据，需要向被追诉者调查核实，或者被追诉者随后翻供，提出新的辩解理由时，才有必要再行讯问。

558 第二，起诉程序的适当简化。起诉是刑事诉讼承前启后的关键阶段，也是简化诉讼程序的重要环节。对于被追诉者认罪案件，由于定罪问题没有实质争议，检察机关可以适当简化起诉程序，快速将案件移交法院审理。为了提高起诉效率，可以整合政法机关的网络办案平台，实现认罪案件电子案卷网上快速流转，减少书面案卷移送导致的时间迟延。同时，检察机关可以制作格式化的起诉书，并规范量刑建议的制作机制。

559 需要指出的是，为简化被追诉者认罪认罚的轻罪案件审前程序，一些地方司法机关探索提出刑拘直诉机制。例如，山东省高级人民法院、山东省人民检察院、山东省公安厅、山东省司法厅2020年联合发布《关于适用刑拘直诉机制办理刑事案件的若干意见（试行）》，该意见第一条规定，刑拘直诉机制是指对于基层人民法院管辖的可能判处三年有期徒刑以下刑罚的案件，案件事实清楚，证据确实、充分，犯罪嫌疑人认罪认罚的，公安机关经犯罪嫌疑人同意，对其拘留后可以不再提请审查批准逮捕或者变更强制措施，在侦查终结后直接移送人民检察院审查起诉，公安机关、人民检察院、人民法院应当在刑事拘留期限内完成侦查、起诉、审判工作。

这一诉讼程序创新，以保障被追诉者的知情权和程序选择 560
权为前提，是简化审前程序的积极探索。该意见第四条规定，公安机关对拟适用刑拘直诉机制的案件，应当向犯罪嫌疑人释明刑拘直诉机制的含义，并书面征求犯罪嫌疑人的意见。犯罪嫌疑人同意适用的，公安机关应当制作适用刑拘直诉机制告知书，由犯罪嫌疑人当场签字确认。在此基础上，刑拘直诉机制有助于显著提高起诉程序的效率。该意见第五条规定，人民检察院适用刑拘直诉机制办理案件，一般应当在2日内作出起诉决定，并提起公诉。对拘留期限延长至30日的案件，人民检察院一般应当在7日内提起公诉。需要指出的是，为避免刑拘直诉机制被滥用，对于不需要逮捕的情形，也可考虑适用取保候审或者监视居住措施，进而与刑事诉讼法关于刑事拘留的立法本意相协调。[1]。有鉴于此，刑拘直诉机制，以及诸如此类的程序探索，有必要在先行试点的基础上，完善权利保障机制，并推动刑事诉讼

〔1〕 顾顺生、刘法泽：《“刑拘直诉”的方式值得商榷》，载《人民检察》2016年第20期，第78页。

审前程序的修改完善。

561 起诉程序的适当简化,还体现为不起诉制度的规范适用。检察机关作出不起诉决定,意味着诉讼程序的终止,这在某种程度上可以被视为彻底的审前程序简化。伴随刑法体系的持续扩张,一些原本可以适用行政处罚的案件被纳入刑事程序。基于宽严相济的刑事政策,对于此类轻微案件,可考虑扩大不起诉的适用范围。《刑事诉讼法》第一百七十七条第二款规定,对于犯罪情节轻微,依照《刑法》规定不需要判处刑罚或者免除刑罚的,检察机关可以作出不起诉决定。对于被追诉者选择认罪认罚,并同意适用简化审理程序的轻微案件,检察机关可以裁量作出不起诉的处理。这意味着,通过整合被追诉者的程序选择权和检察机关的司法裁量权,审前程序仍有进一步简化的空间,这对于优化刑事诉讼的审前程序,实现刑事程序一体化的繁简分流,具有重要意义。

3.5.2 审判程序中的选择权

562 与审前程序相比,审判程序的繁简分流机制更为规范、健全,因此,被追诉者的程序选择权在权利行使方式上更为明晰。不过,与民事案件的繁简分流相比,刑事案件的繁简分流机制存在固有的限度,这主要是由于刑事程序承载着惩罚、教育与预防等多元制度功能。在重新犯罪率不断攀升的背景下〔1〕,过于强调刑事案件的简化审理,可能会弱化刑事程序的预期功能。

〔1〕 曾永忠等:《现代社会治理视域下的重新犯罪研究》,载《犯罪与改造研究》2019 年第 12 期,第 2 -9 页。

在欧洲人权法院看来，对于轻罪案件和不存在争议的案件 563
简化审理，符合公约的权利保障要求，实际上可以将被追诉者同意适用简化程序，视为放弃接受普通程序审判的权利；被追诉者放弃权利的意思表示必须自愿作出，不得被强迫接受简化审理程序。[1] 中国《刑事诉讼法》建立了包括简易程序、速裁程序和

---

〔1〕 Deweer v. Belgium, para. 49. The "right to a court", which is a constituent element of the right to a fair trial, is no more absolute in criminal than in civil matters. It is subject to implied limitations, two examples of which are given at paragraph 58 of the Commission's report (decision not to prosecute and order for discontinuance of the proceedings); it is not the Court's function, though, to elaborate a general theory of such limitations.

The current proceedings do not, however, concern a limitation of that nature. By paying the 10,000 BF which the Louvain procureur du Roi "required" by way of settlement, Mr. Deweer waived his right to have his case dealt with by a tribunal.

In the Contracting States' domestic legal systems a waiver of this kind is frequently encountered both in civil matters, notably in the shape of arbitration clauses in contracts, and in criminal matters in the shape, inter alia, of fines paid by way of composition. The waiver, which has undeniable advantages for the individual concerned as well as for the administration of justice, does not in principle offend against the Convention; on this point the Court shares the view of the Commission.

Nevertheless, in a democratic society too great an importance attaches to the "right to a court" for its benefit to be forfeited solely by reason of the fact that an individual is a party to a settlement reached in the course of a procedure ancillary to court proceedings. In an area concerning the public order (ordre public) of the member States of the Council of Europe, any measure or decision alleged to be in breach of Article 6 (art. 6) calls for particularly careful review (see, for Article 5 (art. 5), the above - mentioned De Wilde, Ooms and Versyp judgment, p. 36, par. 65). The Court is not unaware of the firmness with which the Belgian courts have condemned, on the basis of Article 8 of the Constitution and Article 6 (art. 6) of the Convention, failure to respect the "right to a court" in private legal relationships. At least the same degree of vigilance would appear indispensable when someone formerly "charged with a criminal offence" challenges a settlement that has barred criminal proceedings. Absence of constraint is at all events one of the conditions to be satisfied; this much is dictated by an international instrument founded on freedom and the rule of law. Here again, the Court concurs with the Commission.

认罪认罚从宽制度在内的简化程序体系,其中与程序选择权相关的程序要素,主要在于简化审理程序的适用条件,以及选择简化审理程序的自愿性。

3.5.2.1 简化程序适用的基本要素

564 刑事审判的各类简化程序,其适用条件通常包含多个要素。例如,《刑事诉讼法》第二百一十四条规定了简易程序的适用条件,主要包括以下要素:案件事实清楚、证据充分;被告人承认自己所犯罪行,对指控的犯罪事实没有异议;被告人对适用简易程序没有异议。又如,《刑事诉讼法》第二百二十二条规定了速裁程序的适用条件,主要包括以下要素:可能判处三年有期徒刑以下刑罚的案件;案件事实清楚,证据确实、充分;被告人认罪认罚并同意适用速裁程序。其中,除事实证据要素外,最重要的程序要素当属被追诉者的程序选择权,即,被追诉者对适用简易程序没有异议,或者同意适用速裁程序。

565 需要指出的是,对于简化审理程序的基本要素,需要注意以下两个问题:一是认罪要素与程序选择要素的关联。从法律规定看,被追诉者承认所犯罪行,或者认罪认罚,是先于程序选择权的适用条件。实际上,被追诉者认罪(认罚),意味着定罪问题没有实质性争议,这是适用简化审理程序的实体条件。相比之下,被追诉者对适用简化审理程序没有异议(或者同意),则意味着简化审理程序的适用具有正当性,这是适用简化审理程序的程序条件。

566 二是程序选择要素的表述存在差异。简易程序的要素是“被告人对适用简易程序没有异议”,而速裁程序的要素则是被告人“同意适用速裁程序”。前文提到异议权时，将之作为控辩双方平等对抗权利的重要体现。强调“对适用简易程序没有异议”，表明司法机关建议或者决定适用简易程序，而被追诉者没有提出反对，这反映出简易程序的适用仍然具有较多的职权色彩，尚未充分体现程序选择权的应有之义。比较而言，“同意适用速裁程序”，则更多体现出控辩双方的合意成分，意味着被追诉者具有一定的程序话语权，甚至可以主动选择适用速裁程序。当然，如果直接使用被追诉者“选择适用”简化程序的表述，无疑更能体现程序选择权的内在要求。

在司法实践中，简易程序和速裁程序已经成为刑事诉讼的 567
主导性程序。尽管司法机关通常强调“减程序，不减权利”，但是程序的简化，无疑伴随着权利保障弱化的风险。此种情况下，要想确保简化程序适用的正当性，必须依法保障被追诉者的程序选择权。同时，尽管司法机关通常强调防范重大冤假错案的重要性，但普通案件包括轻罪案件的冤假错案风险，也丝毫不容低估。唯有如此，才能避免顾此失彼，进而从整体上降低司法错误率。进一步讲，为了杜绝与简化程序伴生的冤假错案风险，需要维护被追诉者的程序选择权。

从权利保障角度看，所谓被追诉者的程序选择权，并不只是 568
简单询问被追诉者，是否同意适用简化审理程序，而是需要建立系统的权利保障体系。概括起来，主要包括以下几点：

第一，简化程序的适用，应当以有效的法律帮助为前提。毋 569
庸讳言，审理程序越简化，权利减损的风险越大，就越需要专业的法律帮助。法律关于简化程序所作的规定，体现了审理程序简化与法律帮助强化之间的对应关系。简易程序的程序简化幅度有限，即不受讯问被告人，询问证人、鉴定人，出示证据，法庭辩论程序规定的限制，所以，根据《最高人民法院关于适用〈中华人民共和国刑事诉讼法〉的解释》第三百六十一条的规定，人民法院应当告知被告人及其近亲属可以申请法律援助，但并非强制提供法律援助。相比之下，速裁程序的程序简化幅度更大，即一般不进行法庭调查、法庭辩论，并且应当当庭宣判，所以，"两高两部"2014年《关于在部分地区开展刑事案件速裁程序试点工作的办法》第四条规定，犯罪嫌疑人、被告人申请提供法律援助的，应当为其指派法律援助值班律师。概言之，对于简化审理程序的诉讼环节，如果被追诉者没有获得有效的法律帮助，就将影响程序的公正性。

570 第二，被追诉者行使程序选择权，应当以知晓程序后果为前提。如果被追诉者不知晓简化程序的具体要求和法律后果，就将影响程序适用的正当性。据此，《刑事诉讼法》第二百一十七条规定，适用简易程序审理案件，审判人员应当询问被告人对指控的犯罪事实的意见，告知被告人适用简易程序审理的法律规定，确认被告人是否同意适用简易程序审理。类似地，《刑事诉讼法》第一百七十三条第二款规定，人民检察院审查案件，犯罪嫌疑人认罪认罚的，人民检察院应当告知其享有的诉讼权利和认罪认罚的法律规定，听取犯罪嫌疑人、辩护人或者值班律师、被害人及其诉讼代理人对有关事项的意见，并记录在案。此外，"两高两部"《关于在部分地区开展刑事案件速裁程序试点工作的办法》第十一条规定，人民法院适用速裁程序审理案件，应当当庭询问被告人对被指控的犯罪事实、量刑建议及适用速裁程序的意见，听取公诉人、辩护人、被害人及其诉讼代理人的意见。

需要强调的是，在简化程序准备适用的各个环节，司法机关都要审查核实被追诉者是否明知简化程序的法律后果，及时甄别被追诉者被强迫接受简化程序，或者对简化程序存在误解等情形。

第三，程序选择权不单纯是消极的同意权，还包括积极建议 571
权。"两高两部"《关于在部分地区开展刑事案件速裁程序试点工作的办法》第五条除规定办案机关建议适用速裁程序外，还专门指出，辩护人认为案件符合速裁程序适用条件的，经犯罪嫌疑人同意，可以建议人民检察院按速裁案件办理。这一规定充分体现了程序选择权的内在要求，即，被追诉者可以在辩护人的专业帮助下，积极选择适用简化审理程序，并以此为基础，获得实体上的从宽处理。通过积极建议适用简化程序，换取实体上的从宽处理，这种程序协商机制，既反映出实体法和程序法的紧密关联，也意味着刑事程序存在控辩协商的制度空间。

第四，程序选择权的主动权在于被追诉者，基于权利保障等 572
考虑，被追诉者可以径行对简化程序提出异议，也可以在同意适用简化程序后撤回同意。《刑事诉讼法》第二百二十一条规定，人民法院在审理过程中，发现不宜适用简易程序的，应当按照本章第一节或者第二节的规定重新审理。第二百二十六条规定，人民法院在审理过程中，发现有被告人的行为不构成犯罪或者不应当追究其刑事责任、被告人违背意愿认罪认罚、被告人否认指控的犯罪事实或者其他不宜适用速裁程序审理的情形的，应当按照本章第一节或者第三节的规定重新审理。上述规定确立了法院依职权转换审理程序的机制，但并未明确体现程序选择权的要素。实际上，对于被追诉者事先同意适用简化程序，随后又提出异议的情形，因不符合简化程序的适用条件，法院亦应转换审理程序。

3.5.2.2 选择简化程序的自愿标准

573 现阶段,刑事案件的定罪率始终处于较高的水平,无罪辩护的制度空间有限。这意味着,即便获得辩护律师的专业帮助,被追诉者对于是否认罪,是否适用简化程序,也没有多大的选择余地。对被追诉者而言,面对现实的定罪风险,无论是认罪认罚,还是选择简化程序,实际上都是没有筹码的协商。这意味着,被追诉者所作的认罪决定和程序选择,在自愿性方面存在较大的制度隐患。

574 第一,违背意愿认罪的风险。除了侦查阶段缺乏认罪自愿性的保障机制外,即便案件到了审判阶段,被追诉者对审前认罪的自愿性、合法性提出质疑,并申请排除非法证据的,法庭因受制于裁判压力,不仅对此类主张进行审查的积极性不高,而且难以径行作出对被追诉者有利的处理结果。鉴于被追诉者认罪是适用简化审理程序的前提条件,法庭应当注重对认罪自愿性的审查。如果法庭经审查发现,被追诉者的认罪不具有自愿性,就应当适用普通程序进行审理。如果法庭经审查认为,被追诉者存在违背意愿认罪的风险,那么即便被追诉者未主动提出异议,法庭也应当决定对案件适用普通程序进行审理,不能继续适用简化程序。

575 第二,违背意愿同意适用简化程序的风险。与违背意愿认罪同理,被追诉者在无罪辩护无望的情况下,也可能被迫同意适用简化程序,这实际上与辩护律师或者值班律师未能提供有效辩护也有一定的关联。《刑事诉讼法》第一百七十四条规定,犯罪嫌疑人自愿认罪,同意量刑建议和程序适用的,应当在辩护人或者值班律师在场的情况下签署认罪认罚具结书。根据该规定,辩护人或者值班律师在场,能够从形式上确保认罪和程序适用的合法性。不过,一些辩护律师或者值班律师,可能基于工作懈怠等原因,或者出于对案件结果的悲观预测等考虑,建议被追诉者认罪并同意适用简化程序,以便获得从宽处罚。这意味着,单纯的律师在场并不足以保障辩护权,只有有效辩护才有助于实现公正审判。有鉴于此,对于被追诉者程序选择权的审查,除听取被追诉者的意见外,还需要评估辩护律师或者值班律师是否提供了有效的法律帮助。

3.6 救济权

没有救济,就没有权利。救济权是指当权利遭到侵犯时,权 576
利主体通过法定程序寻求救济措施的权利。可以说,救济权是前述各项权利的保障性权利。需要指出的是,《公民权利与政治权利国际公约》第二条第三款(a)项和《欧洲人权公约》第十三条分别规定了公民权利和自由遭到侵犯时的救济权利,但这种救济权是指一般意义上的侵权救济,并非专指刑事程序领域的救济权。这就如同国际公约规定了一般意义上的平等权,但在刑事程序领域,需要单独强调控辩双方平等对抗的权利。

在刑事程序领域探讨救济权,既涉及救济权的类型,也涉及 577
救济权的程序和方式。此处重点介绍救济权的类型,主要包括上诉权、申诉权和赔偿权。关于救济权的程序和方式,详见本书第五章“权利的救济”部分的分析。

3.6.1 上诉权

578 上诉权,是一项包括多重价值的救济权。首先,受各种主客观因素影响,司法程序的运行难以杜绝错误。通过上诉程序,可以纠正一审程序存在的错误,避免冤假错案的发生。其次,从权利保障角度看,被追诉者通过行使上诉权,有机会对一审判决提出异议,并在上诉程序中获得更为有利的判决结果。不过,控诉方也可以对一审判决提出抗诉,因此,二审程序的结果并不总是有利于被追诉者的。此外,上诉程序的设置,可以督促一审法院履行公正审判的要求,进而避免因司法专断而被上级法院撤销一审判决。

579 具体到刑事程序领域的救济权,《公民权利与政治权利国际公约》第十四条第五款规定,任何被定罪的人,都有权由上级法院依法对其定罪和量刑进行复审(review)。由于《公民权利与政治权利国际公约》在制定上诉权条款时面临较大争议,因此,《欧洲人权公约》并未对上诉权作出规定。不过,《欧洲人权公约(第七议定书)》第二条规定了上诉权及其例外情形:任何被定罪的人,都有权由上级法院对其定罪或量刑进行复审;这项权利存在例外情形,包括法律规定的轻微犯罪,最高法院作出的一审判决,或者针对无罪判决提出抗诉后作出的定罪判决。为维护被追诉者的上诉权,现代刑事程序确立了上诉不加刑原则。此外,上诉权的例外情形,特别是轻微犯罪情形,值得认真研究。

3.6.1.1 上诉权的基本要素

580 控辩双方对一审判决不服,都可以向上级法院寻求救济。

中国《刑事诉讼法》基于不同的政策考虑，区分检察机关的抗诉权和被追诉者的上诉权。从权利保障的角度看，只要被追诉者不服地方法院的第一审判决、裁定，就可以向上一级法院上诉。相比之下，检察机关只有认为第一审判决、裁定确有错误，才能向上一级法院提出抗诉。这意味着，抗诉制度的设计，更多体现的是检察机关的法律监督职能。

上诉权的基本要素，主要包括权利告知、适用范围和上诉不 581
加刑原则。第一，上诉权的程序告知。前文提到，要想行使权利，首先要知晓权利。基于诉讼效率等考虑，法律规定了上诉的期限，被追诉者应当在法定的上诉期限内提出上诉请求。为确保被追诉者知晓上诉期限，《刑事诉讼法》第二百零三条规定，判决书应当写明上诉的期限和上诉的法院。对于公开宣判的情形，有必要专门告知上诉的期限。

第二，上诉权的适用范围。《刑事诉讼法》仅对上诉权作出 582
原则性规定，并未像国际公约那样，将上诉权限定于定罪和量刑事项。《刑事诉讼法》第二百二十七条第三款还专门强调，对被告人的上诉权，不得以任何借口加以剥夺。

需要指出的是，在域外辩诉交易制度框架下，如果被追诉者 583
作出认罪答辩，就视为放弃了对定罪问题的上诉权，只能对量刑问题提出上诉。中国《刑事诉讼法》并未实行辩诉交易制度，也未对上诉权作出类似的限制。在适用认罪认罚从宽制度的案件中，有的被追诉者为获得从宽处理，选择自愿认罪，并同意量刑建议，但对于法院在量刑建议幅度内作出的判决结果，仍然提出上诉。这种做法似乎意味着认罪认罚从宽制度缺乏必要的约束力，但如据此对被追诉者的上诉权作出限制，则容易增加程序不公的风险。理由在于,被追诉者认罪认罚的自愿性缺乏充分的制度保障,同时,审前程序中强迫认罪的心理影响可能延续至审判阶段,这意味着,即便被追诉者在审判阶段认罪认罚,也不一定是其真实的意思表示。此种情况下,如果一概限制认罪认罚案件的上诉权,可能导致一部分被强迫认罪的被追诉者丧失获得法律救济的机会。有鉴于此,比较妥当的做法是建立上诉审查程序,根据不同的上诉理由对案件作出差异化处理。[1]

584 除定罪和量刑问题外,裁判所涉的其他事项,也涉及上诉权的适用。例如,在基于疑罪从无原则对被追诉者依法宣告无罪的情形中,如果有关涉案财物被认定为违法所得而予以没收,就涉及能否对涉案财物的处理结果提出上诉的问题。此种情况下,被追诉者的财产权受到判决影响,法律又并未对能否单独对涉案财物处理结果提出上诉作出专门规定,可考虑参照适用违法所得特别没收程序的有关规定。《刑事诉讼法》第三百条第二款规定,对于人民法院针对违法所得及其他涉案财产作出的裁定,犯罪嫌疑人、被告人的近亲属和其他利害关系人或者人民检察院可以提出上诉、抗诉。同理,在普通程序中,被追诉者对涉案财物的处理结果不服,也应当有权提出上诉。对相同的法益,提供同等的法律保护,这是正当程序的应有之义。

585 此外,对于强制医疗特别程序,由于并不涉及定罪量刑等问题,而是决定对被追诉者进行强制医疗,因此,并不适用上诉程序。《刑事诉讼法》第三百零五条第二款规定,被决定强制医疗

〔1〕 牟绿叶:《我国刑事上诉制度多元化的建构路径——以认罪认罚案件为切入点》,载《法学研究》2020年第2期,第119页。

的人、被害人及其法定代理人、近亲属对强制医疗决定不服的，可以向上一级人民法院申请复议。可见,除依法行使上诉权外，在刑事程序中还可以通过申请复议等途径寻求法律救济。

第三,上诉不加刑原则及其例外情形。上诉不加刑,是刑事 586
诉讼的重要原则,意在消除被追诉者上诉的顾虑,以便充分保障救济权。《刑事诉讼法》第二百三十七条规定,第二审人民法院审理被告人或者他的法定代理人、辩护人、近亲属上诉的案件，不得加重被告人的刑罚。与此同时,该条规定还明确了上诉不加刑的两种例外情形:一是有新的犯罪事实,补充起诉的情形。对于发回重新审判的案件,如有新的犯罪事实,人民检察院补充起诉,原审法院可以加重被告人的刑罚。二是检察机关抗诉或者自诉人上诉的情形。检察机关提出抗诉或者自诉人提出上诉的,不受上诉不加刑原则的限制。需要指出的是,上诉不加刑原则为权利保障规则,对其例外情形应当进行限制解释,不得随意扩大例外情形的范围。

3.6.1.2 上诉权的例外情形

《欧洲人权公约(第七议定书)》第二条规定了上诉权的三 587
种例外情形。其中,最高法院作为最高审级的法院,其所作出的判决即为终审判决,这一规则不言自明。对于另外两种情形,则有进一步分析的必要。

第一,轻微犯罪。这一例外情形主要是基于诉讼效率的考 588
虑,但为避免在实践中被滥用,《欧洲人权公约(第七议定书)》第二条将之限定为法律规定的轻微犯罪,而不能由司法机关自由裁量。所谓轻微犯罪,根据议定书解释报告(Explanatory Re-

port)所作的解释,其中一项重要标准就是能否判处监禁刑。具体言之,判处罚金等非监禁刑的犯罪,即属轻微犯罪的范畴。

589 同时,轻微犯罪包括法定刑幅度所含的轻微犯罪,以及司法判决确定的轻微犯罪两种类型。由于各国刑法对法定刑幅度规定的模式不尽相同,有的罪名涉及较为宽泛的法定刑幅度,既包括监禁刑,也包括罚金等非监禁刑。这意味着,基于司法判决确定的轻微犯罪,可能在实践中更加容易操作。不过,这种模式也存在一定的法律风险,因为法官可能在定罪事实存疑的情况下,刻意选择在非监禁刑幅度内判处刑罚,进而变相剥夺被追诉者的上诉权。

590 实际上,尽管《公民权利与政治权利国际公约》并未规定上诉权的例外情形,但《〈公民权利与政治权利国际公约〉一般评论(十三)》对此保留了制度空间。该评论指出,上诉权的保障并不仅仅适用于最严重的犯罪。这似乎意味着,那些轻微犯罪,可以像《欧洲人权公约(第七议定书)》所规定的那样被纳入上诉权的例外情形。

591 中国《刑事诉讼法》并未规定上诉权的例外情形,因此,无论是重罪案件还是轻微案件,被追诉者都拥有上诉权。在现有的制度框架下,这种程序设计可能需要耗费更多的上诉资源,但无疑有利于降低司法错误的比例。随着审前程序改革逐步深入,轻微案件的办理程序进一步规范,进一步降低司法错误的比例,也可考虑对此类案件的上诉权作出适当限制。

592 第二,针对无罪判决提出抗诉后作出的定罪判决。对于指控涉及多起犯罪事实的情形,情况可能变得更为复杂。例如,被追诉者被指控三起事实,在第一审程序中,法院对三起事实作出无罪判决，检察机关对判决提出抗诉。二审法院可能对其中一起事实作出定罪判决，对另外两起事实作出无罪判决，此种情况下，如果不允许被追诉者上诉，就意味着，对于二审阶段的定罪判决，被追诉者实际上丧失了上诉救济的机会。在中国两审终审制的刑事程序框架下，对于一审法院判决被追诉者无罪，检察机关提出抗诉的情形，如果二审法院认为相应的指控构成犯罪，比较合适的做法是将案件发回重审，为被追诉者保留上诉的程序空间。

3.6.2　申诉权

与上诉权相比，申诉权是一种特殊的法律救济。基于一事 593
不再理原则，生效判决的稳定性应当予以维系。不过，作为该原则的例外或者补充，对于被追诉者被错误定罪的情形，依法启动纠错程序，避免无罪的人受到刑事追究，也是司法公正的内在要求。中国的审判监督程序，就是保障申诉权的一种特殊制度设计，体现了“实事求是、依法纠错”的司法理念。

前文在探讨不被专断地重复追诉的权利时指出，有必要限 594
制不利于被追诉者的抗诉等再审程序。不过，基于纠正冤假错案的政策考量，对于当事人以定罪判决错误为由提出申诉，有新的证据证明原来的定罪判决确有错误，或者据以定罪的证据不确实、不充分，依法应当予以排除，或者证明案件事实的主要证据之间存在矛盾等情形，司法机关应当依法启动再审程序。关于申诉权与一事不再理等原则的关系，前文已作分析，此处不再赘述。从保障申诉权的角度看，主要应当关注申诉权的法律帮助和申诉程序等问题。

595 第一,申诉权的法律帮助。申诉权作为特殊的救济权,针对的对象是已经发生法律效力的判决、裁定。众所周知,冤假错案的纠正并非易事,通常面临较为复杂的法律问题,以及较大的制度阻力。因此,与上诉权相比,申诉权的行使难度更大,如果没有专业的律师帮助,很难取得预期效果。为维护当事人的申诉权,减少不必要的申诉上访,最高人民法院、最高人民检察院、司法部2017年联合印发《关于逐步实行律师代理申诉制度的意见》,引入申诉案件的律师代理机制。因经济困难没有委托律师的申诉人,可以向法律援助机构提出申请。该意见第四条规定,申诉人申请法律援助,应当符合《法律援助条例》、地方法律援助法规规章规定的法律援助经济困难标准和事项范围,且具有法定申诉理由及明确事实依据。总体上讲,将申诉纳入法律援助范围,有助于引导当事人在律师帮助下,依法有效行使申诉权。

596 第二,申诉程序的改革空间。根据《最高人民法院关于适用〈中华人民共和国刑事诉讼法〉的解释》第四百五十三条的规定,申诉由终审人民法院审查处理。这一制度的初衷可能在于,终审法院更加熟悉案件情况,便于核查原判在实体和程序上是否存在错误。但问题在于,申诉案件的审查处理,不仅涉及裁判纠错,而且牵涉司法责任等连带问题。实践表明,由案件的终审法院对申诉进行审查,这种自我纠错机制实施难度较大。由于缺乏激励和制约机制,终审法院显然不愿受理申诉案件,而是通常拖延申诉案件的立案审查,以致严重影响当事人的申诉权。有鉴于此,有必要改革申诉案件的受理程序,由终审法院的上级法院指定异地管辖,或者将案件提级管辖,减少申诉案件的审判阻力。

3.6.3 赔偿权

基于侵权法的基本原理,当事人因侵权行为遭受损失,依法享有获得赔偿的权利。与普通侵权行为不同,刑事程序领域的侵权行为,通常是由办案人员直接或者间接实施,由此产生的侵权赔偿责任属于国家赔偿的范畴。从国际公约层面看,刑事程序所涉的赔偿权主要包括两类:一是非法限制人身自由的赔偿权,二是错误定罪判决的赔偿权。不过,除这两类情形外,对于其他权利遭到侵犯的情形,如因酷刑而侵犯人身权,或者非法干预合法财产等,也有必要纳入赔偿范围。中国《国家赔偿法》对刑事赔偿范围所作的规定,涵盖了人身权和财产权两大领域的七种情形,其中除前述两种情形外,还包括因刑讯逼供或者以殴打、虐待等行为或者唆使、放纵他人以殴打、虐待等行为造成公民身体伤害或者死亡的情形,以及违法对财产采取查封、扣押、冻结、追缴等措施的情形。实际上,对于侵犯其他程序权利的情形,也应当提供相应的法律救济,具体参见本书第五章“权利的救济”部分的分析。 597

3.6.3.1 非法限制人身自由的赔偿权

《公民权利与政治权利国际公约》第九条第五款规定,任何人遭到非法逮捕或者羁押,都有权获得赔偿。《欧洲人权公约》第五条第五款对非法逮捕或者羁押的赔偿权作出了类似的规定。需要指出的是,国际公约对逮捕或者羁押所作的规定,除了强调不得专断地适用之外,还要求尽快将被逮捕者或者被羁押者带到司法官员面前,并在合理期限内进行审判。但 598

具体到非法限制人身自由的赔偿权，则仅限于非法采取逮捕或者羁押措施的情形。需要指出的是，在国际公约层面，非法逮捕或者羁押，与无罪判决并无必然联系。如果逮捕或者羁押系合法适用，即便随后被追诉者被判决无罪，也无权获得赔偿；反之，如果逮捕或者羁押系非法适用，即便被追诉者被定罪，也有权获得赔偿。

599 中国法律对非法限制人身自由的赔偿权所作的规定，与国际公约相比存在一定的差异。《国家赔偿法》第十七条规定了侵犯人身权的赔偿范围，区分拘留和逮捕两类措施：一是拘留的赔偿情形，具体是指违反《刑事诉讼法》的规定对公民采取拘留措施，或者依照《刑事诉讼法》规定的条件和程序对公民采取拘留措施，但是拘留时间超过《刑事诉讼法》规定的时限，其后决定撤销案件、不起诉或者判决宣告无罪终止追究刑事责任。二是逮捕的赔偿情形，具体是指对公民采取逮捕措施后，决定撤销案件、不起诉或者判决宣告无罪终止追究刑事责任。

600 不难发现，《国家赔偿法》对拘留和逮捕措施设定的赔偿条件，不仅关注此类措施的非法性，而且考虑案件的处理结果。除违法拘留的情形外，对于超过法定时限的拘留措施，或者并非违法采取的逮捕措施，如果随后并未作出定罪判决，就属于赔偿的范围。这种做法的初衷是以案件处理结果为基准，追溯认定拘留或者逮捕措施的合法性。这种结果导向型的赔偿机制，可能在一定程度上有助于督促办案机关审慎采取拘留和逮捕措施。不过，由于将强制措施与案件处理结果捆绑起来，很可能产生“羁押反制定罪”的反向程序制约效应，即，一旦办案机关采取拘留或者逮捕措施，为了避免引发国家赔偿，司法机关不得不作出有罪的认定。这或许是导致司法实践中定罪率过高的一项重要制度因素。有鉴于此,有必要参考国际公约的经验,将强制措施与案件处理结果分离开来,以强制措施的合法性本身作为国家赔偿的认定基准,避免对公正审判产生牵制影响。

将强制措施与案件处理结果分离开来,除了有助于规范强 601
制措施的适用之外,也有利于当事人获得及时的赔偿救济。具体言之,当事人遭遇非法的拘留或者逮捕,无须等到案件作出最终的处理结果,就可以在程序过程中寻求法律救济,针对非法拘留或者逮捕提出赔偿请求。当然,获得赔偿的权利,需要与裁判结果公开的权利保持必要的协调。在欧洲人权法院审理的一起案件中,当事人因遭遇非法羁押而在诉讼过程中申请赔偿,法院在对案件作出实体判决之前,先对非法羁押事项作出赔偿判决,但并未先行将该赔偿判决公开,而是在时隔六年之后,将其随同最终作出的无罪判决予以公开。[1] 这也反映出,针对非法拘留或者逮捕的赔偿请求是否得到支持,并不取决于案件的处理结果。

3.6.3.2 错误定罪判决的赔偿权

《公民权利与政治权利国际公约》第十四条第六款规定,被 602

〔1〕 Lamanna v. Austria, para. 33. In the present case, the Salzburg Regional Court's decision of 10 October 1994 – although taken after a public hearing of the applicant's compensation claim – was not delivered publicly as it was dependent on his acquittal becoming final. Instead, it was served in writing on 4 November 1994. The decision by the Linz Court of Appeal of 1 February 1995, which contained a summary of the Regional Court's decision, confirmed its application of section 2 § 1 (b) of the 1969 Act and rendered its decision final, was initially also delivered in writing and was not rendered public by any other means. However, following the Supreme Court's judgment of 9 November 2000, it was delivered publicly on 9 February 2001.

追诉者被终审定罪后,基于新事实或者新发现的事实而被认定错判,进而被撤销定罪或者赦免的,对其因错误定罪而遭受的惩罚,应当依法予以赔偿,除非有证据证明,有关事实是基于全部或者部分归于被追诉者的原因而未能披露。《欧洲人权公约(第七议定书)》第三条对错误定罪判决的赔偿权作出了类似的规定。这是上述国际条约中极具争议的一个条款,有意见认为,错误定罪判决的赔偿权,可以被纳入非法剥夺自由的赔偿权之中。正是考虑到诸多争议,关于错误定罪判决的赔偿权条款,对适用条件作出了诸多限定。

603 错误定罪判决的赔偿权,其法理基础实际上不言自明,既然被追诉者因错误定罪判决而遭受非正义,就理应获得赔偿,否则就将导致更大的非正义。不过,与其他权利不同,错误定罪判决的赔偿权需要基于特定的前提条件,首先要法院认定定罪判决存在错误,即作出改判无罪的判决,然后被追诉者才能主张赔偿。所谓“皮之不存,毛将焉附”,如果法院不能认定定罪判决存在错误,被追诉者也就无法主张赔偿权。相比之下,针对辩护权等程序权利的救济,只需认定存在侵犯辩护权的行为即可。

604 中国《国家赔偿法》规定了刑事赔偿的赔偿范围,其中就包括错误定罪判决的赔偿权。作为一项特殊的救济权,错误定罪判决的赔偿权,主要具备以下权利要素:第一,赔偿权的权利告知。基于权利知情权的要求,《最高人民法院关于适用〈中华人民共和国刑事诉讼法〉的解释》第四百七十四条规定,对再审改判宣告无罪并依法享有申请国家赔偿权利的当事人,人民法院宣判时,应当告知其在判决发生法律效力后可以依法申请国家赔偿。

605 第二,赔偿权的适用条件。根据《国家赔偿法》第十七条第三项的规定,依照审判监督程序再审改判无罪,原判刑罚已经执行的,有获得赔偿的权利。结合有关国际公约的规定,错误定罪判决的赔偿权,主要应当具备以下条件:一是作出的是终审定罪判决。这意味着诉讼过程中的无罪处理情形将被排除在外。换言之,检察机关作出不起诉处理,一审判决无罪,或者二审改判无罪,都不属于终审定罪判决。二是被追诉者被判处刑罚,并已执行。如果仅仅是定罪免刑,并且不涉及审前羁押,就无须进行赔偿。三是基于新的事实作出改判无罪判决。《刑事诉讼法》规定的再审改判无罪的理由,并不限于国际公约提到的新证据情形,还包括据以定罪量刑的证据不确实、不充分、依法应当排除,或者证明案件事实的主要证据之间存在矛盾等情形。换言之,再审法院可以基于疑罪从无原则改判无罪。将此类情形纳入赔偿权的范畴,有助于督促审判法院严格落实疑罪从无原则。四是被追诉者对新的事实没有披露责任。根据《国家赔偿法》第十九条第一项的规定,因公民自己故意作虚伪供述,或者伪造其他有罪证据被羁押或者被判处刑罚的,国家不承担赔偿责任。这意味着,被追诉者故意隐瞒有关事实和证据,导致原审法院错误定罪的,不能申请赔偿。

第三,赔偿的方式。国际公约并未对赔偿方式作出规定,不 606
过,金钱赔偿无疑是赔偿的主要方式。《国家赔偿法》第三十二条规定,国家赔偿以支付赔偿金为主要方式。能够返还财产或者恢复原状的,予以返还财产或者恢复原状。需要指出的是,《国家赔偿法》第三十五条专门规定了精神损害赔偿,即,致人精神损害的,应当在侵权行为影响的范围内,为受害人消除影响,恢复名誉,赔礼道歉;造成严重后果的,应当支付相应的精神损害抚慰金。

4 权利的信托

权利的信托，是国家尊重和保障人权的制度体现。

607 从国际公约角度看，国家是权利的保障主体，基于宪法履行对权利的保障义务。国家确认权利、尊重权利、保障权利的过程，也是提高国家权能和维系治理正当性的过程。具体到刑事领域，由于被追诉者通常处于被羁押状态，其权利面临被不当限制、侵犯的现实风险，单纯凭借被追诉者的一己之力，既难以有效地主张权利，也难以寻求权利救济。此种背景下，国家为履行保障权利的宪法承诺，避免权利虚置，有必要建立权利的信托机制，维护被追诉者的合法权利，防止不当限制、侵犯权利的情形发生。

608 权利的信托机制，与金融领域的信托制度存在功能上的相似性。在金融领域，信托是一项非常重要的制度，特别是对于中介化证券而言，信托制度更是不可或缺。通常来讲，所谓信托，是指委托人针对信托财产设立受托人（trustee），使受益人（beneficiary）享有信托财产的收益。实际上,不仅财产权可以设立信托,人身权也可以设立信托。[1] 设立信托的主要目的,就是通过受托人代行权利,来维护受益人的利益。这种通过设立信托,由受托人维护受益人利益的法律机制,对刑事领域的权利保障具有重要借鉴意义。

权利的信托机制,是刑事程序领域激活权利的重要法律装置,也是重塑各项诉讼职能,树立权利共识的制度支撑。只有按照权利保障的要求,优化完善辩护律师和检察机关的诉讼职能,才能抵制传统权力共识产生的追诉偏见,进而在诉讼全过程提高司法人权保障水平。通过权利的信托机制,能够将权利理念嵌入各项诉讼职能之中,进而逐步塑造以权利为基础的正当程序。 609

4.1 权利的信托结构

之所以建立权利的信托机制,主要原因在于,当受益人不便或者无法直接行使特定的权利时,有必要通过受托人代行权利。在刑事程序中,被追诉者始终面临侦查机关的侵权风险,在罗素勋爵看来,要想保护守法公民免受警察不公正执法的迫害,就必须有两套警察体系,一套警察体系旨在证明犯罪,另一套警察体系则旨在证明无辜;除检察官外,还必须有一种公设辩护人,在法律地位上和检察官同等重要。[2] 这种权力制约理念,如果转换为权利话语,就体现为权利信托机制。 610

---

〔1〕 Burrows and others eds, English Private Law (3 ed), Chapter 4, Section D,4.140.

〔2〕 [英]伯特兰·罗素:《权力论:新社会分析》,吴友三译,商务印书馆2012年版,第231页。

611 典型的信托机制，通常具有“委托人—受托人—受益人”的三方结构。在金融领域，信托财产虽由受托人管理，却不在受托人的责任财产范围之内，如果受托人破产，信托财产将归受益人所有，受托人的债权人不能主张以信托财产偿还受托人债务。类似地，在刑事领域，权利的信托结构也包含三方关系，国家作为权利的委托人，委托检察机关和辩护律师分别作为公共受托人、私人受托人，并从不同的职能角度，依法保障权利主体——被追诉者的合法权利。尽管检察机关、辩护律师可以代行（或者保障）被追诉者的权利，但实质权利仍然属于被追诉者。

612 同时，权利的信托机制还与权利救济机制存在紧密关联。在实行司法审查制度的国家，法院作为权利的守护者，可以实质性地介入审前程序，并在刑事诉讼全过程及时为被追诉者提供法律救济。此种情况下，控辩双方的诉讼角色比较单纯，主要是在对抗式诉讼中寻求各自的诉讼利益；通过这种控辩平等对抗机制，以及司法救济机制，被追诉者的权利能够得到有效的保障。相比之下，中国法院并未介入刑事诉讼的审前程序，这意味着，现有的权利救济机制仅具有有限的制度功能，难以在审前程序中有效维护被追诉者的合法权利。有鉴于此，有必要通过建立权利信托机制，整合审前程序中的权利保障职能，进而与审判阶段的权利救济机制相衔接，从整体上提高刑事程序的权利保障水平。

4.1.1 程序权利的基本特点

613 刑事诉讼法作为小宪法、人权法，具体包含的各项程序权利，既与其他法律领域包含的程序权利一样具有宪法层面的渊源，也有一些体现刑事程序领域特色的特点。概括起来，刑事程序领域的权利，主要具有基本性、惰性、技术性、规程性等基本特点。

第一，程序权利的基本性。刑事程序领域的权利，涉及宪法 614
领域的诸多基本人权，包括不被非法剥夺人身自由、不被非法干预隐私和家庭生活等权利，等等。权利越重要，对权利保障机制的要求越高。对于宪法规定的基本人权，应当提供行之有效的保障机制，预防侵权行为发生，并对侵权行为施加严厉的制裁。例如，各国在制定非法证据排除规则时，通常是从宪法权利的角度看待排除规则，并将排除非法证据作为保障宪法权利的重要途径。

第二，程序权利的惰性。尽管宪法和刑事诉讼法通过明示 615
或默示的方式确立了诸多权利，但这些权利本身不会自动实施。权利条款能否被激活，在很大程度上取决于相应的程序要素，如被追诉者是否知晓权利，以及是否积极主张权利。对于法律意识淡漠、权利态度消极的当事人，唯有强化辩护权的法律保障，为被追诉者提供有效的法律帮助，才能打破权利的惰性，将书本上的权利转化为实践中的权利。

第三，程序权利的技术性。刑事程序所涉的一些权利，如公 616
正审判权、不被重复追诉的权利等，涉及复杂的法律程序问题，具有很强的技术性和专业性。这对权利的行使提出了较高的要求。一方面，法律应当对权利要素作出明确规定，司法机关也有必要对各项权利作出具体解释，以便权利主体依法主张权利；另一方面，被追诉者需要获得有效的法律帮助，以便通过规范的程序提出权利主张。从某种程度上讲，刑事程序是严重依赖律师参与的程序,如果缺乏律师帮助的被追诉者,很难适应各类技术性程序规则的要求。

617 第四,程序权利的规程性。被追诉者主张权利、寻求救济,需要在程序框架内进行,遵循程序自身的规则与逻辑。例如,被追诉者提出管辖、回避等申请,应当说明理由。被追诉者如果申请排除非法证据,应当提供相关线索或者材料。否则,即便被追诉者的权利受到不当限制与侵犯,如果其脱离程序框架寻求救济,或者未能满足程序要求,也很难获得预期的结果。由于被追诉者的权利保障贯穿程序始终,所以,无论是权利的适用范围,还是辩护权的法律保障,也要贯穿刑事程序的整个过程。例如,无罪推定权利,不仅是审判阶段的重要权利,在审前程序中也应当依法予以保障。

618 鉴于刑事程序领域的权利具有上述特点,权利的信托机制应当体现以下基本要求:一是全面保障各项权利,特别是基本人权。进一步讲,不仅要保障积极权利,也要保障消极权利。二是克服权利的惰性。无论被追诉者自身是否具有权利意识和权利意愿,都应当为其提供有效的法律帮助和权利保障。三是适应权利的技术性需要。对被追诉者的权利保障,应当通过专业方式进行,嵌入各项诉讼职能,不能浮于表面、流于形式。四是权利保障应贯穿诉讼全过程。无论是检察机关还是辩护律师,作为权利保障的受托人,在刑事诉讼各阶段都应当发挥预期的权利保障功能。

4.1.2 权利的二元信托机构

619 之所以从信托角度探讨权利保障,关键在于,通过权利的信托机制，可以重新审视刑事诉讼的各项职能，重新认识刑事程序的法律关系，进而塑造刑事程序的权利共识，完善司法人权保障制度。诚如阿伦特教授所言，但凡谈到权利话语，通常意味着当事人已经沦为弱势群体。在刑事程序中，被追诉者作为控诉之下的弱势群体，容易沦为冤假错案的潜在对象，究竟由谁为其进行权利代言？

为避免被追诉者成为失权主体，践行尊重和保障人权的宪 620
法承诺，国家有必要建立权利的信托机制。与金融领域不同，刑事领域的权利信托，体现为二元的信托模式：一是权利的私人信托。辩护律师（或者援助律师）作为被追诉者权利的私人受托人，依法维护被追诉者的合法权益，代表被追诉者行使各项权利，这是辩护职能的权利基础。二是权利的公共信托。检察机关作为被追诉者权利的公共受托人，依法监督办案机关的侦查行为，防止其不当限制、侵犯被追诉者的权利，并督促办案机关履行人权保障的积极义务。

权利的信托机制，实质上是刑事程序的权利分配机制。这 621
种二元的权利信托结构，具有以下特点：第一，两类权利信托机制的设立，与前述积极权利和消极权利的区分紧密相关。概言之，权利的私人信托，主要是确保被追诉者有效行使各项积极权利。相比之下，权利的公共信托，则主要是维护被追诉者的各项消极权利。权利的信托机制，不仅有助于构建全新的权利保障体系，也有利于重塑检察机关和辩护律师的诉讼职能。

第二，两类权利信托机制之间相辅相成，互相补充。尽管辩 622
护律师（或者援助律师）主要着眼于行使积极权利，但对于消极权利遭到侵犯的情形，也需依法寻求法律救济。同时，检察机关除监督办案机关履行尊重人权的消极义务外,也需督促办案机关履行保障人权的积极义务,其中就涉及被追诉者的积极权利。相较而言,辩护律师的私人信托机制,侧重从辩护权角度保障权利,而检察机关的公共信托机制,则侧重从权力制约角度保障权利。

623 第三,检察机关的权利信托职能与追诉职能存在紧张关系,这促使检察机关进一步优化内部职能。基于信托的基本原理,受托人不能同时代表存在冲突的利益。有鉴于此,强调检察机关的权利信托职能,并将该项职能纳入法律监督职能项下,意味着有必要区分检察机关的内部职能,将法律监督职能与追诉职能分离开来。通过内部权能分工,既有助于完善检察机关的总体职能,也有助于通过适当的内部分权机制而保持权力克制,特别是避免追诉权滥用。

624 此外,尽管法院也在人权保障领域扮演重要角色,但在现阶段,法院尚未介入审前程序,未能在强制措施的司法审查等关键领域发挥直接影响,而更多是在审判阶段为侵权行为提供法律救济。有鉴于此,谈及权利的信托机制,因为涉及诉讼全过程的权利保障,所以主要关注的是辩护律师和检察机关的诉讼职能。至于法院的人权保障职责,可以归入专门的权利救济机制。之所以区分权利的保障和救济,主要是考虑,权利保障更加注重事先预防和同步制止侵权行为,而权利救济则主要涉及事后对侵权行为的制裁以及对侵权对象的救济。当然,伴随推进以审判为中心的刑事诉讼制度改革,审判程序对审前程序的影响日渐深入,法院也将对审前程序的权利保障发挥更大的作用。相应地,权利的信托机制也将随之进一步优化完善,形成更加系统多元的模式。

4.2　权利的私人信托

权利的私人信托,更加类似金融领域的信托,因为此类信托 625
涉及被追诉者和辩护律师之间的信任关系。在刑事程序中,被追诉者通常处于被羁押状态,如果不能通过其信任的受托人代为行使权利,被追诉者就将真正陷入失权困境。从这个角度看,辩护律师为处于诉讼弱势地位的被追诉者提供法律帮助,是真正意义上的权利代言人!

在刑事程序领域,权利的私人信托,主要关注的是被追诉者 626
的积极权利,如辩护权、公正审判权等。唯有获得有效的律师帮助,才能确保被追诉者有条件、有能力行使各项权利,提出合理的权利主张,依法维护自身的合法权益。从私人信托角度看待辩护职能,可以分为委托辩护和法律援助两种基本模式。同时,辩护律师的权利可被视为基于权利的权利,尽管该权利具有一定的独立性,但应当注意独立辩护的边界。

4.2.1　辩护职能的信托模式

将辩护职能视为权利的私人信托,意味着辩护权对被追诉 627
者具有特别重要的意义。需要指出的是,辩护律师接受被追诉者或其家属的委托进行辩护,这种法律上的委托关系,与典型的信托三方结构存在一定差异。不过,如果站在诉讼职能角度,国家设置辩护职能,赋予辩护律师特定的辩护权利,无疑也可被视为一种特殊的信托。同时,辩护律师与被追诉者的委托关系,与普通的法律委托并不完全等同,因为辩护律师还需遵守法律对辩护人责任的规定以及职业准则的要求。当然,从法律层面看,之所以将辩护职能视为权利的私人信托,主要是考虑,辩护律师作为受托人,在行使权利时具有一定的独立性,换言之,辩护律师不完全依附于被追诉者,而是依法享有独立的辩护权利,在依法维护被追诉者合法权利的同时,存在一定的独立辩护空间。

628 除辩护律师外,法律援助律师(包括值班律师)也可以为被追诉者提供法律帮助,这种带有一定公共属性的法律帮助职能,显然更贴近信托关系的实质。不过,由于法律援助律师(包括值班律师)与被追诉者没有委托关系,因此,这种信托并非纯粹的私人信托,更适宜被视为准私人的公共权利信托。

4.2.1.1 委托辩护的私人信托

629 被追诉者委托的辩护律师,作为权利的私人信托人,在刑事诉讼过程中代表被追诉者行使权利。相应地,对于涉及被追诉者权利的情形,辩护律师应当为其提供有效辩护,依法维护被追诉者的权利。有鉴于此,《刑事诉讼法》第三十七条规定,辩护人的责任是根据事实和法律,提出犯罪嫌疑人、被告人无罪、罪轻或者减轻、免除其刑事责任的材料和意见,维护犯罪嫌疑人、被告人的诉讼权利和其他合法权益。需要强调的是,辩护律师在诉讼过程中,履行以权利为导向的辩护职责,与被追诉者是否有罪并无关联。换言之,无论被追诉者是否有罪,辩护人都应当依法维护其合法权利。

630 基于委托辩护形成的私人信托机制,法律有关辩护职能的规定,应当以有效维护被追诉者权利为前提。以此为基础,分析现有法律规定,辩护职能尚有一定的优化空间。具体分析如下:

首先，辩护律师应当及时介入诉讼，参与可能影响被追诉者权利的诉讼活动。《刑事诉讼法》第三十四条规定，犯罪嫌疑人自被侦查机关第一次讯问或者采取强制措施之日起，有权委托辩护人。《刑事诉讼法》将被追诉者委托辩护的时间节点，设定为"第一次讯问或者采取强制措施之日起"，为辩护律师及时介入诉讼提供了必要的程序条件。不过，这一规定只是设定了委托辩护的时间节点，并未明确辩护律师能否参与诉讼活动，或者诉讼活动是否以辩护律师参与为前提。由于委托辩护需要选定辩护律师、办理委托手续，通常要经历一定时日，这意味着，辩护律师难以参与前期讯问和强制措施的适用程序。实际上，从程序设计角度看，在羁押讯问和采取强制措施（包括对人的强制措施和对物的强制措施）等直接影响被追诉者权利的重要诉讼环节，并未赋予辩护律师参与权，也不以辩护律师参与为前提，这是导致实践中侵权行为时有发生，证据争议和程序争议屡见不鲜的重要制度原因。有鉴于此，基于委托辩护的私人信托功能，对于可能影响被追诉者权利的诉讼活动，有必要建立辩护律师参与机制，并将辩护律师参与作为诉讼程序合法性的前提条件。 631

其次，在刑事诉讼全过程，辩护律师均应拥有为辩护所需的必要权利。现阶段，审前程序特别是侦查程序的辩护权保障，仍然存在诸多局限。《刑事诉讼法》第三十八条规定，辩护律师在侦查期间可以为犯罪嫌疑人提供法律帮助；代理申诉、控告；申请变更强制措施；向侦查机关了解犯罪嫌疑人涉嫌的罪名和案件有关情况，提出意见。一般而言，权利面临侵犯的风险越大，保障机制应当越严密。然而，现阶段，侦查程序的辩护权保障，尚未满足这一原则的要求。从整个诉讼程序看，被追诉者的权 632

利在侦查阶段面临的风险最大,但该阶段的辩护权却面临诸多限制。辩护律师不仅未能参与可能影响被追诉者权利的侦查活动,其在侦查阶段的角色也仅被定位于“法律帮助”,而非典型意义上的“辩护”。为体现权利信托的制度需要,应当持续加强侦查阶段的辩护权保障,至少应当达到与审判阶段相当的水平,这也是公正审判权的内在要求。

633 再次,辩护律师的阅卷权、会见权和调查取证权应当予以保障,确保被追诉者进行充分的辩护准备。有效辩护是控辩双方平等武装的前提,也是公正审判原则的基础。实践中,阅卷难、会见难、调查取证难等问题长期得不到有效解决,导致辩护准备难以有效进行,严重影响诉讼程序的公正性。应当认识到,办案机关有义务积极配合辩护律师行使阅卷权、会见权和调查取证权。对于办案机关故意妨碍辩护准备的情形,辩护律师应当依法寻求法律救济。同时,辩护律师行使阅卷权,向被追诉者核实证据,应当满足有效辩护的现实需要。《刑事诉讼法》第四十条规定,辩护律师自人民检察院对案件审查起诉之日起,可以查阅、摘抄、复制本案的案卷材料。第三十九条第四款规定,自案件移送审查起诉之日起,辩护律师可以向犯罪嫌疑人、被告人核实有关证据。需要指出的是,将阅卷权、核实证据权的时间节点,限定于审查起诉之日起,可能有助于避免被追诉者获悉有关信息后改变供述、妨碍作证,但如果辩护律师在整个侦查阶段都无法了解案卷材料,无法向被追诉者核实有关证据,势必影响侦查阶段的有效辩护。例如,对于强制措施的合法性和必要性,如果辩护律师不了解事实证据,就难以提出有效的异议。又如,如果辩护律师不了解案卷材料,无法向被追诉者核实证据,就难以针对指控的证据体系，及时收集有利于被追诉者的证据材料。同时，对于被追诉者处于被羁押状态的情形，改变供述和妨碍作证等顾虑并无现实必要。有鉴于此，对于侦查阶段获取的证据材料，办案机关有必要及时同步向辩护律师公开，必要时可以要求辩护律师签署保密协议。这不仅有利于辩护律师进行必要的辩护准备，也能防止办案机关选择性地收集和移送案卷材料。

最后，辩护律师与被追诉者之间基于权利信托形成的信任 634
关系，应当受到法律保护。《刑事诉讼法》第三十九条第四款规定，辩护律师会见在押的犯罪嫌疑人、被告人，可以了解案件有关情况……辩护律师会见犯罪嫌疑人、被告人时不被监听。同时，第四十八条规定，辩护律师对在执业活动中知悉的委托人的有关情况和信息，有权予以保密。办案机关应当保证辩护律师通过会见等方式，与被追诉者进行秘密交流，不能打破辩护律师与被追诉者之间的信任关系。当然，基于公共利益的考量，辩护律师在执业活动中知悉委托人或者其他人准备或者正在实施危害国家安全、公共安全以及严重危害他人人身安全的犯罪的，应当及时告知司法机关。

需要强调的是，私人信托形成的信任关系，还对辩护职能提 635
出以下特殊要求：第一，只有被追诉者才能解除对辩护律师的委托。尽管对于被追诉者在押的情形，可以由其监护人、近亲属代为委托辩护人。但是，解除委托，应当由被追诉者作出决定。第二，被追诉者选定或者解除辩护律师，不受办案机关干涉。被追诉者选定辩护律师以及解除委托，均是其依法享有的诉讼权利，办案机关不能对此进行干涉。在诉讼过程中，办案机关不能要求被追诉者解除对辩护律师的委托。第三，对于涉及被追诉者权利的情形，不得以值班律师取代辩护律师。被追诉者委托辩护律师后，应当由辩护律师代表被追诉者行使权利，不能以值班律师的参与变相搁置辩护律师的参与权。

4.2.1.2 法律援助的准私人信托

636 与辩护律师相比，法律援助律师（包括值班律师）与被追诉者并不存在委托关系，是国家为被追诉者提供的法律援助，因此可被视为带有公共信托属性的准私人信托。《刑事诉讼法》第三十五条、第三十六条分别规定了法律援助和值班律师的制度安排，据此可以认为，法律援助（包括值班律师）是辩护制度的重要组成部分，是对委托辩护的制度补充。尽管法律援助律师（包括值班律师）与被追诉者没有委托关系，但一经法律援助机构指派，就与被追诉者形成特定的辩护或法律帮助关系，应当依法维护被追诉者的合法权利。

637 尽管法律援助辩护和值班律师帮助同属准私人信托机制，但两者既有联系又有区别。首先，法律援助律师接受指派后，为被追诉者提供辩护，履行的是辩护职能。相比之下，值班律师接受指派后，为犯罪嫌疑人、被告人提供法律咨询、程序选择、申请变更强制措施、对案件处理提出意见等法律帮助，履行的是法律帮助职能。前文在分析辩护权时指出，辩护与法律帮助，在法律属性和实质功能上均存在差异。其次，法律援助辩护与值班律师帮助具有功能互补性。对于被追诉者没有委托辩护律师，或者法律援助机构没有指派律师为其提供辩护的情形，值班律师是退而求其次的补充性选择。不过，即便有辩护律师或法律援助律师提供辩护，在其介入诉讼之前，也可由值班律师提供临时的法律帮助。

从属性上看,法律援助律师为被追诉者提供辩护,与委托辩护相比,在辩护职能方面并无实质差异。不过,值班律师作为一种新型制度,其法律帮助职能值得进一步研究。在《刑事诉讼法》第三十六条规定的基础上,“两高两部”2020 年出台《法律援助值班律师工作办法》,其中,第二条规定,值班律师是法律援助机构通过派驻或安排的方式,为没有辩护人的犯罪嫌疑人、被告人提供法律帮助的律师。之所以专门区分辩护职能与法律帮助职能,主要是考虑值班律师提供的帮助具有咨询性、临时性,并且不具有对被追诉者的专属性。该办法第二十一条、第二十二条还规定了值班律师的阅卷权、会见权等为提供法律帮助所需的权利。但与辩护律师相比,值班律师的程序权利较为有限,主要是为被追诉者提供临时的法律帮助,并在认罪认罚案件中履行在场帮助职责。 638

从权利保障角度看,值班律师的法律帮助职能,尽管存在一定益处,但也隐含潜在的制度风险,即,在简化审理程序中,以法律帮助“替代”辩护的法律风险。实际上,2017 年最高人民法院和司法部出台的《关于开展刑事案件律师辩护全覆盖试点工作的办法》就已反映出这一问题。尽管改革试点的主题是“律师辩护全覆盖”,但实际上,对于适用简易程序、速裁程序审理的案件,被追诉者没有委托辩护的,并未纳入法律援助辩护的范畴,而是由值班律师提供法律帮助。2020 年“两高两部”出台《法律援助值班律师工作办法》,该办法第六条第二款对值班律师参与认罪认罚案件作出了具体规定,即,值班律师在认罪认罚案件中,应当提供以下法律帮助:向犯罪嫌疑人、被告人释明认罪认 639

罚的性质和法律规定;对人民检察院指控罪名、量刑建议、诉讼程序适用等事项提出意见;犯罪嫌疑人签署认罪认罚具结书时在场。鉴于认罪认罚与被追诉者的权利紧密相关,仅由值班律师参与程序,并主要履行在场见证职责,实际上难以满足有效辩护的内在要求。

640 如果简化审理程序的适用范围限于轻微案件,因所涉诉讼利益较小,由值班律师"代行"辩护职责尚可接受。但现阶段,基层法院审理的案件,符合法定条件的均可适用简易程序;速裁程序的适用范围也由试点时可能判处一年以下有期徒刑、拘役、管制的案件,在 2018 年《刑事诉讼法》修改时确立为可能判处三年有期徒刑以下刑罚的案件。这意味着,对于适用简化审理程序的案件,尽管可能判处较重的刑罚,但仅由值班律师提供法律帮助,而未纳入法律援助辩护的范围。更重要的是,一旦将值班律师的法律帮助简单地等同于法律援助辩护,就可能搁置实质性地推进律师辩护全覆盖的改革努力。此外,考虑到被追诉者认罪和程序选择的自愿性尚且缺乏充分保障,如果以值班律师的法律帮助取代有效辩护,就容易增加司法错误的制度风险。

641 有鉴于此,为体现法律援助的准私人信托功能,对于值班律师制度,有必要从权利保障的角度进行适当的制度优化和调整。具体包括三种情形:第一,对于委托辩护或法律援助辩护的情形,在辩护律师介入之前,可由值班律师提供临时的法律帮助。第二,对于没有委托律师的案件,如果值班律师只能提供临时帮助,可以代为申请法律援助机构指派律师提供辩护。此种情况下,值班律师的职能仍属法律帮助,而非辩护。第三,如果值班律师愿意提供辩护,则应当按照法律援助辩护的方式提供辩护。

此种情况下，值班律师的身份转为辩护律师，依法享有辩护律师的各项权利。

4.2.2　辩护职能的权利分析

从信托角度分析辩护职能，不难发现，辩护实质上是权利的 642
代名词。辩护的宗旨在于维护权利，辩护的策略在于主张权利，有效辩护的标准在于有效地保障权利。基于控辩双方平等武装原则，如果被追诉者未能获得有效辩护，就难以维护自身合法权利，公正审判也就无从谈起。所以，谈及辩护职能，尽管被追诉者和辩护律师通常被视为一个整体，但有效辩护的关键在于辩护律师。

前文提到，基于权利的私人信托机制，辩护律师实际上是代 643
行被追诉者的权利。那么，究竟应当如何看待辩护权的权利实质？辩护律师究竟能否脱离被追诉者进行独立辩护？诸如此类的问题都与辩护职能的权利属性紧密相关。从信托角度看待辩护权，其权利实质可被视为“基于权利的权利”。基于《刑事诉讼法》对辩护权所作的规定，以及《律师法》规定的职业准则，辩护律师有权独立开展辩护工作，但始终应当以维护被追诉者权利为宗旨。同时，尽管辩护律师可以代行被追诉者的权利，但并非被追诉者的所有权利都可由辩护律师代行。

4.2.2.1　基于权利的权利

在金融领域，信托是中介化证券的制度支撑。基于英国法 644
的信托制度，中介化证券的最终投资者，并不直接拥有债券权利本身，而是拥有针对债券权利的权利。从本质上讲，最终投资者拥有的是一种衡平法上的财产权(equitable property right)。所谓衡平法上的权利,既不是对物权(right against a thing),也不是对人权(right against a person),而是一种基于权利的权利(right against a right)[1]。需要强调的是,中介化证券的信托,主要涉及普通法领域的法律制度。此处主要是借鉴这种特殊的权利理念,及其对辩护职能的启示意义。

645 基于权利的信托机制,辩护律师的权利也可被视为一种基于权利的权利。辩护律师的职能在于通过辩护,维护被追诉者的合法权利。为了履行辩护职能,辩护律师需要拥有一定的权利,如阅卷权、会见权和调查取证权等,这些权利并非辩护律师自身固有的权利,而是基于辩护职能,从被追诉者的权利所衍生出来的权利。进一步讲,辩护律师的权利,是基于被追诉者的权利而创设的权利。一旦脱离了辩护身份,辩护律师自身就不再拥有这些权利。当然,除了这种基于权利的权利外,辩护律师作为权利主体,也依法享有自身的权利,如辩护律师受到非法羁押,就可主张自身固有的人身自由权。

646 如果将辩护律师的权利视为基于权利的权利,就意味着,在诉讼过程中,应当统筹考虑被追诉者的权利与辩护律师的权利。具体包括以下几点:第一,辩护律师代表被追诉者作出重要的程序决定,应当经被追诉者明确授权。需要指出的是,《刑事诉讼法》赋予辩护律师的阅卷权、调查取证权等程序权利,虽然亦属代行被追诉者的权利,但鉴于法律已经作出明确规定,故无须再经被追诉者授权。不过,对于依法应由被追诉者作出的程序决

---

〔1〕 Secure Credit SA v. Credit Suisse AG [2017] EWCA Civ 1486.

定，如上诉的决定，辩护律师需经被追诉者同意才能提出。通常情况下，被追诉者委托辩护律师进行辩护，会对辩护律师作出概括授权，尽管如此，对于影响被追诉者权利的重要事项，辩护律师有必要专门征得被追诉者同意。例如，被追诉者提出非法证据排除申请后，法庭召开庭前会议，在被追诉者未参加庭前会议的情形下，如果辩护律师意图撤回申请，需经被追诉者同意，避免引发不必要的争议。

第二，辩护律师与被追诉者的权利信托，建立在信任关系基 647
础之上，并以有效辩护为依归。与普通委托关系不同，辩护律师对被追诉者履行信托义务，其核心要求是信任关系。在金融法领域，信托义务主要包括以下要求：善意行事；不得基于信任谋利；不得存在利益冲突；不得未经允许谋取自身利益或第三人利益。[1] 这对辩护职能具有重要借鉴意义。例如，为了避免利益冲突，《最高人民法院关于适用〈中华人民共和国刑事诉讼法〉的解释》第四十三条第二款规定，一名辩护人不得为两名以上的同案被告人，或者未同案处理但犯罪事实存在关联的被告人辩护。只有建立在信任关系的基础上，被追诉者作为案件知情人，才敢于向辩护律师坦陈案件实情，以便辩护律师制定合理的辩护策略，进行有针对性的辩护准备。如果被追诉者心存顾虑，向辩护律师刻意隐瞒实情，势必难以进行有效的辩护准备。

需要指出的是，前述金融法领域的信托义务，只是最低限度 648
的信托义务，辩护律师作为专业法律群体，应当适用更高标准的忠实义务和注意义务。基于信托义务的要求，辩护律师应当基

〔1〕 Bristol and West Building Society v. Mothew [1998] Ch 1 at 18.

于善意行事,并按照有效辩护的标准,进行充分的辩护准备工作。实践中,一些辩护律师未经认真阅卷,仅凭经验进行辩护,或者迎合追诉机关需求,以损害被追诉者权利的方式进行协商,这些做法都不符合信托义务的要求。辩护律师作为被追诉者的权利信托人,应当审慎履行辩护职责,不能沦为追诉机关的附庸。

649 第三,被追诉者的权利与辩护律师的权利互相补充,是评估各自决定有效性的基础。前文在探讨辩护权时,提到一则欧洲人权委员会的案例:辩护律师提交上诉申请和被告人答辩无效的意见,随后撤回被告人答辩无效的意见;而被告人则主张自己的答辩无效,并放弃上诉权。如果统筹考虑被追诉者的权利与辩护律师的权利,不难发现,辩护律师撤回被追诉者答辩无效的意见是无效的,因为这一决定违背被追诉者的意愿,即,被追诉者明确主张自己的答辩无效。同时,被追诉者放弃上诉权的决定也是无效的,因为这一决定并未咨询辩护律师意见,不符合有效辩护的要求。有鉴于此,被追诉者与辩护律师应当积极沟通,达成行使权利的决策共识,以便辩护律师代表被追诉者有效行使权利。

650 第四,作为代行被追诉者权利的主体,辩护律师不能游离于程序之外进行辩护。辩护律师的权利是被追诉者权利的延伸,应当得到办案机关的尊重和保障。进一步讲,辩护律师的辩护意见并非可有可无,而是代表着被追诉者的权利主张,因此,无论是辩护律师提交的书面材料,还是其在诉讼过程中发表的辩护意见,都应当纳入案卷材料,并作为司法决策的考量因素。如果将辩护律师排除于办案程序之外,不仅妨碍辩护律师行使权利，还将从根本上损害被追诉者的权利。

同时，辩护律师也应当在程序框架内进行辩护，与办案机关保持理性沟通。尽管我们强调控辩双方平等对抗原则，但辩护律师的职责不是刻意与办案机关进行对抗，而是在平等对抗的制度环境下，最大限度地维护被追诉者的权利。基于积极权利与消极权利的区分，辩护律师应当立足案件情况，理性选择适当的辩护策略，并基于信托义务的要求，积极与追诉机关进行沟通协商。对于被追诉者的消极权利，辩护律师应当督促办案机关依法予以保障，对侵犯权利的情形依法寻求救济。对于被追诉者的积极权利，辩护律师应当积极提出权利主张，努力争取最优的诉讼结果。 651

4.2.2.2　独立辩护的空间

将辩护律师的权利视为基于权利的权利，这意味着，辩护律师开展辩护工作，应当以维护被追诉者的权利为着眼点。不过，尽管被追诉者的权利与辩护律师的权利需要统筹，但实践中，两者的辩护思路和意见可能存在分歧。例如，被追诉者希望争取最佳的诉讼结果，但辩护律师却基于专业评估，主张更为保守的辩护策略。又如，辩护律师希望提出激进的辩护主张，但被追诉者却心存顾虑。在此种情况下，鉴于被追诉者是刑事诉讼的权利主体，应当以被追诉者的意见为准。 652

基于权利的信托理念，信托与委托相比最大的优势，就在于受托人对于信托事项具有一定的独立性。具体到辩护职能，就是指辩护律师存在一定的独立辩护空间。如果不承认辩护律师的独立辩护空间，也就不存在辩护律师与被追诉者的意见产生 653

分歧的问题。进一步讲,考虑到辩护律师的意见通常更为专业、理性,加上辩护律师需要遵守职业准则的要求,因此,从公正审判的角度出发,辩护律师的辩护也需要具有一定的独立性。

654 不过,辩护律师的独立辩护空间,始终不能脱离被追诉者的权利。作为基于权利的权利,辩护律师的独立辩护,应当限于相应的法律边界。首先,辩护律师无故不能拒绝委托,这意味着,辩护职能不具有完全的独立性。《刑事诉讼法》第四十五条规定,在审判过程中,被告人可以拒绝辩护人继续为他辩护,也可以另行委托辩护人辩护。同时,《律师法》第三十二条第二款规定,律师接受委托后,无正当理由的,不得拒绝辩护或者代理。据此,尽管被告人可以拒绝辩护律师委托,但辩护律师却不能无故拒绝委托,这意味着,辩护职能以委托(或指派)为基础,具有一定的从属性。

655 其次,辩护律师不能脱离事实和法律进行辩护。《刑事诉讼法》第三十七条规定,辩护人的责任是根据事实和法律,提出犯罪嫌疑人、被告人无罪、罪轻或者减轻、免除其刑事责任的材料和意见,维护犯罪嫌疑人、被告人的诉讼权利和其他合法权益。据此,如果被追诉者要求辩护律师违背事实和法律进行辩护,辩护律师有权予以拒绝。《律师法》第三十二条也规定,委托事项违法、委托人利用律师提供的服务从事违法活动或者委托人故意隐瞒与案件有关的重要事实的,律师有权拒绝辩护。可见,尽管辩护律师与被追诉者存在信任关系,应当致力于维护被追诉者的合法权益,但辩护工作不能背离事实和法律,不能维护被追诉者的非法利益。

656 最后,辩护律师基于权利信托的定位,尽管可以提出独立的辩护意见,但不能损害被追诉者的权利。这意味着,辩护律师应当事先与被追诉者沟通辩护意见,并确保辩护意见与被追诉者的辩解理由存在兼容关系。例如,对于被追诉者辩称无罪的情形,辩护律师为了最大限度地维护被追诉者的权利,可以在与被追诉者沟通后,提出无罪辩护与罪轻辩护梯次衔接的辩护意见。但是,辩护律师不得未经被追诉者同意,提出对被追诉者不利的辩护意见。

4.3 权利的公共信托

在刑事程序中,权利保障制度存在这样一个悖论:办案机关既是被追诉者权利的保障主体(guarantor),也是防范侵权行为的目标对象(target)。办案机关的强制措施、调查行为和裁量决定,都将对被追诉者的权利产生直接的影响。而在审前程序中,被追诉者处于办案机关控制之下,权利始终面临遭到不当限制乃至侵犯的风险。从某种程度上讲,被追诉者的权利与办案机关的权力之间的关系,就如同市场和计划的关系,即对被追诉者的权利不应当施加过多限制,而是应当强化司法保障;但对办案机关的权力则应当予以调控,避免因恣意行使而不当侵犯权利。 657

前文提到权利的私人信托,通过强化辩护职能,有助于激活权利机制,确保被追诉者充分行使各项积极权利。但仅此尚不足够,对于各项消极权利,仍需办案机关予以尊重和保障。基于哈特教授对规则的外部视角和内部视角所作的区分,内部视角是将规则内化为行为习惯,而外部视角则关注违反规则可能导 658

致的负面后果。[1] 具体到刑事程序,如果办案机关仅从外部视角看待规则和程序,就通常只会关注权利保障的功利效果,无法将保障人权视为内在的宪法法律义务。有鉴于此,有必要建立权利的公共信托,从权力制约的角度,监督和规范办案机关的诉讼行为,促使办案机关形成尊重和保障权利的制度自觉,进而有效维护被追诉者的诉讼权利。

659 权利的公共信托,主要是指检察机关通过依法履行宪法法律赋予的法律监督职能,健全刑事程序的权力制约机制,避免办案机关不当限制或者侵犯被追诉者的权利。基于权利的信托结构,私人信托和公共信托相辅相成,共同搭建起权利保障的基本机构。前者侧重权利的主张和行使,重点关注积极权利,体现的是以权利保障权利的脉络;后者则侧重侵权行为的预防和纠正,重点关注消极权利,体现的是以权力保障权利的进路。

4.3.1 法律监督职能的信托模式

660 前文指出,个体权利离不开国家权力的保障。基于保障人权的国家义务,刑事程序所涉的国家机关,包括侦查机关、检察机关与审判机关,都应当履行尊重和保障人权的法律职责,这意味着,各机关原则上都可被视为权利的公共信托主体。不过,侦查机关基于侦破犯罪的压力,容易不当限制或者侵犯被追诉者的权利。此种情况下,仅凭侦查机关的自我约束,无疑不能消除权力滥用的风险。同时,现阶段法院并未介入审前程序,虽然司

---

〔1〕 H. L. A. Hart, *The Concept of Law*, Oxford University Press, 2012, p. 89 - 90.

法判决对审前程序有一定的辐射影响，但这种间接影响的效果比较有限，因此，法院主要扮演对侵权行为进行事后司法救济的角色。有鉴于此，唯有检察机关基于宪法定位和诉讼职能，能够建立覆盖刑事诉讼全过程的权利保障机制，这种法律机制主要是通过法律监督职能来实现的。

《宪法》第一百三十四条规定，人民检察院是国家的法律监 661
督机关。具体到刑事领域，《刑事诉讼法》第八条规定，人民检察院依法对刑事诉讼实行法律监督。法律监督职能是检察机关承担的重要宪法法律职能，该项职能涵盖整个刑事程序，是权力制约机制的关键环节，对权利保障具有重要作用。有鉴于此，探讨权利的公共信托，主要是以检察机关的法律监督职能为基础。需要指出的是，法律监督职能涉及的范围较广，权利保障只是重要的组成部分。

概括地讲，以检察机关的法律监督职能为基础，建立权利的 662
公共信托机制，对办案机关的权力加以制约，有助于督促办案机关尊重和保障被追诉者的权利。同时，检察机关依法履行审查逮捕、审查起诉职能，在程序上承接侦查与审判，能够更好地均衡司法权能的合理需要，实现权利与权力的动态平衡。此外，检察机关作为被害人合法权利的代言人，亦能有效兼顾被追诉者与被害人的权利，妥善处理各项权利的潜在冲突。

4.3.1.1　权利公共信托的职能重塑

权利的公共信托，主要是以保障被追诉者的权利为基本宗 663
旨。探讨检察机关对被追诉者权利的公共信托，首先有必要理顺法律监督职能与追诉职能的关系。前文提到，基于控辩双方平等对抗原则,追诉职能与辩护职能在刑事诉讼中体现为对抗关系。检察机关履行追诉职能,以追究被追诉者的刑事责任为目标,尽管强调客观公正义务,但面对追诉压力,实际上难以有效兼顾被追诉者的权利保障。相比之下,检察机关的法律监督职能,则旨在对刑事诉讼活动实行法律监督,如果发现违法情形,就依法提出抗诉、纠正意见或者检察建议。鉴于法律监督职能涵盖刑事诉讼各环节的诉讼活动,因此,检察机关除了要对侦查、审判活动中的违法情形进行监督外,也需要对起诉活动中的违法行为进行监督。为了避免检察机关内部职能混淆,防止对起诉活动的法律监督流于形式,检察机关需要优化内部职能分工,由不同的职能部门分别负责法律监督和追诉工作。

664 检察机关的内部职能分工,对于区分法律监督职能和追诉职能具有重要意义。实际上,刑事诉讼各项职能,包括侦查和审判职能,均由侦查机关、审判机关的内部职能部门具体负责。不过,检察机关的批捕、起诉和法律监督等职能,既存在密切联系又并非完全同质化,这种检察权的“碎片化”样态[1],容易影响法律监督的实际效能。具体言之,捕诉部门和控告申诉检察部门,分别承担相应的法律监督职责,这在制度设计上可能面临两个方面的挑战:一方面是法律监督职能与追诉职能的混淆。捕诉部门在履行审查批准逮捕、审查起诉职能过程中,可以依法审查侦查机关的诉讼活动,并依法纠正违法和侵权行为,但由于捕诉部门肩负追诉职责,容易产生追诉倾向,这可能不利于对被追

〔1〕 苗生明:《新时代检察权的定位、特征与发展趋向》,载《中国法学》2019年第6期,第228页。

诉者的权利保障。另一方面是对追诉职能的法律监督难以落到实处。检察机关的内部职能分工,不仅在于避免法律监督职能与追诉职能混淆,还在于将追诉职能本身纳入法律监督范畴。《人民检察院刑事诉讼规则》第五百五十六条规定,对人民检察院及其工作人员办理案件中违法行为的申诉、控告,由负责控告申诉检察的部门受理和审查办理。该条规定建立的法律监督机制,应当包括对追诉职能的法律监督。但由检察机关内部同一级别的职能部门对追诉进行法律监督,实际效果可能比较有限。此外,起诉或不起诉的决定通常要经过检察长批准,这意味着,在实行领导体制的检察机关,对于经检察长批准的起诉或不起诉的决定,下设的职能部门可能难以进行有效的法律监督。

有鉴于此,为优化宪法法律规定的法律监督职能,有必要推 665
进检察机关法律监督职能的专门化、系统化。基于现有的内部职能划分,控告申诉检察部门与捕诉部门分立,并不具体负责追诉职能,因此能够专注于法律监督职责。相应地,可考虑由控告申诉检察部门专门负责对诉讼活动进行法律监督。至于捕诉部门,可以在依法履行审查批准逮捕、审查起诉职责的同时,进行附带性的诉讼活动审查,一旦发现违法或者侵权情形,应当移送控告申诉检察部门处理。这种内部职能分工机制,实际上是将控告申诉检察部门作为法律监督的职能主体,并将捕诉部门作为法律监督的信息来源。

需要指出的是,最高人民检察院 2018 年实行"捕诉合一"改 666
革,按照"监督中办案,办案中监督"的理念,将诉讼、监督作为检察权的一体两面。在此基础上,"捕诉一体"理念强调职能职权集中行使,将检察官的职责内容统一于法律监督职责使命。[1]不过,前文分析不被非法剥夺人身自由权利时提到,根据国际公约的要求,逮捕和羁押的合法性,应当由法官或者经法律授权行使司法权力的官员进行审查。有鉴于此,如果作出批准逮捕决定的官员继续从事追诉犯罪的公诉活动,并不符合司法权力的独立性和中立性要求。这意味着,传统上检察机关将负责审查批捕的侦查监督部门与负责审查起诉的公诉部门分开设置,尚能在一定程度上满足国际公约的基本标准,但如实行“捕诉一体”,无异于取消了检察机关相对中立地行使逮捕审批权的制度基础,这将背离正当程序的基本精神和国际公约确认的刑事司法准则。[2] 从权利保障角度来看,更为合理的做法是,将审查批准逮捕职能单独设置,或者纳入法律监督职能,体现检察机关的权利信托属性。实际上,从权利信托的视角看待法律监督职能,有助于优化检察机关的内部职能分工,特别是避免与追诉职能相混淆。

667 与权利的私人信托相比,检察机关的公共信托机制,所涉对象并不限于被追诉者,还应当包括被害人在内。这主要是考虑,国家公诉取代私力救济后,由检察机关代表被害人追诉犯罪,这使被害人的权利保护一度处于被忽视的境地。尽管《刑事诉讼法》将被害人的诉讼地位确立为当事人,但由于缺乏有效的权利保障机制,被害人的权利主张容易在实践中遭到漠视。特别是

---

〔1〕 叶青:《“捕诉一体”与刑事检察权运行机制改革再思考》,载《法学》2020年第7期,第57页。

〔2〕 孙长永:《“捕诉合一”的域外实践及其启示》,载《环球法律评论》2019年第5期,第5-28页。

随着控辩协商制度的兴起,被害人的权利诉求面临遭到系统性忽视的制度风险。如果刑事程序仅仅关注被追诉者的权利,有意无意地弱化被害人的权利,无疑有违司法公正的内在要求。

之所以有必要将被害人权利纳入公共信托机制,另一重要 668
考量因素就是法律对同一群体的平等保护原则。实践中,被害群体可分为积极的被害人与消极的被害人。积极主张权利的被害人,容易促使司法机关作出回应,并获得较好的诉讼结果;而消极被动的被害人,则容易被程序所忽略,也难以获得良性的制度反馈。同时,不同类型的被害人,面对相同的侵权行为,也可能作出不同的反应。这种差异化的群体表现,意味着法律应当提供同等的权利保护,否则就可能导致"老实人吃亏"的不公平局面出现。

4.3.1.2 同行复核型权力制约模式

检察机关对被追诉者权利的保障,主要体现为刑事程序的 669
权力制约机制。其突出特点是:专业化的同行复核型(peer review)审查模式。具体言之,检察机关作为特殊的"司法机关"[1],履行审查逮捕、审查起诉职责,在刑事程序中肩负承前启后的重要诉讼功能。通过直接参与刑事程序全过程,检察机关能够对刑事诉讼的运行规律形成全局性认知。另外,检察机关作为专门的法律监督机关,具有权力监督的制度经验,并拥有直接参与刑事程序的制度便利,相应地,检察机关的法律监督与

---

〔1〕 陈光中、崔洁:《司法、司法机关的中国式解读》,载《中国法学》2008 年第 2 期,第 76 - 84 页。

其他监督机制相比,存在得天独厚的制度优势。据此,检察机关熟悉办案机关侵犯被追诉者权利的主要行为模式(modus operandi),能够从内行、专业的视角,有效地审查、监督、制约办案机关的诉讼行为,及时发现和纠正违法和侵权情形。这种专业化的同行复核型审查机制,是检察机关作为权利的公共信托主体的制度基础。进一步讲,检察审查作为控权制度,与法院审判相互衔接,共同确保国家法律的统一正确实施。[1]

670 与权利的私人信托模式相比,检察机关的公共信托模式具有不同的制度进路。主要体现为以下三个方面:第一,私人信托模式立足于被追诉者与律师的信任关系。律师基于这种信任关系,从被追诉者处获得案件的知情信息,从而结合案件具体情况,有针对性地进行辩护准备,通过有效辩护维护被追诉者的权利。相较而言,公共信托模式则立足于检察机关的法律监督职能,通过权力制约机制预防和纠正办案机关的侵权行为。这种法律监督职能不以被追诉者提出权利主张为前提,当然,如果被追诉者提出权利主张,无疑有助于识别和纠正办案机关的侵权行为。

671 第二,私人信托模式更多关注个案的权利保障,体现的是个体化的权利运行方式。相比之下,公共信托模式则关注的是制度化的权力制约机制。权利的公共信托模式,有助于营造阿伦特教授倡导的法治环境,促使被追诉者有效地主张权利。如果没有法治化的诉讼环境,私人信托机制也难以发挥预期作用。

〔1〕 苗生明:《新时代检察权的定位、特征与发展趋向》,载《中国法学》2019年第6期,第229页。

立足司法实践,被追诉者和律师提出的权利主张能否得到支持,在审前程序中主要依赖于检察机关的法律监督职能。

第三,作为专业化的同行复核型审查机制,检察机关的权利信托功能是法律利益的重要平衡器。基于法律监督职能的公共信托,既根植于刑事程序,又超越程序本身,因此,能够摆脱具体权利主张的局限,更好地统筹各方面的利益。具体言之,检察机关在履行法律监督职责过程中,需要统筹被追诉者的权利与办案机关的权能,统筹被追诉者和被害人的权利冲突。这种专业化的同行复核型审查机制,能够避免权利保障走向极端,实现刑事程序的动态均衡。 672

检察机关的权力制约机制,之所以被视为同行复核型审查机制,主要是考虑,检察机关的审查监督,需要在正当程序的框架内进行,具有同行复核的基本特点;同时,检察机关能够从专业角度,对办案机关的诉讼行为进行实质审查,避免权力制约流于形式。这种带有专业性、竞争性的制度安排,体现了分工制约的宪法原则,以及通过分权制衡实现权力制约(ambition must be made to counteract ambition)的内在规律,[1]有助于提高办案机关诉讼行为的责任度和透明度。 673

检察机关的同行复核型权力制约机制,主要包括两个维度:一是程序内部的权力制约机制。检察机关通过审查逮捕、审查起诉,对羁押必要性进行审查,并将不符合起诉条件的案件排除在程序之外,由此维护被追诉者的合法权利。二是超越程序的 674

---

[1] [美]汉密尔顿等:《联邦党人文集》,程逢如等译,商务印书馆2004年版,第264页。

权力制约机制。检察机关通过履行法律监督职能,审查侦查、起诉、审判等诉讼活动的合法性,预防违法和侵权行为发生,并纠正违反法定程序的诉讼行为。需要指出的是,这两个维度的权力制约机制并非互相独立,而是存在紧密关联。检察机关正是通过直接参与诉讼,实行程序内部的权力制约,才有条件更好地从专业角度总结刑事诉讼的权力运行规律,进而以之为基础,更好地统筹各方面的利益,从整体上完善法律监督机制。

675 需要指出的是,同行复核型权力制约机制要想发挥实际作用,应当以权力的交互影响(reciprocity)为前提。试想,如果办案机关可以无视检察机关的监督制约,或者检察机关自身对监督制约办案机关心存顾虑,势必导致监督制约机制流于形式。这意味着,建立同行复核型权力制约机制,需要进一步完善检察机关的宪法法律职能。在检察机关内部职能改革背景下,如何从权利的公共信托角度,优化完善检察机关的法律监督职能,决定了检察机关未来的制度空间。概言之,将检察机关作为权利的公共信托,应当整合法律监督职能,将审查逮捕、侦查监督、审查起诉等涉及权利的职能予以整合,形成系统化的诉讼行为合法性审查机制,有效地预防和纠正办案机关的侵权行为。

4.3.2 被追诉者的权利保障

676 作为权利的公共信托,检察机关对被追诉者的权利保障,主要包括两个方面的权力制约机制:一是侦查监督制约机制。检察机关应当通过审查逮捕、侦查监督等职能,对侦查机关的诉讼行为进行专业审查,预防和纠正侦查机关的违法和侵权行为,保障被追诉者的合法权利。二是恪守客观公正义务。检察机关应当按照“司法机关”的定位，审慎行使起诉权，保持权力的内省性，避免对被追诉者进行不当追诉。同时，基于检察机关的内部职能分工，控告申诉检察部门应当对捕诉部门的诉讼行为进行法律监督。

检察机关的同行复核型权力制约机制，如能充分发挥作用， 677
有助于抵制刑事程序的隐性偏见，提高人权司法保障水平，消解公正审判面临的制度压力。检察机关究竟是迎合办案机关的权力共识，还是作为权利的公共信托，推动树立权利共识，将直接影响和塑造刑事程序的法治环境。从某种程度上讲，没有检察机关对办案机关的监督和制约，法院自身难以坚守司法公正的最后一道防线。

4.3.2.1 侦查监督职能的实质展开

侦查监督，是检察机关法律监督职能的重要组成部分。由 678
于侦查程序是被追诉者的权利最容易受到侵犯的诉讼环节，因此，作为权利的公共信托，检察机关的首要职责就是加强侦查监督，预防和纠正侦查机关的违法和侵权行为。在审前程序中，检察机关承担对侦查合法性进行审查和监督的职责，因此也被视为“审前程序的法官”，或者“法官之前的法官”。

首先需要指出的是，侦查监督是一项系统职能，涉及侦查活 679
动所涉的各类违法行为。《人民检察院刑事诉讼规则》第五百六十七条一共列举了侦查监督的十六项事项，其中绝大多数事项都与被追诉者的权利紧密相关，具体包括：采用刑讯逼供以及其他非法方法收集犯罪嫌疑人供述；讯问犯罪嫌疑人依法应当录音或者录像而没有录音或者录像，或者未在法定羁押场所讯问犯罪嫌疑人;违反刑事诉讼法关于决定、执行、变更、撤销强制措施的规定,或者强制措施法定期限届满,不予释放、解除或者变更;对与案件无关的财物采取查封、扣押、冻结措施,或者应当解除查封、扣押、冻结而不解除;依法应当告知犯罪嫌疑人诉讼权利而不告知,影响犯罪嫌疑人行使诉讼权利;对犯罪嫌疑人拘留、逮捕、指定居所监视居住后依法应当通知家属而未通知;阻碍当事人、辩护人、诉讼代理人、值班律师依法行使诉讼权利,等等。

680 由于侦查活动通常是秘密进行,检察机关一般不会主动参与,因此,侦查监督职能能否实质展开,在很大程度上取决于检察机关的信息收集机制。一方面,被追诉者及其辩护律师遇有权利遭到侵犯情形,可以及时向检察机关提出权利主张,寻求权利救济。另一方面,检察机关可以通过相应的审查监督机制,主动发现和纠正侦查活动的违法行为,维护被追诉者的合法权利。

681 检察机关对侦查的审查监督机制,主要包括以下几个方面:一是审查逮捕机制。逮捕与被追诉者的人身自由权紧密相关。检察机关在审查逮捕环节,应当按照规范的程序,审查被追诉者是否符合逮捕的法定条件。具体言之,检察机关可以讯问犯罪嫌疑人,询问被害人、证人、鉴定人,听取辩护人、被害人及其诉讼代理人的意见,审查讯问录音录像是否规范,核实讯问过程是否存在违法行为。对于犯罪嫌疑人及其辩护人申请排除非法证据,并提供相关线索或者材料的,检察机关应当调查核实。对于认罪认罚案件,检察机关应当审查犯罪嫌疑人是否获得有效的法律帮助,是否了解认罪认罚的性质和法律后果,是否自愿认罪认罚。对于逮捕条件的审查,检察机关应当将犯罪嫌疑人涉嫌犯罪的性质、情节，认罪认罚等情况，作为是否可能发生社会危险性的考虑因素。

二是侦查终结前的讯问合法性审查机制。为防止刑讯逼供 682
等非法取证行为，维护被追诉者的合法权利，“两高三部”2016年《关于推进以审判为中心的刑事诉讼制度改革的意见》第五条第二款规定，探索建立重大案件侦查终结前对讯问合法性进行核查制度，由人民检察院驻看守所检察人员询问犯罪嫌疑人，核查是否存在刑讯逼供、非法取证情形。在此基础上，最高人民检察院、公安部、国家安全部2020年出台《关于重大案件侦查终结前开展讯问合法性核查工作若干问题的意见》，该意见第二条规定，对于可能判处无期徒刑、死刑的案件或者其他重大案件，由人民检察院在侦查终结前对讯问合法性进行核查。检察机关核查的主体，包括驻看守所检察人员或者负责捕诉部门的检察人员。该意见第五条规定，检察人员开展重大案件讯问合法性核查工作，应当首先听取犯罪嫌疑人的辩护律师或者值班律师的意见，制作听取律师意见笔录。该意见第十六条规定了核查后的处理结果，即侦查机关对存在刑讯逼供等非法取证情形无异议或者经复查认定确有刑讯逼供等非法取证情形的，应当及时依法排除非法证据，不得作为提请批准逮捕、移送审查起诉的根据。人民检察院对审查认定的非法证据，应当依法予以排除，不得作为批准或者决定逮捕、提起公诉的根据。

三是羁押必要性审查机制。被追诉者被逮捕之后，检察机 683
关仍应当对羁押的必要性进行持续审查。《人民检察院刑事诉讼规则》第五百七十四条规定，人民检察院在办案过程中可以依职权主动进行羁押必要性审查，被追诉者及其辩护律师可以申请检察机关进行羁押必要性审查。羁押必要性审查，由检察机关负责捕诉的部门进行。《人民检察院刑事诉讼规则》第五百七十七条规定了羁押必要性审查的具体方式，包括审查被追诉者不需要继续羁押的理由和证明材料，听取被追诉者及其辩护律师的意见，等等。检察机关经审查认为不需要继续羁押的，应当建议办案机关释放被追诉者或者变更强制措施。审查起诉阶段，检察机关负责捕诉的部门经审查认为不需要继续羁押的，应当直接释放被追诉者或者变更强制措施。

684 需要指出的是，现有的侦查监督机制主要由检察机关的捕诉部门负责。这意味着，尽管检察机关控告申诉检察部门与追诉职能相分离，相比之下更为超脱，但并未在现有的侦查监督机制方面发挥主导作用。当然，除上述专门的侦查监督机制外，《人民检察院刑事诉讼规则》还列举了诸多侦查监督事项，这些事项都可纳入控告申诉检察部门的职能范围。不过，如何建立控告申诉检察部门的常态化侦查监督机制，还需要进一步研究。同时，如前所述，由捕诉部门主导现有的侦查监督机制，可能受到追诉偏见影响，不利于保障被追诉者的权利。《人民检察院刑事诉讼规则》第八条规定，对同一刑事案件的审查逮捕、审查起诉、出庭支持公诉和立案监督、侦查监督、审判监督等工作，由同一检察官或者检察官办案组负责。这一工作模式可能会固化追诉偏见，不利于内部的权力分工和制约。有鉴于此，为实质性地加强侦查监督，有必要整合检察机关的法律监督职能，推动法律监督职能与追诉职能分离，并将更多侦查监督职责纳入专门的法律监督部门。

4.3.2.2 客观公正义务的制度体现

作为权利的共同信托，检察机关虽承担追诉职能，但并非单 685
纯致力于追诉犯罪，而是应当恪守客观公正义务，保持追诉权的内省性，从而体现法律监督机关的内在要求。根据《人民检察院刑事诉讼规则》第三条的规定，检察机关应当秉持客观公正的立场，尊重和保障人权，既要追诉犯罪，也要保障无罪的人不受刑事追究。这一规定，阐明了检察机关实现惩罚犯罪与保障人权相统一的司法立场，其法理基础就在于法律监督机关的宪法定位。换言之，法律监督机关的定位，是检察机关各项职能的本源和根据。[1]

关于检察机关客观公正义务的内涵，龙宗智教授将之概括 686
为六个方面：客观取证义务、中立审查责任、公正判决追求、定罪救济责任、诉讼关照义务、程序维护使命。[2] 首先需要指出的是，客观公正义务，并非仅是追诉职能的要求，而是检察机关作为法律监督机关的总体要求。换言之，客观公正义务是法律监督机关的总体要求，这一要求同样适用于追诉职能。从这一视角理解客观公正义务，不难发现，所谓“中立审查责任”“定罪救济责任”“程序维护使命”等要求，均与被追诉者的权利保障密切相关，可被纳入法律监督职能（包括侦查、审判监督）的范畴。相比之下，“客观取证义务”“公正判决追求”“诉讼关照义务”则侧

〔1〕 朱孝清：《坚持客观公正原则，保障制度正确落实》，载《检察日报》2020年8月10日，第3版。

〔2〕 龙宗智：《检察官客观公正义务的理据与内容》，载《人民检察》2020年第13期，第7－14页。

重适用于追诉职能。实际上,客观公正义务对追诉职能提出的要求,主要是为了抵制追诉偏见,避免片面、执意地追究犯罪,以致忽视被追诉者的权利保障。

687 总体上讲,作为权利的公共信托,检察机关在履行追诉职能时,不能以忽视被追诉者的权利为代价追求胜诉结果,更不能妨碍或者侵犯被追诉者的权利。关于客观公正义务,应当重点关注以下要求:第一,纠正侦查阶段的违法和侵权行为,塑造控辩双方平等对抗的程序环境。在审查起诉环节,一旦发现侦查机关侵犯被追诉者的权利,或者侦查程序存在违法或者侵权行为,检察机关应当依法予以纠正,并为被追诉者提供必要救济。唯有如此,才能有效阻断侦查阶段的程序不公对起诉、审判的持续影响。换言之,检察机关不能默许或者延续侦查程序的违法或者侵权行为。以非法证据排除规则为例,如果侦查阶段存在刑讯逼供等非法讯问行为,检察机关在审查起诉阶段依法进行讯问,消除先前非法取证的影响,后续取得的供述可以采用,否则就应适用重复性供述的排除规则。

688 第二,避免滥用程序优势地位,防止迫使被追诉者认罪或者适用简化审理程序。被追诉者被卷入刑事程序,始终处于程序弱势地位。即便被追诉者委托辩护律师,或者获得法律援助,因辩护律师(或值班律师)的程序参与较为有限,通常难以为被追诉者提供及时、有效的法律帮助。此种情况下,被追诉者在侦查阶段认罪的自愿性和合法性缺乏制度保障,这种情形通常会延续至审查起诉阶段乃至审判阶段。由于被追诉者没有协商筹码,难以获得有效辩护,因此无法与检察机关进行平等的控辩协商。这意味着,以值班律师在场为基础的认罪认罚从宽制度,实际上难以保证被追诉者的程序选择权,仍然存在司法不公的制度风险。有鉴于此,检察机关应当探索完善认罪认罚从宽的保障机制,对于侦查阶段认罪自愿性和合法性缺乏保障的情形,不能径行适用认罪认罚从宽制度。进一步讲,认罪认罚是否合法有效,关键并不在于签署认罪认罚协议时律师是否在场,而在于被追诉者首次认罪时律师是否在场。因此,可考虑引入首次讯问时律师在场制度,既可以通知辩护律师在场,也可以指派值班律师在场,维护被追诉者不被强迫自证其罪的权利。此外,检察机关在审查起诉阶段,应当保障被追诉者的程序选择权和认罪认罚的自愿性,不得利用程序优势地位,变相迫使被追诉者认罪认罚。

第三,严格规范公诉标准,避免明显事实不清、证据不足的 689
案件进入审判程序。从被追诉者权利保障角度看,检察机关履行审查起诉职能,不能对侦查机关移送审查起诉的案件"照单全收",像"流水作业"一样不加区分地提起公诉。基于客观公正义务,对移送审查起诉的案件,检察机关应当严格审查,评估是否达到法定的证据、法律和政策标准,依法将未达到公诉标准的案件排除在程序之外。1996 年《刑事诉讼法》将公诉案件的立案审查标准由实体性审查改为程序性审查,目的不是降低或者取消公诉标准,而是防止因公诉把关不严而导致程序倒流。这一制度调整隐含的逻辑是,检察机关应当严格规范公诉标准,避免将明显事实不清、证据不足的案件提交审判,否则,法院将对此类案件径行作出无罪判决。为督促检察机关严把起诉关,2018 年《人民法院办理刑事案件庭前会议规程(试行)》第二十二条规定,人民法院在庭前会议中听取控辩双方对案件事实证据的意见后，对于明显事实不清、证据不足的案件，可以建议人民检察院补充材料或者撤回起诉。建议撤回起诉的案件，人民检察院不同意的，人民法院开庭审理后，没有新的事实和理由，一般不准许撤回起诉。有鉴于此，检察机关应当按照法定的公诉标准，有效甄别和过滤疑罪案件，维护被追诉者不被随意追诉的权利。

690 第四，保持追诉的理性与克制，为辩护权保留足够的制度空间。检察机关作为权利的公共信托，应当对被追诉者的辩护权保持尊重和宽容。基于无罪推定原则，检察机关需要承担公诉案件被告人有罪的证明责任。相应地，被追诉者及其辩护律师，则主要是针对指控的事实证据提出质证和反驳，如申请排除非法证据，质疑证据的来源和真实性，主张存在合理怀疑，或者提出各种程序性主张。这些都是被追诉者行使辩护权的具体方式，不能将之作为被追诉者认罪态度的评价标准，进而对其提出不利的量刑建议。进一步讲，即便被追诉者认罪后翻供，或者签署认罪认罚从宽协议后反悔，也是法律准许的自由选择范畴，不应由此招致不利的追诉评价。换言之，认罪认罚不应成为被追诉者的唯一选择，如果无罪辩护或者程序性辩护本身招致更加严厉的追诉，就将妨碍辩护权的充分行使。有鉴于此，检察机关应当规范量刑建议制度，不得随意作出不利于被追诉者的调整。

691 此外，检察机关应当慎重行使再审抗诉权，避免专断地重复启动追诉程序。基于法律监督职能，检察机关抗诉的重点在于纠正冤假错案。对于不利于被追诉者的再审抗诉，除非确有必要，否则不宜轻易启动。为防止抗诉权滥用，除加强上级检察机关的监督外,更重要的是法院要坚持公正审判的法律底线,督促检察机关审慎履行抗诉职责。

4.3.3 被害人的权利保障

与权利的私人信托相比,检察机关作为公共信托的突出特点,就是权利保护对象的多元性。除被追诉者外,被害人的权利也属于检察机关的保障范围。在公诉案件中,检察机关的追诉职能与被害人的权利诉求具有趋同性,但也存在一定的差异。特别是在两者利益存在差异的情形下,检察机关主导的国家公诉,存在漠视被害人权利的制度风险。有鉴于此,检察机关应当秉承权利信托的理念,对被害人的权利给予充分关照,避免被害人遭受刑事程序的二次伤害。 692

被害人的权利与被追诉者的权利存在一定的紧张关系,不过,检察机关统筹考虑两者的权利,有助于通过竞争性的权利主张促进公正审判,并合理划定各自权利的法律边界。例如,对于影响定罪量刑的事实争议,检察机关可以促使被害人和被追诉者提交证据或者线索,进而全面查清争议事实。同时,检察机关对于被追诉者的权利保障,应当以不损害被害人的权利为基准,这有利于实现权利体系的理性均衡。 693

在刑事程序中,被害人可以提出诸多权利诉求,其中最重要的当属异议权和赔偿权。对于被追诉者提出的权利主张,或者控辩双方进行协商的情形,如果忽视或者损害被害人的权利,被害人可以提出异议,维护自身的合法权利。此外,被害人参与诉讼的重要目的,就是尽快获得赔偿。有鉴于此,检察机关应当在公诉过程中,为被害人主张赔偿提供必要的程序便利。 694

4.3.3.1 被害人的异议权

695 在公诉案件中,被害人的法律地位是当事人,但却经常被矮化为特殊的证人。通常情况下,只有当办案机关需要被害人指证被追诉者,或者提供犯罪线索或者证据时,才积极寻求被害人的辅助。那些年幼或者脆弱的被害人,还往往面临取证和出庭作证带来的二次伤害。一旦被害人协助办案机关完成诉讼证明,其在诉讼中的角色就变得可有可无,仿佛丧失了与刑事程序的关联。

696 基于权利信托的要求,尽管检察机关主导追诉程序,但法律赋予被害人的诉讼权利,特别是异议权,应当得到尊重和保障。主要包括以下几个方面:第一,被害人拥有对证据的异议权。《刑事诉讼法》第六十一条规定,证人证言必须在法庭上经过公诉人、被害人和被告人、辩护人双方质证并且查实以后,才能作为定案的根据。第一百四十八条规定,侦查机关应当将用作证据的鉴定意见告知犯罪嫌疑人、被害人。如果犯罪嫌疑人、被害人提出申请,可以补充鉴定或者重新鉴定。据此,对于控辩双方的证据材料,被害人拥有质证和提出异议的权利。作为案件知情人,被害人对证据的质证意见,有助于揭示事实证据存在的问题。检察机关在审查起诉阶段,应当听取被害人对案件事实证据等事项的意见,并在起诉书中予以适当体现。

697 第二,被害人拥有对重要程序决定的异议权。《刑事诉讼法》第一百一十三条规定,被害人认为公安机关对应当立案侦查的案件而不立案侦查,向人民检察院提出的,人民检察院应当要求公安机关说明不立案的理由。第一百八十条规定,对于有被害人的案件,决定不起诉的,人民检察院应当将不起诉决定书送达被害人。被害人如果不服,可以自收到决定书后七日以内向上一级人民检察院申诉,请求提起公诉。对人民检察院维持不起诉决定的,被害人可以向人民法院起诉;被害人也可以不经申诉,直接向人民法院起诉。上述规定表明,被害人作为与案件处理结果有直接利害关系的当事人,有权对不立案侦查、不起诉等不利程序决定提出异议。对于检察机关作出的不起诉决定,被害人还可以向人民法院起诉,通过"公诉转自诉"程序寻求法律救济。需要指出的是,检察机关为有效维护被害人的诉讼权利,有必要在作出不起诉的决定前,充分听取被害人的意见,避免因忽视被害人利益而导致程序反复。

第三,被害人拥有对控辩双方协商结果的异议权。《刑事诉 698
讼法》第一百七十三条第二款规定,犯罪嫌疑人认罪认罚的,人民检察院应当告知其享有的诉讼权利和认罪认罚的法律规定,听取犯罪嫌疑人、辩护人或者值班律师、被害人及其诉讼代理人对有关事项的意见。认罪认罚从宽制度的核心在于控辩协商,被追诉者通过认罪并同意适用简化审理程序,获得实体上的从宽处理。在控辩协商过程中,被害人的参与权和异议权非常重要。对于被害人对量刑问题提出的意见,特别是不同意从宽处理的意见,检察机关应当慎重对待,并在量刑建议中予以适当体现。

总体上讲,对于检察机关与被害人的诉讼利益趋同的情形, 699
如两者都主张追诉犯罪,也都主张对被追诉者从重处罚,被害人参与诉讼,通常只是提出与公诉意见相同的附随意见。不过,对于检察机关与被害人的诉讼利益存在差异的情形,如决定不起诉,或者基于控辩协商对被追诉者从宽处罚,则需要充分听取被害人意见,赋予被害人异议权,避免忽视或者损害被害人的权利。

4.3.3.2 被害人的赔偿权

700 被害人作为当事人参与诉讼,除了主张追究被追诉者的刑事责任外,通常还要求被追诉者赔偿损失。传统刑法的核心原则就是对被害人进行补偿(restitution),如果罪犯不能补偿被害人,就将面临报复性惩罚。随着国家公诉取代私力救济,被害人获得赔偿的权利,由导致损害的个体转移到整个社会。[1] 为确保被害人获得赔偿,许多国家,包括新西兰和英国等国,专门出台了被害人赔偿法,被害人可以针对犯罪导致的医疗费用等损失,向政府寻求赔偿,相应地,被害人不得再向罪犯索赔,而是由政府取得向罪犯索赔的权利。[2]

701 中国刑事司法传统上奉行“打了不罚、罚了不打”的理念,将惩罚与赔偿视为对立的范畴。不过,尽管国家垄断了惩罚犯罪的权力,却并未相应地承担赔偿被害人的义务,使被害人只能向被追诉者寻求赔偿。《刑事诉讼法》第一百零一条规定,被害人由于被告人的犯罪行为而遭受物质损失的,在刑事诉讼过程中,有权提起附带民事诉讼。附带民事诉讼的实质,是被害人为寻求赔偿而提起的民事索赔程序。

---

〔1〕 Marvin Wolfgang, *Victim Compensation in Crimes of Personal Violence*, 50 Minnesota Law Review (1965), p. 228.

〔2〕 Daniel McGillis, Patricia Smith, *Compensating Victimsof Crime: An Analysis of American Programs*, National Institute of Justice, 1983, p. 2.

前文指出，基于诉讼效率等考虑，附带民事诉讼通常与刑事诉讼捆绑进行，并且将赔偿范围限于“物质损失”。附带民事诉讼的程序限制，使刑事程序成为不彻底的公力救济，影响被害人赔偿权的顺利实现。有鉴于此，检察机关可以在履行追诉职能的同时，为被害人的附带民事诉讼请求创造必要的条件。 702

首先，检察机关在审查起诉环节，可以向被害人提供必要的证据材料，帮助被害人核实物质损失。实践中，侦查机关在调查取证时，通常需要向被害人询问犯罪细节，包括犯罪导致的结果。相应地，侦查阶段收集的证据材料，通常会涉及犯罪行为给被害人造成的物质损失。检察机关将有关证据材料提供给被害人，有助于被害人为附带民事诉讼做好准备。同时，对于被害人提起附带民事诉讼所需，但难以收集的证据材料，检察机关可以帮助收集、调取。 703

其次，检察机关可以促成被害人与被追诉者调解或者和解，维护被害人的赔偿权。尽管《刑事诉讼法》将附带民事诉讼的赔偿范围限为物质损失，但对于被害人与被追诉者达成调解或者和解的情形，并不受这一法律限制。这意味着，检察机关对于有赔偿意愿的被追诉者，可以积极组织被追诉者和被害人进行调解或者和解，既确保被害人提前获得赔偿，又使被追诉者获得从宽处罚的空间。这是检察机关统筹被害人权利与被追诉者权利的重要形式。 704

最后，检察机关在特定情形下，可以建议被害人单独提起民事诉讼。根据 2019 年《全国法院民商事审判工作会议纪要》第一百二十八条的规定，同一当事人因不同事实分别发生民商事纠纷和涉嫌刑事犯罪，如侵权行为人涉嫌刑事犯罪或者刑事裁 705

判认定其构成犯罪，被保险人、受益人或者其他赔偿权利人请求保险人支付保险金，或者受害人请求涉嫌刑事犯罪的行为人之外的其他主体承担民事责任等情形，民商事案件与刑事案件应当分别审理。据此，对于被害人提起附带民事诉讼，但属于可单独提起民事诉讼的情形，检察机关可以对被害人提出相应的建议。

5　权利的救济

提供充分的权利救济，是司法权威的制度之源。

无救济则无权利。权利的救济机制，能够使权利获得灵魂和生命，避免权利成为空洞的口号。书本上的权利要想走向实践，除了基于信托机制激活权利主张外，还需通过救济机制，使权利遭到侵犯的情形获得法律救济。中国现阶段的权利实践尚不发达，程序法判例亦比较匮乏，一个重要原因就是缺乏权利救济机制。有鉴于此，权利救济机制，既是确认、解释权利的重要途径，也是权利付诸实践的关键环节。这也意味着，权利保障制度的首要问题，不仅在于简单拓展权利，而且在于努力将既有权利付诸实施，否则，如果既有权利不能付诸实施，就将导致权利承诺成为空头支票。 706

权利的救济包含诸多途径，但在刑事程序领域，最关键的当属司法救济。司法救济通常是指法院在审判阶段提供的救济，但并不仅限于此。系统的权利救济体系，还应当包括审前程序的司 707

法救济,以及其他司法机关(如检察机关)提供的司法救济。从权利救济的程序要素看,主要涉及权利的可诉性,权利的系统解释以及层级化的救济体系。相应地,权利救济的方式具有多元化特征,应当与侵权行为的方式、程度和影响相适应。

708 之所以强调建立系统的权利救济机制,主要是考虑,刑事程序领域的侵权行为并非孤立的个别事件,而是权利赤字的制度性产物。与此同时,尽管办案机关的侵权行为涉及系统性的程序失灵,但并不意味着,这一司法现状无法改变。通过权利的信托机制和救济机制,能够逐步树立权利共识,培育正当程序的法治环境。为了维系权利保障制度的韧性,需要抵制两个方面的认识误区:一方面,不能将侵权行为视为偶然事件,以免犯虚假偶然性的错误;另一方面,不能将侵权行为视为必然结果,以免犯虚假必然性的错误。[1] 概言之,权利实践是一个循序渐进的过程,而权利救济机制是权利实践的制度保障。

5.1 权利救济的核心要素

709 权利救济机制,通常以提出权利主张为前提。权利主体对于权利遭到侵犯的情形,能够提出具体明确、于法有据的权利主张,这是权利实践的基本要求。前述权利信托机制,有助于权利主体知晓权利,提出有效的权利主张。此处所讲的权利救济机制,则为进一步检验权利主张的有效性提供了程序框架。

---

〔1〕 Susan Marks, *False Contingency*, Current Legal Problems, Vol. 62:1, p. 1 - 21(2009).

5.1.1　权利的可诉性

权利的可诉性，是权利救济机制的基本前提。需要指出的是，权利的救济，可以分为职权性救济与申请性救济两种模式。对于职权性救济，如检察机关基于法律监督职能，依职权对权利遭到侵犯的被追诉者提供的救济，并不以权利主体提出申请为前提。不过，常规的权利救济机制，通常是指申请性救济，即，权利主体在权利遭到侵犯的场合，通过依法提出申请而寻求司法救济。 710

强调权利的可诉性，首先要求权利得到法律的确认，以便权利主体提出具体明确的权利主张。不过，传统的刑事程序侧重权力要素，对权利要素关注不足。具体到规则设计，通常体现为"严禁""禁止""不得"等权力话语，如严禁刑讯逼供和以威胁、引诱、欺骗以及其他非法方法收集证据，不得以连续传唤、拘传的形式变相拘禁犯罪嫌疑人等，相应地，较少对被追诉者的权利作出明确规定。不过，从正当程序角度看，权力的规制与权利的保障，实际上是相辅相成的整体。换言之，规制权力的法律规则，其中蕴含着权利的基本要素。第二、三章专门探讨"权利的确认"主题，就是基于国际公约的基本准则和国内法，从现有的程序规则中总结提炼刑事程序的权利要素。除了法律确认的权利外，司法机关还应当通过权利解释，阐释权利内涵，挖掘新的权利，持续完善权利体系。 711

关于如何提出有效的权利主张，国际公约的规定和欧洲人权法院的判例提供了很有价值的参照系。《公民权利与政治权利国际公约》和《欧洲人权公约》等文件，对权利进行了系统化编 712

纂,并使权利具有可诉性,这是国际人权法对国内法的重要制度贡献。从欧洲人权法院的实践看,权利的可诉性,使国际公约不再只是权利"宣言",而是创设了具体化、可实现的权利,这对督促成员国履行公约义务具有重要意义。在国内法领域,情况更是如此。如果权利主体只能在法律程序之外,通过非正式的途径主张权利,势必难以有效地获得救济。试想,被追诉者权利遭到妨害或者侵犯时,如果不能获得及时的司法救济,非但由此遭遇程序不公,还很可能最终面临不利的诉讼结果。

713 首先,权利的可诉性,要求被追诉者提出具体的权利主张,并提供相关的理由和依据。具体言之,被追诉者不能泛泛地提出权利主张,而是应当结合个案情况,阐述办案机关侵权行为的性质、方式和具体影响,并以之为基础,向司法机关提出具体的救济请求。例如,对于办案机关刑讯逼供的情形,被追诉者应当提供涉嫌非法取证的人员、时间、地点、方式、内容等相关线索或者材料,并明确提出排除非法证据的救济请求。现阶段,随着非法证据排除制度不断完善,被追诉者可以参照非法证据排除的程序规范,对其他权利遭到妨碍或者侵犯的情形,提出有效的权利主张。

714 其次,权利的可诉性,要求被追诉者知晓权利的法律体系,以及具体的救济方式。基于欧洲人权法院等国际组织的权利实践,权利主体通常会对照国际公约,基于不同的权利条款提出救济请求。这意味着,各项权利之间存在紧密关联,通过系统整合各项权利提出权利主张,无疑要比仅仅聚焦单项权利更为有效。同时,在刑事程序中,对于不同诉讼阶段发生的不同侵权行为,权利救济方式也存在一定的差异。有鉴于此,权利主体在提出权利主张时，应当尽可能地整合所有可以援引的权利，并选择最为有效的救济方式。例如，在人权委员会受理的一起案件中，当事人被抓捕归案，遭到办案机关施加的各种酷刑，在羁押一年之后，法官准许其被附条件保释，但办案机关并未执行法官的决定。当事人就此提出多项权利主张，人权委员会最终认定，办案机关将当事人羁押在严重影响健康的场所，在法官准许保释后继续羁押当事人，未能在合理时间内将当事人提交审判，未能满足公正审判的基本标准，未能提供质疑逮捕和羁押的有效救济途径，未能将羁押场所及时通知当事人家属，这些做法侵犯了当事人的多项公约权利。[1]

最后，权利的可诉性，要求被追诉者熟悉权力的运行规律，选择切实可行的救济策略。权利的救济，依赖于司法机关对权利的确认，以及对侵权行为的制裁。在司法权威度不高的制度背景下，被追诉者要想获得司法机关的支持，既要提供于法有据的权利主张，也要阐明权利救济的现实必要。换言之，只有当司法机关认识到，如果不提供相应的权利救济，就将严重影响公正审判，甚至可能导致冤假错案，才有动力抵制外部压力，支持被追诉者的权利主张。有鉴于此，被追诉者需要结合权利主张，提供有力的理由和依据，说服司法机关作出对其有利的裁决。 715

需要指出的是，法律文本中的权利，通常具有一定的抽象性、模糊性和有限性，但从积极的一面看，这也为权利救济保留了足够的制度空间。权利可以是有争议的吗？这是德沃金教授 716

〔1〕 Alex Conte, Richard Burchill, *Defining Civil and Political Rights*, Ashgate, 2009, p. 133.

在探讨权利主题时提出的疑问。毫无疑问,当权利存在争议的情形,司法机关需要确认或者否认一项法律权利的存在。[1] 实际上,正是基于权利争议,司法机关才得以确认、解释和发展权利,才使文本中的权利走向实践。当然,从权利主体的角度看,权利不是“从天上掉馅饼”,而是据理力争的产物,也是法律智慧的结晶。权利主体需要结合国际公约、国内法、法律原则和法律实践,善于依法提炼具体的权利主张,推动司法机关依法确认权利,并依法保障权利。

717 此外,权利的可诉性,要想转化为成熟的权利实践,既需要相应的程序机制,也需要良好的法治环境。第四章提出“权利的信托”理念,之所以将传统的辩护职能和法律监督职能视为信托机制,就是要通过构建新的权利话语体系,使原本被塑造为对抗关系的控辩双方,成为共同的权利信托主体,进而培育刑事程序的权利共识。在此基础上,以可诉性为牵引的权利救济机制,有助于改变权利可有可无的状态,使尊重和保障人权的国家义务落到实处。

718 对于大多数权利主体而言,寻求权利救济,不仅具有较高的门槛和成本,而且可能收效十分有限,乃至被称为“不切实际的希望”(hollow hope)。不过,要想培育权利共识,塑造法治化的制度环境,总要从权利实践开始。通过权利实践的点滴汇聚,能够影响权利的认知、表达、论辩和抗争方式,即便个案未能取得预期效果,也能潜移默化地推动司法理念和制度的变革。从权

〔1〕 [美]罗纳德·德沃金:《认真对待权利》,信春鹰等译,上海三联书店2015年版,第383－384页。

利实践角度看，司法机关对权利所作的解释，以及对权利争议所作的判例，具有不容低估的重要影响。

5.1.2　权利的解释机制

权利，由抽象的条文走向具体的实践，离不开有效的法律解释。新型权利的适用，尤其需要通过解释，合理设定权利的内涵和边界。同时，权利的内涵并非一成不变，而是需要基于实践变化，通过对权利的解释，赋予权利新的含义。这些充分表明，权利的解释，是权利实践的生命。如果司法机关只是僵化适用权利条款，那么，在法律仅对权利作出原则性规定，以及权利要素有待阐释的情况下，势必严重影响权利的救济。 719

在国际人权法领域，国际公约的条文通常体现为高度概括的原则性规定，公约组织和国际司法机构通过二元化的解释机制，使国际公约的权利得以具体化、实践化。一方面，公约组织通过发布国际公约的《一般评论》（General Comment），对各项权利进行文本解释，明确权利的内涵和国家的具体保障义务；另一方面，公约组织和国际司法机构（特别是欧洲人权法院）通过受理个案，对公约权利进行具体解释，形成具有普遍指导意义的判例。通过对公约权利进行解释，有助于固化权利内涵和国家义务，确保国际公约得以实施。 720

在中国刑事程序领域，最高司法机关实行类似的二元化司法解释机制。根据法律规定，最高人民法院和最高人民检察院有权制定司法解释，据此，对于刑事程序中的权利事项，包括刑事诉讼法所列各项权利的内涵，以及权利的保障和救济义务，可以通过制定司法解释作出具体规定。同时，基于案例指导制度， 721

最高人民法院和最高人民检察院可以发布指导性案例,针对权利实践中带有普遍性的重要问题,通过指导性案例作出具体解释,进而为权利实践提供权威性指导。可以预见,基于权利的可诉性机制,涉及权利事项的司法判例将会逐渐增多,这既能为制作指导性案例提供判例来源,也能为完善司法解释提供实践素材。

722 基于现有的司法解释机制,司法机关可以通过对法律权利进行解释,阐释权利内涵,挖掘衍生权利,确立权利关联,甚至创设新的权利。为了充分发挥权利解释的功能,欧洲人权法院提出了著名的"有效性原则"(principle of effectiveness)。具体言之,对权利的有效解释,应当使权利保障措施发挥实际、有效的效用(practical and effective),而非导致此类措施无法实施。基于有效解释原则,《欧洲人权公约》被视为一个灵动的文件(a living instrument),需要基于当下的实际作出与时俱进的解释。毫无疑问,权利的有效解释原则,是以权利实践为导向的法律原则,体现了权利救济的内在要求。

723 基于有效解释原则,对权利的解释,除了文义解释之外,应当关注以下解释方法。首先是目的解释方法。考虑到刑事诉讼法对权利所作的规定通常较为原则,有时并未涉及特定权利的具体要素,此种情况下,目的解释就显得至关重要。例如,德国宪法并未明确规定隐私条款,鉴于信息自决问题在实践中具有重要意义,德国联邦宪法法院并未直接创设隐私权,但也没有回避人权保障职责,而是基于保障尊严和自由的宪法条款,构建了信息自决的基本权利。[1] 此种权利解释,需要以法院具有足够的法律权威为前提。但无论如何,这种不回避权利保障职责,并创造性地进行法律解释的做法,值得积极借鉴。

其次是关联解释方法。尽管不同的权利具有不同的价值, 724
但终归都要汇集于权利主体。这意味着,以权利主体为中心,即便看似没有直接关联的权利,实际上也存在不可分割的内在联系。例如,关于住宅权,可通过生命权、禁止虐待、反歧视等权利予以保障。实际上,在刑事程序领域,各项权利的关联更为紧密,如公开审判权与公正审判权的关联,财产权与公正审判权的关联,等等。这意味着,被追诉者可以基于各项权利的关联,提出系统化的权利主张,从而更加有力地说服司法机关提供有效的司法救济。在某些情形下,特定的权利主张可能存在较大争议,司法机关可以通过关联权利的解释,打破诉讼僵局,为权利主体提供必要的司法救济。

最后是系统解释方法。鉴于各项权利构成了系统、有机的 725
权利体系,因此,权利的系统解释,对于全面阐释权利内涵,以及识别权利关联,具有重要的价值。更重要的是,系统解释方法有助于避免权利冲突,并合理划定各项权利的边界。具体言之,每项权利都有自身的内涵,关注的问题也不相同,因此,如果孤立地看待各项权利,就可能会产生权利之间的冲突。例如,在刑事程序领域,通常认为,被追诉者的权利与被害人的权利存在潜在

---

〔1〕 Susanne Baer, *Dignity, Liberty, Equality: A Fundamental Rights Triangle of Constitutionalism*, The University of Toronto Law Journal, Vol. 59:4, p. 445 (2009).

冲突。此种情况下，如果简单地用一种权利限制另一种权利，无疑会损害权利的充分实现，还将影响权利体系的总体效能。如果换一种思路，对权利进行系统解释，就能够在权利体系之中，合理划定各项权利的边界，建立权利之间的镶嵌关系，实现各项权利的和谐共生。[1]

5.1.3 权利救济的程序构造

726 在刑事程序领域，权利的救济，涉及的是与实体争议不同的权利争议，因此，相应的救济机制不能与实体争议捆绑起来。现阶段，除非法证据排除制度外，尚且缺乏系统化的权利救济程序，这是导致权利保障制度不发达的重要原因。不过，权利的救济程序并不复杂，以权利的可诉性为基础，通过相对独立的权利争议处理机制，就可以实现对权利的充分救济。

727 前文提到，权利的救济具有一定的策略性，这主要是指权利主体可以在多层级的救济体系中，寻求更为有利的救济方式。同时，建立相对独立的程序救济机制，可能会增加程序成本，有鉴于此，有必要整合现有的程序机制，尽可能减少程序负担，同时也有必要关注救济权的滥用问题。

5.1.3.1 层级化的救济体系

728 在刑事程序领域，权利的救济并不限于审判阶段，审前程序

---

〔1〕 Susanne Baer, *Dignity, Liberty, Equality: A Fundamental Rights Triangle of Constitutionalism*, The University of Toronto Law Journal, Vol. 59:4, p. 448 (2009).

的权利救济同样重要。由于存在层级化的救济机制，加上各层级救济机制的效果不同，被追诉者需要知晓救济体系内部的竞争性关系，进而寻求最优化的救济效果。关于多层级的利益均衡，普特南教授提出了著名的双层博弈理论（two－level game），即在制定国际协议过程中，既要满足国际外交需要，又要满足国内政治需求[1]。相应地，决策者需要兼顾不同层级的利益需求，寻求最优化的政策方案。

概括起来，刑事程序的救济机制，主要包括以下几个层级： 729
一是侦查阶段的救济机制。经过侦查，对于有证据证明有犯罪事实的案件，侦查机关应当进行预审。尽管 1997 年刑侦改革实行“侦审一体化”，但为确保办案质量，一些办案机关并未取消预审部门，或者在取消预审部门后，由法制部门履行案件审核职责。预审部门或者法制部门审查案件时，遇有侦查人员侵犯权利的情形，可以为被追诉者提供相应的法律救济。例如，发现侦查人员刑讯逼供的，可以排除非法证据，并更换侦查人员重新收集证据。需要指出的是，侦查作为诉讼起始阶段，案卷材料正在生成之中，办案机关主动纠正侵权行为，既能有效维护程序公正，也能减少对后续诉讼的不利影响，避免侵权问题累积导致冤假错案。同时，这种主动纠错的程序机制，也为办案机关争取了更大的裁量空间，无论是案件处理还是责任追究，都有较大的回旋余地。这意味着，与检察机关的法律监督相比，侦查机关通常更加倾向于主动纠错。

---

[1] 钟龙彪：《双层博弈理论：内政与外交的互动模式》，载《外交评论（外交学院学报）》2007 年第 2 期，第 61－67 页。

730 二是审查逮捕、审查起诉阶段的救济机制。检察机关作为法律监督机关，履行权利的公共信托职能，应当依法为被追诉者提供权利救济。传统上，审查逮捕与审查起诉分别由不同的部门负责，可被视为相对独立的两项权利救济机制。随着“捕诉一体”改革，两项职能由同一部门负责，原有的两项救济机制基本上合二为一。不过，在审查逮捕环节，案件尚处于侦查机关的办理之中，检察机关对被追诉者的权利主张，一旦作出相应的处理，就将对侦查工作产生实质性影响。对侦查机关而言，检察机关在审查逮捕阶段对权利的救济，作为外部的法律监督措施，将使侦查机关面临被动的局面。相比之下，对检察机关而言，因案件尚处于侦查机关的办理之中，检察机关无须承担直接的办案压力，这种超脱的监督角色更有利于履行权利救济职能。不过，一旦案件进入审查起诉阶段，办案压力转移到检察机关，此时再对侦查阶段的侵权行为进行救济，就可能会影响当前案件的顺利办理。尽管如此，与审判阶段的权利救济机制相比，检察机关在审查起诉阶段处理权利争议，仍然可以保留一定的裁量空间。

731 三是审判阶段的救济机制。与检察机关类似，一旦法院已经受理案件，此时再对审前程序中的侵权行为进行救济，就将面临现实的办案压力。不过，在庭前会议阶段，由于控辩双方可以对案件的事实证据和程序争议进行协商，法院处理权利争议仍有一定的余地。需要指出的是，基于公开审判等原则，法院在审判阶段处理权利争议，应当通过规范的程序进行，并需要针对裁决结果说明理由，相应的程序和结果还要接受上级法院的审查。这意味着，审判阶段的权利救济，是最为规范、刚性的救济机制。当然，法院能否严格履行权利救济职能，在很大程度上取决于司法的中立性和权威性。

总体上讲,如果将刑事程序视为一个整体,那么,无论被追诉者在哪个阶段寻求权利救济,都将增加该阶段的办案压力。不同诉讼阶段的权利救济机制,因存在办案压力的动态变化,以致形成一种层级化的救济体系。概括起来,这种层级化的救济体系存在以下特点:第一,被追诉者越早寻求权利救济,侵权行为造成的损害越小,由此产生的办案压力也越小。权利救济的基本方式是恢复原状,被追诉者越早寻求权利救济,越有利于恢复程序原状,否则,一旦侵权行为造成的损害难以逆转,不仅会显著增加权利救济的难度,也容易导致不利的诉讼结果。类似地,办案机关越早提供权利救济,就越容易修复程序错误和瑕疵,避免对案件追诉造成实质性损害。如同量子纠缠,刑事程序各环节存在紧密关联,自我纠错越早,程序修复能力越强。 732

第二,办案机关在各自主导的诉讼阶段主动提供权利救济,可以采取相对柔性的裁量纠错模式,而在后续诉讼阶段由其他司法机关进行权利救济,则通常采取相对刚性的强制纠错模式。这主要是因为,办案机关在各自主导的诉讼阶段,虽然直接面对办案压力,但如何提供权利救济,以及如何进行程序纠错,总体上存在一定的裁量空间。相比之下,如果其他司法机关在后续诉讼阶段处理权利救济申请,因涉及复杂的利益考量,所以裁量空间较小,通常只能按照规范程序作出处理。 733

第三,如果被追诉者在先前诉讼阶段提出权利主张,但未能获得救济,或者未能获得充分的法律救济,还可以继续在后续诉讼阶段寻求权利救济。这意味着,被追诉者拥有在哪个诉讼 734

阶段寻求权利救济的选择权。基于辩护策略的考量,被追诉者可以结合自身掌握的线索或者材料,选择在合适的诉讼时机提出权利救济的申请。不过,在审判阶段,为防止特定的权利主张导致庭审中断,通常要求被追诉者在开庭之前提出权利救济的申请,以便法庭在庭前会议中对有关申请作出初步的审查和处理。

5.1.3.2 独立性的程序救济

735 在刑事程序领域,权利主张与正当程序紧密相关,可被归入程序争议之列,因此,不宜与实体争议捆绑解决。这意味着,对于被追诉者的权利主张,应当适用相对独立的程序作出处理。从某种意义上讲,建立相对独立的程序救济机制,是刑事程序进一步迈向法治化、精密化的重要标志。

736 就法庭审判而言,传统的审理程序较为单一粗疏,无论控辩双方存在何种争议,也无论控辩双方的争议是否具有相同属性,通常都是不加区分地笼统作出处理。伴随程序法治发展进程,审判程序逐步趋于精密化,即针对不同类型的争议,适用差异化的审理程序。首先,基于繁简分流机制,在普通程序之外,建立了简易程序和速裁程序。其次,基于量刑规范化改革,在定罪程序之外,建立了相对独立的量刑程序。最后,基于涉案财物处理机制,在“对人之诉”之外,建立了相对独立的“对物之诉”。现阶段,基于权利救济机制,有必要在实体争议审理程序之外,建立相对独立的权利救济程序。

737 立足刑事程序的内部协调理念,相对独立的权利救济程序,应当结合各类权利主张的内在特征,与实体争议的审理程序顺利衔接。以证据合法性争议为例,对于排除非法证据申请,法庭应当在法庭调查开始之前先行审查、调查,避免将证据能力与证明力混为一谈。类似地,对于可能影响公正审判的权利主张,如与知情权、程序选择权、公开审判权等有关的争议,有必要在开庭后的权利告知环节,先行予以解决。为避免当庭提出权利争议导致庭审中断,法庭可以在庭前会议中对此类争议作出初步处理,实现庭前会议与庭审的有序衔接。对于公正审判权所涉的各项具体权利主张,如与被追诉者的对质权、辩护律师的有效辩护、法庭上的司法偏见等有关的争议,法庭应当在被追诉者当庭提出权利主张后,立即依法作出处理,避免因回避争议或拖延处理而影响审判程序的公正性。

需要指出的是,被追诉者的一些权利主张,可能在审前程序 738
中就已提出,如申请变更强制措施、申请异地管辖等,这就要求办案机关在相应的诉讼阶段及时作出处理。为了体现权利救济的特殊价值,对于办案机关作出的处理决定,被追诉者不服的,可以直接申请检察机关进行法律监督,无须等待案件进入下一诉讼阶段再寻求法律救济。换言之,无论处于哪个诉讼阶段,被追诉者都可以首先寻求该阶段的权利救济,如果对处理结果不服,可以随即申请检察机关进行法律监督。这种特殊的权利救济途径,是检察机关作为权利公共信托的应然要求。

此外,一些被追诉者因未能提供线索或者材料等原因,所提 739
的权利主张并未得到司法机关采纳,从而反复提出救济申请。这种做法可能导致诉讼拖延,影响诉讼效率。但欧洲人权法院不愿将诉讼拖延归咎于被追诉者,因为被追诉者有权寻求各种程序救济。[1] 换言之，只要被追诉者依法提出权利救济申请，司法机关就应当依法审查并作出处理。对于被追诉者所提申请缺乏依据等情形，司法机关可以建议被追诉者寻求法律帮助，或者依职权调取有关线索或者材料。与此同时，对于那些于法无据的权利主张，司法机关可以释明法律要求，并依法驳回相应的申请。从权利保障角度看，司法机关不应对被追诉者依法寻求权利救济的情形予以限制，即便被追诉者可能存在滥用救济权的嫌疑，只要法律并未禁止，司法机关就应当予以保障。当程序公正与司法效率存在冲突，特别是涉及权利救济时，程序公正应当成为第一位的要求。

5.2 权利救济的主要方式

740 在刑事程序领域，被追诉者提出权利主张，意在寻求权利救济。因此，权利救济的具体形式，与被追诉者的利益密切相关，需要由法律作出明确规定。同时，对于不同类型的侵权行为，需要提供与之相适应的权利救济，这意味着，权利救济应当形成层级性的救济体系，与侵权行为的类型、方式和影响相对应。

741 刑事程序领域的侵权行为，与民事侵权行为既有类似之处，又存在重要区别。借鉴《民法典》关于民事责任的类型划分，可将刑事程序领域的权利救济方式概括为以下基本类型：停止侵权行为、排除权利妨碍、消除侵权风险、恢复程序原状、排除非法证据、坚持疑罪从无、撤销定罪判决、量刑从宽处理、赔偿经济损

[1] Stefan Trechsel, *Human Rights in Criminal Proceedings*, Oxford University Press, 2005, p. 143.

失等。对于依申请或者依职权提供的权利救济，司法机关应当立足个案情况，单独或者综合适用相应的救济措施。

5.2.1　停止侵权行为

对于被追诉者权利遭到侵犯的情形，如被强迫自证其罪，或者被非法剥夺人身自由，或者合法财产遭到非法干预等，最直接的救济方式就是停止侵权行为。实际上，对于各类消极权利，停止侵权行为都是有效的救济方式。 742

停止侵权行为，通常包括两方面的程序要求：一是办案机关依职权或者依申请认定程序违法；二是办案机关决定停止侵权行为。在国际公约层面，认定程序违法即属有效的权利救济。不过，在国内法领域，还进一步要求停止侵权行为。例如，对于违法对被追诉者采取强制措施的情形，办案机关首先要认定强制措施的适用违反法律规定，随后决定予以释放或者变更强制措施。有鉴于此，被追诉者申请停止侵权行为，有必要提供证据材料表明存在程序违法情形。 743

不过，办案机关在诉讼过程中，通常拥有较为宽泛的裁量权。例如，采取逮捕措施，对社会危险性的评估，需要评估是否"可能"实施新的犯罪，有危害国家安全、公共安全或者社会秩序的"现实危险"，"可能"毁灭、伪造证据，干扰证人作证或者串供，"可能"对被害人、举报人、控告人实施打击报复的，或者"企图"自杀或者逃跑，等等。这些涉及"可能"或者"企图"等情形的主观判断，很难作出客观评价。这意味着，被追诉者应当更多关注侵权行为的客观要素，以便增强权利主张的说服力。 744

5.2.2 排除权利妨碍

745 排除权利妨碍,在辩护权领域体现得较为突出。传统上,辩护律师的会见权、阅卷权和调查取证权经常面临办案机关的不当妨碍,以致影响辩护准备工作顺利进行。现阶段,伴随庭审实质化改革,辩护律师参与庭审,进行当庭辩护,还面临发问难、质证难、辩论难等诸多妨碍。此外,开庭日期冲突、庭前权利主张缺乏回应等问题,同样值得关注。

746 辩护律师行使辩护权,离不开办案机关的支持与配合,因此,排除权利妨碍,是权利救济的重要表现形式。对于办案机关妨碍行使辩护权的情形,辩护律师可以及时申请检察机关进行法律监督,也可以申请司法机关调取有关证据。由于辩护权面临权利妨碍的情形不同,相应的排除妨碍措施也存在一定的差异。

747 对于审前程序中辩护权面临妨碍的情形,辩护律师可以向检察机关提出申请,说明权利面临妨碍的具体事由,要求办案机关纠正妨碍辩护的做法,并为辩护律师行使会见权、阅卷权和调查取证权提供必要的程序便利。对于阅卷权、调查取证权面临妨碍的情形,辩护律师也可以申请司法机关收集、调取有关证据。对于庭前程序中的开庭日期冲突、庭前权利主张缺乏回应等问题,辩护律师可以建议法庭召开庭前会议,协商解决权利争议,并在必要时申请检察机关进行法律监督。对于庭审程序中发问难、质证难、辩论难等情形,辩护律师可以当庭提出异议,申请检察机关进行法律监督,并可通过上诉程序寻求进一步的法律救济。

5.2.3 消除侵权风险

一些侵权行为可能持续、反复进行，即便办案机关暂时停止侵权行为，被追诉者也可能再次面临侵权风险。例如，办案机关通过刑讯等方式强迫被追诉者认罪的情形，通常会反复多次进行。即便被追诉者提出救济申请，办案机关更换侦查人员，侦查人员仍然可能亲自或者教唆他人实施侵权行为。此种情况下，单纯停止侵权行为并不足够，还需采取措施消除侵权风险。 748

前文指出，《反酷刑公约》赋予权利主体免受酷刑风险的权利。实际上，对于各类权利，权利主体均应拥有免受侵权风险的权利，这是预防侵权行为的国家义务的内在要求。预防侵权行为，需要依赖具体的措施，以反酷刑为例，预防酷刑风险的措施包括羁押场所登记管理制度、羁押场所黑名单制度、讯问时律师在场制度、讯问过程录音录像制度等。有鉴于此，被追诉者的权利遭到侵犯时，除申请停止侵权行为外，还可提出消除侵权风险的权利主张，如申请调换羁押房间，或者调换到其他羁押场所，或者对讯问过程录音录像，等等。 749

需要指出的是，被追诉者的财产权也面临遭到不当侵犯的风险，特别是涉案财物价值存在波动的情形，侵权行为导致的危害可能逐步增加。为预防此类特殊的侵权风险，中办、国办 2015 年《关于进一步规范刑事诉讼涉案财物处置工作的意见》第七条规定了涉案财物的先行处置程序。具体言之，对易损毁、灭失、变质等不宜长期保存的物品，易贬值的汽车、船艇等物品，或者市场价格波动大的债券、股票、基金份额等财产，有效期即将届满的汇票、本票、支票等，经权利人同意或者申请，并经县级以上 750

公安机关、国家安全机关、人民检察院或者人民法院主要负责人批准,可以依法出售、变现或者先行变卖、拍卖。所得款项统一存入各单位唯一合规账户。有鉴于此,被追诉者对于涉案财物被采取强制措施的情形,为防止财物毁损或者贬值,可以申请办案机关进行先行处置。

5.2.4 恢复程序原状

751 民事责任领域的恢复原状,通常是指将受损的民事权益恢复到未受侵害之前的法律状态。显然,并非所有的民事权益都能适用传统的恢复原状措施,如环境侵权责任领域,就有必要通过环境修复、生态修复等创新方式进行救济。类似地,在刑事程序领域,对于侵权行为对程序公正造成的负面影响,也很难彻底恢复原状,不过,基于特定的程序规则,被追诉者可以重新获得公正审判的机会。

752 对于恢复程序原状的救济,需要区分审前程序和审判程序两种情形,并评估是否可能对公正审判造成负面影响。对于审前程序中侵犯权利的情形,如办案机关通过侵权行为收集证据,鉴于其可能影响公正审判,因此,司法机关应当通过依法排除非法证据,恢复程序原状,消除可能对公正审判造成的影响。相比之下,对于审判阶段侵犯被追诉者权利的情形,如违反公开审判的规定,违反回避制度,或者剥夺或者限制当事人的法定诉讼权利,可能影响公正审判等情形,二审法院应当裁定撤销原判,发回原审法院重新审判。

753 需要指出的是,对于办案机关违反法定程序收集证据,或者司法机关违反无罪推定原则,表现出明显的确证偏见,以致无法确保公正审判等情形,被追诉者无须被动接受可能不公的审判,而是可以积极寻求司法救济。根据法律规定,被追诉者在司法人员存在有罪推定的偏见,且符合法定的回避事由时,可以依法申请回避,维护公正审判权。此外,对于司法机关受当地影响,难以公正审理案件时,被追诉者也可以申请上级法院提级管辖,或者将案件指定异地审判。通过此类特殊的程序救济措施,可以最大限度地恢复程序原状,消除公正审判面临的负面影响。

5.2.5 排除非法证据

盘点近年来司法人权保障取得的实质性进步,非法证据排除规则无疑是最为重要的改革成就。从2010年"两高三部"出台《关于办理死刑案件审查判断证据若干问题的规定》《关于办理刑事案件排除非法证据若干问题的规定》,到2017年"两高三部"出台《关于办理刑事案件严格排除非法证据若干问题的规定》,非法证据排除规则已经成为重要的权利救济机制,对维护程序公正发挥了重要作用。 754

自从刑事程序引入非法证据排除规则,被追诉者拥有了有效对抗侵权行为的法律武器。对于各类违反法定程序的取证行为,包括强迫被追诉者作出认罪供述,通过非法侵犯隐私的方式收集证据,被追诉者都可以通过申请排除非法证据,寻求有效的司法救济。随着非法证据排除程序日渐规范,法庭应当对证据合法性争议先行当庭调查,这对办案机关形成了有效的制约,督促办案机关按照法定程序收集证据,并在审前程序中主动排除非法证据。 755

尽管非法证据排除规则在适用中仍然存在诸多难题,如非 756

法证据的范围和认定标准需要进一步明确,排除程序有待进一步规范,但这些问题都是规则实施层面的问题。通过有效的法律解释,可以在很大程度上解决这些问题。对被追诉者而言,遇有办案机关违反法定程序收集证据,侵犯自身权利的情形,就应当依法提出排除非法证据申请,促使司法机关不断制作新的判例,推动非法证据排除规则不断发展完善。就像欧洲人权法院所讲的那样,尽管《欧洲人权公约》并未对酷刑和虐待加以区分,但公约是灵动的文件,应当作出与时俱进的解释,此前被视为虐待的措施,逐步可以被纳入酷刑的范畴。从这个角度看,被追诉者积极提出权利主张,推动司法机关完善非法证据排除规则,这本身就是对权利保障制度作出的贡献。

5.2.6 坚持疑罪从无

757 疑罪从无是刑事诉讼法的基本原则,也是无罪推定和证据裁判等原则的内在要求。从严格意义上讲,疑罪从无是法院依法公正裁判的内在要求,并不以被追诉者主张无罪为前提。即便控辩双方对有罪达成共识,如果法院经审查认为现有证据不足以定罪,也应作出无罪判决。不过,对于控辩双方对案件定罪事实存在争议的情形,特别是办案机关将非法证据作为指控依据的情形,法院坚持疑罪从无,也可被视为对被追诉者的司法救济。

758 需要指出的是,疑罪从无是对刑事诉讼的总体性要求,适用于刑事程序的各个阶段。基于推进以审判为中心的刑事诉讼制度改革,侦查终结、审查起诉的案件事实证据,应当达到法定证明标准,经得起法律的检验。这意味着,在审前程序中,被追诉者也可以申请办案机关坚持疑罪从无,依法作出撤销案件或者不起诉的处理。特别是在审查逮捕、审查起诉等阶段,被追诉者可以向检察机关提出疑罪从无的主张,促使检察机关履行审查把关职责,避免将事实不清、证据不足的案件随意移交审判。退一步讲,被追诉者也可以基于疑罪从无的主张,申请检察机关进行羁押必要性审查,依法变更强制措施。

被追诉者提出疑罪从无的申请,应当准确理解疑罪的含义, 759
不能将案件中不影响定罪的细枝末节的问题等同于疑罪。这意味着,疑罪从无的主张,具有很高的技术性,应当以有效的辩护准备为基础。被追诉者可以在辩护律师帮助下,结合自身的案件知情优势,全面整理案件事实证据存在的问题,有效论证案件定罪事实存在的合理怀疑。疑罪从无的主张,与案件实体处理结果紧密相关,司法机关宣告无罪通常面临较大的裁判压力。此种情况下,被追诉者应当基于层级化的救济体系,尽早提出并反复强调疑罪从无的主张,相比之下,在审查起诉阶段或者庭前准备阶段提出此类主张,无疑会为被追诉者争取更大的辩护空间。

5.2.7 量刑从宽处罚

尽管权利救济主要聚焦程序公正,但应当认识到,所有的救 760
济,包括权利救济在内,最终都要归于被追诉者的合法权益。这意味着,权利救济的主张,也可转化为对案件实体结果的影响。前面提到的疑罪从无,实际上可以被视为兼具程序效果和实体效果的权利救济方式。

对于办案机关实施的一些侵权行为,如违反法定程序采取 761

逮捕措施，超过法定期限进行非法审前羁押，或者通过违反法定程序的方法收集证据，尽管可以通过排除非法证据、提供经济赔偿等方式进行救济，但除这些救济措施外，或者当这些救济措施难以实现时，亦可考虑对被追诉者在量刑时从宽处罚。因违反法定程序的侵权行为，而对被追诉者从宽处罚，实质上是将程序问题转化为实体问题，这种特殊处理方式的主要目的是为被追诉者提供补充性的司法救济。[1] 换言之，当其他司法救济措施不足以为被追诉者提供充分救济时，量刑时从宽处罚可以作为最后的救济手段。

762 实际上，对于被追诉者而言，面对定罪率较高的司法实际，将从宽处罚作为权利救济措施，不失为一种合理的选择。当然，这种做法容易弱化程序公正自身的价值，因此只能作为补充性的司法救济。从尊重被追诉者选择权的角度看，鉴于刑事程序存在诸多并列的权利救济措施，司法机关可以考虑在提供司法救济时，听取被追诉者的倾向性意见。

5.2.8 赔偿经济损失

763 被追诉者因侵权行为遭受损失，依法享有获得赔偿的权利。这是一种事后的救济措施，通常以司法机关作出无罪判决或者改判无罪为前提。《国家赔偿法》对刑事赔偿范围作了相应的规定，一共列举了人身权和财产权两大领域的七种类型，实践中主要涉及非法限制人身自由和错误定罪判决等情形。

---

〔1〕 吴宏耀、赵常成：《程序性违法的量刑补偿机制研究》，载《国家检察官学院学报》2019 年第 3 期，第 49－68 页。

前文对被追诉者的赔偿权进行了介绍。需要强调的是,《国家赔偿法》第三十五条规定了精神损害赔偿。具体言之,办案机关侵犯人身权的行为致人精神损害的,应当在侵权行为影响的范围内,为受害人消除影响,恢复名誉,赔礼道歉;造成严重后果的,应当支付相应的精神损害抚慰金。这一规定无疑有助于被追诉者获得更加充分的经济赔偿,但包括精神损害赔偿在内的经济赔偿,主要适用于严重侵犯人身权的场合,这恰恰是成熟的权利救济机制力图避免的情形。 764

总体上讲,权利的救济机制能否良性运转,既取决于权利的可诉性、解释机制以及救济程序,也取决于司法的质量和权威。如果司法机关能够树立权利共识,坚守法律规定的正当程序,就能够及时为被追诉者提供有效的权利救济,进而从源头上预防违法和侵权情形发生。权利共识的培育,司法权威的树立,并非一日之功。尽管如此,只要法院坚守法治底线,积极创造公正司法的制度、环境和空间,也能够为权利提供有力的保障和救济。[1] 765

〔1〕 Mark Tushnet, Weak Courts, *Strong Rights*: *judicial review and social welfare rights in comparative constitutional law*, Princeton University Press, 2008, p. 225 - 226.

余论　构建无罪推定型刑事程序

766 无辜者被强迫认罪，始终是困扰刑事诉讼程序的棘手难题。在新一轮刑事司法改革背景下，无论是健全错案防范机制，还是构建被告人认罪认罚从宽制度，都要从制度层面避免无辜者被错误定罪的风险。如果无辜者被强迫认罪，刑事诉讼程序极易陷入有罪推定怪圈，错误定罪风险无疑将会显著增加。有鉴于此，审视无辜者被强迫认罪问题的司法现状，研究无辜者被强迫认罪的制度成因，并以不被强迫认罪权为基础，构建无罪推定型刑事诉讼程序，应当成为完善和改革刑事程序、推进刑事程序法治的发展方向。

一、无辜者被强迫认罪问题现状的理性评估

767 众所周知，无辜者被强迫认罪，不仅极易导致错案发生，还将从根本上影响刑事诉讼制度的合法性。有鉴于此，聚焦无辜者被强迫认罪问题，反思刑事程序的内在缺陷和改革路径，具有毋庸置疑的正当性，且能避免陷入犯罪控制与正

当程序孰轻孰重的无谓争论。然而,关于该问题的现状和危害,包括无辜者被强迫认罪案件的数量,以及此类案件在认罪案件总量中所占的比例,我国目前尚无实证分析,这不仅导致该问题未能引起足够重视,还在一定程度上影响刑事程序改革的力度和成效。尽管受各种因素限制,难以精确核查究竟有多少无辜者被强迫认罪,不过,一旦无辜者因被强迫认罪而导致错案发生,或者办案机关基于疑罪从无原则作出无罪判决、撤回起诉,就意味着此前认罪的被告人极有可能是无辜者,进而从侧面反映无辜者被强迫认罪问题的实际状况。据此,以事实错案和疑罪从无案件为参照点,评估无辜者被强迫认罪问题的现状,不失为可行的研究路径。

(一)错案的"冰山一角"观:美国司法实证研究启示

768 错案分析是刑事司法研究无法回避的基点,无辜者被强迫认罪问题也不例外。有专家指出,近年来出现的在全国有影响的云南杜培武案、湖北佘祥林案等错案,无一不是刑讯逼供造成的恶果。[1] 换言之,无辜者被强迫认罪与错案之间存在紧密伴生关系。目前发现的错案究竟是个别特例还是冰山一角,针对该问题的判断,直接决定了对无辜者被强迫认罪问题所应持有的政策立场。

769 从我国纠正错案的实践看,据有关统计,党的十八大以来依法纠正呼格吉勒图案、聂树斌案等重大冤错案件 39 件,涉及被

〔1〕 陈国庆:《强化法律监督,遏制刑讯逼供》,载《人民检察》2006 年第 19 期,第 8 页。

告人 78 名；对 2943 名公诉案件被告人和 1931 名自诉案件被告人依法宣告无罪。[1] 在案件基数大、定罪率高的制度背景下，该统计数据能否全面、准确地反映错案实际状况，值得进一步探讨。尽管学界针对错案问题已有诸多研究[2]，但是更多聚焦个案剖析，针对错案总体规模，进一步讲，关于无辜者被强迫认罪的案件占所有案件的总体比例，仍然缺乏专门分析。尽管有人认为，刑事司法系统的总体错误率难以准确计算[3]，但这并不意味着无法对其作出一般性评估。

770 关于错案的总体规模问题，美国司法实证研究颇有启发性。2006 年，时任美国联邦最高法院大法官安东尼·斯卡利亚指出，重罪案件定罪判决的错误率大概为 2.7%。[4] 有学者如米歇尔·瑞兴格指出，这种估计显得过于乐观，实际错误率可能远高于此。[5] 以通过 DNA 证据改判无罪的案件为例——该类案件属于典型的事实错判，1977 年至 1999 年，据统计美国共有 5968 起死刑判决，其中通过 DNA 证据改判无罪的有 14 起案件，据此，死刑判决最低的错误率为 0.23%。但实际上，这种概略的统计分析并不能全面反映真实的错误率，而是可能明显低估了实

〔1〕 周强：《最高人民法院工作报告——2018 年 3 月 9 日在第十三届全国人民代表大会第一次会议上》，载《人民日报》2018 年 3 月 26 日，第 2 版。

〔2〕 陈永生：《我国刑事误判问题透视——以 20 起震惊全国的刑事冤案为样本的分析》，载《中国法学》2007 年第 3 期，第 45－61 页。

〔3〕 Joshua Marquis, *The Myth of Innocence*, The Journal of Criminal Law and Criminology, Vol. 95, p. 58 (2005).

〔4〕 126 S. Ct. 2516, 2538, 165 L. Ed. 429, p. 456－457 (2006).

〔5〕 Michael Risinger, *Innocents Convicted: An Empirical Justified Factual Wrongful Conviction Rate*, Journal of Criminal Law and Criminology, Vol. 97, p. 778－780 (2007).

际情况,因为通过 DNA 证据改判的死刑案件通常存在生物证据,并且主要限于强奸杀人案件。换言之,对于其他不存在生物证据的案件,目前很难准确识别究竟是否存在司法错误。此外,考虑到生物检材缺失、污染或者破坏等问题,一些强奸杀人案件并没有可供 DNA 鉴定的适格生物证据。在充分考虑这些变量的基础上,米歇尔·瑞兴格统计了 1982 年至 1989 年强奸杀人死刑案件的错误率情况。其中,10.5 起案件通过 DNA 证据改判无罪,存在可供 DNA 鉴定的生物检材的强奸杀人死刑案件基数为 319 件,由此得出的最低错误率约为 3.3%。[1] 如果进一步思考错误定罪的最高比率,鉴于 DNA 证据是纠正错误定罪的最佳手段,在前述 319 起强奸杀人死刑案件中,很难想象会有半数以上案件的辩护律师放弃申请进行定罪后 DNA 鉴定。这意味着,最高错误率不会是最低错误率的两倍以上,因此,合理预估的最高错误率在 5% 左右。[2]

基于统计的科学性等考虑,上述研究聚焦美国 20 世纪 80 年 771
代的强奸杀人死刑案件,这一错案率分析结果能否直接适用于所有死刑案件或者普通刑事案件,尚需持慎重态度。不过从错案成因看,特别是其中涉及的无辜者被强迫认罪问题,在各类死刑案件之间,以及普通案件与死刑案件之间,其分布似无显著差

---

〔1〕 Michael Risinger, *Innocents Convicted: An Empirical Justified Factual Wrongful Conviction Rate*, Journal of Criminal Law and Criminology, Vol. 97, p. 778 – 780(2007).

〔2〕 Michael Risinger, *Innocents Convicted: An Empirical Justified Factual Wrongful Conviction Rate*, Journal of Criminal Law and Criminology, Vol. 97, p. 778 – 780(2007).

异。进一步讲，没有理由认为，与强奸杀人案件相比，其他死刑案件的错误率更低。考虑到死刑案件证据收集和审查更为严格，或可认为普通案件的错误率可能高于死刑案件。美国诸多错案的发现和纠正都取决于案件中的DNA证据，这种带有限定性甚至一定偶然性的纠错实践表明，前述3% ~5%的强奸杀人死刑案件错误率反映的并非个别性司法误差，而是系统性的司法错误。换言之，刑事程序丧失了对错案的免疫力和鉴别力，错案防范机制在一些情形下处于失灵状态。有鉴于此，美国学界认为，目前纠正的错案仅仅是冰山一角。[1] 在辩诉交易制度盛行的背景下，传统刑事程序的权利保障和查明真相能力大幅减损，无辜者被强迫认罪的可能性不容忽视。[2]

772 美国错案实证研究，尤其是错案的“冰山一角”观，对我国司法具有重要启示。本书无意详细探究我国错案的实际数量和总体比率，但审视美国错案研究成果不难发现，我国错案的成因虽与美国相比存在一定差异，但其中大多数因素具有共性。考虑到我国司法实践现状，甚至可以推断，我国司法面临的错案风险可能同样较为严峻。

773 首先，我国刑事程序偏重惩罚犯罪，人权司法保障水平不高，刑讯逼供等非法取证情形屡禁不止。总结错案的司法教训可以发现，非法取证与错案存在正向关联，但凡存在刑讯逼供等

〔1〕 Samuel Gross et al., *Exonerations in the United States*: 1989 *through* 2003, Journal of Criminal Law and Criminology, Vol. 95, p. 523 – 525 (2005).

〔2〕 Lucian E. Dervan, Vanessa A. Edkins, *The Innocent Defendant's Dilemma*: *An Innovative Empirical Study of Plea Bargaining's Innocence Problem*, Journal of Criminal Law and Criminology, Vol. 103, p. 30 – 39 (2013).

非法取证情形的案件，错案风险都将显著增加。其次，“重言词证据、轻实物证据”的司法痼疾尚待根除，一些案件包括重大命案，现场实物证据的取证经常出现瑕疵和失误。[1] 一旦现场的关键实物证据未予提取，不仅影响案件事实的准确认定，还将妨碍疑似错案的调查和纠错。最后，由于高额成本等限制，DNA 鉴定技术在司法实践中尚未得到普遍应用，加上各地执法机构的 DNA 数据库建设尚处于初级阶段，并未完全实现数据共享，这使 DNA 证据未能在事实调查以及案件纠错过程中发挥预期作用。此外，目前纠正的错案均属重大案件，多数系“亡者归来”或者“真凶再现”的命案，其中一些案件纠错过程费尽周折，且有一定偶然因素。对于普通刑事案件的错案风险，则尚且缺乏专门研究。除已经纠正的错案外，如果将办案机关基于疑罪从无原则宣告无罪、撤回起诉的案件计算在内，错案风险较大的案件数量无疑将会显著增加。[2]

凡此种种表明，将现已纠正的错案视为“冰山一角”，非但不 774
是危言耸听，而且应当成为一种基本的制度共识。进一步讲，错案的发生仍然存在较大的可能性，或者说稍有不慎就有可能发生。特别是在目前有罪推定思想尚未完全根除、无罪推定思想尚未真正树立的情况下，错案发生的概率甚至可以说还比较

[1] 何家弘等：《刑事错案中的证据问题——实证研究与经济分析》，载《政法论坛》2008 年第 2 期，第 10－11 页。

[2] 陈学权：《对“以撤回公诉代替无罪判决”的忧与思》，载《中国刑事法杂志》2010 年第 1 期，第 81－85 页。

大。[1] 尽管司法制度当前难以彻底消除错案风险，但如果刑事案件错误率保持在较高水平，就表明刑事程序的正当性基础，包括准确的侦查、审慎的起诉、有效的审判等，都存在改革完善的制度空间。对于被卷入刑事程序的无辜者而言，他们无法选择即将面对的司法程序，但如果刑事程序作为一种外在强加的制度约束，能够保持理性内省的精神内核，不断反思自身的缺陷和不足，就能够最大限度地降低无辜者遭受刑事处罚的风险。

（二）无辜者被强迫认罪问题的司法黑数：传统司法的制度盲点

775 反思此前我国纠正的错案以及疑罪从无案件，几乎都涉及刑讯逼供等强迫无辜者认罪的情形。换言之，潜在错案的规模有多大，无辜者被强迫认罪问题的司法黑数就有多大。尽管法律严禁刑讯逼供等非法取证方法，还规定了不被强迫自证其罪原则，但从制度层面看，传统司法偏重惩罚犯罪的价值取向，对无辜者被强迫认罪问题缺乏足够关注，导致刑事程序设计存在先天不足。

776 首先，无辜者被强迫认罪以及潜在错案通常被视为个别问题，未能真正上升为制度议题。对于错案问题，最高人民法院强调，坚持实事求是、有错必纠，以对法律负责、对人民负责、对历史负责的态度，对错案发现一起、纠正一起。[2] 不容否认，“发

---

〔1〕 沈德咏：《我们应当如何防范冤假错案》，载《人民法院报》2013年5月6日，第2版。

〔2〕 周强：《最高人民法院工作报告——2018年3月9日在第十三届全国人民代表大会第一次会议上》，载《人民日报》2018年3月26日，第2版。

现一起、纠正一起”的司法态度，与有错不纠、推诿塞责等做法相比更加理性，但这种被动纠错模式，未能充分认识错案“冰山一角”观下的潜在错案问题。相应地，错案防范更多体现为个案纠错后即时性的政策表达，难以催生程序性、前瞻性的制度安排，或者难以将防范错案的改革举措付诸实际。例如，2013年中央政法委出台《关于切实防止冤假错案的规定》，最高人民法院随即出台《关于建立健全防范刑事冤假错案工作机制的意见》，其中提出的多项机制意见，如完善非法证据的认定标准、补查补正的程序要求等，迄今尚未完全落到实处。

其次，偏重实体真实的传统容易催生僵化的司法信条，掩盖 777
无辜者被强迫认罪问题的严重性。传统刑事司法重视实体真实，因缺乏正当程序保障，在各种压力影响下，[1]这种对事实真相的执意追求可能不惜以侵犯人权为代价，乃至滋生无辜者被强迫认罪的风险。诚然，理性认识无辜者被强迫认罪的风险，在刑事诉讼各环节审慎甄别有罪者与无辜者，也可有效防范错案发生。但如果对查明事实真相能力过度自信，就可能将无辜者被强迫认罪问题想当然地归入低概率事件。加上目前披露的错案数量有限，潜在错案的黑数并未引起重视，无辜者被强迫认罪问题的严重性极易被低估。可能有人认为，与日本精密司法类似，我国重视实体真实的司法传统，有助于通过精密化调查查明

〔1〕 司法面临的各种压力，是一些重大案件违反法定程序、草率决策的重要影响因素。关于该问题，中央政法委《关于切实防止冤假错案的规定》第八条明确指出，人民法院、人民检察院、公安机关办理刑事案件，必须以事实为依据，以法律为准绳，不能因为舆论炒作、当事人及其亲属上访闹访和“限时破案”、地方“维稳”等压力，作出违反法律规定的裁判和决定。

事实真相。[1] 不过，我国审前程序尚未达到精密司法程度，难以据此树立避免无辜者被强迫认罪问题的制度自信。需要指出的是，越来越多的日本学者开始呼吁对精密司法进行限制，因为精密司法查明真相的优势以及高定罪率的结果，往往是以牺牲公民的个人自由和权利为代价的，极易忽视正当程序的要求。[2] 这意味着，过于追求司法精密度和事实真相的司法观念，无论是从防范错案还是保障人权的角度看，都是值得质疑和警惕的。

778 再次，定罪率等考核指标固化有罪推定观念，导致无辜者被强迫认罪问题遭到选择性忽视。在传统以侦查为中心的诉讼模式下，侦查结果对于后续起诉、审判形成不当制约，审前程序的有罪推定很难予以克服。[3] 侦查机关认定犯罪嫌疑人有罪后，通常围绕指控犯罪收集犯罪证据，动辄采取强迫犯罪嫌疑人认罪的方式获取口供，甚至为指控犯罪而采用伪造证据、隐匿证据、选择性使用证据等极端做法。同时，侦查机关认定犯罪嫌疑后，受确证偏见影响，往往试图将有罪推定的意见传递给后续诉讼阶段。基于行政化司法管理模式形成的定罪率等考核制度，进一步固化了审前程序的心理偏差和有罪推定观念。[4] 一旦侦查、起诉阶段通过强迫无辜者认罪形成错误的有罪认定意见，法

---

〔1〕 刘文峰:《日本精密司法经验与启示》，载《人民检察》2014 年第 11 期，第 66－70 页。

〔2〕 肖慎明:《日本的“精密司法”与错案预防》，载《人民法院报》2013 年 5 月 17 日，第 5 版。

〔3〕 陈瑞华:《论侦查中心主义》，载《政法论坛》2017 年第 2 期，第 3－19 页。

〔4〕 黄士元:《刑事错案形成的心理原因》，载《法学研究》2014 年第 3 期，第 26－44 页。

院要想纠正侦控错误、坚持疑罪从无，势必面临极大挑战。此外，辩护律师也容易受这种制度环境影响，忽视对当事人的辩解理由调查取证，疏于审查事实证据存在的缺陷和问题，未能达到有效辩护的基本标准。[1] 在这些因素综合作用下，刑事案件难免出现起点错、跟着错、错到底的问题。

最后，聚焦重大错案容易忽视普通案件的错案风险，进而搁 779
置刑事程序的系统性改革。从成本角度看，错案导致的司法成本和道德成本，特别是对司法公正和司法公信力的侵蚀，远远大于个案自身的非正义。死刑错案是最严重的司法错误，但对死刑错案的愤慨，经常被导入废除死刑的轨道，陷入短期内难以解决的死刑存废之争，进而忽视刑事诉讼程序的深层次改革，或者因此而忽视普通案件的错案问题。[2] 如果普通案件的司法错误率较高，但其潜在错案风险未能得到应有重视，就很难以避免无辜者认罪为前提构建有效的错案防范机制。同时，此前的错案研究大多因循传统范式，即，梳理总结错案成因，包括错误辨认、错误鉴定、虚假供述等，并探索提出有针对性的单项改革建议。此类研究固然有其价值，但除非有重大契机，否则此类改革建议很难顺利推行。更重要的是，唯有深入探究无辜者被强迫认罪的制度根源及其严重危害，才能提出科学可行的改革方案，推进刑事程序的系统性改革。

---

〔1〕 熊秋红：《有效辩护、无效辩护的国际标准和本土化思考》，载《中国刑事法杂志》2014 年第 6 期，第 129－135 页。

〔2〕 Michael Risinger, *Innocents Convicted: An Empirical Justified Factual Wrongful Conviction Rate*, Journal of Criminal Law and Criminology, Vol. 97, p. 778－780 (2007).

二、无辜者认罪的制度成因:有罪推定的诉讼模式

780 基于趋利避害心理,除替人顶罪等特殊情形外,无辜者通常不会自愿主动认罪,而是因机缘巧合被卷入刑事程序后,在制度因素影响下被强迫而不得已认罪。特别是在有辩护律师帮助的情形下,无辜者认罪更能反映出制度因素对言词证据的歪曲效应。需要指出的是,尽管无辜者认罪是导致错案的重要原因,但其并非唯一的决定性因素,因为在法律层面,仅有口供并不足以定罪。实际上,在刑事程序各环节,都存在识别无辜者被强迫认罪的线索和契机,但诸多错案之所以不幸铸成,深层次原因在于有罪推定型诉讼模式及其造成的制度偏见。概言之,无辜者被强迫认罪是有罪推定型刑事程序的副产品,该问题具有复杂制度成因。

(一)侦查讯问方法内在的心理强制

781 无辜者被强迫认罪后,通常不得不面对司法错误的情理难题:既然没有实施犯罪行为,为何不坚持自证清白,反而要违心认罪?但实际上,如果了解侦查讯问方法内在的心理强制,特别是非法讯问方法的细节,就不难理解无辜者为何会违心认罪。

782 审视非法讯问方法与虚假供述的关联,可考虑将之分为身体强制和心理强制两种类型。传统上谈及非法讯问方法,主要是指刑讯逼供等暴力方法,此类非法方法属于显性的身体强制,直接严重侵犯犯罪嫌疑人、被告人的人身权。随着人权保障观念深入人心,非法证据排除规则趋于严格,刑讯逼供等暴力方法逐步得到遏制。但是,关于各类刑讯逼供方法的司法界定,特别

是体罚虐待型非法方法的认定标准，仍有一些未决问题需要认真研究，严格实行非法证据排除规则任重而道远。[1]

相比之下，心理强制型非法讯问方法，包括威胁、引诱、欺骗等方法的组合使用，因属隐性的心理强制，且缺乏有效法律规制，现已成为强迫无辜者认罪的主要风险。类似地，盛行美国的雷德讯问方法，其初衷是通过讯问识别谎言，核实犯罪嫌疑人是否有罪，但由于讯问方法引入威胁、欺骗等因素，很容易强迫无辜者认罪，以致成为有罪推定型讯问，在很大程度上消解了甄别有罪者和无辜者的预期制度功能。[2] 783

从供述心理学角度看，心理强制是贯穿各种非法讯问方法的主线，也是侦查讯问方法内在强制的体现。侦查人员之所以诉诸心理强制型讯问方法，与侦查讯问环节易犯的三个连环错误紧密相关。[3] 首先，错误地将无辜者认定为犯罪嫌疑人。一旦锁定犯罪嫌疑人，侦查人员通常在有罪推定心理影响下开展讯问，沿着由供到证的模式开展调查。除非无辜者在最初的犯罪嫌疑阶段提出有力的无罪辩解，或者有效排除自身的犯罪嫌疑，否则很难摆脱非法讯问困扰。其次，错误地将犯罪嫌疑人接受讯问时的特定行为表现认定为说谎表征。侦查人员通常认为，犯罪嫌疑人接受讯问时说谎，将会呈现特定的言语和行为表 784

---

〔1〕 刘静坤：《证据审查规则与分析方法》，法律出版社2018年版，第82－83页。

〔2〕 Saul Kassin, *A Critical Appraisal of Modern Police Interrogation*, Tom Williamson edited, Investigative Interviewing, William Publishing, 2006, p. 215.

〔3〕 Jon Gould, Richard A. Leo, *One Hundred Years Later: Wrongful Convictions after a Century of Research*, Journal of Criminal Law and Criminology, Vol. 100, p. 844－846(2010).

现,自己凭借职业训练能够有效识别谎言。[1] 但实际上,诸如脸红、出汗、紧张等显示可能说谎的行为表现,并不必然意味着犯罪嫌疑人是在说谎,以之为基础甄别有罪者和无辜者极易导致严重偏差。这也是测谎仪结果始终未能成为诉讼证据的重要原因。最后,一旦错将无辜者认定为有罪者,侦查人员通常开始采取高强度的心理强制型讯问。特别是在缺乏其他有力证据的情况下,通过心理强制型讯问方法获取供述就成为侦破案件的重要手段。此外,心理强制型讯问,主要是在羁押场景下实施的,这使羁押讯问内在的心理强制与讯问方法内在的心理强制结合起来,极易迫使无辜者违背意愿作出认罪供述。

785 需要指出的是,侦查讯问的目的不仅在于促使犯罪嫌疑人认罪,更在于获得详细的供述。换言之,犯罪嫌疑人认罪后对案件细节的陈述,才是讯问过程的关键阶段。此类包含独特案件细节的供述,是控诉方在法庭上有力的指控证据。犯罪嫌疑人在认罪后作出详细供述期间,侦查人员在确证偏见影响下,往往刻意地影响乃至塑造供述的具体内容,通过强调犯罪细节、认罪态度等方式,试图通过具体化、形象化的供述暗示犯罪嫌疑人事实上有罪。供述心理学研究表明,犯罪嫌疑人认罪和供述的过程并非单向的信息传递过程,而是侦查人员与犯罪嫌疑人的双向信息互动传递过程,即,侦查人员会有意无意地将其通过前期侦查掌握的案件信息传递给犯罪嫌疑人,促使其作出与已有案

[1] Michael Brown, *Criminal Investigation*, Butterworth - Heinemann, 2001, p. 165 - 166.

情和在案证据印证的详细供述。[1] 这种指供、诱供的不当做法，与心理强制型讯问方法结合起来，极易导致无辜者作出虚假供述。

尽管美国的心理强制型讯问方法存在上述弊端，但总体上有章可循，其定型化的讯问技巧可供专业领域开展批判分析和问题诊断，在此基础上仍可不断改革完善讯问程序。相比之下，我国的侦查讯问更加偏重侦查人员自身办案经验，在讯问方法层面虽有一定的策略基础，[2]但尚未实现规范化、体系化和标准化，特别是在讯问合法性层面还存在诸多争议问题。更重要的是，我国法律目前尚未规定犯罪嫌疑人享有沉默权和讯问时律师在场权，羁押讯问的心理强制普遍存在。研究显示，无辜者与有罪者相比，面对侦查讯问的心理强制处于更加不利的境地，很容易被认定为故意与侦查机关对抗，进而遭遇更加高强度的心理强制型非法讯问方法，最终被强迫作出虚假供述。[3] 786

（二）认罪后固化有罪认定的程序偏见

一旦无辜者在侦查阶段被强迫认罪，其要想推翻先前认罪供述，就将面对难以自证无罪的司法悖论。尽管法律规定，被追诉者无须证明自己无罪，但因其认罪在先，事先解除了无罪推定 787

---

〔1〕［日］高木光太郎：《证言的心理学：相信记忆、怀疑记忆》，片成男译，中国政法大学出版社 2013 年版，第 86－88 页。

〔2〕毕惜茜：《侦查讯问中引导的心理策略》，载《中国人民公安大学学报（社会科学版）》2005 年第 1 期，第 86－90 页。

〔3〕Andrew Ashworth, Mike Redmayne, *The Criminal Process*, Oxford University Press, 2010, p. 75.

原则提供的法律保护,加上实践中很难否定认罪供述的证据能力,此种情况下再来主张清白无辜,就不得不提出有力的无罪证据。然而,无辜者之所以被强迫认罪,就在于其身陷犯罪嫌疑,无法提出无罪证据。有鉴于此,无辜者被强迫认罪后,仅靠自身辩解难以从诉讼中解脱出来。更棘手的是,在有罪推定诉讼模式下,先前供述具有极强的偏见效应,推动刑事程序朝着固化有罪认定方向发展,很容易导致司法错误。

1. 因犯罪嫌疑人认罪而形成的取证偏见

788 一旦侦查人员基于先前调查发现的犯罪嫌疑,在主观上认定犯罪嫌疑人有罪,并通过心理强制型讯问方法获得认罪供述,就很难再审慎考虑犯罪嫌疑人无罪的可能性。基于这种先入为主之见,后续侦查工作随之聚焦到证明犯罪嫌疑人有罪上来,专注于收集不利于犯罪嫌疑人的有罪证据,忽视乃至隐瞒可能证明犯罪嫌疑人无罪的证据。[1] 因有认罪供述在案,即便案情和证据显示存在无辜者被强迫认罪的错判风险,这一风险也容易被侦查机关低估甚至忽视。这种偏见效应在整个刑事诉讼过程中普遍存在,但在侦查取证环节的影响尤为突出。

789 如果侦查机关以认罪供述为中心构建案件的证据体系,办案成效取决于讯问成效,讯问的心理强制往往一直持续到侦查终结。在司法实践中,侦查人员通常会连续多次进行讯问,以期获得稳定、详细的供述,固定犯罪嫌疑人认罪的意思表示。如果

---

〔1〕 Brent Snook, Richard Cullen, *Bounded Rationality and Criminal Investigations: Has Tunnel Vision Been Wrongfully Convicted?*, In Kim Rossomo edited, Criminal Investigative Failures, CRC Press, 2009, p. 72 – 74.

犯罪嫌疑人翻供或者作出无罪辩解，侦查人员就会增加讯问强度，强化心理强制，甚至动辄采用非法讯问方法，直至犯罪嫌疑人再次作出认罪供述为止。从证据审查判断角度看，供述的反复变化能够显示出证据存在法律风险和失真风险。但是，侦查人员往往对讯问过程进行选择性记录，详述认罪供述细节，忽略翻供或者辩解内容，导致证据动态变化无法在讯问笔录中客观体现。考虑到讯问录音录像制度目前尚未严格落实，讯问过程的心理强制和内在偏见无从查证，增加了供述合法性和真实性的审查难度。这也从侧面表明，侦查讯问的各项程序要求环环相扣，是防范证据风险、避免取证偏见的综合要求，不宜对其中某项制度持孤立的片面化理解。

需要强调的是，基于“由供到证”“以供述为中心”的办案模 790
式，取证工作主要围绕获取、分析和印证供述开展，这不仅会显著增加强迫无辜者认罪的风险，还将严重减损侦查取证成效，导致案件证据体系存在重大缺陷。从侦查规律看，取证具有较强的时效性，一旦时过境迁，如犯罪现场解除保护，现场上的实物证据和生物证据就将随之灭失。因此，侦查取证的重大偏差失误，往往会对诉讼结果产生致命性的影响。此类证据先天不足的案件到了起诉、审判阶段，难以有效补查补正，很可能沦为“定放两难”的疑罪案件；一旦司法机关勉强定罪，就可能导致无辜者被错判有罪。〔1〕

2. 因犯罪嫌疑人先前认罪而形成的确证偏见

作为刑事诉讼的起始程序，侦查承担调查取证的基础性职 791

〔1〕 沈德咏：《论疑罪从无》，载《中国法学》2013年第5期，第9-13页。

责,侦查终结的案件事实证据应当接受起诉、审判的检验。但受传统“以侦查为中心”的诉讼构造影响,公检法三机关更加偏重互相配合,忽视互相制约,甚至将互相配合异化为无原则配合,影响司法公正的实现。[1] 具体到无辜者被强迫认罪问题,起诉、审判阶段容易因犯罪嫌疑人先前认罪而形成确证偏见,进而对非法讯问方法以及重大取证疏漏疏于审查,未能在程序内部有效识别和防范错案风险。

792 一是受制度因素影响,检察机关在起诉阶段存在追诉偏见。我国法律将检察机关定位为客观公正的司法机关,[2] 在刑事程序中扮演承前启后的关键角色。但同时,检察机关肩负追诉犯罪职责,受起诉率、定罪率指标等因素影响,容易产生职业性追诉偏见,忽视指控证据的风险和问题。这种隐含内在冲突的双重角色定位,使检察机关的追诉偏见问题缺乏足够关注。如果检察机关对此未予省察,追诉偏见就可能蔓延开来,影响诉讼程序的公正性,并侵蚀检察机关客观公正的制度根基。对于提前介入侦查的案件,检察机关更容易受侦查取证偏见影响,难以有效识别强迫认罪等错案风险。

793 除司法职业因素外,审前程序中侦查对起诉存在程序制约,也将强化检察机关的追诉偏见。我国目前并未实行侦诉一体化,侦查、起诉总体上以追诉犯罪为共同目标,受传统司法体制影响,检察机关对侦查机关的程序制约比较有限,至多是引导侦

---

〔1〕 陈光中:《如何理顺刑事司法中的法检公关系》,载《环球法律评论》2014年第1期,第62-64页。

〔2〕 陈光中、崔洁:《司法、司法机关的中国式解读》,载《中国法学》2008年第2期,第76-84页。

查机关补充完善证据,[1]而侦查机关对检察机关的反向程序制约较为突出。通常情况下,检察机关并未亲临侦查一线,主要依赖侦查机关提供的事实证据作出是否提起公诉的决定。有鉴于此,如果犯罪嫌疑人曾经作出认罪供述,且与其他证据印证,由于供述本身就是有力的指控证据,即便案件事实证据存在疑问,检察机关如无特别过硬的理由,也很难推翻侦查机关的起诉意见。这种反向程序制约与追诉偏见结合起来,使无辜者在审前程序中处于更加不利的境地,其在侦查阶段被强迫认罪后,亦难以寻求检察机关的有效救济。

二是受纠纷解决压力影响,司法机关对翻供情形缺乏认真 794
对待。刑事司法需要应对激烈的社会矛盾冲突,由此形成的纠纷解决压力在程序内部传导,可能会导致无辜者的救济请求遭到忽视。在侦查阶段,侦查机关面临现实的破案压力,一旦锁定犯罪嫌疑人并获得认罪供述,就往往选择尽快结案,很少认真核实犯罪嫌疑人的翻供理由和辩解意见。当案件移送审查起诉后,指控和证实犯罪的压力就转移给检察机关。对于犯罪嫌疑人曾经认罪的案件,即便其在审查起诉阶段翻供,如果其不能对此提出有力的证据支持,检察机关也难以进行实质审查,通常只是作出程式化处理。实践表明,检察机关在起诉阶段排除非法证据并非易事,除非定罪证据明显不足,否则,检察机关坚持疑罪从无也面临制度性压力。

犯罪嫌疑人在认罪后翻供,作为潜在错案的风险指标,原本 795

〔1〕 刘计划:《检警一体化模式再解读》,载《法学研究》2013年第6期,第147-164页。

为识别无辜者提供了难得的契机,但由于司法机关面临各种制度性压力,难以对翻供情形严格核查,削弱了刑事程序的内在纠错功能。有些情况下,翻供情形可能被视为狡辩,直接遭到驳回;即便未被驳回,也可能要求犯罪嫌疑人对翻供作出合理解释,或对无罪辩解提供证据材料。更有甚者,有些办案机关可能将翻供视为抗拒司法,并将之作为从严处理的依据。

796 三是受"口供至上"观念影响,未能充分重视虚假印证的危害。反思此前发现的错案,有一个突出的共性特点,即被追诉者曾经认罪,并且其他证据与认罪供述之间存在一定的印证关系。以口供为中心构建案件证据体系,看似能够证明指控的犯罪事实,但这种情况下,若案件事实存在重大疑点,或者在案证据实际上没有达到法定证明标准,则办案机关以证据印证为基础,仍然可以倾向于认定被追诉者有罪。〔1〕若事后查明,所谓的证据印证实际上是缺乏客观基础、似是而非的虚假印证,则随着被追诉者被强迫认罪的情况被揭露出来,关键证据存在的问题和风险充分暴露,原有证据的印证关系也会土崩瓦解。

797 审视目前的证据规则,虽然强调重证据,重调查研究,不轻信口供,但口供仍然是指控犯罪的关键证据。只要获得认罪供述,即便没有其他可靠佐证,法院仍然极有可能作出定罪裁决。以供述为基础形成的虚假印证,实际上是"口供至上"观念的产物,其实质是以可靠性存疑的言词证据否定或者排斥可靠性较强的实物证据,进而选择性地构建以供述为核心的证据体系。

〔1〕陈瑞华:《论证据相互印证规则》,载《法商研究》2012年第1期,第112页。

此类虚假印证具有较强的隐蔽性，难以被传统的粗放型证据审查模式有效识别，其既是导致错案的重要原因，也是一些案件中妨碍案件纠错的阻力因素。

（三）潜在重刑威胁对认罪自愿性的扭曲

基于宽严相济刑事政策，被追诉者认罪与否将直接影响其 798
可能判处的刑期。在有罪者看来，以认罪换取从宽处理，无疑是理性的选择。但对于无辜者而言，否认犯罪可能面临不利的诉讼结果，特别是在严重犯罪案件中，其可能面临重刑甚至死刑威胁，这使一些无辜者可能为避免被判重刑或者死刑而违心认罪。在这方面，美国辩诉交易制度下的奥尔福德答辩可资参考。[1]

1. 奥尔福德答辩（Alford pleas）反映的非自愿性认罪答辩问题

我们此前关注的是犯罪嫌疑人为何在侦查阶段违心认罪， 799
实际上，审判阶段虚假认罪的问题也应引起重视。美国有学者指出，与讯问程序中的强迫相比，无辜者更加难以抵制辩诉交易程序中的强迫，甚或可以说，辩诉交易与酷刑一样，都是强迫性的。[2] 在辩诉交易制度下，奥尔福德答辩作为一种新型认罪答辩应运而生，并已成为无辜者认罪的重要制度原因。在 1970 年北卡罗来纳州诉奥尔福德案中，联邦最高法院认为，主张无罪的

---

〔1〕 Sydney Schneider, *When Innocent Defendants Falsely Confess: Analyzing the Ramifications of Entering Alford Pleas in the Context of the Burgeoning Innocence Movement*, Journal of Criminal Law and Criminology, Vol. 103, p. 280 (2013).

〔2〕 John Langbein, *Torture and Plea Bargaining*, the University of Chicago Law Review, Vol. 46, p. 12 – 13 (1978).

被告人可以作出认罪答辩,这种做法并不违背正当程序。[1]

800 基于趋利避害心理,被告人面临的犯罪指控越严重,可能判处的刑罚越严厉,就越容易作出奥尔福德答辩。同时,与传统的认罪答辩相比,一些重罪被告人宁愿选择作出奥尔福德答辩。许多被告人作出奥尔福德答辩的案件,主要证据都是被告人供述,并没有实物证据佐证。不难发现,奥尔福德答辩为被告人提供了规避死刑的程序机制,避免其因不认罪而被判处更重的刑罚乃至死刑。一旦无辜的被告人曾经作出虚假供述,因被定罪几成定局,就会倾向于选择奥尔福德答辩,由此换取较轻的量刑。奥尔福德答辩深刻反映出,辩诉交易制度存在固有的强迫性,并不能有效避免无辜者被强迫认罪。实际上,面对潜在重刑特别是死刑威胁,无辜者往往别无选择,只能违心作出认罪答辩。

2. 无辜者违心作出认罪答辩的心理学研究

801 有观点认为,被告人可以自主选择是否接受辩诉交易,无辜者通常不会违心承认自己并未实施的犯罪行为,他们会选择接受审判并获得无罪判决。[2] 这与前述无辜者被错误定罪问题具有类似性,忽视了辩护交易制度内在的强迫性以及错案的潜在黑数。

802 现阶段关于辩诉交易的心理学研究大多立足于模拟的假设场景,无法准确把握被告人对自身无辜的实际认知程度,也难以

〔1〕 North Carolina v. Alford, 400 U. S. 25 (1970).

〔2〕 Oren Gazal – Ayal, *Partial Ban on Plea Bargains*, Cardozo Law Review, Vol. 27, p. 2295 – 2296 (2006).

客观评估被告人受到刑事指控时面临的艰难选择。不过,通过分析这些研究成果,也可侧面了解被告人的选择困境。早在1984年,拉瑞·格里高利教授等人就开展了一项专门研究。[1]这项研究的实验对象是一群学生,他们根据预先设计的角色定位被假定为一起武装抢劫犯罪的“犯罪人”或者“无辜者”,然后向他们出示指控证据,并要求他们作出是否接受辩诉交易的决定。结果显示,18%的“无辜者”和83%的“犯罪人”接受了辩诉交易。鉴于这一问题事关重大,这种假设性实验的可靠性存疑,格里高利教授之后试图通过一项新的实验更加客观地揭示无辜的被告人面临的实际困境。这是一项难度很高的考试,一些学生事先获得内部消息,知晓绝大多数问题的答案是B,另一些学生则不知晓这一内部消息。在考试之后,学生们被告发考试作弊,事先知晓试题答案,进而接受学校道德委员会的调查。在调查过程中,如果学生承认作弊,就可以换得较轻的处罚。尽管这项研究因参与学生数量较少,未能取得实质性结果,但却提供了可行的研究思路。

在2011年开展的一项研究中,沿着格里高利教授的研究范 803
式,研究者对82名大学生进行类似无辜者困境的测试。[2]研究显示,约有90%“有罪”的学生接受了交易,约有60%“无辜”的

---

[1] Larry Gregory et al., *Social Psychology and Plea Bargaining: Applications, Methodology, and Theory*, *Journal of Personality and Social Psychology*, Vol. 36, p. 1521, 1522–1528 (1978).

[2] Lucian Dervan, Vanessa Edkins, *The Innocent Defendant's Dilemma: An Innovative Empirical Study of Plea Bargaining's Innocence Problem*, Journal of Criminal Law and Criminology, Vol. 103, p. 30–39 (2013).

学生也接受了交易,这也契合了此前学者的推测,有罪的被告人比无辜者更加倾向于接受辩诉交易。更为重要的是,约有半数"无辜"的学生,无论是面对严厉还是轻缓的指控,都选择通过违心认罪获得从宽处罚。有学者指出,被告人对风险和损失的态度将会有力地形塑他们是否选择接受审判的意愿。[1] 基于这项研究,被告人并非像通常所预想的那样愿意承担诉讼风险,倾向于出庭接受审判,与之相反,被告人在实践场景中往往不愿承担较高的诉讼风险。诸如此类的心理学研究表明,司法机关与被追诉者针对定罪量刑问题进行的交易,通常都带有内在的强迫性。如果无辜者不能有效自证无罪,其就可能为避免潜在重刑威胁而违心认罪,这不仅会直接导致错案,还将增加案件纠错的难度。

三、以不被强迫认罪权为基础构建无罪推定型刑事程序

804 反对有罪推定,是刑事司法的基本共识。不过,一些办案机关在观念上反对有罪推定,一旦具体到司法实践,特别是面对司法体系内外的各种压力,由于缺乏无罪推定的制度支撑,往往回到有罪推定的老路,甚至动辄采用刑讯逼供等非法方法。前文指出,目前发现的错案可能只是"冰山一角",无辜者被强迫认罪问题的严重程度不容忽视。通过强迫认罪方式推翻无罪推定,是对无罪推定原则最大的损害。唯有以不被强迫认罪权为基础,通过深化司法改革构建无罪推定型刑事程序,才能从根本上

---

〔1〕 Stephanos Bibas, *Plea Bargaining Outside the Shadow of Trial*, Harvard Law Review, Vol. 117, p. 2464, 2507 (2004).

解决刑讯逼供、程序偏见等强迫无辜者认罪的制度性问题，最大限度地减少司法错误发生。

（一）确立无罪推定型刑事程序的权利基础：不被强迫认罪权

权利是程序的灵魂。识别刑事程序的权利要素，确立无罪推定型刑事程序的权利基础，是加强司法人权保障的必然要求。2012年中国《刑事诉讼法》修改，重申严禁刑讯逼供等非法取证方法，并首次规定不得强迫任何人证实自己有罪。这是事关无罪推定和人权保障的重要程序条款。有学者认为，这一新增规定确立了不被强迫自证其罪原则，但在中国法的背景下重新阐释这一原则，既要与沉默权切割，也要注意进一步禁止和排除以刑讯逼供以外的其他强制方法获取的口供。[1] 也有学者指出，中国《刑事诉讼法》规定的不被强迫自证其罪可以解释为已经确立了沉默权，其与“应当如实回答”之矛盾可以通过合理的解释消解。[2] 805

这种认识分歧隐含一个深层次的程序问题，即在刑事诉讼领域，程序权利是否应当以法律明文规定为前提。不容否认，在刑事程序领域，几乎所有程序原则都蕴含重要的权利命题。但抽象的权利没有意义，制度化的法律权利才是真实的权利。[3] 806

---

〔1〕 龙宗智：《进步及其局限——由证据制度调整的观察》，载《政法论坛》2012年第5期，第3页。

〔2〕 陈学权：《比较法视野下我国不被强迫自证其罪之解释》，载《比较法研究》2013年第5期，第29页。

〔3〕 ［美］罗纳德·德沃金：《认真对待权利》，信春鹰、吴玉章译，上海三联书店2008年版，第142－143页。

对于无罪推定、不被强迫自证其罪等原则，如果从规范层面理解，都是抽象的程序原则，但如果换种思路，将这些原则的核心要求确立为实质性程序权利，既可推动完善配套法律制度，也可在有关权利遭到不当侵犯时，及时有效地寻求法律救济。这种思路能够较好地契合以权利为基础的程序原理，即，对违反诉讼原则情形的审查，可被视为对实质性程序权利的救济。[1]

807 问题在于，对于不被强迫自证其罪的抽象规定，应当如何识别其中的权利要素？从法律解释角度看，当法律规定较为原则时，理性的做法不是直接弃之不用，而是对其作出符合立法意图的解释，换言之，基于立法意图使原则化的法律规定清晰明确，是司法机关应尽的职责。[2] 对于抽象程序原则蕴含的权利要素，不能简单照搬国外法律规定，更为适宜的做法是立足本国法律框架，从立法精神和体系解释等角度加以识别。毕竟，没有哪个法律规定能够脱离立法原意和法律体系而作为孤立的条款存在。[3]

808 从国际公约层面看，通过强迫方法获取认罪供述，进而证明被告人有罪，这种做法侵犯了无罪推定权利。[4] 不过，基于不被强迫自证其罪原则直接提炼无罪推定权利，目前在我国刑事程

〔1〕 Denial Epps, *Harmless Errors and Substantial Rights*, Harvard Law Review, Vol. 131, p. 2164 – 2165 (2018).

〔2〕 Abbe Gluck, Richard Posner, *Statutory Interpretation on the Bench: A Survey of Forty – Two Judges on the Federal Courts of Appeals*, Harvard Law Review, Vol. 131, p. 1340 – 1341 (2018).

〔3〕 T. R. S. Allan, *Principle, Practice, and Precedent: Vindicating Justice, According to Law*, The Cambridge Law Journal, Vol. 77, p. 286 – 289 (2018).

〔4〕 Stefan Trechsel, *Human Rights in Criminal Proceedings*, Oxford University Press, 2005, p. 162.

序框架下可能并不可行。更为复杂的是,尽管我国法律确立了不被强迫自证其罪原则,但并未取消接受讯问时的如实回答义务,也未明确赋予犯罪嫌疑人沉默权,这意味着,识别不被强迫自证其罪原则隐含的权利要素,需要更多的政策和法律智慧。立足我国现有法律框架,基于以权利为基础的程序原理和务实需求,可考虑将不被强迫自证其罪原则蕴含的程序权利概括为:被指控者不被强迫认罪的权利。结合本书主旨,这一权利又可聚焦为无辜者不被强迫认罪的权利。

从道德哲学层面看,司法程序应当坚持无罪原则,即,没有 809
实施犯罪行为的人不应当受到惩罚。[1] 如果从人权保障视角看待刑事程序,那么,避免无辜者受到刑事追究,是刑事程序的首要价值追求。强迫无辜者认罪,不仅违反道德哲学领域的无罪原则,也与无罪推定这一刑事程序的基石性原则格格不入。之所以专门强调无辜者不被强迫认罪的权利,主要意在以之为基础,构建无罪推定型刑事程序,在刑事诉讼全过程注重识别潜在的无辜者,切实防范司法错误发生。同时,鉴于沉默权制度的引入目前尚有一定争议,现阶段强调无辜者不被强迫认罪权,更加具有正当性和可行性。随着刑事程序法治发展进步,可考虑逐步扩展或者调整不被强迫自证其罪原则的权利内涵,更好地体现以权利为基础的刑事程序的真谛。

---

〔1〕 [美]迈克尔·D. 贝勒斯:《法律的原则——一个规范的分析》,张文显等译,中国大百科全书出版社 1996 年版,第 335－336 页。

（二）规范犯罪嫌疑人认定的司法程序和证明标准

810 “嫌疑”是刑事诉讼法中的构成要件要素，错误的嫌疑是导致误判的第一步。〔1〕审视现有刑事程序，除强制措施外，对犯罪嫌疑人的认定缺乏专门规定。嫌疑认定是适用强制措施的先决条件，如果犯罪嫌疑人的认定出现偏差，在诉讼起始环节错将无辜者视为犯罪嫌疑人，不仅浪费司法资源，还极易导致错案发生。有鉴于此，基于无罪推定原则完善犯罪嫌疑人的认定程序和证明标准，有助于防止错将无辜者纳入刑事程序。

811 首先应当明确的是，犯罪嫌疑人的认定，涉及自由权、名誉权等基本人权，是独立于强制措施的重要前置性程序决定。进一步讲，只有准确认定犯罪嫌疑人，才能依法采取强制措施。作为一项重要程序决定，认定犯罪嫌疑人应当适用专门程序，不能任由办案人员随意裁量。鉴于目前法律对此没有明确规定，可考虑由办案人员提出认定犯罪嫌疑人的申请，由侦查机关负责人作出决定。对于排查发现的一般嫌疑对象，如未确定为重大嫌疑分子或者犯罪嫌疑人，虽可重点询问核实情况，但不能采取强制措施。在确定犯罪嫌疑人之后，如需采取强制措施，就可一并告知其被认定为犯罪嫌疑人，并告知其有答辩的权利。

812 犯罪嫌疑人的认定，除需纳入司法程序外，还应当达到特定的证明标准。1996 年，美国国家司法协会发布一份报告，其中提到，1989 年以来提交联邦调查局进行 DNA 鉴定的性侵犯案件

---

〔1〕［德］托马斯·达恩史戴特：《失灵的司法：德国冤错案启示录》，郑惠芬译，法律出版社 2017 年版，第 48 页。

中，每年约有25%的案件通过DNA鉴定排除了犯罪嫌疑人。[1]换句话说，在性侵犯案件侦查初期，约有1/4的案件最初都锁定了错误的犯罪嫌疑人。作为强制措施适用的前置性程序，对犯罪嫌疑人的认定可考虑适用略低于逮捕措施的证明标准，即，有证据证明嫌疑对象与犯罪事实有关，且存在嫌疑对象实施犯罪行为的合理怀疑。

所谓“合理”怀疑，意味着这种怀疑并不仅是主观层面的怀 813
疑，而且应当有相应的事实证据依据。无形之疑，不足为据。侦查机关必须提供足够的证据材料使人相信嫌疑对象可能实施了犯罪行为。如果在认定犯罪嫌疑人的环节，犯罪嫌疑人对有关证据提出异议，或者对有关证人提出质疑，就应当及时调查核实有关证据。有学者指出，如果犯罪嫌疑人对指证其犯罪的证人存在疑问，无论该证人是否出庭作证，犯罪嫌疑人都可以在审前程序中对证人提出质疑。[2]

所谓“怀疑”，是指侦查机关对犯罪嫌疑的证明仍然具有一 814
定的非确定性。也就是说，嫌疑对象是否确实有罪，目前尚未得到确证，有待侦查机关进一步调查核实。只有基于正当程序，立足相应证据，审慎认定某人具有实施犯罪行为的合理怀疑，才能认定某人是犯罪嫌疑人，进而对其采取强制措施并开展调查。

---

〔1〕 Edward Connors et al., *Convicted by Juries, Exonerated by Science: Case Studies in the Use of DNA Evidence to Establish Innocence after Trial*, xxviii (1996).

〔2〕 Stefan Trechsel, *Human Rights in Criminal Proceedings*, Oxford University Press, 2005, p. 308 - 309.

(三)构建以查明真相为宗旨的新型调查型讯问制度

815 传统讯问方法最大的弊端在于:讯问是以心理强制为基础,致力于从犯罪嫌疑人处获取认罪供述,而不是为了核实犯罪嫌疑人是否有罪,并客观调查案件事实。这种有罪推定型讯问,非但难以确保供述的自愿性,也无法根除刑讯逼供、体罚虐待等非法讯问方法。为避免无辜者被强迫认罪,有必要探索以查明真相为宗旨的调查型讯问制度。

1. 以查明真相为宗旨的调查型讯问:基本原则和讯问模块

816 有学者反思美国刑事程序忽视真相的制度弊端,主张无论审判程序是否实行对抗制,侦查机关都应当开展全面细致的调查,不能像检察官那样强调诉讼对抗。[1] 这种司法省察对侦查讯问尤为重要。讯问程序只有体现无罪推定原则,像对待无辜者那样对待犯罪嫌疑人,才能通过正当程序准确查明事实真相。此种背景下,发端于英国的调查型讯问模式应运而生。

817 调查型讯问是以查明真相为导向的新型讯问模式,包含以下七项基本原则:[2] 第一,调查型讯问的目的是获得准确、可靠的信息,从而查明争议事实真相。第二,调查型讯问应当保持开放心态,所得的信息应当与已有的事实证据进行验证。第三,侦查人员必须公平对待每一位犯罪嫌疑人。第四,侦查人员并不必然接受最初的供述,而是可以持续进行讯问。第五,即便犯罪

---

〔1〕 William Pizzi, *Trials Without Truth*, New York University Press, 1999, p. 223.

〔2〕 Tom Williamson, *Investigative Interviewing*, William Publishing, 2006, p. 153 – 154.

嫌疑人主张沉默权,侦查人员仍然有权提出问题。第六,侦查人员可以向犯罪嫌疑人提出为查明真相所需的任何问题,不受律师当庭发问规则的限制。第七,对于脆弱的犯罪嫌疑人,必须始终给予特殊关照。

基于上述原则,英国警方设计了配套的标准化培训模块,即 818
PEACE 讯问模式,[1]其包含五个前后相继的阶段:第一,规划和准备阶段,主要解决讯问的法律问题和后勤准备。第二,启动和解释阶段,正式开启讯问程序,告知犯罪嫌疑人各项诉讼权利和讯问过程。第三,记录和追问阶段,获取犯罪嫌疑人关于案件的描述,就事先了解的问题深入讯问,就供述与其他证据之间的矛盾进行质疑或者追问。第四,结束阶段,宣告讯问结束,并告知讯问之后的程序。第五,评估阶段,评估讯问获得的信息和侦查人员的表现。

不难发现,调查型讯问体现了无罪推定原则的基本要求, 819
即,以查明真相而不是逼取口供为目的开展讯问,在整个讯问过程中注意识别潜在的无辜者。借鉴调查型讯问模式的合理因素,可考虑有重点地完善我国的讯问规则,促使有罪者认罪,并避免强迫无辜者认罪。

首先,弱化羁押讯问环境的心理强制。犯罪嫌疑人被羁押 820
后,讯问通常在封闭空间进行,缺乏第三方参与,因此具有天然的强制性。[2] 这种强制氛围容易助长有罪推定心态,不利于遏

---

〔1〕 PEACE 模式是前后相继的五个讯问阶段英文首字母的简称。Tom Williamson, *Investigative Interviewing*, William Publishing, 2006, p. 172.

〔2〕 陈瑞华:《庭外供述笔录的非自愿性推定原则——解决刑讯逼供问题的一种立法思路》,载《法学论坛》2005 年第 5 期,第 7 页。

制非法讯问方法。实际上,讯问与现场勘查等取证方法一样,应当秉承客观公正原则,努力从犯罪嫌疑人处获得准确、可靠的信息。有鉴于此,讯问环境应当参照适用询问的要求,在确保人身安全的前提下便于沟通交流。同时,讯问开始之前应当告知法律权利、讯问录音录像以及如实供述的法律后果。如果在真相不明时滥用心理强制,强迫犯罪嫌疑人认罪,极易扭曲供述内容,误导后续侦查工作。

821 其次,讯问应当以掌握案情和已有证据为前提。与现场勘查、搜查等取证方法不同,讯问是一种活力对抗,甚至被称为心理战。[1] 如果侦查人员不熟悉案情,未对已有证据进行全面分析,不仅无法核实供述真伪,也难以促使犯罪嫌疑人如实作出供述。因此,科学的讯问不是单纯地和犯罪嫌疑人说理论辩,而是以案情和证据为基础的循证之问。侦查人员在讯问过程中,既要同步评估犯罪嫌疑人供述的可靠性,又要努力获取潜在的证据线索,为深入调查创造更多条件。同时,如果发现讯问对象可能是无辜者,也要能够及时调整讯问策略,避免陷入强迫犯罪嫌疑人认罪的误区。

822 再次,探索运用无罪推定模式的讯问方法。以证据为基础的讯问,不是单方面向犯罪嫌疑人通报证据,而是对已有证据进行系统分析,评估犯罪嫌疑人是否可能是无辜者。例如,在犯罪嫌疑人驾驶的车辆上发现被害人的随身物品,该证据能够建立两者之间的关联。在讯问之前,首先要保持开发性思维,分析犯

---

〔1〕 毕惜茜:《论侦查讯问中的心理战》,载《中国人民公安大学学报(社会科学版)》2008 年第 5 期,第 137 - 142 页。

罪嫌疑人无罪的可能性,尝试对该证据进行除罪性解释,如其他人案发前借用犯罪嫌疑人车辆作案,被害人案发前将该物品放在车上,或者其他人栽赃陷害等。随后,需要结合其他证据对各种除罪性解释的合理性进行分析,形成初步评估结论。在此基础上,可以在讯问时让犯罪嫌疑人对有关证据作出合理解释,如果其能够作出合理解释,并与其他证据吻合,侦查人员就需要继续收集有关证据,评估他人作案的可能性;如果其不能作出合理解释,就表明其犯罪嫌疑进一步上升,侦查人员可以通过讯问获取更多线索。需要指出的是,犯罪嫌疑人提出无罪辩解的,并不需要提供无罪证据,而是由侦查机关负责进行调查核实。

最后,讯问之后应当及时总结评估成效。讯问通常要多次 823
进行,以便固定供述,核实新收集的证据和供述疑问。这意味着,每次讯问的结束,都是下次讯问的开端。后续讯问的成果往往取决于先前讯问的总结评估。有鉴于此,讯问结束后,要结合案情和其他证据评估供述的真伪,调查核实供述中提到的线索和材料。对于专案组侦办的疑难复杂案件,侦查人员还要向专案组及时通报讯问进展情况,有效实现证据和信息共享。

基于调查型讯问模式规范讯问程序,是否会因此而影响认 824
罪率呢? 这是改革者十分担心的问题。但实际情况可能并不必然如此。以英国为例,在 1976 年《警察与刑事证据法》出台前,60% 的犯罪嫌疑人在羁押讯问期间作出认罪供述,该法出台之后的认罪率并未降低。[1] 尽管没有相关统计,但可以预见,随着

---

〔1〕 Gisli Gudjonsson, *The Psychology of Interrogations and Confessions*, John Wiley and Sons, 2003, p. 622.

以无罪推定原则为基础的调查型讯问模式推广适用,无辜者被强迫认罪的案件比例将会显著降低。

2. 讯问录音录像制度的程序功能和争议问题

825 2012 年中国《刑事诉讼法》确立了讯问过程录音录像制度,这是侦查讯问程序的重大创新,为推进讯问制度改革提供了新的契机。伴随刑事程序法治进程,以讯问录音录像为基础的"镜头下的司法",不仅能够减少取证合法性争议,更是现阶段保障不被强迫认罪权、识别讯问偏见的首要选择。讯问录音录像制度的全面推开,能够倒逼侦查机关规范讯问方法、语言和行为,实现"有罪推定型强迫型讯问"向"无罪推定型调查型讯问"的根本性转变。

826 一是明确讯问录音录像防范无辜者被强迫认罪的人权保障功能。讯问录音录像制度,是防止强迫无辜者认罪的有效途径。在羁押讯问场景下,讯问笔录存在概括不准、人为删减等问题,加上可能在正式讯问前存在"预演",即便得到第三方包括律师的确证,也只是供述内容的部分展示。[1] 如果没有录音录像记录讯问过程,仅凭讯问笔录难以全面客观地展现讯问实际情况,非法讯问和取证偏见隐迹藏形,供述合法性和真实性极易引发争议。即便讯问时有律师在场,如果律师未能有效识别非法讯问,或者因受侦查机关影响而未能对非法讯问提出质疑,诸如此类的无效辩护情形,[2] 非但无助于防范无辜者被强迫认罪,还将

〔1〕 Mike McConville et al., *The Case for the Prosecution*, Routledge, 1993, p. 58.

〔2〕 熊秋红:《有效辩护、无效辩护的国际标准和本土化思考》,载《中国刑事法杂志》2014 年第 6 期,第 129 - 135 页。

因律师在场而不当赋予非法讯问以形式上的合法性。例如，英国的斯蒂芬·米勒案件，犯罪嫌疑人米勒心理非常脆弱，在律师在场情况下接受讯问，结果被警方的强制性讯问逼迫而违心认罪，幸好整个讯问过程有录音录像记录，如果没有这项关键证据，法庭根本无从审查强制性讯问的性质和程度，该案很可能沦为错案。[1] 有鉴于此，为防止侦查机关在讯问过程中强迫犯罪嫌疑人认罪，有效揭示讯问过程存在的偏见，讯问录音录像是不可替代的制度选择。从防范无辜者被强迫认罪角度看，讯问录音录像不单纯是侦查机关的自我技术规范，更是加强人权司法保障的外在程序规制。换言之，依法对讯问过程录音录像，不属于侦查机关的自由裁量权，而是法律对讯问程序的硬性要求。

二是扩展应当对讯问过程录音录像的案件范围。《刑事诉 827
讼法》规定，侦查人员在讯问犯罪嫌疑人的时候，可以对讯问过程进行录音或者录像；对于可能判处无期徒刑、死刑的案件或者其他重大犯罪案件，应当对讯问过程进行录音或者录像。其中，强制适用讯问录音录像的案件范围，主要是以刑罚轻重作为标准。这种制度设计体现出重大案件司法程序的审慎，但从防范司法错误的角度，仅以刑罚轻重作为讯问录音录像的强制适用标准可能并不足够，还需考虑无辜者被强迫认罪特别是虚假供述的对象因素。研究显示，未成年人、智商偏低的人以及心理和精神紊乱的人等心理脆弱的主体，面对讯问过程的心理强制，更

---

〔1〕 Gisli Gudjonsson, *The Psychology of Interrogations and Confessions*, John Wiley and Sons, 2003, p. 516 – 517.

加容易作出虚假供述。[1] 鉴于此,基于被讯问人的主体特征,以心理脆弱度为基础,有必要设计多元化的讯问录音录像强制适用标准。在现有法律规定基础上,对达到特定心理脆弱度临床表征的特殊对象,可考虑对讯问过程录音录像。目前,英国已经要求对脆弱证人和重大案件中关键证人的询问过程进行录音录像。[2]

828 三是确立违反法定讯问录音录像要求的证据排除规则。尽管法律规定了讯问录音录像的刚性程序要求,但仍有一些重大案件包括死刑案件未予执行。究其原因,主要是由于违反该项程序的讯问行为缺乏必要制裁,以致侦查机关对此随意裁量。须知法律程序越重要,对故意违反法律程序行为的制裁就应当越严格。为防止无辜者被强迫认罪,有必要对故意违反讯问录音录像程序的情形设定证据排除规则。根据 2017 年发布的《人民法院办理刑事案件排除非法证据规程(试行)》第二十六条的规定,经法庭审理,应当对讯问过程录音录像的案件没有提供讯问录音录像,或者讯问录音录像存在选择性录制、剪接、删改等情形,现有证据不能排除以非法方法收集证据的,对有关证据应当予以排除。据此,违反法律对讯问录音录像的程序要求,并不意味着由此取得的证据会被径行认定为非法证据,而是主要将之作为认定非法证据的必要条件。具体言之,对于被告方提出申请排除非法证据的情形,如果办案机关没有提供讯问录音录

[1] Gisli Gudjonsson, *The Psychology of Interrogations and Confessions*, John Wiley and Sons, 2003, p. 512 – 513.

[2] Andrew Ashworth, Mike Redmayne, *The Criminal Process*, Oxford University Press, 2010, p. 109.

像，或者讯问录音录像存在选择性录制、剪接、删改等情形，现有证据不能排除以非法方法收集证据的，就应当依法排除有关证据。为严格执行法定讯问程序，随着刑事程序的权利要素更加明确化，可考虑将不得强迫认罪权作为讯问录音录像制度的权利基础，在此基础上，如果侦查机关未按照法定程序对讯问录音录像，有关供述就应当作为非法证据予以排除。

（四）健全识别无辜者被强迫认罪的梯次性核查询问制度

错案是整个刑事程序系统性失灵的结果。从错案防范角度 829
看，既要强化侦查环节的源头预防，也要强化诉讼各环节的防错纠错机制。为尽早发现和纠正司法错误，通过诉讼程序有效甄别无辜者和有罪者，有必要构建识别无辜者被强迫认罪的梯次性核查询问制度。这种证实与证伪并存的程序，有助于克服有罪推定偏见，体现无罪推定的内在要求。

1. 识别无辜者被强迫认罪的风险指标

无辜者被强迫认罪的方式较多，但最终结果总要体现为虚 830
假供述。因此，识别刑事程序中潜在的无辜者，首先要从虚假供述入手。卡辛等人从心理学角度将虚假供述分为三种类型：自愿型（voluntary）、强迫—屈从型（coerced - compliant）和强迫—内化型（coerced - internalized）。[1] 后两类虚假供述都与强迫讯问方法紧密相关，第二类是指侦查人员通过强迫方法迫使无辜者认罪，第三类是指侦查人员通过强迫方法使无辜者相信自己

〔1〕 Saul Kassin, Lawrence Wrightsman, *The Psychology of Evidence and Trial Procedures*, sage, 1985, p. 67 - 94.

实施了犯罪行为，进而基于扭曲的内化信念作出认罪供述。从认识论角度来看，孤立审查供述本身，很难区分真实供述与虚假供述，也很难判断存在何种虚假风险。[1] 不过，借助心理学研究成果，将供述置于案件事实和证据体系的网络之中，就能通过综合分析识别其虚假风险。

831 通过强迫方法取得的虚假供述，存在一些共性的识别指标，例如，对犯罪细节的描述与案情和其他证据不能印证，供述内容与办案机关掌握的证据逐渐趋于吻合，在笼统认罪之后翻供或者作出无罪辩解，对供述细节含糊其词或者过于自信，根据其供述提及的线索不能收集到新的证据，等等。一旦发现供述存在诸如此类的问题，就提示有关供述存在虚假风险。如赵作海案，在抛尸井内发现了重达数百斤的石磙，一个人根本不可能搬动，赵作海在供述中声称其往抛尸井内投入石磙压住尸体，该情节明显与常情常理不符，但办案机关对此未予调查核实，待真凶归案后，查明系多人作案，合力把石磙投入井内。实际上，此类证据问题在先前纠正的错案中均有不同程度的体现。但传统的证据审查模式偏重证据的证明价值，对证据风险关注不足，因此，有必要建立以证据风险为导向的证据审查规则体系，准确识别虚假供述风险。[2]

832 为识别无辜者被强迫认罪的风险，除审查供述内容外，还要关注讯问程序。从非法证据排除规则运行实践看，违反法定讯

[1] Gisli Gudjonsson, *The Psychology of Interrogations and Confessions*, John Wiley and Sons, 2003, p. 515.

[2] 刘静坤：《证据审查规则与分析方法》，法律出版社2018年版，第33－34页。

问程序与非法讯问方法之间存在伴生关系，即，办案机关通常是在违反法定讯问程序情况下，诉诸刑讯逼供、威胁等非法讯问方法，最终获取虚假供述。如果办案机关违反法定程序，如将犯罪嫌疑人提押到看守所外讯问，未依法对讯问过程录音录像，违规使用线人辅助讯问等，就意味着讯问程序存在强迫无辜者认罪的法律风险。当然，单纯违反法定讯问程序本身，并不能直接据此认定办案机关强迫无辜者认罪，但如果办案机关不能对此作出合理解释，无法排除强迫讯问的可能性，就将由此影响供述的合法性。随着刑事程序的权利要素逐步明确，包含无辜者被强迫认罪在内的各种法律风险，都将具象化为违反法定程序的情形，并转化为以程序违法为由否定证据能力的程序性制裁。[1]

此外，供述并非单方信息输出，而是交互式信息交流的产 833
物。侦查人员的讯问语言和行为，以及贯穿其中的讯问方法，也能反映出强迫犯罪嫌疑人认罪的情形。需要强调的是，仅凭强迫难以获得侦查人员预期的供述，因此，侦查讯问具有很强的暗示性和指示性。在强迫基础上，通过指供、诱供等方法，侦查人员才能有效控制犯罪嫌疑人的应答内容，获得包含足够犯罪细节的认罪供述。[2] 通过审查讯问录音录像等途径，如果发现侦查人员的言行涉嫌此类非法讯问方法，就表明案件存在强迫讯问的可能性。

---

〔1〕 陈瑞华：《程序性制裁制度的法理学分析》，载《中国法学》2005年第6期，第150－163页。

〔2〕 Mike McConville et al., *The Case for the Prosecution*, Routledge, 1993, p. 68－69.

2. 建立识别无辜者被强迫认罪的梯次性核查询问制度

834 随着诉讼程序和证据规则逐步完善,无辜者被强迫认罪的风险识别将不再成为难题。但问题在于,一些办案人员固守有罪推定观念,仅仅重视有罪供述,忽视无罪辩解,或者疏于审查认罪自愿性与虚假印证等重大风险源。有学者指出,侦查错误领域最大的问题在于,拒绝承认最初犯下的错误。[1] 有鉴于此,除非通过专门机制打破有罪推定的制度惯性,否则,无辜者被强迫认罪的风险将始终潜藏在刑事程序之中。

835 针对该问题,2016 年"两高三部"《关于推进以审判为中心的刑事诉讼制度改革的意见》提出了可行的解决方案。该意见第五条提出,探索建立重大案件侦查终结前对讯问合法性进行核查制度。以之为基础,结合现有诉讼程序,可考虑建立识别无辜者被强迫认罪的梯次性核查询问制度,即,在侦查终结前对讯问合法性进行常规核查询问,对于无辜者被强迫认罪风险较大的案件,在起诉、审判阶段进行专门核查询问。这种核查询问不是意在固定犯罪嫌疑人、被告人的供述,而是为了识别无辜者被强迫认罪的风险,尽早将无辜者从刑事程序中解脱出来。

836 首先,侦查终结前的核查询问不应局限于证据资格的审核,而是应当重点核查犯罪嫌疑人是否被强迫认罪。该程序是一项重要制度创新,有别于常规的证据审查和侦查监督制度,关注的是犯罪嫌疑人是否被强迫认罪等重大侦查违法行为。需要指出的是,该阶段的核查询问不属于侦查人员职责范围,而是由驻看守所检察人员负责。驻所检察人员询问犯罪嫌疑人时,如果犯

---

〔1〕 Kim Rossomo, *Criminal Investigative Failures*, CRC Press, 2009, p. 352.

罪嫌疑人辩称遭到刑讯逼供、非法取证，检察人员就应当调查核实；否则，如果犯罪嫌疑人未提出异议，并继续认罪，就可视为认可讯问合法性和供述自愿性。

其次，审查逮捕、审查起诉阶段的讯问有必要调整职能定 837
位，修改为核查询问程序。在传统程序框架下，检察机关在审查逮捕、审查起诉环节开展的讯问，主要意在核实犯罪嫌疑人的供述，审查现有证据是否达到法定证明标准。讯问与询问虽仅一字之差，但发问方式和工作重心却相去甚远。从诉讼原理看，检察机关的法定职责是审查证据而非收集证据，其在审查逮捕、审查起诉环节提审犯罪嫌疑人，主要目的不应定位于进一步获取供述，而应当是甄别无辜者与有罪者，并核查是否存在强迫认罪等重大侦查违法行为。有鉴于此，为体现检察机关客观公正的角色定位，克制确证偏见，有必要将检察机关在审查逮捕、审查起诉环节的讯问改为询问，依法审查讯问合法性和供述自愿性。

再次，在庭前会议环节，有必要增设核查询问程序，防止因 838
强迫认罪而形成的疑罪案件随意进入审判程序。根据法律规定，被告人及其辩护人可以在开庭审理前申请排除非法证据，这种程序性申请需以提供非法取证的线索或者材料为前提。对于强迫认罪情形，如被告人及其辩护人未能收集有关线索或者材料，其所提出的申请就很难为法庭所接受。为体现以审判为中心的改革理念，庭前会议应当充分发挥司法错误风险的预先审查职能，因此，在该环节有必要设立核查询问程序，核实被告人认罪的自愿性和真实性，识别被告人被强迫认罪的风险。根据2017年最高人民法院发布的《人民法院办理刑事案件庭前会议规程（试行）》第二十二条的规定，人民法院在庭前会议中听取控辩双方对案件事实证据的意见后,对于明显事实不清、证据不足的案件,可以建议人民检察院补充材料或者撤回起诉。据此,人民法院在庭前会议中经核查询问,发现被告人极有可能被强迫认罪,而其他证据又不能达到法定证明标准,就可以向人民检察院提出补查或者撤回起诉的建议。

839 最后,在开庭环节,有必要设立单独的核查询问程序,审查被告人认罪的自愿性和真实性。基于传统庭审程序,开庭后由公诉人讯问被告人,审判人员可以讯问被告人。这种讯问的目的在于调查核实供述证据,属于法庭调查中的证据调查。从庭审实践看,法庭上的发问次序和方法,包括提问主体的发问次序和被问对象的出庭次序,以及不同提问主体的发问方法,对审判具有重要影响。〔1〕 为体现法庭的中立地位和无罪推定的内在要求,在开庭之后、法庭调查之前,可考虑设立独立的核查询问程序,由法庭首先核查被告人是否被强迫认罪,是否自愿认罪,据此识别案件的错误风险,并决定能否适用简化审理程序。鉴于审判人员当庭向被告人发问,并不是为了指控犯罪或者固定证据,因此,其发问的性质可以界定为核查询问而不是讯问。

840 这种贯穿刑事程序关键环节的梯次性核查询问制度,虽然看似增加了程序负累,但实际上,由于分散至不同职能部门,并且能够与既有程序有机整合,并不会显著增加工作量。同时,唯有强调各个环节的审查把关,才能有效克服确证偏见的制度惯性,提高整个刑事程序对强迫无辜者认罪问题的重视程度,进而

〔1〕 [德]阿克塞尔·文德勒、[德]赫尔穆特·霍夫曼:《审判中询问的技巧与策略》,丁强、高莉译,中国政法大学出版社2012年版,第9-11页。

最大限度地减少因强迫认罪而导致的司法错误风险。

（五）完善避免反向歧视的认罪认罚从宽制度

作为推进以审判为中心的刑事诉讼制度改革的配套制度，认罪认罚从宽在促进程序繁简分流、落实宽严相济政策等方面具有重要价值。然而，认罪认罚从宽隐含功利主义考量，容易产生制度的反向歧视效应，并且存在强迫无辜者认罪的潜在风险。有鉴于此，有学者提出，关于完善认罪认罚从宽制度的讨论，要恪守刑事法治的底线要求，以避免因程序过于松弛而造成冤假错案。〔1〕 也有学者强调，在认罪认罚案件中，检察机关法庭上的举证责任及其证明标准被显著降低，但法院认定被告人有罪的心证门槛不能降低。〔2〕 为避免认罪认罚从宽制度的反向歧视，有必要吸取辩诉交易制度强迫无辜者认罪的教训，厘清认罪认罚从宽的合理定位，并明确司法机关适用该制度的注意事项。 841

1. 辩诉交易制度强迫无辜者认罪的教训反思

回顾美国辩诉交易制度的发展历程，面对过度犯罪化问题，检察机关面临巨大的案件压力，在别无选择的情况下只能激励被告人放弃审判，最终使辩诉交易成为主流的诉讼程序。〔3〕 除英美法系国家外，一些大陆法系国家也开始探索类似的协商激 842

〔1〕 熊秋红：《认罪认罚从宽的理论审视与制度完善》，载《法学》2016 年第 10 期，第 97 页。

〔2〕 孙长永：《认罪认罚案件的证明标准》，载《法学研究》2018 年第 1 期，第 186 页。

〔3〕 George Fisher, *Plea Bargaining's Triumph*, Yale Law Journal, Vol. 109, p. 857, 859 (2000).

励机制,如法国立法机关批准引入有罪答辩制度,辅以从宽处罚的量刑激励;德国构建类似辩诉交易的协商制度,被告人可以通过向法官认罪换取从宽处罚;意大利对放弃庭审并接受判决的被告人可以给予1/3比例的量刑优惠。[1] 时至今日,辩诉交易制度在很大程度上推动了刑事程序的范式变革,使刑事诉讼从“审判中心模式”走向了“规避审判模式”。[2] 但由于认罪协商下判决的正当性并非来自实质真实,因此,无论从规范方面还是经验方面都极富争议。[3] 特别是该制度导致无辜者被迫作出认罪答辩的问题,值得密切关注。

843 无辜的被告人为何会认罪?律师为何会寻求辩诉交易?原因在于,供述本身是有力的有罪证据,具有扭曲事实认定的奇特效应。心理学研究显示,尽管与供述等直接证据相比,物证等间接证据更为可靠,很少导致错误定罪发生,但是,直接证据往往更受青睐,特别是被告人供述,更加容易促使法官作出定罪判决。[4] 一旦被告人曾经作出认罪供述,其被定罪就几成定局,更为可行的辩护策略就是谋求较轻的刑罚。此种情况下,指控方提出的认罪协议往往让被告方无法拒绝,特别是那些处于监禁刑和非监禁刑边界的案件,被告方通过认罪答辩就可以获得从

---

〔1〕 Andrew Ashworth, Mike Redmayne, *The Criminal Process*, Oxford University Press, 2010, p. 292.

〔2〕 Andrew Ashworth, Mike Redmayne, *The Criminal Process*, Oxford University Press, 2010, p. 26.

〔3〕 [德]贝恩德·许乃曼:《公正程序(公正审判)与刑事诉讼中的协商(辩诉交易)》,载陈光中主编:《公正审判与认罪协商》,法律出版社2018年版,第33页。

〔4〕 Kevin Jon Heller, *The Cognitive Psychology of Circumstantial Evidence*, Michigan Law Review, Vol. 105, p. 86 (2006).

宽处罚并适用非监禁刑。这是辩诉交易包括前述奥尔福德答辩盛行的重要制度原因。需要指出的是,许多涉及奥尔福德答辩的案件,主要指控证据都是被告人供述,并没有实物证据佐证,案件本身隐藏着巨大的错判风险。[1]

此外,辩诉交易的盛行,还与检察官的起诉裁量权密不可 844
分。如果起诉裁量权不受制约,就容易导致辩诉交易异化为强迫犯罪嫌疑人认罪。例如,检察官可能先是提出较轻指控,随后威胁提出更重的指控;或者先是提出较重指控,然后以更轻的指控为砝码换取配合,以致形成报复性指控的司法陋习。[2]

反观我国刑事程序,尽管不实行辩诉交易,但从"坦白从宽、 845
抗拒从严"到宽严相济刑事政策,再到认罪认罚从宽制度,协商性司法的诉讼理念日渐明晰。基于防范错案考量,认罪认罚从宽制度改革试点伊始,就强调防止发生无辜者被迫认罪和权权交易、权钱交易等问题。汲取辩诉交易制度下强迫无辜者认罪的教训,我国认罪认罚从宽制度应当重视保障认罪自愿性,强化诉讼各阶段对强迫认罪风险的审查,使该制度成为符合政策预期的正当激励机制,避免异化为变相的强迫或者惩罚机制。同时,认罪认罚从宽制度的基本定位应当是推进繁简分流,实现"简案快审""繁案精审",不能变相规避审判程序。

---

〔1〕 Sydney Schneider, *When Innocent Defendants Falsely Confess: Analyzing the Ramifications of Entering Alford Pleas in the Context of the Burgeoning Innocence Movement*, Journal of Criminal Law and Criminology, Vol. 103, p. 295 (2013).

〔2〕 Doug Lieb, *Vindicating Vindictiveness: Prosecutorial Discretion and Plea Bargaining, Past and Future*, Yale Law Journal, Vol. 123, 1050(2014).

2. 避免认罪认罚从宽制度适用的反向歧视

846 任何制度总有走向反面的趋势,至少在实践中存在偏离制度预期的风险。从程序公正角度看,认罪认罚从宽制度目前最需关注的就是反向歧视的风险,即,未能保证当事人作为平等的个人而受到平等对待的权利。[1] 基于无罪推定原则,只有犯罪嫌疑人、被告人自愿理性认罪,才能据此推翻无罪的法律推定,并将认罪供述作为定罪的根据。相反,如果犯罪嫌疑人、被告人不认罪就将面临不利后果,基于不得已的利益权衡而被强迫认罪,或者一旦认罪就丧失后续寻求法律救济的权利,都是认罪认罚从宽制度反向歧视的突出体现。作为一种功利性制度安排,认罪认罚从宽要想捍卫自身的正当性,必须妥善解决适用中的反向歧视问题。

847 一是加强对认罪自愿性与合法性的审查。鉴于认罪认罚从宽涉及刑事诉讼各阶段,与前述认罪核查询问制度相适应,对犯罪嫌疑人、被告人认罪的情形,应当专门核查询问认罪的自愿性与合法性。除审查讯问程序和方法的合法性外,还要注意供述的细节内容。需要指出的是,该环节对供述细节内容的审查,并非意在评估供述的证明力,而是识别虚假供述的风险,进而分析是否存在被强迫认罪的可能性。

848 有学者指出,在认罪认罚程序中,可以适当降低证明标准,采用"两个基本"的证明标准。[2] 为避免因片面强调认罪而忽

---

〔1〕 [美]罗纳德·德沃金:《认真对待权利》,信春鹰、吴玉章译,上海三联书店2008年版,第142-143页。

〔2〕 汪建成:《以效率为价值导向的刑事速裁程序论纲》,载《政法论坛》2016年第1期,第121页。

视错案风险，对认罪认罚案件的证明标准问题应当持慎重态度，不宜与普通案件差别对待。即便在辩诉交易制度下，法院对证明标准的把握也没有放松。例如，在奥尔福德案件中，联邦最高法院强调，指控证据必须足够充分有力，足以表明被告人不是无辜者，才能允许作出奥尔福德答辩。[1] 同时，坚持法定证明标准并不妨碍检察机关就证据较为薄弱的案件与犯罪嫌疑人及其辩护人进行认罪认罚协商，也不意味着法院不可以根据案件特点、证明对象的不同进行灵活把握。[2] 随着证据制度与诉讼程序的同步发展，对认罪认罚案件可考虑制定专门的证据规则，明确证据协商的规则及其限度。例如，当案件中的主要证据就是犯罪嫌疑人、被告人的认罪供述时，不应当允许适用认罪认罚从宽制度。

二是防止因量刑建议裁量权滥用而强迫无辜者认罪。研究 849
表明，量刑级差是影响被告人认罪的重要变量。[3] 当被告人面临更重的量刑建议时，无论他是否有罪，都会比面临较轻的量刑建议的被告人更加愿意接受辩诉交易。量刑级差越大，被告人认罪的可能性越大。当量刑级差到达关键临界点，如判处缓刑、降低法定刑幅度、不判处死刑等，无论被告人是否有罪，都倾向于选择接受辩诉交易。美国联邦最高法院在布拉迪诉合众国案

〔1〕 Sydney Schneider, *When Innocent Defendants Falsely Confess: Analyzing the Ramifications of Entering Alford Pleas in the Context of the Burgeoning Innocence Movement*, Journal of Criminal Law and Criminology, Vol. 103, p. 298 (2013).

〔2〕 孙长永：《认罪认罚案件的证明标准》，载《法学研究》2018 年第 1 期，第 187 页。

〔3〕 Lucian E. Dervan, Vanessa A. Edkins, *The Innocent Defendant's Dilemma: An Innovative Empirical Study of Plea Bargaining's Innocence Problem*, Journal of Criminal Law and Criminology, Vol. 103, p. 41 -45 (2013).

件中强调指出，如果控诉方为获取认罪答辩而提供从宽处罚的量刑激励，这种激励将会显著增加被告人违心认罪的可能性，我们就应当对此类案件保持高度的警惕。[1] 这一警告被称为有关辩诉交易制度的“布拉迪安全阀”，如果辩诉交易的量刑激励已经带有强迫性，足以导致无辜者认罪，法院就需要评估认罪答辩的正当性问题。

850 有人可能认为，伴随量刑规范化改革，检察机关的量刑建议趋于规范化，不存在利用量刑级差强迫犯罪嫌疑人认罪的风险，但实际情况可能不容乐观。美国是较早实行量刑指南的国家，在量刑指南引入后，检察官通过量刑建议掌控被告人可能被判处的刑期。通过决定如何提起指控，以及提出何种量刑建议，检察官的裁量权直接影响诉讼的结局。

851 为防止因不认罪而面临实体处理特别是量刑结果的反向歧视，可行的方案是提供合理的量刑激励，既足以促使有罪者选择自愿认罪，又不至于让无辜者作出被强迫认罪的选择。根据我国2018年《刑事诉讼法》的规定，人民法院经审理认为量刑建议明显不当，或者被告人、辩护人对量刑建议提出异议的，人民检察院可以调整量刑建议；人民检察院不调整量刑建议或者调整量刑建议后仍然明显不当的，人民法院应当依法作出判决。这种实事求是的做法符合量刑规范化改革的初衷。对于认罪认罚案件，如何规范量刑建议的制作，有待进一步研究。

852 三是遏制认罪认罚案件限制上诉权的制度冲动。在美国辩诉交易制度下，一旦被告人作出认罪答辩，包括奥尔福德答辩，

---

〔1〕 Brady v. United States, 397 U. S. 750 (1970).

就将丧失相应的法律救济权利。例如，一旦认罪就意味着放弃了上诉权，包括放弃量刑上诉权。许多州不允许奥尔福德答辩的被告人寻求定罪后DNA测试，法官也会更加严格地审查被告人提出的事实上无罪的主张，因此，即便发现了新的DNA证据，被告人也无法申请新的审判或者改判无罪。此外，认罪答辩还对后续民事诉讼、量刑和假释决定都有重要影响。[1] 诸如此类的限制性规定，可能使被强迫认罪的无辜者处于非常不利的境地。

目前，我国法律并未对认罪认罚从宽案件的法律救济问题 853
作出限制，但有论者指出，被告人通过认罪认罚获得从宽处罚，是其放弃完整诉讼程序获取实体诉讼利益的自主选择，如不对其上诉权进行适当限制，有扩张其诉讼权利之虞，容易造成诉讼权利滥用和诉讼资源浪费。[2] 与辩诉交易制度相比，我国刑事程序特别是审前程序认罪自愿性的保障机制尚不完善，诉讼各环节对供述合法性和真实性的审查机制有待健全，尽管强调庭审环节对认罪认罚的自愿性、真实性和合法性进行审查，但受制于审前程序的持续影响，加上值班律师等配套制度仍然处于初步发展阶段，不宜克减被告人的上诉权等救济权利。即便随着认罪认罚从宽制度发展完善，适时研究强化对上诉情形的审查，也有必要区分具体情形作出处理，始终将避免无辜者被强迫认罪作为制度的底线。

---

〔1〕 Sydney Schneider, *When Innocent Defendants Falsely Confess: Analyzing the Ramifications of Entering Alford Pleas in the Context of the Burgeoning Innocence Movement*, Journal of Criminal Law and Criminology, Vol. 103, p. 21 – 23 (2013).

〔2〕 刘振会：《"认罪认罚从宽"试点的规范与完善》，载《人民法院报》2018年4月13日，第2版。

后记　知行合一的权利逻辑

854 知是行的主意，行是知的功夫；知是行之始，行是知之成。如果知和行不可分作两事，那么，真知即所以为行，不行不足谓之知。在当前的权利时代，如何做到“知行合一”，可能是权利领域最值得深思的主题。

855 时至今日，权利的重要性，几乎尽人皆“知”。但细究起来，法律究竟确认了哪些权利，具体由谁来保障权利，如何有效保障权利，当权利遭到侵犯时如何寻求救济，对于诸如此类的实践问题，却往往少人问津。如果权利始终停留在理论层面，不能进入实践维度，无疑有违“知行合一”的核心要义。基于知和行的辩证关系，权利实践的匮乏，也反映出权利理论的贫困。

856 权利是人的主体性在社会生活中的集中体现。具体到刑事程序，权利的法律化及其制度保障，使被追诉者成为诉讼主体，在正当程序框架内与控诉方平等对抗，最终获得公正的审判。从国际公约角度看，权利，特别是基本人权，具有固有性、不可侵犯性。但立足阿伦特教授提出的“享有权利的权利”这一重要命题，权利只有得到国内法的确认和保障，才真正成为实实在在的权利。没有法律的确认和保障，抽象地讨论权利，不仅在理论上是空洞的，在实践中也是无益的。

权利逻辑，是我近年来思考刑事程序问题的一条核心主线。857
在最高人民法院工作的十年，无论是从事死刑复核工作，还是参与推进以审判为中心的诉讼制度改革、严格实行非法证据排除规则等改革项目，都与司法人权保障紧密相关。2018 年调入中国政法大学后，前往剑桥大学系统学习国际人权法，进一步深化了对权利制度的认知。《刑事程序的权利逻辑》就是通过创新权利理论，完善权利保障制度，进而激活权利实践的初步探索。在这本书中，主要探讨了以下几项主题：

一是正视权利赤字，凝聚权利共识。刑事法治的发展演进，858
始终离不开权利保障主题。可以说，权利保障水平，在一定程度上代表着刑事法治的总体水平。近年来，伴随死刑复核制度改革，健全冤假错案防范机制，严格实行非法证据排除规则以及完善辩护制度等举措，权利保障制度取得了诸多成就。但与此同时，在刑事程序领域，一些重要的权利尚待确立，现有权利的内涵尚待明确，权利的保障和救济机制也亟待完善。刑事程序的权利比重，仍有较大的提升空间。无论是司法改革，还是司法实践，如果脱离权利要素，忽视权利逻辑，就很容易偏颇走样，甚至背离正当程序的要求。有鉴于此，首先要清醒地认识到权利赤字的现状，在此基础上，通过凝聚权利共识，优化权利保障制度，实质性地提高权利保障的水平。

二是盘点权利清单，确认基本权利。国际人权公约确立了 859

一系列基本人权，这些权利不仅得到成员国国内法的确认和保障，还逐步成为基本的国际人权准则。[1] 在此基础上，欧洲人权法院等国际组织，基于人权理念和制度的发展，在系争案件中确立了权利保障的基本标准，赋予国际人权公约更加丰富的内涵。借鉴国际人权公约和国际组织的规定与判例，有必要盘点刑事程序的权利清单，并立足正当程序的要求，依法确认各项基本权利，明确权利的要素和内涵。基于刑事程序的内在特点，可以将所涉权利分为积极权利和消极权利，并对各项基本权利进行归类整理，进而为权利主体依法行使权利提供明确的依据指引。

860 三是探索权利信托，创新保障机制。国家尊重和保障人权，是宪法作出的庄严承诺。在刑事程序中，被追诉者通常缺乏法律知识，并且往往处于羁押状态，难以有效维护自身权利。此种情况下，国家应当履行人权保障义务，提供专门的权利保障机制。借鉴金融法领域的信托制度，建立系统的权利信托机制，有助于重塑刑事程序的各项职能。[2] 辩护律师可以被视为权利的私人信托，有效维护被追诉者的辩护权。检察机关可以被视为权利的公共信托，依法履行宪法赋予的法律监督职责。基于权利信托机制，检察机关和辩护律师从不同维度，共同致力于保障被追诉者的合法权利。如果检察机关和辩护律师未能依法履行

---

〔1〕 国际公约对基本权利的规定，已经成为国际社会的基本共识。在探讨基本权利和自由时，《公民权利与政治权利国际公约》以及《欧洲人权公约》等的规定，是重要的参考依据。参见外交部网站：《关于涉华人权问题的各种谬论及事实真相》，载新华网，www. xinhuanet. com/politics/2020 – 07/03/c_1126194533. htm。

〔2〕 权利的信托机制，主要得益于国际金融法领域信托制度的启示。基于现代信托制度，权利亦可以建立信托。将刑事程序权利纳入信托机制，能够体现国家保障人权的内在要求。

信托职责，就将影响到程序的公正性，被追诉者由此可以主张权利救济。

四是强化权利救济，保障权利实施。权利的充分救济，关键在于司法机关。如果司法机关对权利遭到妨碍或者侵犯的情形置之不理，或者无法提供充分救济，权利就将形同虚设。有鉴于此，建立专门化的救济程序以及层级化的救济体系，应当成为权利保障制度的重中之重。通过有效的权利救济，能够使法律权利成为可以理性预期的实有权利，使法律程序成为承载权利要素的正当程序，使司法机关成为公民合法权利的保障机关。 861

刑事程序的权利逻辑，是正当程序的制度基石。聚焦权利主题，认真对待权利的确认、信托和救济等制度，有助于改变权利话语的抽象化、空洞化、虚置化等问题，进而通过具体化、实质化、精细化的方式，推进权利保障制度的发展完善。在刑事程序领域，权利保障始终面临诸多难题和挑战，唯有秉承知行合一，坚守正当程序，才能突破权利迷局，兑现宪法的权利承诺。需要指出的是，权利的有效保障，在很大程度上依赖于司法机关的权威。但司法权威并非凭空得来，而是取决于司法机关的智慧和作为。就像图施耐特教授指出的那样，弱势的法院（weak courts），也能有力地保障权利（strong rights）！ 862

图书在版编目(CIP)数据

刑事程序的权利逻辑 ：国际法和国内法比较考察 /
刘静坤著. -- 北京 ：法律出版社，2021
ISBN 978-7-5197-5356-6

Ⅰ. ①刑… Ⅱ. ①刘… Ⅲ. ①刑事诉讼－诉讼程序－研究－中国 Ⅳ. ①D925.218.04

中国版本图书馆CIP数据核字(2021)第027426号

刑事程序的权利逻辑
——国际法和国内法比较考察
XINGSHI CHENGXU DE QUANLI LUOJI
—GUOJIFA HE GUONEIFA BIJIAO KAOCHA

刘静坤 著

责任编辑 李 群 陈昱希 张婉凝
装帧设计 汪奇峰

出版 法律出版社
总发行 中国法律图书有限公司
经销 新华书店
印刷 中煤(北京)印务有限公司
责任校对 张红蕊
责任印制 张建伟

编辑统筹 法规出版分社
开本 A5
印张 13.625
字数 276千
版本 2021年3月第1版
印次 2021年3月第1次印刷

法律出版社/北京市丰台区莲花池西里7号(100073)
网址/www.lawpress.com.cn
投稿邮箱/info@lawpress.com.cn
举报维权邮箱/jbwq@lawpress.com.cn
销售热线/400-660-8393
咨询电话/010-63939796

中国法律图书有限公司/北京市丰台区莲花池西里7号(100073)
全国各地中法图分、子公司销售电话：
统一销售客服/400-660-8393/6393
第一法律书店/010-83938432/8433 西安分公司/029-85330678 重庆分公司/023-67453036
上海分公司/021-62071639/1636 深圳分公司/0755-83072995

书号:ISBN 978-7-5197-5356-6 **定价**:78.00元
(如有缺页或倒装,中国法律图书有限公司负责退换)